Vom Autor des internationalen
Bestsellers *Der Elefantenflüsterer*

Lawrence Anthony
mit Graham Spence

Das letzte Nashorn

Was ich von einer aussterbenden Tierart
über das Leben lernte

Bibliografische Information der Deutschen Nationalbibliothek:
Die Deutsche Nationalbibliothek verzeichnet diese Publikation in der Deutschen Nationalbibliografie; detaillierte bibliografische Daten sind im Internet über http://d-nb.de abrufbar.

Für Fragen und Anregungen:
info@m-vg.de

2. Auflage 2023
© 2020 by mvg Verlag, ein Imprint der Münchner Verlagsgruppe GmbH
Nymphenburger Straße 86
D-80636 München
Tel.: 089 651285-0
Fax: 089 652096

Die englische Originalausgabe erschien 2012 bei Thomas Dunne Books, St. Martin's Publishing Group unter dem Titel *The Last Rhinos*. © 2012 by Lawrence Anthony and Graham Spence. All rights reserved.

Dieses Werk wurde im Auftrag von St. Martin's Publishing Group durch die Literarische Agentur Thomas Schlück GmbH, 30161 Hannover, vermittelt.

Alle Rechte, insbesondere das Recht der Vervielfältigung und Verbreitung sowie der Über-setzung, vorbehalten. Kein Teil des Werkes darf in irgendeiner Form (durch Fotokopie, Mikrofilm oder ein anderes Verfahren) ohne schriftliche Genehmigung des Verlages re-produziert oder unter Verwendung elektronischer Systeme gespeichert, verarbeitet, ver-vielfältigt oder verbreitet werden. Wir behalten uns die Nutzung unserer Inhalte für Text und Data Mining im Sinne von § 44b UrhG ausdrücklich vor.

Übersetzung: Elisabeth Liebl
Redaktion: Dr. Sybille Beck
Umschlaggestaltung: Marc-Torben Fischer
Umschlagabbildung: shutterstock.com/Andres Mena Photos
Satz: Helmut Schaffer, Hofheim a. Ts.
Druck: CPI books GmbH, Leck
Printed in Germany

ISBN Print 978-3-7474-0210-8
ISBN E-Book (PDF) 978-3-96121-566-9
ISBN E-Book (EPUB, Mobi) 978-3-96121-567-6

Weitere Informationen zum Verlag finden Sie unter

www.mvg-verlag.de

Beachten Sie auch unsere weiteren Verlage unter www.m-vg.de

Dieses Buch ist diesen mutigen Menschen gewidmet:

Ian Player, Nick Steel, Kes und Frazer Hillman-Smith und all jenen tapferen Männern und Frauen, die ihr Leben der Aufgabe widmen, eines der wunderbarsten Geschöpfe zu schützen und zu retten, die je die Erde beehrt haben: das Nashorn.

Der Autor verurteilt mit aller Schärfe die früheren und gegenwärtigen Regierungen von Vietnam, China, Myanmar, Indonesien, Thailand, Südkorea, Taiwan und Malaysia.

Sie alle haben es versäumt, die abergläubische Verwendung des Rhinozeroshorns in der sogenannten traditionellen Medizin effektiv zu verhindern. Ihre kriminelle Gleichgültigkeit hat das Nashorn in allen Teilen der Welt nahezu zum Aussterben verurteilt.

1

Es war kaum hell geworden, als das Funkgerät knisternd zum Leben erwachte.

»Code Red! Code Red! Lawrence, bitte kommen. Over.«

»Hier Lawrence!«

»Der Tag fängt schlecht an.« Der Funker machte eine Pause. »Wir haben ein totes Nashorn am Hlaza Hill. Ein Weibchen. Over.«

Angst ließ mir das Blut in den Adern gefrieren. Ich richtete den Blick in den Himmel über dem fernen Hlaza Hill, dem höchsten Punkt des neuen Wildreservats, das an Thula Thula grenzt, mein eigenes Reservat und mein Zuhause im südafrikanischen Zululand. Es waren weder Geier noch Gewehrschüsse gemeldet worden. Letztere nämlich hallen bei entsprechendem Wind wie Donnerschlag über die afrikanische Ebene.

»Todesursache?«, fragte ich und fürchtete das Schlimmste.

»Wilderer. Beide Hörner sind weg. Der ganze Boden ist blutig. Das waren Profis. Sieht aus, als hätten sie ein AK-47 verwendet oder vielleicht ein altes Militär-R1.«

Ich spürte, wie meine Fäuste sich zusammenballten. Nashorn-Wilderer – das schlimmste Übel der Wildnis, das sich mittlerweile zur Pandemie ausgewachsen hatte.

»Wie lange ist sie schon tot?«

»Können höchstens ein paar Stunden sein. Vermutlich haben sie sie um Mitternacht erlegt. Der Mond war ja hell genug.«

»Okay, ich fahre gleich los. Ende.«

Ich warf einen Blick auf die Pumpgun-Schrotflinte, die auf dem Beifahrersitz meines Landrovers lag, griff nach der

Munitionskiste und stopfte mir ein paar Handvoll SG-Patronen in die Taschen.

Gegen jede Hoffnung wünschte ich mir, die Wilderer wären noch auf dem Gelände des Reservats.

Die Schmeißfliegen sammelten sich schon, als ich am Tatort ankam. Die Luft roch metallisch nach Blut. Das Rhinozeros lag völlig atypisch auf der Seite, die Beine unnatürlich vom steifen Körper abgespreizt.

Ich stieg aus dem Landrover und ging zu den drei Rangern hinüber. Niemand sprach ein Wort. Der Schock über den Abschuss, die Gegenwart des gewaltigen toten Körpers, ließen uns die Worte im Hals ersterben.

Nashörner besitzen eine alte, ewige Schönheit. Von ihren massigen Körpern, geschützt von dicken Panzern, als wären sie Kreaturen der Vorzeit, und ihrem krummsäbelartigen Vorderhorn geht ein ganz eigener Zauber aus. Sie wiegen bis zu dreieinhalb Tonnen und erreichen ungefähr einen Meter achtzig Körpergröße. Das macht sie – nach den Elefanten – zu den größten Landsäugetieren der Welt.

Im Tod aber war diese Schönheit nun verschwunden. Die majestätischen Hörner waren von scharf geschliffenen Macheten abgehackt worden – *pangas*, wie wir sie in Afrika nennen. Das schöne Antlitz förmlich entweiht. Die Augen starrten leer in die Welt. Rund um den grotesk verstümmelten Kopf war das Blut in großen Lachen geronnen. Ohne ihr Horn sah die mächtige Kreatur aus wie ein hilfloses Baby.

Ich konnte sehen, dass die Wildhüter ebenso erschüttert waren wie ich. In Afrika ist der Kampf gegen die Wilderer etwas zutiefst Persönliches. Dabei gibt es zwei Arten von Wilderern: Die örtlichen Stammesmitglieder erlegen etwas Kleines, das den Kochtopf füllt. Die Schwergewichte aber, die professionellen Killer, machen Jagd auf die Hörner von Nashörnern und das Elfenbein der Elefanten. Diese Typen erschießen auch Wildhüter und prahlen dann noch damit. Jede Form von Wilderei ist ein Verbrechen, doch wer ein Nashorn oder einen Elefanten tötet, will damit nicht seine Familie ernähren. Hier geht es um Blutgeld. Und diese Art von Gewalt geht uns alle an.

»Wer hat das tote Tier gefunden?«

Bheki, dem ich von all meinen Wildhütern am meisten vertraute, schaute auf und zeigte auf einen Wächter namens Simelane, einen jungen Zulu, der ein wenig abseitsstand. Ich winkte ihn zu mir herüber.

»*Sawubona*, Simelane«, grüßte ich ihn. »Was ist hier passiert?«

»*Sawubona*, Mkhulu. Ich war auf Patrouille, als ich das tote Nashorn sah«, antwortete er ruhig und starrte zu Boden.

»Wer war bei dir?«

»Ich war allein.«

»Du bist hier ganz allein auf Patrouille gewesen?«, fragte ich überrascht. Eine Wildhüterstreife bestand gewöhnlich aus zwei bewaffneten Männern.

»Ja, ich war allein.« Sein Flüstern war kaum zu hören.

Ich wollte eben mit der Befragung weitermachen, als eine laute Zulustimme mich übertönte.

»Mkhulu, hier ist viel zu viel Blut.«

Es war Bheki, der vor dem Kopf des Tieres kniete, um ihn genauer in Augenschein zu nehmen.

»Zu viel Blut«, wiederholte er. »Das heißt, sie hatten es eilig. Sie haben die Hörner abgeschnitten, als sie noch gelebt hat. Sie war vielleicht bewusstlos, aber noch am Leben.«

Einen Augenblick starrten wir Bheki nur entsetzt an. Dann erst begriffen wir. Diese Ungeheuer hatten einem lebendigen Tier die Hörner abgesäbelt.

»Wohin sind sie verschwunden?«, fragte ich Bheki, mit dem zusammen ich mir in den letzten zehn Jahren mehrere Feuergefechte mit Wilderern geliefert hatte.

Er zeigte nach Osten. »Vor vier oder fünf Stunden vielleicht.«

Das hieß: Wenn sie sich nicht irgendwo versteckt hielten, wären sie schon fast an der Grenze des Reservats. Sie würden auf die Townships zuhalten, wo wir sie nie im Leben erwischen würden. Doch das bedeutete nicht, dass wir es nicht versuchen würden. Zumindest würden wir so unsere angestaute Wut los. »Okay, wir kennen ja alle die Vorgehensweise«, sagte ich. »Diese Kerle haben vermutlich Maschinenpistolen, und wir wissen, was das bedeutet. Wenn wir sie stellen können und sie auch nur daran denken, ihre Gewehre anzuheben, schießt schnell und schießt zuerst. Denn sie haben Automatikfeuerwaffen.«

Ich blickte in die feierlichen Gesichter. Wir hatten nur normale Gewehre und Lee-Enfield-Repetiergewehre Kaliber .303 aus dem Zweiten Weltkrieg. Was die Waffenstärke anging, waren wir vollkommen unterlegen, aber das würde diese entschlossenen, engagierten Männer nicht einen Augenblick davon abhalten, sich an die Verfolgung zu machen. Die Gegner hatten automatische Waffen, die schneller feuerten, als wir nachladen konnten. Sie können sich nicht vorstellen, wie viel Mut das von einem verlangt. Ich hatte eine Pumpgun-Schrotflinte, die schnell und tödlich war und in kürzestem Abstand neun Patronen nacheinander ausspuckte. Unsere Waffen ergänzten sich gut. Die .303 hatte eine größere Reichweite als ein AK, die Pumpgun-Schrotflinte wiederum traf auf kurze Distanz im Busch selten daneben. Vereint konnten sie den illegalen AK-47-Maschinenpistolen, die bei den Wilderern so beliebt waren, durchaus Paroli bieten. »Nehmt euer eigenes Wasser mit und lasst die Waffen gesichert. Auf geht's!« Wir würden im dichten Busch so schnell fahren, wie wir konnten. Ich wollte nicht, dass sich bei dem Gerüttel aus Versehen ein Schuss löste und einen Wildhüter tötete.

Die Verfolgungsjagd war anstrengend. Mitten am Vormittag kämpften wir uns auf kaum noch erkennbaren Wegen durch den Busch. Die Sonne brannte erbarmungslos herunter, typisch für Zululand. Der Schweiß lief uns übers Gesicht, brannte in den Augen und durchnässte unsere Kleidung. Aber wir waren vollgepumpt mit Adrenalin und ließen uns von der glühenden Sonne nicht abschrecken. Wenn wir jetzt Pause machten, dann wäre selbst die minimale Chance vertan, die wir hatten, um die Kerle noch zu erwischen.

Es ist schwer, ruhig zu bleiben, wenn man gesehen hat, dass ein Nashorn brutal abgeschlachtet wurde nur wegen seines Horns, das nur aus Keratin besteht – dem selben Faserprotein, das auch den Hauptbestandteil unserer Haare und Fingernägel bildet. Da ist ruhig bleiben eigentlich unmöglich. Man möchte am liebsten vergehen vor Zorn, doch das nützt auch nichts. Dem Horn des Rhinozeros werden in diversen Ländern Asiens geheimnisvolle medizinische Wirkungen nachgesagt, weswegen es dort zu den traditionellen Heilmitteln zählt. In der klassischen chinesischen Medizin heißt es zum Beispiel, das Horn des Nashorns würde Fieber lindern. Mit dem wachsenden Reichtum in diesen Ländern wuchs auch die Nachfrage nach den Hörnern. Zehntausende Nashörner wurden in Afrika getötet, einige der Unterarten stehen kurz vor der Ausrottung. Diese Nachfrage hat ein Jagdfieber ähnlich dem kalifornischen Goldrausch im neunzehnten Jahrhundert ausgelöst, und das aus verständlichem Grund. Auf den Straßen von China und Vietnam ist eine Unze (ca. dreißig Gramm) Rhinozeroshorn wertvoller als Gold. Wenn Sie wirklich begreifen wollen, wogegen wir Naturschützer hier kämpfen, dann stellen Sie sich einen Wilderer und seinen Blick auf das Nashorn vor: Er sieht hier zwei Hörner aus purem Gold vor sich. Die Wildhüter in unseren Reservaten befinden sich in der wenig beneidenswerten und extrem gefährlichen Situation, dass sie reines Gold vor gierigen Händen beschützen müssen. Was eigentlich sicher in einen Tresor geschlossen werden sollte, läuft hier frei auf vier Beinen durch den Busch.

Es ist keine Übertreibung, wenn ich sage, dass jedes Nashorn auf dieser Erde mittlerweile in Lebensgefahr schwebt. Wenn sich nicht grundlegend etwas ändert, und zwar schnell, dann wird bald das letzte Rhinozeros auf diesem Planeten den Tod gefunden haben.

Wir fuhren so schnell wir konnten, hielten zwischendrin immer wieder Ausschau nach den Spuren der Wilderer – Fußabdrücke, Stellen, wo das Gras niedergedrückt war, ein markierter Baum, Blutflecken, die vermutlich von den Hörnern stammten, die die Wilderer in einem Jutesack mit sich trugen. Zeichen, die zeigten, dass wir auf der richtigen Fährte waren, verliehen uns das nötige Durchhaltevermögen. Bheki ermahnte uns immer wieder zur Eile.

Simelane, der junge Ranger, der das tote Nashorn gefunden hatte, bereitete mir jedoch Sorgen. Zweimal lief er allein in den Busch, als er falschen Spuren folgte, und kostete uns damit noch mehr wertvolle Zeit. Möglicherweise verhielt er sich ja so merkwürdig, weil eine solche Verfolgungsjagd stets großen Stress bedeutet. Immerhin konnten wir jederzeit in einen Hinterhalt geraten.

Tatsächlich war dies meine größte Sorge. Wenn Sie in Südafrika ein Nashorn töten, erwartet Sie eine Gefängnisstrafe von fünfzehn Jahren. Das würden die Wilderer nicht riskieren. Sie wussten es und wir wussten es. Sollten die Wilderer Wind davon bekommen, dass sie verfolgt wurden, würden sie uns auflauern und mit Sicherheit in ein tödliches Feuergefecht verwickeln – in einen Nahkampf, im dichten Busch, mit schlechter Sicht und maximalem Chaos.

Schließlich forderte das hohe Tempo seinen Tribut. Ich befahl einen kurzen Stopp und schickte einen der Wildhüter auf eine Anhöhe, um nach den Wilderern Ausschau zu halten.

»Nichts«, kam die Antwort von der Anhöhe. »Ich sehe gar nichts.«

Der frustrierte Ausdruck auf Bhekis Gesicht sagte mir, dass die Spur mittlerweile kalt war. Wir waren zu spät dran. Als wir einige Stunden später am Zaun ankamen, der das Reservat schützt, fanden wir nur einen Schlitz, den die Wilderer hineingeschnitten hatten, wobei sie sorgsam alle elektrisch geladenen Drähte vermieden hatten. Sie waren wohl wirklich weg.

»Nächstes Mal«, hörte ich Bheki flüstern, als er seine .303 entlud. »Nächstes Mal werden wir sie schnappen, Mkhulu.«

Ich nickte stumm, während ich mein Gewehr entlud. Dann machten wir uns auf den Rückweg.

Zu Hause meldete ich den Vorfall, zuerst der Polizei, dann der für unser Reservat zuständigen Behörde, der KwaZulu-Natal Wildlife. Gerade der letzte Anruf war schlimm, denn man hatte das ermordete Tier gerade für ein Projekt gespendet, das ich leitete. Ich habe mein Reservat, Thula Thula, mit den weitläufigen Stammesgebieten der Zulu vereint, um hier eines der, wie wir glaubten, besten Reservate Afrikas zu schaffen. Es sollte Royal Zulu heißen und stellte eine einzigartige Zusammenarbeit mit den örtlichen Stämmen dar. Das Projekt würde den armen Gemeinden rundherum wirklich etwas bringen, denn das Reservat schuf Arbeitsplätze, zusammen mit dem Ökotourismus, den wir hier betreiben wollten. Die Zulustämme würden an der Zukunft Afrikas mitarbeiten. In den Jahren der Apartheid waren Reservate nur Weißen vorbehalten gewesen. Viele ländliche Zulus hielten Naturschutz also für eine »Weißensache« und zeigten deshalb wenig Interesse dafür. Wir aber hatten es uns zur Aufgabe gemacht, die traditionellen spirituellen und kulturellen Bindungen der Zulu an den Busch wiederzubeleben, die einst so wichtig waren. Wir wollten ihnen zeigen, dass Wilderei vielleicht Nahrung für eine Woche bot, der Schutz der Tiere aber Jobs für immer. Lebendig sind diese Tiere so viel mehr wert als tot. Natürlich mussten wir in den örtlichen Gemeinden erst einmal Überzeugungsarbeit leisten, damit sie auch wirklich mitmachten. Sonst hätten wir Naturschützer letztlich keine Chance – wie der enthornte Fleischberg, der nun in der Sonne verrottete, deutlich bewies.

KZN Wildlife hatte uns im Rahmen des Royal-Zulu-Projekts vier Breitmaulnashörner gespendet, die die Grundlage des Zuchtbestands bilden sollten. Der Manager, dem ich die schlechte Nachricht mitteilte, war verständlicherweise nicht begeistert. Ich wusste, was nun kommen würde.

»Lawrence«, sagte er, »das ist wirklich schlimm. Wir machen uns Sorgen um die Sicherheit. Ich meine, du hast noch drei andere Nashörner dort, und die wollen wir ja nicht auch noch verlieren.«

»Ich weiß. Ich habe unsere *impimpis* angesetzt«, antwortete ich. Damit waren die Informanten bei den örtlichen Stämmen gemeint, die bezahlt wurden, um Informationen über Diebstahl und Wilderei zu sammeln. »Und ab morgen werden noch mehr Patrouillen fahren. Ich werde diese Bastarde erwischen, und wenn es das Letzte ist, was ich tue.«

»Nun ja, viel Glück. Aber ich glaube, in der Zwischenzeit sollten wir versuchen, die Tiere in sichereres Gelände zu bringen, bis sich alles wieder beruhigt hat. Nashörner sind für diese Wilderer heutzutage ja wie ein verdammter Magnet.«

»Ja, ich verstehe, was Sie meinen«, entgegnete ich. »Aber sie wurden ja gerade erst zu uns gebracht. Woher sollte denn jemand wissen, dass sie hier waren? Das muss ein Tipp von eurer Seite gewesen sein. Wie sollen wir wissen, ob sie bei euch sicherer sind?«

Er seufzte. »Das ist überhaupt mein schlimmster Albtraum.«

Er war ein anständiger Kerl, den ich gut kannte. Ich verstand auch, was er sagen wollte, aber es schmerzte mich wirklich, zu hören, dass wir diese drei Nashörner zurückgeben sollten. Unsere Sicherheitsvorkehrungen waren schon gezwungenermaßen die besten im Umkreis. Schließlich schützten wir hier schon seit mehr als zehn Jahren eine Herde Elefanten. Heute aber ist im Busch nichts mehr sicher, wenn Nashorn-Wilderer unterwegs sind, schon gar nicht das eigene Leben.

Aber ich konnte nichts tun. Wenn die Behörde, die für das Reservat zuständig war, die Tiere zurückhaben wollte, dann war es eben so. Unglücklicherweise bedeutete das aber, dass nur noch ein einziges Nashorn übrig bleiben würde. Ein Weibchen. Ein deutscher Tourist hatte sie Heidi genannt, und der Name war ihr geblieben. Ein Elefant hatte vor einigen Jahren ihre Mutter getötet. Ein tragisch ungleicher Kampf um das Wegerecht. Sie war durch einen einzigen wütenden Angriff umgekommen. Ich weiß noch, wie ich neben dem toten Körper stand und im Busch eine Bewegung wahrnahm. Es war Heidi. Kaum entwöhnt, hatte sie den Kampf ihrer Mutter bis zu deren Tod wohl beobachtet. Ich kam näher, um zu sehen, ob mit ihr alles in Ordnung war, aber sie lief vor mir in den Busch davon.

Dann ertrank unser anderes Nashorn in einer Sturzflut. Eine Tragödie, wir konnten nichts dagegen tun. Und dann war also nur noch Heidi übrig.

Seitdem war Heidi, die es genoss, mit einer Herde Gnus zu grasen, mit uns aufgewachsen. Sie war der Liebling aller Ranger und Spurenleser. Sie hatte sich zu einem wunderschönen Geschöpf entwickelt und liebte das Spiel mit den Autos, in denen wir die Besucher der Lodge herumfuhren, damit sie Afrikas Wildnis kennenlernten. Sie verzauberte alle mit ihren Possen, kam näher, zog sich zurück, und spähte uns dann kurzsichtig aus, nur um kurz darauf wieder auf ihre umwerfende, hüpfende Nashornart davonzurennen. Wir mussten jetzt tun, was wir konnten, um Heidi zu beschützen.

Trotzdem: Am Tod des von KZN Wildlife gespendeten Weibchens war etwas höchst eigenartig, aber ich kam nicht so recht dahinter. Daher ließ ich Simelane ins Büro rufen, den Wächter, der das tote Tier entdeckt hatte.

»Mhkulu«, sagte er, als er näherkam. Wir schüttelten uns die Hand. Mkhulu heißt so etwas wie »Großvater« oder »Onkelchen«. Es ist mein Zulu-Spitzname. In ländlichen Zulugemeinden gibt man nahezu allen Menschen Spitznamen, und einige nehmen auf recht bissige Weise Bezug auf unsere körperlichen oder sozialen Mängel. Ich hatte Glück gehabt. Zumindest war mein Spitzname nett. Ich habe einen Freund, der sich im Sitzen manchmal mit den Händen auf die Schenkel trommelt. Ihn nannte man Thathazele oder »der Nervöse«. Und der Name blieb ihm auch. Und doch gehört er zu den tapfersten Männern, die ich kenne.

»Guten Tag, Simelane. Gut gemacht, dass du das tote Rhino gefunden hast.«

»Yebo.« Das hieß »ja«.

»Wie hast du es denn gefunden?«

»Ich wusste einfach, dass es da ist.«

»Hast du den Schuss gehört?«

Er schüttelte den Kopf: »Aibo.« Nein.

»Hast du Hyänen gesehen oder vielleicht Geier?«

Wieder schüttelte er den Kopf.

»Aber das Tier lag doch ganz schön weit weg von deiner Route, über einen Kilometer. Warum warst du denn in dieser Gegend?«

»Ich wusste einfach, dass etwas nicht stimmte. Also bin ich hin, um nachzusehen.«

»Aber du hast quasi sofort den richtigen Ort gefunden. Wie hast du das angestellt?«

»Ich habe es gespürt. Irgendetwas stimmte nicht an diesem Morgen.«

»Okay. Danke«, sagte ich und beendete ganz bewusst das Gespräch.

Simelane ging. Und ich war extrem misstrauisch geworden. Natürlich konnte er auch einfach die Wahrheit gesagt haben. Zulu haben manchmal einen sechsten Sinn für den Busch. Vielleicht hatte er nur einfach gedacht, dass etwas nicht stimmte.

Aber irgendwie passte das alles nicht zusammen. Ich kannte meine Aufpasser recht gut. Sie wichen nur sehr selten von ihren geplanten Routen ab. Und wenn, dann nie allein.

Ich rief Bheki auf dem Handy an. »Bleib Simelane auf den Fersen«, sagte ich. »Versuch, sein Vertrauen zu gewinnen. Bis er dir etwas über sich und das Rhinozeros erzählt. Ich kann ihm nicht mehr vertrauen.«

Am nächsten Tag läutete das Telefon. Es war die Polizei. »Ja, Lawrence, wir haben da vielleicht was«, sagte der Sergeant, mit dem wir schon früher zu tun gehabt hatten. »Es geht das Gerücht um, dass eine Bande – wir glauben aus Johannesburg – hierherkam und einen professionellen Schützen anheuerte. Sie gaben ihm eine Zeichnung von einem Nashornkopf, wo genau eingezeichnet war, wohin er schießen musste. Ein X markierte die Stelle. Es hieß, man habe ihm fünftausend Rand bezahlt [etwa siebenhundert US-Dollar]. Das Horn können Sie aber vergessen. Ein Schiff aus Taiwan, das die ganze letzte Woche in der Richards Bay vor Anker gelegen hat, ist gestern ausgelaufen. Passt doch perfekt, oder? Das ist mittlerweile sicher auf hoher See, und du kannst dein ganzes Reservat darauf verwetten, dass sie das Horn dabeihaben.«

Fünftausend Rand? Das Horn würde in Asien ein Vermögen bringen. Die Tatsache, dass die Bande aus Johannesburg kam, das ungefähr sechshundert Kilometer weit entfernt lag, sprach Bände. Das hieß, dass wir es mit Jungs zu tun hatten, die wirklich das große Rad drehten. Profis. Keine örtlichen Wilderer, die ohnehin meist nur für den eigenen Kochtopf jagten. Nein, das war entweder die Burenmafia – wie man die hauptsächlich Afrikaans sprechende Organisation nannte, die die chaotischen Zustände in Südafrika nach der Apartheid zu nutzen wusste, um mit Jagd und Wilderei das große Geld zu machen – oder ein Syndikat aus dem Fernen Osten, das Scharfschützen von außerhalb einflog, um sie die Drecksarbeit machen zu lassen.

»Wir haben das Tier seziert«, fuhr der Sergeant fort. »Sie haben ein R1 benutzt, ein ganz ähnliches Kaliber wie die AK. Eine Kugel aus nächster Nähe direkt ins Gehirn.«

Auch das war interessant. Das R1 war ein örtlich hergestelltes halbautomatisches Sturmgewehr. Die südafrikanische Armee benutzte es während der Grenzkonflikte, bevor die Apartheid abgeschafft wurde. Das konnte bedeuten, dass jemand mit guten Kontakten zur Armee dem Scharfschützen die Waffe geliefert hatte. Auch dies war ein Hinweis auf die Burenmafia, die buchstäblich mit allem handelte: vom Dosenlöwenschießen – dabei werden Käfigtiere von Fahrzeugen aus erschossen –, bis Elfenbein und Rhinozeroshorn.

Am nächsten Morgen rief ich Vusi Gumede, meinen Wildhüter, der für dieses Gebiet verantwortlich war, und bat ihn, Simelane in mein Büro zu schicken. Vusi kam zehn Minuten später zurück.

»Simelane ist heute nicht zur Arbeit erschienen.«

Bingo.

»Okay, nimm dir ein paar Wildhüter mit und geh zu ihm nach Hause. Schleif ihn mit Gewalt her, wenn es sein muss.«

Eine Stunde später kam Vusi zurück. Simelane hatte all seine Sachen gepackt und war abgehauen. Selbst seine Frau wusste nicht, wo er war.

Simelane, der das Reservat gut kannte, hatte die Killer vermutlich direkt zu dem Nashorn geführt. Vielleicht hatte er auch geschossen. Ich meldete es der Polizei.

Am Abend begaben wir uns auf Patrouille. Nur vier von uns: ich, Bheki und zwei mutige Wildhüter namens Thulani und Nkonka. Wir alle hofften auf ein Treffen. Wir wollten diese Wilderer unbedingt stellen.

Wir patrouillierten die ganze Nacht am Zaun entlang oder saßen stundenlang an den Aussichtspunkten. Still suchten wir das Reservat nach dem verräterischen Flackern einer Taschenlampe ab, gaben uns ständig gegenseitig Bescheid, indem wir in unsere Walkie-Talkies flüsterten. Aber wir fanden nichts. Als die Sonne aufging, fiel ich erschöpft in mein Bett. In der folgenden Nacht waren wir wieder unterwegs. Und in der darauffolgenden ebenfalls.

Der zunehmende Dreiviertelmond schimmerte wie ein Leuchtturm – Wilderer arbeiten mit Vorliebe in hellen Nächten. Wir waren schon gut fünf Stunden Patrouille gegangen. Der Morgen würde nun bald heraufdämmern, jene Zeit der Nacht, in der die Lebensgeister am müdesten sind. Bheki und Thulani durchforsteten den Busch in ungefähr hundert Metern Entfernung. Plötzlich packte Nkonka mich am Arm und deutete mit dem Finger auf einen Punkt in der Landschaft. Ich ging sofort in die Knie. Er deutete noch einmal, und da sah ich es: ein winziges Aufblitzen von Licht unten am Hügel. Darauf hatten wir gewartet. Langsam entsicherte ich meine Schrotflinte, während wir den Hügel hinab auf es zuliefen.

Wir nahmen unsere Position ein und bezogen Deckung hinter zwei großen Elefantenbäumen an einem Wildbach. Dann warteten wir geduldig. Das Adrenalin schoss uns heiß durch die Adern, als sich in dreißig Metern Entfernung zwei Gestalten aus dem Dunkel schälten. Sie sahen uns und fingen an, zu laufen. Wild feuernd rannten sie direkt auf Nkonka zu. Dieser verließ seine Deckung, stand auf und schoss aus der Hüfte mit seinem Lee-Enfield-Repetiergewehr Kaliber .303. Die Hölle brach los, als die Nacht in lauten Schüssen und Schreien explodierte. Es fühlte sich an wie eine Ewigkeit, dauerte aber wohl höchstens zehn Sekunden. Ich schwang meine Schrotflinte hin und her, immer nach einem Ziel Ausschau haltend, aber von meinem Standpunkt aus waren nur Schatten zu sehen. Ich konnte nicht einfach losfeuern, sonst hätte ich vielleicht Nkonka verletzt.

Plötzlich Stille. Sie waren fort, in den Busch abgetaucht.

»Nkonka!«, flüsterte ich. »Alles okay mit dir?«

»Yebo, Mkhulu. Alles gut.« Es war ein Wunder. Er war voll in den Kugelhagel geraten und erwiderte ihr Feuer mit einem Gewehr, das jedes Mal manuell nachgeladen werden musste. Und er hatte nicht eine Schramme abbekommen.

»Gott sei Dank. Gut gemacht.«

Bheki und Thulani kamen auf uns zugelaufen. Ich sah Bheki an, wie enttäuscht er war, dass er das Ganze verpasst hatte.

»Schaut mal«, sagte Nkonka. Der Kegel seiner Taschenlampe fiel auf eine Blutlache. Einer der Wilderer war verwundet.

»Los«, meinte Bheki. Er schaltete die Taschenlampe ein und folgte der Spur. Manchmal verlor er sie, dann mussten wir nochmal zurücklaufen, um sie wieder aufzunehmen.

Aber selbst im hellen Licht des Mondes war es schwer, sich einen Weg durchs Gelände zu bahnen, und auf dem harten Boden hielten sich kaum Spuren, weshalb wir widerstrebend beschlossen, nach Hause zu fahren.

Am nächsten Morgen schickte ich Bheki raus. Er sollte sehen, ob er die Spur wiederaufnehmen konnte. Tatsächlich verfolgte er sie zu einem Loch im Zaun, durch das die Wilderer entkommen waren. Seiner Ansicht nach waren es drei.

Dann zeigte er mir noch etwas – eine der Fußspuren passte exakt zu der, die wir vor wenigen Tagen verfolgt hatten. Es war also dieselbe Bande, die unser gespendetes Nashorn getötet hatte. Unsere Hoffnungen hatten sich erfüllt, obwohl ich es kaum glauben konnte, dass die Wilderer so dreist waren, so schnell wieder zurückzukommen, um noch ein Tier zu erlegen. Offensichtlich waren sie hinter Heidi her.

Nkonkas Schüsse hatten das Feuergefecht für uns entschieden und der Bande zumindest einen Verlust zugefügt. Nun war klar: Thula Thula war gewappnet für jeden, der dort Elefanten oder Nashörner töten wollte.

2

Etwa eine Woche später, ich war gerade in der Safari Lodge, läutete das Telefon. Am Apparat war Julie Laurenz, eine der Top-Fernsehjournalistinnen Südafrikas. Sie lebt mit ihrem Mann, dem Fotografen Christopher, in Durban, einem der schönsten Ferienorte Südafrikas, ungefähr zwei Autostunden südlich von Thula Thula gelegen. Die beiden arbeiteten an einem Artikel über die Nashornwilderei in Südafrika und hatten von dem Tier gehört, das in unserem Reservat umgekommen war, und auch von Nkonkas mutigem Feuergefecht. Ich berichtete kurz, was passiert war, und wir sprachen über den Ernst der Lage. Nicht nur waren die Lieferwege nach Asien kürzer als je zuvor, weil Afrika immer mehr Handel mit dem Fernen Osten trieb. Julie erzählte mir auch, dass vermehrt professionelle Banden ihr Unwesen trieben, die die Tiere zuerst vom Hubschrauber aus betäubten und dann mit Automatikwaffen erledigten. Die Hörner wurden zwischen legalen Waren versteckt außer Landes geschmuggelt – nicht selten, so hieß es, auch in Diplomatenköfferchen.

Als Journalistin an vorderster Front besaß Julie immer die aktuellsten Informationen. Von ihr erfuhr ich etwas, das mir das Blut in den Adern gefrieren ließ: Sie hatte glaubwürdige Berichte erhalten, wonach es nicht einmal mehr fünfzehn wild lebende Nördliche Breitmaulnashörner gab. Und diese wenigen noch existierenden Exemplare lebten im Garamba-Nationalpark in der Demokratischen Republik Kongo (DR Kongo). Der Nationalpark liegt im Nordosten des Landes, an der Grenze zum Sudan. Etwa dreitausendfünfhundert Kilometer von hier entfernt.

Ich wusste, dass das Nördliche Breitmaulnashorn schon seit einiger Zeit gefährdet war, aber nicht einmal mehr fünfzehn Exemplare? »Sind Sie sicher, dass die Zahl stimmt?«, fragte ich. »Ja, möglicherweise sind es sogar noch weniger«, antwortete Julie. »Die Behörden lassen den Nationalpark im Stich. Wenn kein Wunder geschieht, ist hier Schicht im Schacht.« Ich dankte Julie und legte auf. Wieder eine wichtige Lebensform verschwunden, dachte ich, während der Rest der Welt nicht einmal mit der Wimper zuckt. Das Nördliche Breitmaulnashorn existierte schon seit Millionen von Jahren, sein Lebensraum hatte sich quer über das Zentrum Afrikas, den Tschad, die Zentralafrikanische Republik, den Kongo, Sudan und Uganda erstreckt. Und nun gab es nur noch fünfzehn Exemplare, die einen wahren Holocaust überlebt hatten. Diese Nachricht erschütterte mich.

In Südafrika lebt das Südliche Breitmaulnashorn, wie unsere Heidi eines ist. Es sieht fast genauso aus wie sein nördlicher Verwandter, unterscheidet sich jedoch genetisch von ihm. Das Südliche Breitmaulnashorn stand bis vor Kurzem ebenfalls vor der Ausrottung. In den 1960er-Jahren gab es nicht einmal mehr fünfhundert Exemplare, die in dem weltweit bekannten Umfolozi-Nationalpark in der Provinz KwaZulu-Natal lebten.

Dann kam der vermutlich beeindruckendste Naturschützer aller Zeiten hierher: Dr. Ian Player, ein absolut furchtloser Mensch, dem die Wildnis sozusagen im Blut steckte, mehr als jedem anderen, den ich je kannte. Player leitete das Umfolozi-Reservat. Er scharte eine Reihe nicht minder furchtloser Männer um sich und rief die »Operation Rhino« aus, um die letzten Tiere zu retten. Auf seinem Kreuzzug zur Rettung dieser wunderbaren Geschöpfe legte er eine gewisse Verachtung für bürokratischen Klinkerkram an den Tag und verfolgte Wilderer gnadenlos. Dank seines Muts und seiner Vision konnte der Genpool erhalten werden. Heute leben unglaubliche dreiundneunzig Prozent der weltweiten Nashorn-Population in Südafrika. Doch nun drohten die neuen Hightech-Wilderer Players Werk zu zerstören.

Das Bild, wie das abgeschlachtete Tier mit seinem knittrigen Gesicht und abgehackten Horn auf unserem Land lag, ließ mich nicht mehr los. Ich wusste, dass die Massaker auf dem Kontinent immer schlimmer wurden. Das trieb mich um. Wenn wir helfen konnten, die letzten Nördlichen Breitmaulnashörner zu retten, würden wir ein Beispiel setzen und den Genpool vielleicht erhalten können. Gut, es würde einige Generationen brauchen, bis er sich erholt hätte, aber diese wunderbare Gattung würde überleben.

Ich wusste, ich musste es versuchen.

Anfang 2006 liefen die Lodges in Thula, die meine Frau Françoise managte, sehr gut und warfen auch Geld ab. Die Projekte für die umliegenden Zuludörfer funktionierten und die von mir gegründete Naturschutzorganisation Lawrence Anthony Foundation expandierte. Sie wird auch heute noch von hoch motivierten Mitarbeitern geführt, denen das Wohlergehen des afrikanischen Tier- und Pflanzenreichs wichtiger ist als persönlicher Gewinn. Doch natürlich musste all das kontrolliert und verwaltet werden, und dieses neue Projekt würde mich viel Zeit kosten.

Aber manchmal muss man im Leben einfach loslegen. Wenn man dauernd nur herumsitzt und überlegt, passiert nie etwas. Das wurde mir plötzlich klar.

Ich rief also meine Söhne Jason und Dylan an, die eine Umweltschutzorganisation in Durban leiteten, und erklärte ihnen, was ich vorhatte. Wir wollten uns am nächsten Tag in Durban treffen.

Als ich in ihr Büro kam, hatten die beiden schon einiges organisiert. Grant Morgan, ein Logistikexperte, und Marga Marzalek, eine fähige Verwaltungskraft, schlossen sich uns an. Sie waren sofort einverstanden mit dem Projekt. Alle waren Feuer und Flamme für die Idee, die Nashörner vor dem Aussterben zu retten. Wir waren uns einig: Wir mussten es versuchen, weil es ein hehres, dringendes und lohnendes Projekt war. Also stellten wir erste Nachforschungen an, bemühten uns um Fundraising und um die Logistik des Ganzen, inklusive der behördlichen Genehmigungen, um die Nashörner zu fangen und sie in ein Schutzgebiet im Kongo oder nötigenfalls auch in Kenia oder Südafrika zu bringen.

Wir würden uns in den gesetzeslosen Teil Afrikas vorwagen, dorthin, wo es keine nennenswerte Verwaltung gab und wo es ständig zu Bürgerkriegen oder Stammesfehden kam. Die Demokratische Republik Kongo und ihre Nachbarn in der Gegend um die Afrikanischen Großen Seen waren nunmehr seit gut drei Jahrzehnten in Aufruhr. Das Leben dort war kurz, hart und grausam. Hier würden wir auf jeden Fall gut ausgebildetes Militär brauchen, um etwas zu erreichen. Das Projekt würde mit den Sicherheitsvorkehrungen stehen und fallen.

Und ich wusste genau, an wen ich mich diesbezüglich wenden musste: JP Fourie, einen ehemaligen Special-Forces-Agent mit einer großen Liebe zur Natur Afrikas. Mittlerweile war er ein erfolgreicher Geschäftsmann in der Luftfahrtbranche. Aber er hatte in Afrika immer noch gute Kontakte, vor allem in der DR Kongo. Und er wusste auf sich aufzupassen, wenn es hart auf hart kam. Wichtiger noch: Er wusste, wie man Ärger aus dem Weg ging.

»JP«, sagte ich, als ich ihn anrief. »Ich versuche gerade, ein Team zusammenzustellen, um die Ausrottung des Nördlichen Breitmaulnashorns im Kongo zu verhindern. Es gibt nur noch einige wenige Exemplare, und wenn die nicht überleben, ist es aus. Wir müssen in den Norden des Landes, ins Garamba-Reservat. Das ist Niemandsland, daher ist Sicherheit ein gewaltiges Problem. Ich brauche eine rechte Hand.«

»Hört sich gut an«, antwortete er. »Reden wir doch mal drüber.«

Jason und ich nahmen sofort einen Flug nach Pretoria, Südafrikas schöne Hauptstadt im Norden des Landes, wo wir JP treffen wollten.

Mit seinen sechsunddreißig Jahren sah er auf eine raue Weise gut aus. Muskulöse ein Meter achtzig, grüne Augen und lockiges braunes Haar. Seine immer noch soldatische Disziplin verband sich mit dem Scharfsinn des Geschäftsmanns und einem warmherzigen Sinn für Humor, den er allerdings für Freunde aufsparte. Er war von oben bis unten ein Profi.

Er dachte kurz darüber nach, was wir von ihm wollten: in einen gewaltgebeutelten Teil der Welt zu reisen, um Tiere zu retten, und das ohne jede Garantie auf Erfolg.

»Diese verdammt armen Nashörner«, sagte er mit seinem stark vom Afrikaans geprägten Akzent. Sein Blick wanderte über den gut besuchten Biergarten, in dem wir uns verabredet hatten. »Da müssen wir ernst machen, Lawrence. Das ist kein Cowboyabenteuer. Ich habe ein paar Anrufe getätigt, dort sind kriminelle Banden unterwegs. Mitten im Niemandsland. Es gibt keine Polizei, keine Armee, kein Gesetz, kein Nichts. Dafür Rebellen, aufständische Stämme und alle haben sie Maschinengewehre. Ich habe gehört, dass man die Naturschützer mit Gewalt aus Garamba vertrieben hat. Aufseher, Wildhüter, Manager, Verwaltungsmitarbeiter – sie sind weg, weil es für sie zu gefährlich war. Das ist ein Paradies für Wilderer, wie es im Buche steht.«

»Ja, das habe ich auch gehört.«

»Sie versuchen jetzt zwar, wieder zurückzukehren, aber ansonsten war lange Zeit niemand vor Ort.«

JP fuhr fort und zählte nacheinander die einzelnen Probleme an seinen Fingern ab: »Zunächst einmal brauchen wir ein Flugzeug und einen Hubschrauber. Dann müssen wir überlegen, wie wir die Treibstoffversorgung organisieren. Im Umkreis von achthundert Kilometern gibt es keine Möglichkeit, Flugzeuge aufzutanken. Also werden die Versorgungswege relativ lang sein. Wir können keine Gewehre einführen, folglich müssen wir sie vor Ort besorgen. Das lässt sich aber arrangieren.«

Er atmete kurz durch. »Es wäre verrückt, zu versuchen, über Uganda in den Kongo zu kommen. Auf dem Weg stoßen wir direkt auf das Gebiet, das von der Lord's Resistance Army (LRA) kontrolliert wird. Das sind schwer bewaffnete Guerillakämpfer aus Uganda, die Yoweri Museweni, den ugandischen Präsidenten, absetzen wollen. Sie sind im Norden und Osten des Garamba-Parks aktiv und wirklich eine fiese Truppe. Niemand weiß genau, wo sie sich aufhalten, und wenn du dich auch nur ein paar Meter auf ihr Gebiet vorwagst, schießen sie dein Flugzeug ab. Sie haben gerade zwei UN-Kampfhubschrauber außer Gefecht gesetzt. Das heißt, wir müssen den langen Weg nehmen, über den Süden und dann über Kinshasa. Der Flug von Kinshasa in den Garamba-Nationalpark dauert in einer kleinen Maschine etwa neun Stunden, falls wir einen Piloten finden, der verrückt genug ist, dorthin zu fliegen. Sobald wir drin sind, sind wir immer wieder für längere Zeit am Boden und damit angreifbar. Ich hab's ja schon gesagt: Das ist echt verrückt.«

»Genau deshalb müssen wir es ja tun«, antwortete ich.

JP sah mich an und lächelte: »Meine Quellen sagen mir, dass es noch eine weitere Naturschutzorganisation gibt, die den Behörden der DR Kongo unter die Arme greifen will und vielleicht sogar schon vor Ort ist. Ich habe meine Hausaufgaben gemacht, wie du siehst. Diese Leute haben vermutlich die besten Absichten, aber glaub mir, die werden alle Hände voll zu tun haben. Sie wissen nicht, was ihnen blüht. Wenn sie der LRA in die Hände fallen, ist das das Ende – für sie und für die Nashörner. Mann, ich weiß nicht mal, ob wir das schaffen werden.«

Er lehnte sich auf seinem Stuhl zurück und seufzte.

»Wir schaffen das«, sagte ich. »Wir müssen. Wenn wir scheitern, hat das Nördliche Breitmaulnashorn keine Chance. So einfach ist das. Dies ist die einmalige Chance, etwas wirklich Wichtiges und Wertvolles zu tun. Dieser Kampf lohnt sich.«

»Vielleicht«, gab er zurück und fuhr dann fort: »Wir werden einen Trupp der besten – und ich meine allerbesten – Kämpfer überhaupt brauchen. Wir brauchen Angriffswaffen, mindestens ein paar Heckler & Koch Sturmgewehre, MP3S-Maschinengewehre, Berettas und einen 20-mm-Granatwerfer. Vielleicht sogar ein paar RPG-Panzerbüchsen, wenn wir die Erlaubnis bekommen.«

JP sah mir direkt in die Augen. »Der einzige Grund, weshalb diese paar Nashörner noch am Leben sind, ist die Tatsache, dass sie tief im Busch leben und schwer zu finden sind. Wenn wir all diese Nashörner an einen Ort bringen, wird sich die Nachricht wie ein Lauffeuer verbreiten und wer weiß, wer sich dann dafür interessiert. Die Hörner sind ein Vermögen wert.«

»Wie sieht es überhaupt mit Geld aus?«, fragte er. »Das wird ganz schön was kosten.«

»Ich glaube, das bekomme ich hin. Sicher weiß ich das in ein paar Tagen.«

»Lawrence, bist du dir wirklich sicher, dass du das machen willst? Ich weiß, dass du wegen deiner Tiere auch vorher schon ein paar ziemlich heikle Situationen überstanden hast. Aber das ist noch mal eine ganz andere Sache.«

»Ich mache das«, entgegnete ich. »Ich muss diese Expedition einfach auf die Beine stellen.«

»Wie lange wird es dauern?«

»Nun, wir müssen rein und ein Basislager aufschlagen«, antwortete ich. »Dann müssen wir per Hubschrauber die noch verbliebenen Nashörner aufspüren. Es ist ein ziemlich großes Gebiet, also werden wir vermutlich eine Woche brauchen. Dann müssen wir sie betäuben und in einen sicheren Pferch schaffen, eine *Boma*. Die sollte so nah wie möglich an der Landebahn sein. Und wir brauchen einen Hubschrauber, der schwere Lasten transportieren kann, um die Tiere dorthin zu bringen. Sobald sie sich alle in der Boma befinden und gesundheitlich stabil sind, bringen wir sie in ein Transportflugzeug, das groß genug ist – so was wie eine C-130 –, und fliegen sie raus. Also drei bis vier Wochen insgesamt. Wenn alles glatt geht.«

JP sagte gut eineinhalb Minuten lang kein Wort. Ich schwieg ebenfalls. Er brauchte Zeit, um seine Entscheidung zu treffen, und ich wollte ihn dabei nicht drängen. Dann stand er langsam auf, sah mir wieder direkt in die Augen und streckte mir seine Hand entgegen.

»Okay«, kam es von ihm. »Wenn du das durchziehst, bin ich mit dabei. Du besorgst das Geld. Und ich werde für deine Sicherheit sorgen, während du deine Nashörner fängst.«

Wir umarmten uns. Das war wirklich kein kleiner Gefallen.

JP liebte Abenteuer, und er liebte die Wildnis – beides würde ihm das Kongoprojekt bieten, und zwar im Überfluss. Er hatte auch gute Kontakte zur Botschaft der DR Kongo, was ein nicht zu unterschätzender Vorteil war. Dass ich einen Vollprofi wie ihn für mein Projekt gewinnen konnte, hob meine Lebensgeister ganz beträchtlich, und so fuhr ich zurück nach Thula, geradezu beseelt von meinem Plan.

Unsere Unternehmung bestand also aus zwei operativen Einheiten: der Expedition selbst und dem Backup-Team, das von zu Hause in Südafrika für den Nachschub und die Logistik sorgen würde. Jason, mein ältester Sohn, würde die Expedition begleiten, JP sich um die Security kümmern und ich mich um die Tiere. Ich würde die Betäubung und das Einfangen beaufsichtigen, was zudem hieß, dass wir einen guten Wildtierarzt brauchten. Dylan, mein jüngerer Sohn, würde hierbleiben, um die gesamte Operation zu leiten und unsere Aktivitäten zu koordinieren. Grant Morgan war für die Logistik zuständig, für den Nachschub und die Ausrüstung, Marga für Kommunikation und Verwaltung.

Als ich zu Hause eintraf, überbrachte Jason mir weitere gute Nachrichten. Der Bergbaukonzern BHP Billiton interessierte sich für unser Vorhaben und stellte uns erhebliche Mittel zur Verfügung.

Die Politik der »Kooperativen Ökologie«, die wir vertraten, machte sich nun bezahlt. Wir glaubten, dass die kategorische Dämonisierung von Wirtschaft und Industrie, die für die grüne Bewegung in der Vergangenheit typisch war, ein Ende haben musste. Die Menschen auf diesem Planeten müssen leben können. Das heißt, dass beide Seiten ein besseres gegenseitiges Verständnis entwickeln müssen, aber auch eine höhere Wertschätzung der Natur. Wenn die Tierrechtler sich gegen die Bergbaukonzerne wenden, dann müssten sie logischerweise in ihrem Leben auch auf alles aus Metall oder Glas verzichten. Die Achtung der Biodiversität muss ein Teil der Industrie werden, und natürlich müssen kritische Bereiche vor Ausbeutung geschützt werden. Aber dazwischen bleibt immer noch genug Raum für Kooperation und Kompromisse.

Mein nächster Termin war mit Dr. Ian Raper, hochkompetenter Präsident der South Africa Association for the Advancement of Science (S2A3), Afrikas ältester Akademie der Wissenschaft. Ian, der in Pretoria lebte, hatte ausgezeichnete Kontakte zur afrikanischen Wissenschaftswelt. Und die konnten wir wirklich gebrauchen.

»Das ist eine absolut unerlässliche Unternehmung«, meinte er, nachdem wir uns lange über meine Pläne unterhalten hatten. »Viel wichtiger noch, als ich anfangs dachte. Ich werde einen Brief an die Regierung der DR Kongo richten und empfehlen, dass sie euch unterstützt und zu dem Projekt beiträgt. Und ich werde mit unserer Regierung reden. Das ist mehr als eine simple Rettungsaktion. Hier braucht es eine dauerhafte Kooperation zwischen der DR Kongo und Südafrika. Nach der Aktion werde ich vorschlagen, dass unsere Organisation Stipendien ausschreibt, damit engagierte Studenten in den Regionen um den Nationalpark arbeiten können.«

Nach diesem Gespräch wusste ich, dass das alles tatsächlich klappen konnte.

Zehn Tage später waren Jason und ich wieder in Pretoria, um JP und Ian zu treffen. Wir vier suchten die Botschaft der DR Kongo auf und sprachen mit dem Botschafter Bene M'Poko. Wie das bei afrikanischen Führungskräften so häufig der Fall ist, war auch er gekleidet wie aus dem Ei gepellt. Sein schicker europäischer Anzug bildete einen scharfen Kontrast zu meinem Khaki-Buschanzug. Er hatte etwas Ernsthaftes und Würdevolles an sich, was mir Vertrauen einflößte, denn wir würden ja so heikle Themen wie die Anarchie im Garamba-Park ansprechen müssen und ihre Auswirkung auf unser Projekt.

»Der Garamba-Nationalpark wurde von unserem Management verlassen«, meinte der Botschafter, nach den Vorstellungen und dem unvermeidlichen Small Talk. »Wir werden zurückkehren, und wir haben auch schon eine Naturschutzorganisation, die uns dabei hilft. Aber die Umstände dort sind immer noch schwierig, und wir können jede Hilfe gebrauchen, die wir bekommen können. Die Situation der Nashörner ist wirklich kritisch und, wie Sie wissen, haben wir ernsthafte Sicherheitsbedenken.«

Er hielt inne und goss uns aus einem sehr zarten und repräsentativen Porzellanservice Tee ein.

»Wir haben von Ihrer Organisation gehört. Wir wissen von Ihrer Arbeit für die Wildtiere im Irak, als die Koalition der Willigen dort einfiel. Und wir haben Ihre Dokumentation mit Interesse gelesen«, meinte er und legte die Hand auf unsere Projektbeschreibung, die vor ihm auf dem Tisch lag. »Im Übrigen hat unsere Regierung auch von dem Präsidenten Ihrer Akademie der

Wissenschaften einen Brief erhalten«, fügte er an und nickte Ian zu.

Er lehnte sich zurück.

»Ihr Hilfsangebot ist sehr willkommen. Es kommt gerade zur rechten Zeit. Ich habe das mit unserem Umweltminister besprochen. Die Initiative ist genehmigt, und alles ist bereit, damit Sie den Minister in Kinshasa aufsuchen können, der Sie mit seinen Mitarbeitern bekannt machen wird. Gleich danach werden Sie eine erste Reise nach Garamba unternehmen können, um die Lage zu überprüfen. Das Ministerium wird Sie dabei unterstützen. Ich habe mit meinen Kollegen in Ihrer Regierung Kontakt aufgenommen. Es handelt sich dabei um eine gemeinsame Operation unserer beiden Länder. Sind Sie damit einverstanden, meine Herren?«

Waren wir. Alle standen auf und schüttelten einander die Hände. Ich persönlich fand ja, es wäre passender gewesen, wir hätten uns abgeklatscht, aber wir waren ja schließlich in einer Botschaft. Wir hatten das Projekt in Rekordzeit auf die Beine gestellt und nun war der Startschuss gefallen.

Ich hätte wissen sollen, dass die Dinge in Afrika selten so einfach waren.

3

Ich kam gerade rechtzeitig zum Frühstück nach Thula Thula zurück. Meine französische Frau Françoise erwartete mich wie immer mit strahlendem Gesicht. Wir hatten uns zufällig kennengelernt, als wir beide vor zwanzig Jahren in London ein Taxi anhielten. Seitdem hatte sie eine bemerkenswerte Veränderung durchgemacht, von den Straßen und Bistros des kosmopolitischen Paris in den afrikanischen Busch. Und doch: Je länger sie in Afrika lebte, desto stärker schien ihr französischer Akzent zu werden.

Hinter Françoise kamen die Hunde angelaufen. Bijou, ihr frecher kleiner Malteser, in unserer häuslichen Hackordnung direkt über mir stehend, ließ sich dazu herab, kurz von mir Notiz zu nehmen. Bijou glaubte, nicht ganz zu Unrecht, dass sie, was Françoise anging, die wichtigste Lebensform im Reservat war, und benahm sich entsprechend.

Der Nächste, der mich begrüßte, war Big Jeff, der dabei deutlich mehr Begeisterung an den Tag legte als Bijou. Jeff ist vermutlich eine Kreuzung aus einem Labrador und einem Seehund. Zumindest sieht er so aus und benimmt sich so. Wir haben ihn vor seinen brutalen Haltern gerettet, und er dankt uns das mit bedingungsloser Treue und Loyalität, die er uns meist entspannt von seinem Lieblingsplatz am Swimmingpool aus erweist. Ich habe schon überlegt, ob ich ihn nicht zum Wettbewerb um den schläfrigsten Hund aller Zeiten anmelden sollte, aber das wäre unfair den anderen Bewerbern gegenüber.

Und dann gab es noch Gypsy, einen schwarzen Rettungshund, den wir von der Gesellschaft zur Verhütung von Grausamkeit gegenüber Tieren bekommen haben. Gypsy war ein ganz wunderbarer Mischling, eine Promenadenmischung mit einem Herzen so groß wie Afrika. Sie schlief auf unserem Bett und brachte die Nacht meist damit zu, so lange herumzurollen, bis ihr Hinterteil genau in mein Gesicht starrte. Ihr ganz persönliches Guten-Morgen-Geschenk.

So bunt gemischt unser Hunderudel auch war, wir liebten sie alle. Meine beiden Söhne Jason und Dylan stammen aus einer früheren Ehe, aber Françoise hatte nie Kinder gehabt. Bijou, Jeff und Gypsy waren ihre Familie in Südafrika. Sie behandelte uns alle gleich, zumindest fast. Wenn ich zum Kühlschrank pilgerte, um zu gucken, was es zum Abendessen gab, war ich mir nie ganz sicher, was für uns war und was für die Hunde. Manchmal entschied ich mich für das Hundefutter.

Françoise ist eine ganz wunderbare französische Köchin – die Beste der Welt, wenn man mich fragt. Daher beschwert sich hier niemand.

Max, meinen wunderbaren Staffordshire Terrier, der vor einigen Jahren gestorben war, hatten wir ganz in der Nähe von unserem Cottage beerdigt. Ich dachte oft an ihn, an seinen Mut und die wundervollen Buschabenteuer, die wir gemeinsam erlebt hatten. Wäre Max noch am Leben, hätte er mich im Jahr zuvor zum Schusswechsel mit den Wilderern begleitet. Bei der kleinsten Gelegenheit hätte er seine Zähne in eines der Wildererbeine geschlagen. Und Staffies lassen niemals wieder los.

Nach einem köstlichen französischen Frühstück (mittlerweile habe ich mich an Croque Monsieur und Croissants gewöhnt) fiel ich ins Bett und schlief wie ein Stein. Ich hatte heute Nacht wieder Dienst. Die Patrouillen würden nicht mehr enden, bis wir entweder die Wilderer gefasst hatten oder sie die Gegend verließen.

Es waren hektische Wochen gewesen, vom Feuergefecht mit den Wilderern bis hin zum Plan für die Rettung der Nashörner aus dem Kongo. Als ich aufwachte, beschloss ich, mir einen Nachmittag freizunehmen und zur Abwechslung mal tagsüber in den Busch zu fahren. Ich steuerte die abgelegenste Ecke von Thula Thula an, ließ den Landrover stehen und wanderte durch die Savanne zu meinem Lieblingsplatz am Ufer des Nseleni-Flusses.

Die Sicherheit des Fahrzeugs aufzugeben und allein und unbewaffnet in den Busch vorzudringen, gibt dem Leben gleich eine neue Perspektive. Plötzlich sind Sie vollkommen von der Menschheit isoliert und tauchen ein in die lebendige Wildnis. In eine ursprüngliche Welt. Manche Menschen reagieren darauf angespannt, andere genießen es. An jenem Tag war es genau das, was ich brauchte.

Der alte Fluss schleppte sich träge durch sein Bett. Da und dort bildeten sich Wasserbecken. Die rutschigen, schlammigen Ufer schoben sich aus dem wirren Unterholz hinein ins dunkle, stille Wasser.

Eine eiserne Regel in Afrika lautet, jeden Wasserlauf als potenzielle Heimat von Nilkrokodilen zu betrachten. Ich suchte mir also einen bequemen, hochgelegenen Felsen am Ufer, von dem aus ich die Wasserbecken überschauen konnte. Und dann sog ich die Umgebung ein. Es war ein strahlend heißer afrikanischer Tag unter einem azurblauen Himmel, an dem da und dort strahlend weiße Nimbuswölkchen standen wie Wattebauschen. Nicht genug für Regen, aber gerade so viel, um der Hitze den Stachel zu nehmen. Einen Augenblick lang überlegte ich, wie lange wir schon kein Gewitter mehr gehabt hatten, das den Boden durchtränkt hätte. Aber der Tag war vollkommen, und so hörte ich auf, mir Sorgen zu machen.

An einem Fluss müssen Sie sich so lange still verhalten, bis seine Bewohner merken, dass Sie ihnen nichts Böses wollen. Sobald Sie akzeptiert werden, nimmt das Leben munter wieder seinen Gang auf.

Den Anfang machen immer die Frösche. In der Nahrungskette ganz unten zu stehen hat so seine Herausforderungen, vor allem, wenn das laute Gequake, das eigentlich Paarungspartner anlocken soll, Fressfeinde per Audiosignal zu ihrem Versteck lotst. Daher haben die Frösche eine kluge Verteidigungsstrategie entwickelt. Sie hocken zusammen im Schilfbett und posaunen ihre Rufe so laut in die Welt hinaus, dass sich ein geheimnisvolles Echo entwickelt. Dieser Widerhall verbirgt ihre genaue Position vor Vögeln, Eidechsen und Welsen, welche die Frösche nur zu gern verspeisen würden, würden sie nur ihr Versteck kennen. Nur die Weibchen fallen nicht auf die akustische Irreführung herein.

Als Nächstes kamen zierliche metallisch-blaue Malachit-Eisvögel heraus, die über den Becken schwebten und herumschwirrten, das Wasser beim Eintauchen kräuselten und manchmal mit einer dicken Kaulquappe oder, wenn sie Glück hatten, einer winzigen Brasse wieder an die Oberfläche kamen. Libellen in leuchtendem Orange, Blau, Grün und tiefstem Schwarz flatterten mit ihren transparenten Flügeln. Wie immer spähte der Hammerkopf im seichten Wasser nach Beute. Seine scharfen Augen hinter dem mitleidlosen Schnabel glitten über die glatte Oberfläche. Der legendäre Wasservogel mit der braunroten Federhaube baut große Baumnester aus Schlamm und Zweigen, die das Gewicht eines Mannes tragen können. Ein eher makabrer Aberglauben der Zulu besagt, dass wenn während eines Sturms ein Hammerkopf auf einem Hausdach landet, bald jemand aus der Familie sterben wird.

Ein kleiner Wirbel im Wasser verriet mir das erste Krokodil. Es hatte meine Ankunft bemerkt und war leise mit seinem ganzen Reptilienkörper untergetaucht. Ich konnte es unter Wasser sehen, ein riesiger Schatten unter der Oberfläche, der sich langsam näherte, wohl in der Hoffnung, ich könnte ihm als Mittagessen dienen. Mir lief es kalt über den Rücken. Ganz egal, wie viele Krokodile ich schon gesehen hatte, sie lösten in mir stets eine geradezu absurde Faszination aus. Mittlerweile aber sterben sie in Afrika zu Hunderten, weil der Mensch immer weiter in ihren Lebensraum vordringt. Daher könnten auch sie bald auf der Liste der vom Aussterben bedrohten Tierarten stehen. In Thula Thula werden sie geschützt, wie jede Tierart. Irgendwann beschloss mein Krokodil, dass ich wohl außer Reichweite war. Allerdings blieb es im Schilf, denn es könnte ja sein, dass ich irgendwas Dummes anstellte wie zum Beispiel mich nahe ans Ufer zu begeben. Das wäre dann so ziemlich das Letzte, was ich in diesem Leben tun würde.

Zwei Sumpfschildkröten, *ufudu*, wie die Zulu sie nennen, schoben sich in eines der Wasserbecken vor, um zu sehen, ob sie irgendwo Würmer oder andere Schildkrötenleckerbissen finden würden. Alle Tiere, selbst Krokodile, gehen ihnen aus dem Weg, denn sie sind sozusagen die Stinktiere des Wassers. Sie bespritzen Fressfeinde mit übel riechendem Urin, den man nicht einmal mit Karbolseife so einfach wieder abbekommt.

Das geschäftige Leben am Fluss bezauberte mich für ein paar Stunden und linderte den Stress der vergangenen Tage. Vollkommen in die Wildnis einzutauchen ist die reinste und natürlichste Therapieform überhaupt. Und das Beste: Sie müssen nichts weiter tun, als präsent zu sein. Was Sie dort sehen und hören, ist Balsam für die Seele, und die Düfte des afrikanischen Buschs sind Aromatherapie pur.

Dann kamen einige der großen Jungs des Buschlandes vorbei. Eine Herde riesiger, erhitzter und staubiger Afrikanischer Büffel kamen sehr viel leiser, als man denken würde, näher. Sie nahmen das größte Wasserbecken in Beschlag, drängten bis zum Bauch ins Wasser und stillten mit absoluter Krokodilverachtung ihren Durst. Ich sah mich kurz um und merkte mir, wo der nächste Baum stand, auf den ich klettern konnte, falls sie mir zu nahe kämen. Aber sie interessierten sich kein bisschen für mich und zogen ihrer Wege.

Und manchmal hat man einfach riesengroßes Glück. In einem Seitenarm des Flusses erkannte ich eine schwache Bewegung und beugte mich vor. Ich erkannte die Form zunächst kaum, dann konnte ich es fast nicht glauben. *Voilà!* Eine Python unter Wasser, den langen Körper reglos im Ried. Nur ihre Nasenspitze lugte heraus. Möglicherweise lauerte sie dort schon seit Tagen, unbeweglich und mit einer Geduld, die in der Natur ihresgleichen sucht, auf die richtige Beute und den richtigen Augenblick. Dann würde sie zuschlagen, schnell und tödlich, indem sie viereinhalb Meter tödliche Muskeln um ihr Opfer schlang und innerhalb weniger Minuten alles Leben aus ihm herausquetschte. Je nachdem, wie groß ihre Beute ausfiel, würde sie wochenlang, manchmal sogar monatelang, nichts mehr zu essen brauchen.

Zeiten wie diese machten mir immer wieder deutlich, wie wichtig die Naturschutzprogramme waren, die wir vor Ort durchführten. Ohne diese Bildungsangebote wäre diese wunderbare Welt, die vor meinen Augen lag, innerhalb weniger Generationen verschwunden. Doch selbst diese Programme boten keine Garantie.

Der faule Nachmittag hatte ein Ende, als ich plötzlich spürte, dass etwas nicht stimmte. Ein Prickeln auf der Haut sagte mir, dass ich beobachtet wurde. Ich habe es aufgegeben, diese instinktiven Gefühle infrage zu stellen, dieses von der Natur eingebaute Alarmsystem. Also setzte ich mich auf der Stelle auf und sah mich um, suchte jeden Baum, Busch und Strauch nach etwas Unüblichem ab. Nichts.

Unzufrieden stand ich auf und drehte mich halb um, um einen Blick hinter mich zu werfen. Und erstarrte zur Salzsäule. Hinter mir, keine zwanzig Meter entfernt, standen zwei massige, schlammbedeckte Büffelbullen, die wir Dagga Boys nennen. Sie gehören unbestreitbar zu den gefährlichsten Tieren Afrikas – und sie musterten mich aufmerksam. Ich brach den Augenkontakt sofort ab und sah weg. Ich zwang mich, vollkommen reglos zu bleiben, während mein Gehirn die Alternativen durchspielte.

Eigentlich hatte ich keine. Sie standen zu nah an dem Fluchtbaum, den ich mir ausgesucht hatte. Diese Option fiel also schon mal flach. Auf der anderen Seite das wenig einladende dichte Unterholz des Flusses. Auch kein Fluchtweg. Der einzige Weg, der mir offenstand, war der zum glitschigen Flussufer, wo das Krokodil immer noch lauerte. Und um meine nicht gerade beneidenswerte Lage noch zu zementieren, wurde mir klar, dass ich, selbst wenn ich unbeschadet am Kroko vorbeikäme, mitten zwischen den anderen Tieren der Büffelherde landen würde.

Ich tat das Einzige, was ich tun konnte. Ich drehte mich sehr, sehr langsam um und ging von den Büffeln weg Richtung Ufer, so weit, wie ich sicher gehen konnte. Dort ging ich in die Hocke, lauschte auf Signale eines bevorstehenden Angriffs und behielt das Wasser im Auge, falls das Krokodil näherkommen sollte.

Nichts geschah. Sie waren nicht aggressiv, nur neugierig, was ich in ihrem Revier so trieb. Sobald ich mich ihnen gegenüber respektvoll verhielt, trabten sie wieder davon und schlossen sich der Herde an. Mein Herz klopfte mir bis zum Hals, und ich musste mich ermahnen, nie wieder mein Gewehr im Wagen zu lassen. Nicht um zu töten. Oft reicht ein Warnschuss, um ein gefährliches Tier zu verscheuchen, sodass man dann schnell abhauen kann. Aber eine Feuerwaffe ist in dieser Umgebung so ein fremdartiges Gerät, dass ich so etwas nicht gerne mit mir herumschleppte.

Die Sonne stand schon tief, als ich mich widerwillig vom Fluss löste und zum Landrover zurückging.

In Zululand gibt es kein langsames Hinüberdämmern in die Nacht wie in den höheren Breitengraden. Die Dämmerung dauert nur kurz. Die Sonne geht in einem Farbenrausch unter, der einem fast das Herz stehen bleiben lässt. Und zack, ist es dunkel.

Als die letzten Sonnenstrahlen lachsrosa übers Land glitten, kam ich allmählich zurück in die wirkliche Welt und wollte gerade den Landrover anlassen.

Da hörte ich einen Knall wie von einem Gewehrschuss. Ich drehte mich um und sah, wie der Wipfel einer riesigen Akazie im Todeskampf hin und her wippte. Dann brach er ab und fiel in einem Wirbel von Zweigen und Blättern nach unten. Elefanten. Kein anderes Tier auf der Welt bringt so etwas fertig. Kein Landsäugetier ist so stark, nicht im Entferntesten. Die Herde war ganz in der Nähe.

Ich streckte die Hand aus dem Fenster, um den Luftzug zu fühlen. Eine sanfte Brise aus Südwest platzierte mich sicher gegen den Wind, sodass neugierig schnuppernde Rüssel mich nicht aufspüren konnten. Ich stieg aus, verlangsamte meinen Schritt ganz bewusst auf Elefantengeschwindigkeit und wartete. Fünf Minuten später hatte ich Glück. Nana, die Matriarchin der Herde, tauchte mit ihrem massigen Körper langsam aus dem Baumbestand auf, hob den Rüssel und prüfte die Witterung.

Ich hielt den Atem an angesichts dieses wundervollen Geschöpfes, das mir so viel über ihre Art beigebracht hatte.

Doch selbst in der hereinbrechenden Nacht konnte ich sehen, dass da etwas nicht stimmte. Nana ließ die Herde zurück, um von dem gefällten Baum zu fressen, und verließ das Dickicht. Sie schien rechterhand ein wenig Schlagseite zu haben.

Dann kam Frankie heraus, die Nummer Zwei der Herde, und nahm ihren Platz neben Nana ein. Sie wandte ihr den Kopf zu, die beiden mächtigen Häupter hatten höchstens dreißig Zentimeter Abstand. So blieben sie lange Zeit stehen, völlig bewegungslos, als würden sie meditieren. Dann drehte Frankie sich so langsam um, als ließe sie sich von der Eigendynamik ihrer fünf Tonnen Gewicht ziehen. Sie nahm nun die Führungsposition ein. Nana folgte ihr, und der Rest der Herde versammelte sich hinter den beiden.

Das hatte ich wirklich noch nie gesehen. Nana war die Matriarchin. Sie leitete die Herde. Als Führungsgestalt war sie immer deutlich sichtbar. Sie diktierte jede Bewegung, die die anderen machten.

Hatte es etwa einen Staatsstreich gegeben? Oder war Frankie gerade in einem uralten Dickhäuterritual zur Nachfolgerin bestimmt worden? Das schien doch recht unwahrscheinlich. Nana war eine allseits respektierte und bewunderte Leitkuh. Ihre Entscheidungen – stets weise und wohlwollend – waren Gesetz. Frankie mochte die sprunghafteste und aufbrausendste der Gruppe sein, aber sie würde nie Nanas Autorität infrage stellen.

Ich sah zu, wie die Gruppe sich ihren Weg über die Lichtung bahnte. Ihre gewaltigen Schultern hoben und senkten sich, bis der gezackte Horizont des Buschlands sie verschluckte. Vielleicht täuschte ich mich ja, aber es schien, als ob ET, eine der jüngeren Elefantenkühe, Nana immer wieder anstupste, damit sie in die richtige Richtung ging. Auch das war noch nie da gewesen. Nana hatte noch nie Hilfe gebraucht. Tatsächlich war sie es gewesen, die die anderen immer unterstützt hatte. Nana war ET beigestanden, als die traumatisierte junge Elefantenkuh zur Herde kam. Sie trug am Ohr eine Marke, was bedeutete, dass man sie zum Abschuss freigegeben hatte. Glücklicherweise schafften wir es, die Lizenz des Jägers für ungültig erklären zu lassen. Wir konnten ET also gerade noch rechtzeitig retten.

Trotzdem war sie in schlechtem Zustand, als wir sie bekamen. Man hatte sie ganz allein in einem Reservat ausgesetzt, in dem sogenannte »Großwildjäger« die Big Five Afrikas abknallen konnten – Elefanten, Nashörner, Afrikanische Büffel, Löwen und Leoparden. Die Kleine schrie, bis sie heiser war. Als sie zu uns kam, war sie fast stumm. Ihre Stimmbänder waren für immer zerstört. Statt zu trompeten, stieß sie einen seltsam knarrenden Laut aus. Wir nannten sie »Enfant terrible« (französisch für »schlimmes Kind«, kurz »ET«), weil sie mich ständig angegriffen hatte, als sie nach Thula Thula kam. Sie hasste Menschen einfach. Erstaunlicherweise hatte Nana eingegriffen. Sie stellte sich ihr mit der vollen Breitseite ihres Körpers entgegen. Oder tappte mit dem Rüssel so lange auf ETs Stirn, bis die Jüngere lernte, dass ich ihr nichts tun würde. Dass sie nun Nana half, hatte eine ganz eigene Qualität.

Aber nun machte ich mir große Sorgen. Was war da los? Was war Nana passiert? War sie vielleicht verletzt? Oder krank? Nana war über die letzten zehn Jahre meine Freundin und Inspiration gewesen. Die Vorstellung, dass mit ihr etwas nicht stimmte, war schrecklich.

Mein Handy war stumm geschaltet, aber ich spürte, wie es in meiner Tasche vibrierte. Ich nahm es heraus und schaute auf die Nummer. Es war eine SMS von Françoise, die mir sagte, dass das Abendessen fertig war.

An jenem Abend konnte ich nicht mehr viel tun, also ließ ich den Landrover an und holperte gedankenverloren über den Buschpfad nach Hause. Ich hatte ja beschlossen, keinen Kontakt mehr zu den Elefanten zu halten, nun, wo sie sich in unserem Reservat so wunderbar eingelebt hatten. Mit den anderen Elefanten klappte das ganz gut, Nana aber hatte andere Vorstellungen. Sie kam immer noch näher, wenn sie den Landrover in der Nähe hörte. Ich aber fuhr ihr schweren Herzens immer davon. Natürlich hätte ich die Freundschaft mit ihr gerne weiter gepflegt, doch für mich war es ein eisernes Naturgesetz, dass Wildtiere bleiben sollten, was sie waren, nämlich wild. Ich hatte ja nur deshalb mit ihnen gearbeitet, weil sie total verstört waren, als sie nach Thula Thula kamen. Hätte ich nichts unternommen, hätte die Behörde, die für uns zuständig war, die Herde erschossen. Damals griffen uns die Tiere ständig an oder rissen den elektrischen Zaun nieder. Sie ertrugen den Schmerz, den die achttausend Volt ihnen zufügten, wenn sie die Drähte zerfetzten, als wären es Baumwollfädchen. Mein junger Ranger David Bozas und ich hatten alle Vorsicht in den Wind geschlagen, um in der Nähe der Herde im Busch zu leben, bis ich nach und nach das Vertrauen von Nana gewonnen hatte. Irgendwann hatte ich es endlich geschafft, und sie akzeptierte das grüne Gras von Thula Thula und seine stets gefüllten Wasserläufe als ihr neues Zuhause. Sie wusste, dass sie und ihre Familie hier sicher waren. Heute gehören sie zu den schönsten Herden in Zululand.

Aber irgendetwas war hier schrecklich schiefgegangen. Zögerlich fasste ich den Entschluss, dass ich möglicherweise von Neuem in ihr Leben treten musste.

4

Im ersten Morgengrauen war ich auf den Beinen. Nach einer dampfenden Tasse starken Kaffees machte ich mich auf in den Busch, um die Spur der Herde wiederzufinden.

Ich hatte eine unruhige Nacht hinter mir, weil Nana mir nicht aus dem Kopf ging. Nicht einmal die Anstrengung einer dreistündigen Patrouille, die erst um Mitternacht endete, brachte mir den ersehnten Schlaf. Die Tatsache, dass ich gerade vier Nashörner verloren hatte – eines an die Wilderer, die anderen drei an die für uns zuständige Behörde –, ließ mich auch nicht ruhiger werden.

Doch alles der Reihe nach. Im Moment musste ich erst einmal herausfinden, was mit der Elefantenherde los war. Als die Sonne aufging, entdeckte ich sie in der offenen Savanne. Ein Bild, wie es seit Urzeiten zu Afrika gehört – eine Elefantenherde am Morgen im Grasland. Für unsere Großväter, die diesen Kontinent vor noch nicht einmal hundert Jahren durchstreiften, war dies sicher noch ein ganz normaler Anblick. Ob ihre Enkel das noch erleben werden, ist nicht sicher.

Die sich erhebende Sonne zauberte einen scharlachroten Schimmer an den Horizont. Rundherum erwachte der Busch zum Leben. Ich hielt an, stieg aus dem Landrover und sog die noch taufeuchte Luft ein, und der aromatische Duft der Wildnis hob auf der Stelle meine Lebensgeister. Und so marschierte ich, möglichst ohne Aufsehen zu erregen, zu einer Schirmakazie, die in etwa zwanzig Minuten Entfernung stand. Der Wind stand günstig, und so hockte ich mich in den Schatten des Baumes, um die Herde vorüberziehen zu sehen.

Ich zog ein starkes Fernglas aus der Jacke und visierte Nana an. Sie schien bei bester Gesundheit und führte die Herde an. Ihre majestätische Körpersprache zeigte deutlich, dass sie die Leitkuh war. So wie menschliche Führungspersönlichkeiten nur durch ihre Präsenz die Stimmung in einem Raum zum Umschlagen bringen können, war auch Nanas Autorität spürbar. Als sie ihren Rüssel in die Luft reckte, um die Witterung zu prüfen, und dann die Richtung änderte, folgte ihr die Herde augenblicklich, auch Frankie, die direkt hinter ihr ging. Ich lächelte erleichtert. Der Anblick hatte mich beruhigt. Was ich letzte Nacht gesehen hatte, hatte ich mir offenkundig nur eingebildet. Nana brauchte keine Hilfe.

Dann drehte sie sich in meine Richtung. Ich zoomte direkt auf ihr Gesicht. Irgendetwas ließ mich innehalten. Ihr Gesichtsausdruck schien auf seltsame Weise leer, als würde sie nicht registrieren, was um sie herum vorging. Meine Erleichterung löste sich auf der Stelle auf. Irgendetwas stimmte hier definitiv nicht.

Dann erkannte ich, was los war. Es war nicht der Gesichtsausdruck – es war ihr rechtes Auge. Es war leicht geschlossen und schien irgendwie nicht in Ordnung zu sein. Dadurch sah sie verwirrt aus, trotz ihrer königlichen Haltung. Ich hielt das Fernglas direkt auf sie gerichtet, als sie sich vorbeugte und ein dickes Grasbüschel ausriss.

Ich fühlte mich, als hätte ich einen Schlag in die Magengrube bekommen. Ihre Pupille war milchig. Das konnte nur eines heißen: Sie hatte den grauen Star. Sie würde blind werden.

Das war es also. Deshalb hatte Frankie ihr letzten Abend helfen müssen. In der Dunkelheit war sie auf einer Seite schon blind. Daher hatte Frankie die Führung übernommen. Tagsüber aber reichte das eine Auge, daher war sie nun erneut die Leitkuh. Die Herde hatte jetzt also zwei Matriarchinnen, eine für den Tag und eine für die Nacht. Sozusagen Schichtarbeit.

Ich schüttelte den Kopf angesichts dieser wunderbaren Kreaturen. All das war ohne die geringste Aggression abgelaufen, ohne jedes Chaos. Zwischen den beiden ältesten Elefantenkühen hatte kein Machtkampf stattgefunden. Sie hatten einfach die Realität akzeptiert. Sowohl Nana als auch Frankie taten, was für die Herde das Beste war. Nana standen ihre Fähigkeiten in der Nacht nicht hundertprozentig zur Verfügung, also übernahm Frankie. Tagsüber ging alles gut, also trat Frankie zurück ins Glied.

Die Tatsache, dass ich den grauen Star aus der Distanz hatte sehen können, wenn auch nur mit Fernglas, bedeutete, dass er relativ weit fortgeschritten war. Das ist das Problem mit so vielen Krankheiten hier draußen im Busch – wenn man sie entdeckt, sind sie normalerweise schon recht ernst. Das ist nun einmal so. Sie können nun mal nicht einfach in eine wilde Elefantenherde hineinspazieren und die Augen der Leitkuh untersuchen. Vor allem, da sie Sie um gut eineinhalb Meter überragt. Für mich hieß das: Ich musste schnell handeln und sofort Rat einholen.

Nana hielt inne und prüfte erneut mit dem Rüssel die Luft. Ein Windstoß hatte ihr eine Witterung zugetragen. Ich nahm ein Büschel trockenes Gras und warf es in die Luft. Es kam nicht gerade herunter. Ja, die Windrichtung hatte sich geändert. Hatte sie mich gerochen?

Einen Augenblick lang wurde sie steif, dann entspannte sie sich und schwenkte in meine Richtung. Ich könnte schwören, dass sie lächelte. Natürlich konnte ich mir das auch nur einbilden. Was ich mir nicht einbildete, war, dass sie nun direkt auf mich zukam. Und zwar einigermaßen schnell. Der Landrover war recht weit weg, also musste ich mich beeilen, um ihn zu erreichen, bevor sie bei mir ankam.

Als ich wegfuhr, konnte ich sehen, wie Nana innehielt, verwirrt von meinem seltsamen Verhalten. Man konnte förmlich sehen, was sie dachte: Warum läuft er weg? Warum wartet er nicht mehr auf mich?

Es tat mir in der Seele weh. Immerhin betrog ich eine gute Freundin. Sie fragte sich jetzt vermutlich, was sie angestellt hatte. Zu ihr auf Distanz zu gehen war nicht einfach, weder für sie noch für mich.

Zu Hause angekommen, rief ich sofort Cobus Raath an, den Elefantenexperten, der die Herde in einem Sattelzug von ihrer ursprünglichen Heimat aus der nordöstlichen Provinz Mpumalanga nach Thula Thula gebracht hatte. Das schien so unglaublich lange her zu sein. Seit dieser Zeit war vieles passiert. Die Mitglieder von Nanas Herde waren rein körperlich betrachtet immer noch dieselben, die an jenem schicksalhaften Tag nach Thula Thula gekommen waren. Mental aber hätte es gar keinen größeren Unterschied zu den verstörten und aggressiven Tieren von damals geben können.

»Ja, Lawrence«, meinte er, »was ist los, Mann?« Es war gut, seinen rauen Afrikaansakzent zu hören. Das afrikanische Buschland, die *veldt*, wie wir sagen, hatte ihn so sehr geprägt, dass seine europäischen Ursprünge kaum noch wahrnehmbar waren. Und typisch Cobus drehte sich seine zweite Frage gleich um die Elefanten. Das war genau die Eröffnung, die ich brauchte.

»Da gibt es möglicherweise ein Problem mit der Leitkuh«, antwortete ich. »Sie hat auf einem Auge grauen Star und scheint schon fast blind zu sein. Kannst du uns helfen?«

»Wie schlimm ist es?«

»Ich weiß nicht. Die Pupille ist schon milchig. Es ist also wohl schon weiter fortgeschritten. Ich hoffe nur, es ist nicht so schlimm, wie es aussieht.«

Cobus überlegte einen Augenblick. Dann sagte er: »Ich habe ohnehin gerade ein paar Tiermedizinstudenten hier, die ihre Praktika machen. Die Untersuchung eines Elefanten in freier Wildbahn wäre für sie eine großartige Übung. Glück für dich, nicht wahr? Ich stelle einen Plan auf und bringe sie so schnell wie möglich nach Thula Thula.«

»Hier läuft ohnehin etwas Lustiges ab, Cobus. Sie ist nur nachts blind. Dann übernimmt das Weibchen, das in der Rangordnung gleich nach ihr kommt. Tagsüber kann sie scheinbar noch gut sehen, denn dann führt sie die Herde.«

Cobus lachte leise in sich hinein. »Weißt du, Lawrence, nach einem ganzen Leben, das ich mit diesen Tieren verbracht habe, dachte ich eigentlich, sie könnten mich nicht mehr überraschen. Aber das stimmt wohl nicht.«

Die nahezu körperliche Last auf meinen Schultern wurde augenblicklich leichter. Mit Cobus' Hilfe konnte nichts schiefgehen.

»Wann kannst du denn kommen? Ich glaube, wir sollten uns beeilen, bevor es schlimmer wird.«

»Gib mir eine Woche, um alles vorzubereiten. Aber, Lawrence, wenn es so weit fortgeschritten ist, wie du sagst, dann kann es sein, dass wir nichts für sie tun können. Im Busch zu operieren ist zu gefährlich. Wenn sich das Auge infiziert, kann das tödlich sein. Der graue Star bringt sie nicht um, eine Infektion schon. Und wir können sie ja nicht in den OP bringen. Wir werden einfach nur ein starkes Antibiotikum auftragen können. Also erhoffe dir lieber mal nicht zu viel. Ich tue, was ich kann, aber Wunder können wir leider auch nicht vollbringen.«

Ich legte auf. Nana würde sich schon wieder erholen. Wir würden ihr die bestmögliche Behandlung zukommen lassen.

Das sagte ich mir immer wieder.

5

Cobus und seine Studenten kamen wie geplant in Thula Thula an. Er hatte drei Männer und zwei Frauen mitgebracht, die sich auf ihr Praktikum im Busch freuten. Vusi und ich holten sie am Tor ab und brachten sie sogleich zu einem meiner Ranger, den ich postiert hatte, um ein Auge auf die Herde zu haben.

Als wir ankamen, schüttelte er gleich den Kopf und kam uns mit erhobenen Handflächen entgegen. »Sie sind weg, Mkhulu«, meinte er.

»Was soll das heißen, ›weg‹?«

»Sie waren hier, dort bei den Bäumen.« Er zeigte auf ein Wäldchen in etwa fünfzig Metern Entfernung. »Und vor zehn Minuten rannten sie plötzlich los.«

»Wohin denn?«

Er zeigte auf einen langen Hohlweg, ungefähr zweihundert Meter weiter, der direkt in eines der dichtesten Gestrüppe im ganzen Reservat mündete. Ein dorniges Dickicht aus Farbkätzchensträuchern und langnadeligen Akazien, undurchdringlich für jeden, der keine mehrere Zentimeter dicke Haut hatte. Wie ein Elefant.

Aber das war schon sehr ungewöhnlich. Die Herde nahm diesen Hohlweg nur sehr selten, denn ihn zu durchqueren war selbst für Elefanten schwierig. Cobus hörte zu und äußerte, was ich gerade gedacht hatte: »Sie wissen, dass wir kommen. Sie wissen, dass irgendetwas los ist.«

Ich nickte. Ich stellte die unfassbare Intuition von Elefanten schon lange nicht mehr infrage. In der Vergangenheit hatten sie mich mit solcher Pünktlichkeit am Tor begrüßt, wenn ich von weiteren Reisen nach Hause gekommen war, dass man annehmen konnte, mein Flugplan sei irgendwie von den Buschtrommeln kommuniziert worden. Es war unheimlich, ja unerklärlich, aber ich habe mich von der Vorstellung verabschiedet, dass die Wissenschaft der Menschen erklären konnte, was bei den Tieren und Pflanzen so vor sich ging.

Intuition oder Einsicht mag bei Menschen selten sein, in der Natur begegnen sie uns häufig. »Einzelberichte« ist der abgenutzte Begriff für Menschen, die damit ausblenden wollen, dass die Wissenschaft viele Dinge noch nicht versteht. Diese sogenannten Einzelberichte können auch eine direkte persönliche Erfahrung sein, für die es noch keine wissenschaftliche Erklärung gibt. Clive Walker, Südafrikas herausragender Wildhüter, schreibt in seinem Handbuch *Mammals for Game Rangers*, dass Elefanten seiner Ansicht nach telepathische Fähigkeiten besitzen. Der legendäre Dr. Ian Player ist der festen Meinung, dass das Arsenal an Überlebenstechniken der Tiere auch einen sechsten, seiner Ansicht nach sogar »siebten« Sinn umfasst, den wir einfach noch nicht verstehen. Reden Sie mal mit irgendeinem guten Zulu-Fährtenleser. Er wird Sie überhäufen mit verblüffenden Geschichten über tierisches Verhalten, dem die Wissenschaft ratlos gegenübersteht. Möglicherweise spöttelt man im Westen über solche Erfahrungen, in Afrika aber ist die spirituelle Welt sehr lebendig.

»Los, wir suchen sie.«

»Das wird ein langer Tag«, seufzte Cobus.

Er hatte recht. Wir folgten ihnen in unseren beiden Geländewagen, so gut wir konnten, dann versuchten wir zu Fuß, ihnen näherzukommen. Doch das Gestrüpp war einfach zu dicht. Wir mussten jeden Weg zunächst vorsichtig ertasten, denn die langen Dornen sprangen sofort zurück, sobald der Vordermann durch war. Und kaum waren wir den Elefanten nahe, ob mit dem Wind oder dagegen, zogen sie schleunigst weiter. Offensichtlich waren sie auf der Flucht und bewegten sich dabei, so schnell sie konnten. Sie verschwendeten keine Zeit mit Futtersuche oder Grasen. Cobus hatte recht. Sie wussten, dass wir aus einem bestimmten Grund hinter ihnen her waren, und sie würden es uns nicht leicht machen.

Das erinnerte mich an ein schreckliches Erlebnis, als sie vor Jahren – gerade nach Thula Thula gekommen – ausgebrochen waren, um in ihre Heimat in Mpumalange zurückzukehren. Wir jagten beinahe achtundvierzig Stunden hinter ihnen her, bis sie schließlich in das Umfolozi-Wildreservat einbrachen, das fünfzig Kilometer weiter nördlich lag. Dort teilten sie sich in zwei Gruppen auf, Nana führte die eine, Frankie die andere. Und mehr als zehn Kilometer weiter trafen sie sich wieder, mit einer Zielgenauigkeit, die einem GPS gleichkam.

Um drei Uhr morgens meinte Cobus schließlich, wir sollten womöglich für heute Schluss machen. »Wenn wir sie nicht bald betäuben, wird es dunkel sein, wenn wir sie wieder aufwecken. Versuchen wir es morgen nochmal. Vielleicht kommen sie dann ja aus dem Hohlweg heraus.«

Der Ton seiner Stimme verriet uns, dass er das nicht für sehr wahrscheinlich hielt.

Bedeckt von Schweiß, Kratzern und Insektenstichen kehrten wir zu unseren Fahrzeugen zurück. Ich setzte mich in den Landrover und ließ ihn an. Weit in der Ferne sah ich, wie Nana stehen blieb. Sie hatte den Motor gehört und ihn als meinen erkannt. Sie drehte sich um, zögerte kurz und kam dann vertrauensvoll auf mich zu, während der Rest ihrer besorgten Herde zurückblieb.

Cobus holte das Betäubungsgewehr heraus. Er hatte sofort begriffen, was los war. »Sie hat dich gehört und kommt zu dir. Vielleicht können wir das zu unserem Vorteil nutzen. Es könnte unsere einzige Chance sein.«

Er kauerte sich nieder und zielte, als Nana aus dem Gebüsch kam. Ich hielt den Atem an. Mit einem scharfen Knacken spuckte das Betäubungsgewehr seinen Pfeil aus.

Nana reagierte sofort auf das ungewohnte Geräusch und das Stechen im Rumpf. Sie machte blitzartig kehrt und rannte davon, ungeachtet des immer noch dichten Unterholzes. Die Herde folgte ihr blindlings. Dann wurde sie wie in Zeitlupe langsamer und sank zu Boden. Durch die Bäume hindurch konnten wir die roten Federn des Pfeils sehen, die aus ihrem Rumpf ragten. Sie ging in die Knie, so würdevoll wie fünf Tonnen Fleisch, Knochen und Muskeln dies zuließen. Zum Glück fiel sie sehr sauber. Bei ihrem Gewicht konnte ein schlimmer Fall Sehnen und Bänder reißen lassen wie Papier.

Der Rest der Herde reagierte sofort, als Nana fiel. Die Tiere standen um sie herum, unglaublich gestresst, mit aufgestellten Ohren und sahen sich um, ob der Busch ihnen vielleicht eine Antwort darauf geben würde, warum ihre Matriarchin auf dem Boden lag. Nanas neues Junges, Shaka, war vollkommen verstört. Die Kleine rannte von einem erwachsenen Elefanten zum anderen, als suche sie die Gewissheit, dass alles in Ordnung war. Sie tat mir leid.

Wir mussten Nana so schnell wie möglich erreichen und daher so viel Lärm wie möglich machen, um den Rest der Herde zu vertreiben. Wir riefen und schrien und schlugen gegen unsere Autos wie wahnsinnige Schlagzeuger bei einem Rockkonzert. Es klappte. Sie zogen sich zurück, wenn auch widerwillig.

»Los, los, los«, trieb Cobus uns an. Er kletterte aus meinem Landrover, schnappte sich seinen Arztkoffer und lief los, Vusi und ich direkt hinter ihm. Die aufgeregten Studenten bildeten die Nachhut.

Uns war sehr klar, dass wir es mit einer Herde wütender und verwirrter Elefanten in nächster Nähe zu tun hatten. Wir mussten also sicherstellen, dass es Fluchtwege gab. Es war lebenswichtig, dass wir im Notfall unsere Autos erreichen konnten, und wenn wir das geschafft hatten, mussten wir so schnell wie möglich losfahren können, ohne in den nächsten Baum oder Ameisenhügel zu krachen.

Als wir bei Nanas massigem Körper ankamen, ging Vusi ein paar Schritte voraus, um die Herde zu beobachten, die nicht mal fünfzig Meter entfernt war.

»Verdammt«, fluchte Cobus, der auf Händen und Knien um den Körper herumkrabbelte. »Ich komme nicht ans Auge ran. Wir müssen sie umdrehen.«

Merkwürdigerweise kann ein fünf Tonnen schwerer Elefant von ein paar Leuten relativ leicht von einer Seite auf die andere gerollt werden, wenn man weiß, wie es geht. Zuerst muss man die Beinpaare überkreuzen, dann das jeweils untere Vorder- und Hinterbein gleichzeitig anheben, bis der Rumpf auf die andere Seite rollt. Cobus hatte Nanas Beine bereits in der richtigen Lage gekreuzt. Wir stemmten uns gleichzeitig gegen das Gewicht, bis der gewaltige Körper mit einem dumpfen Schlag auf der anderen Seite aufkam. Cobus begann mit seiner Untersuchung, bevor sich der Staub gelegt hatte. Einer der Studenten hatte einen Zweig in den Rüssel eingeführt, um Nanas Atemwege frei zu halten. Dann sprühte er Wasser auf ihre Ohren und ihren Körper, um sie abzukühlen.

»Wir müssen schnell arbeiten«, sagte Cobus und blinzelte hinüber zu der aufgeregten Herde. »So ganz gefällt mir das nicht.«

Er hob Nanas Augenlid an, um die Pupille des rechten Auges zu inspizieren. Von Nahem sah es noch schlimmer aus, als ich befürchtet hatte. Das Auge war von einem trüben grau-weißen Film überzogen.

»Sieht nicht gut aus«, meinte Cobus. »Aber wie gesagt: Im Busch können wir ohnehin nicht operieren. Ich kann nur eine starke Salbe auftragen, die den Star heilt oder eben nicht.«

Dann schrie Vusi auf. Die ganze Herde, angeführt von Frankie, rannte auf uns zu. Die Ohren flatterten im Wind wie die Segel einer Jacht. Die Tiere trompeteten in allerhöchstem Zorn.

Cobus sprang auf. »*Manne – hulle kom*! Sie kommen!«

Er rannte mit nahezu Lichtgeschwindigkeit an mir vorbei, schnappte sich ein Gewehr von einem der Wächter und feuerte mehrere Schüsse in den Boden. Gewehrschüsse waren immer der letzte Ausweg. Das Worst-Case-Szenario, aber uns blieb keine Wahl.

Die Elefanten blieben wie angewurzelt stehen, das Geräusch machte ihnen Angst, daher rannten sie wie wild zurück in den Busch. Cobus rannte zum Landrover, legte das Gewehr weg und kramte in seinem Arztkoffer, bis er das Medikament hatte, das er suchte.

»Okay, jetzt aber schnell. Das ist unsere letzte Chance.«

Wir liefen zurück zu Nana, und es war uns sehr bewusst, dass die mittlerweile aggressiv gewordene Herde höchstens dreißig Meter von uns entfernt war. Cobus quetschte die Salbe großzügig in Nanas Auge und massierte sie vorsichtig ein, während ich mit meiner .303er-Flinte Wache stand. Als die Arbeit erledigt war, nahm er die Spritze mit dem Medikament, das die Betäubung aufhob, und schoss ihr die Dosis in den Rumpf.

»Wir haben zehn Sekunden. Ab jetzt … los!«

Ich wusste, wie unglaublich schnell das Gegengift wirkte, und schloss mich dem rasenden Exodus zu den Fahrzeugen an, die ungefähr fünfundsiebzig Meter entfernt standen. Wir knallten gerade die Türen zu, als Nana schwankend auf die zittrigen Beine kam. Ein paar Sekunden später schoss schon die Herde aus dem Dickicht und scharte sich um Nana, offensichtlich erleichtert, dass sie wieder stand. Shaka, ihre Kleine, lief gleich unter ihren Bauch. Nana war ein wenig desorientiert, aber sie folgte der Herde sofort ins Gestrüpp.

Ich fühlte mich mies. Der Tag hätte nicht schlimmer laufen können. Ich hasse es, Gewehre in der Nähe von Tieren abzufeuern, selbst wenn es nur darum geht, sie zu verscheuchen. Die Beziehung, die ich zu der Herde aufgebaut hatte, konnte damit ein für alle Mal zerstört sein. Schlimmer noch: Nana war ja erst auf uns zugekommen, als sie meinen Landrover gehört hatte. Und was hatte ihr das gebracht? Einen Pfeil in den Rumpf. Vielleicht war das Vertrauen nun gebrochen. Möglicherweise unwiderruflich.

»Bitte lass mich wissen, wie es läuft«, meinte Cobus, als sein Trupp zusammenpackte und sich zum Aufbruch fertigmachte. »Ich habe eine Schwäche für deine Elefanten.«

Immerhin hatten wir ihr Auge behandeln können. Wenn das half, war es das Ganze wert. Aber es würde einige Zeit brauchen, um das herauszufinden.

Ich ließ den Tieren einige Tage ihren Frieden, denn wir mussten uns ohnehin auf das Treffen mit den Regierungsbeamten in Kinshasa vorbereiten. Aber bevor ich abflog, musste ich unbedingt Nanas Befinden überprüfen.

Ich funkte Vusi an, um herauszufinden, wo sich die Elefanten aufhielten. Ungefähr eineinhalb Kilometer hinter der Lodge, antwortete er. Das waren gute Nachrichten. Dort waren sie in der offenen Savanne, nahe beim Fluss, in einem Gebiet voller grüner Grasbüschel. Ganz in der Nähe eines Wäldchens, das Schatten bot. Sie konnten also morgens gemütlich fressen und sich danach vor der Hitze des Tages schützen.

Ich fuhr los und hielt den Wagen etwa hundert Meter von der Herde entfernt an, um zu sehen, wie die Elefanten reagieren würden. Zweifellos würden sie nach dem Pfeildebakel sauer auf mich sein, aber auf diese Reaktion war ich nicht gefasst gewesen.

Es war Frankie, die als Erste meine Gegenwart spürte. Sie richtete sich sofort zu ihrer vollen Größe auf, spreizte ihre Ohren ab und drehte auf mich zu. Die Herde nahm ihre wütenden Warnzeichen zur Kenntnis und fing an, von einem Bein aufs andere zu treten, als stünden sie auf glühenden Kohlen. Die nervöse Energie, die sie ausstrahlten, war deutlich spürbar.

Und plötzlich beruhigten sie sich. Es war, als striche eine beruhigende Hand über ihre Stirn. Man konnte es spüren, so deutlich wie einen Luftzug, und doch war alles ganz ruhig.

Bald erkannte ich wieso. Es war Nana. Sie war weiter hinten gestanden, am weitesten von mir entfernt. Sie war also die Letzte, die meine Witterung aufgenommen hatte. Sie drängte sich durch die Herde nach vorn und marschierte direkt auf den Landrover zu. Ich hielt den Atem an, das Herz schlug mir immer noch bis zum Hals. Ich ließ den Motor laufen, den Gang eingelegt, um nötigenfalls sofort losfahren zu können.

Sie kam direkt auf mich zu. Ich zitterte vor Anspannung, aber trotzdem brachte mich etwas dazu, das Fenster herunterzufahren. Nana steckte ihren Rüssel herein, beschnüffelte mich und strahlte eine geradezu schamanische Ruhe und Zufriedenheit aus. Natürlich könnte ich diesen Augenblick romantisch verklären und mir einbilden, dass sie mir vergab, doch das wäre wohl nicht richtig. Sie konnte sich wahrscheinlich an die Gewehrschüsse vor zwei Tagen gar nicht richtig erinnern, denn sie war betäubt gewesen. Stattdessen sagte sie damit nur: »Hallo, ich habe dich vermisst.« Ich nahm den Fuß vom Pedal und stellte den Motor aus.

»Hallo, mein Baby. Ich habe dich auch vermisst. Es tut mir echt leid wegen vorgestern, aber wir wollten nur dein Auge behandeln.«

Jetzt, wo sie so nahe dran war, konnte ich ihre Pupille untersuchen. Als wir sie behandelt hatten, hatte ja alles so schnell gehen müssen. Unglücklicherweise sah das Auge immer noch schlecht aus. Der milchige Film schien sich sogar verhärtet zu haben. Offensichtlich war der Star zu weit fortgeschritten. Ich bezweifelte, dass die Behandlung den Schaden beseitigen würde. Wir hatten das Auge gesäubert, damit es sich nicht infizierte, aber Nana würde wohl eines Tages auf einem Auge blind werden. Es gab ansonsten nichts, das wir tun könnten.

Nach ungefähr zehn Minuten, die sie freundlich neben meinem Wagen verbracht hatte, zog sie ab. Der Rest der Herde schloss sich ihr an. Der Wandel war unglaublich. Es war keinerlei Feindseligkeit zu spüren. Die elektrische Spannung der Aggression, die vorher die Luft erfüllt hatte, war verschwunden. Die Herde hatte gesehen, wie ihre hochverehrte Matriarchin zum Wagen ging und den Menschen darin mit ihrem Rüssel begrüßte. Nun war alles vergeben. Selbst Frankie schien zufrieden, als sie Nana in den Busch folgte. Es gab keinen Zweifel, dass die Herde den Vorfall vergessen hatte. Einmal mehr hatte Nana ihre Führungsqualitäten und ihre Großzügigkeit unter Beweis gestellt.

Ich atmete tief durch, erstaunt darüber, wie erleichtert ich war. Hätte die Herde mich abgelehnt, wäre es unmöglich gewesen, unsere Beziehung noch einmal von vorn anzufangen. Die Elefanten lebten mittlerweile wild, nur Nana beachtete mich noch.

6

Jetzt, nachdem Nanas Auge behandelt, wenn auch nicht geheilt war, wandte ich mich wieder den Nashörnern im Kongo zu.

Wir hatten mittlerweile zwar Visa, doch alle Flüge waren ausgebucht. JP, Jason und ich konnten nur Plätze bei einer afrikanischen Billigfluglinie ergattern. Wir stellten schnell fest, dass diese die international geltenden Sicherheitsvorgaben nicht unbedingt ernst nahm.

Nach einem chaotischen Einchecken auf dem Flughafen in Johannesburg ging es durch den Zoll, und dann fanden wir uns inmitten einer Menge schiebender und drängelnder Passagiere wieder, die darauf warteten, an Bord gehen zu können.

»Okay«, sagte JP, der sofort das Kommando übernahm. Er drängte sich nach vorn durch. »Folgt mir. Wenn sie die Türen öffnen, müssen wir schnell sein.«

Ich versuchte immer noch zu verstehen, was hier los war, als sich plötzlich die Türen der Boeing 727 öffneten. Was dann geschah, glich einer Stampede. Den Grund dafür sollte ich gleich entdecken. Bordkarten hatten hier keinerlei Bedeutung. Wer zuerst kam, bekam einen Sitzplatz. Die Airline hatte den Flug überbucht, und nur wer einen Sitz ergatterte und diesen mit Klauen und Zähnen und lautem Geschrei verteidigte (wie wir), konnte an Bord bleiben. Alle anderen mussten das Flugzeug wieder verlassen. Leute wurden sogar aus den Toiletten gezogen und buchstäblich zur Tür hinausgeschoben. Dann flogen wir los.

Trotz der chaotischen Zustände beim Einsteigen konnte ich mich nun in meinem Sitz zurücklehnen, hochzufrieden, dass wir bald in Kinshasa ankommen würden.

Wir machten eine Zwischenlandung in Lubumbashi an der Grenze zwischen der DR Kongo und Sambia. Dort stieg eine Reihe von Passagieren aus. Während wir warteten, bis die leeren Plätze sich wieder füllten, stattete ich dem Cockpit einen Besuch ab und fragte den Piloten, ob wir aussteigen und uns ein wenig die Beine vertreten könnten. »Kein Problem«, meinte er, nachdem er über die Schulter einen Blick zurückgeworfen hatte.

Draußen stießen wir auf eine andere Gruppe von Passagieren, die sich in der Nähe des Tanklasters in aller Seelenruhe eine Zigarette ansteckten. Einen Augenblick später stieß auch der Pilot zu uns, um eine zu rauchen. Jason hatte eine Kamera dabei und machte ein paar Fotos. Innerhalb weniger Minuten standen zwei bewaffnete Soldaten vor ihm und erklärten ihm, dass man in der DR Kongo keine Fotos machen durfte. »Enormes Sicherheitsrisiko«, sagte ein Typ mit Wrap-around-Sonnenbrille.

Der Widerspruch hätte nicht eklatanter ausfallen können: Sich neben einem Tanklaster voll hochentzündlichem Flugbenzin eine Zigarette anzuzünden war kein Problem, aber Fotos zu machen stellte ein Sicherheitsrisiko dar.

Dann kam ein anderer Passagier heraus und fragte, wieso wir alle draußen rauchten. Ihm wurde erklärt, dass das erlaubt sei. Und schließlich sei ja auch der Pilot mit von der Partie.

»Nein, nein, das meine ich nicht«, gab er zurück. »Wenn Sie der Stewardess zehn Dollar geben, können Sie an Ihrem Platz rauchen.«

»Aber das ist doch ein Nichtraucherflug«, wandte jemand ein. Da mussten alle lachen. Das war für mich immer der entscheidende Unterschied zwischen Afrika und dem Rest der Welt. In Europa produzierten Bürokraten endlose Reihen von Ge- und Verboten, die einem nicht nur vorschreiben, was man lassen, sondern auch, was man stattdessen tun soll. In solchen Ländern habe ich manchmal das Gefühl, eine Zwangsjacke zu tragen. In Afrika sind Gebote und Gesetze mehr ein Leitfaden fürs Leben, vor allem, wenn du ein paar Dollar in der Tasche hast, die du verteilen kannst.

Glücklicherweise konnte das Flugzeug abheben, ohne dass der Tanklaster explodierte. Ein paar Stunden später schwebten wir über Kinshasa und bewunderten den Kongo, den wasserreichsten Fluss Afrikas. Er schob sich durchs Land wie eine extrem angeschwollene Python. Die Nachmittagssonne tauchte seine wässrigen Schuppen in lauter Gold- und Braunschattierungen. Rund um ihn schrumpfte alles auf Zwergenmaß. Zu sagen, dass der Kongo gigantisch ist, wird ihm nicht gerecht. Der Kongo ist der tiefste Fluss der Welt und fließt nahezu einmal quer durch Afrika. Auf seiner viertausenddreihundertvierundsiebzig Kilometer langen Reise ins Meer überquert er zweimal den Äquator. An manchen Stellen ist dieser durch und durch großartige Fluss mehr als hundertfünfzig Kilometer breit. Nur der Amazonas pumpt mehr Wasser in den Ozean.

Ein paar Minuten später landeten wir in Kinshasa, der Stadt, in der 1974 Muhammad Alis legendärer »Rumble in the Jungle« stattgefunden hatte: der Kampf um die Weltmeisterschaft im Schwergewichtsboxen gegen George Foreman, den er für sich entscheiden konnte.

Der Flughafen von Kinshasa ist an sich schon eine ganz besondere Erfahrung. Man hat im Grunde nur zwei Möglichkeiten: Entweder man genießt das Abenteuer oder man ist komplett überwältigt. Zunächst einmal muss man unbedingt die obligatorische Gelbfieber-Impfung vorweisen können, sonst darf man gar nicht erst ins Gebäude hinein. Wenn man die vergessen hat oder die Impfung zu lange zurückliegt, dann ist hier das erste Schmiergeld fällig. Manchmal gibt man seinen Impfpass ab, und die Beamten kommen zurück und behaupten, sie hätten ihn nicht erhalten. Dann müssen Sie bezahlen, um ihn zurückzubekommen.

In dem doch eher einfachen Gebäude stößt man dann auf Schritt und Tritt auf Soldaten mit den typischen Wrap-around-Sonnenbrillen und AK-47-Maschinenpistolen, die träge herumhängen und das Geschehen im Auge behalten. Schwitzende Angestellte, die es längst aufgegeben haben, irgendeine Form von Ordnung herzustellen, treiben in der Mittagshitze langsam durch die Menschenmenge wie auf einem Sirupfluss. Sie tupfen sich die schweißnasse Stirn mit feuchten Taschentüchern ab, tun aber wenig mehr, als nach erpressbaren Passagieren Ausschau zu halten. Wenn man nicht zahlt, bekommt man schlicht nichts, nicht einmal eine einfache Auskunft. Aber sie verlangen ja nicht viel Geld, daher ist es immer gut, ein paar Scheine der Landeswährung einstecken zu haben, am besten von möglichst niedrigem Nennwert.

Wie immer funktionierte das Gepäckfließband nicht, daher drängten die Passagiere sich einfach durch ein Loch in der Wand und holten ihre Koffer heraus. Sofern sie sie finden konnten. Die lange Schlange vor dem Schalter für verlorenes Gepäck, die sich buchstäblich nie zu verkürzen scheint, ist nicht unbedingt der Ort, an dem man enden möchte. Deshalb ist Handgepäck, das man während der gesamten Reise nicht aus den Augen lässt, unverzichtbar.

Lauter liebenswürdige Menschen drängten sich um uns herum und schrien ihre Angebote heraus: »Taxi, gutes Taxi.« »Ich nehme Gepäck.« »Visa, brauchen Sie Visa?« »Wo bleiben Sie? Gutes Hotel, für Sie extrabillig.« »Wollen Sie Coca-Cola, Bier?« Ich schwöre: Wenn Sie dort einen halben Tag verbringen, werden Sie gut tausendmal angesprochen. Der Umweltminister der DR Kongo hatte uns einen Wagen geschickt. Glücklicherweise fand der Fahrer uns irgendwie in der Menge mit seinem geschärften sechsten Sinn, denn in dieser heißen, verschwitzten Menge Menschen auf andere Weise zu lokalisieren, war schlicht und einfach unmöglich. Schließlich verließen wir das Gebäude, nur um draußen in eine Horde Kinder zu geraten, die nach unseren Koffern grapschten und sich deshalb gegenseitig anfeindeten.

Sie trugen unser Gepäck zum Parkplatz, wo ihr Geschäftsbereich endete und wir von einer anderen Horde jugendlicher Träger in Empfang genommen wurden. Es gab zum Parkplatz hin zwar ein Tor, aber links und rechts davon waren weder eine Mauer noch ein Zaun. Das Tor war einfach ein geschlossenes Portal, das komplett allein herumstand. Und doch blieben die Kinder artig draußen, denn dort stand ein Mann mit einem langen Stock, mit dem er Schläge verteilte, wenn sie versuchten, durch das Tor zu kommen. Niemand versuchte auch nur, sich darum herumzuschleichen, was ja letztlich ganz einfach gewesen wäre. Es war wirklich sehr merkwürdig.

Kaum aber waren wir durch, fiel die jugendliche Parkplatzmeute über uns her. Sie schnappten sich unsere Koffer – um sie zu tragen, nicht um sie zu stehlen. Wenn jemand einen Koffer ergattert hatte, hatte er damit sofort Trägerrechte erworben. Dann zogen die anderen sich automatisch zurück. Gebettelt wurde dabei kaum. Tatsächlich wären die Kids beleidigt gewesen, hätte man sie als Bettler bezeichnet. Sie hielten sich für Freiberufler und gehörten tatsächlich zu den aggressivsten Unternehmern, die ich je gesehen hatte.

Irgendwann verließen wir mit unseren kindlichen Trägern das Gedränge und stiegen in den ministerialen Wagen. Wir gaben den Kindern ihr Trinkgeld und ließen den Flughafen hinter uns. Was früher eine breite Kolonialstraße gewesen war, hatte sich in ein anarchisches Durcheinander aus hupenden und drängelnden Autos verwandelt. Laut röhrend, suchte sich der Wagen seinen Weg durch das Chaos.

Willkommen im verrückten, lauten, widersprüchlichen Kinshasa. Ich liebe diese Stadt.

7

Der schnellste Weg für den transzendentalen Sprung ins chaotische Zentralafrika führt durch das Zentrum von Kinshasa. Der Verkehr gleicht einer wilden Massenschlägerei ohne Regeln oder Gesetze in irgendeiner Form. Und ich meine wirklich komplett ohne. Verkehrsschilder, Ampeln, Straßenmarkierungen, Vorfahrtsregeln oder irgendwelche anderen Zeichen einer Straßenverkehrsordnung existieren entweder nicht oder sie werden nicht beachtet. Der Klang hochdrehender Motoren, der erstickende Gestank der Abgase und der beißende Geruch der Benzindämpfe, der sich einem in der heißen Tropensonne in die Nase frisst, verbinden sich zu einem Gemisch, das auf die Sinne einstürmt wie ein führerloser Lastwagen. Das Chaos ist komplett und überwältigend.

Stürmische Autofahrer fädeln mit ihren abgewrackten Wagen rücksichtslos in den Gegenverkehr ein und weichen – manchmal – gestikulierenden Fahrern aus, die auf der anderen Fahrspur dasselbe tun. An den Türen von Taxis und Bussen hängen die Fahrgäste wie S-Bahn-Surfer, und springen nach Belieben auf und ab, üblicherweise bei voller Fahrt. Bunt gekleidete Fußgänger treiben durch das Gewirr, scheinbar unbeirrt von all den Gefahren. Und doch läuft all dies irgendwie ohne Angst oder Aggression ab. Tatsächlich scheint hier sogar eine seltsame Ordnung am Werk zu sein, sodass man früher oder später erkennt, dass man nicht von diesen uralten Vehikeln zu Brei gefahren wird oder zumindest wahrscheinlich nicht. Wenn Sie so weit sind, dann haben Sie den Sprung vollzogen. Das ist das überladene, unbeschwerte Kinshasa.

Irgendwann kamen wir am Grand Hotel an, einem zweiundzwanzig Stockwerke hohen weißen Gebäude im Schachtellook in der Nähe des mächtigen Flusses Kongo. Dem Plan nach sollte es wohl mal ein Luxushotel werden. Die Realität sah allerdings anders aus. Und der Preis trieb einem geradezu die Tränen in die Augen – mehrere Hundert Dollar pro Nacht. Das ist für die meisten Kongolesen weit mehr als ein Jahreslohn. Aber man hat als Tourist keine andere Möglichkeit, als beim Preis zusammenzuzucken und zu bezahlen, denn es gibt in dieser wunderbar anarchischen Stadt nur wenige anständige Hotels.

Die Büros des Umweltministeriums lagen nur etwa einen knappen Kilometer entfernt. Daher beschlossen wir, nachdem wir eingecheckt hatten, zu Fuß zu unserem Treffen mit dem Minister zu gehen. Die Büros befinden sich im besseren Teil der Stadt, wo anders als im Stadtzentrum auf den breiten Straßen kaum Verkehr herrscht. Wir merkten bald, warum: Vor sämtlichen wichtigen staatlichen Einrichtungen waren bewaffnete Soldaten postiert, was Besucher vermutlich weniger zu schätzen wussten.

»Sprecht nicht mit ihnen und macht vor allem in dieser Gegend keine Fotos. Niemals!«, warnte uns JP. »Sonst stecken sie euch ins Gefängnis. Du kannst in dieser Stadt so ziemlich alles machen. Aber Kameras und Fotos sind ein großes No-Go.«

Die Fassade des Bürohochhauses aus den 1960er-Jahren sah im Großen und Ganzen aus wie alle Gebäude in der Stadt. Hier waren seit Jahrzehnten keine Renovierungs- oder Instandhaltungsarbeiten mehr durchgeführt worden. Die am Eingang angebrachte Plakette war lediglich ein handgemaltes Schild mit einer DR-Kongo-Fahne darauf und informierte auf Französisch, dass dies ein Regierungsgebäude war. Auch die Soldaten mit Maschinenpistolen davor waren ein brauchbares Erkennungsmerkmal. Sie tasteten uns flüchtig ab und baten um Zigaretten, bevor einer von ihnen lässig davonschlenderte, um einen Beamten zu holen.

Eine sehr effizient wirkende Frau in einem makellosen schwarz-weißen afrikanischen Kaftan erschien zur Begrüßung. Sie sprach gutes Englisch, was im französischsprachigen Kinshasa eher selten ist. »Willkommen«, sagte sie und schüttelte jedem von uns die Hand. »Mein Name ist Brigit. Bitte folgen Sie mir. Der Minister erwartet Sie.« Ich mochte sie auf Anhieb.

Sie ging voraus und eskortierte uns durch einen abgetrennten Gang ins ministeriale Büro. Viel Plüsch und ledergepolsterte Sitzgelegenheiten. Ein sehr großer Schreibtisch. Darüber das allgegenwärtige Porträt von Präsident Joseph Kabila. Fotos von Tieren und Landkarten der verschiedenen Wildtierreservate zierten die Wände.

Einige Minuten später kam Anselme Enerunga, Minister der DR Kongo für Umwelt, Naturschutz, Wasser und Wälder, herein. Er trug einen schicken beigefarbenen Anzug und eine rote Krawatte und begrüßte uns freundlich.

»Willkommen in der DR Kongo. Wir haben Sie erwartet«, meinte er, während Brigit uns zu den bequemen Sesseln geleitete. »Unser Botschafter in Südafrika, Bene M'Poko, hat uns über Ihr großzügiges Angebot zur Unterstützung unserer Regierung informiert. Wir sind dankbar für Ihre Hilfe. Wie Sie wissen, ist die Situation im Garamba-Nationalpark sehr bedenklich. Der Park wurde vor Kurzem vollkommen von Rangern und Beamten geräumt, was für uns eine echte Herausforderung darstellt, vor allem in Bezug auf die Nashörner.«

Innerhalb weniger Minuten kamen wir zur Sache. Wir stellten unser Projekt mit allen Details vor, stellten und beantworteten Fragen, um den Minister so ausführlich wie möglich über unsere Strategie und unsere Ziele zu informieren.

Zuerst würden wir bei einer Stippvisite die nötigen Informationen sammeln. Wir würden mit seinen Beamten vor Ort eng zusammenarbeiten, um die Situation richtig einschätzen zu können, uns Sicherheitsmaßnahmen überlegen und versuchen, über die örtlichen Gegebenheiten so viel herauszufinden wie möglich. Dann würden wir aus der Luft versuchen, die Nashörner zu zählen und sie mithilfe von Gewehren mit Sendern zu versehen. Die Rettung selbst wäre dann die äußerst sorgfältig geplante dritte Phase. Die Aufklärung würde ein paar Tage in Anspruch nehmen, die Kennzeichnung mit den Funksendern eine Woche oder etwas länger, was letztlich davon abhing, wie leicht man an die Tiere herankam. Das Einfangen und Ausfliegen aber würde mindestens drei Wochen dauern.

Eine Stunde später waren wir so gut wie durch.

»Danke«, sagte der Minister. »Es ist wichtig, dass ich mir selbst ein Bild von der Situation machen kann. Ich werde Sie also mit zwei meiner Beamten auf Ihrer Aufklärungsmission begleiten. Wenn ich persönlich anwesend bin, zeigt das den Leuten vor Ort, wie ernst die Regierung dieses Projekt nimmt. Es könnte sein, dass die lokale Bevölkerung sich gegen die Umsiedlung der Nashörner wehrt, aber dieses Problem können wir lösen.«

»Das ist verständlich«, antwortete ich. »Aber die Nashörner bleiben ja Eigentum der DR Kongo. Wir müssen sie nur auf sicheres Gebiet bringen. Dann können wir weiterplanen.«

Dass der Minister uns begleiten wollte, war natürlich ein Riesenvorteil, aber für uns hieß das, dass wir ein größeres Flugzeug chartern mussten, was wiederum deutlich teurer sein würde. Ich konnte es JP am Gesicht ansehen, wie er seine Optionen im Geist durchspielte.

»Ich habe für Sie ein Treffen mit dem Generaldirektor der Kongolesischen Behörde für Naturschutz (ICCN) arrangiert, der Ihr Engagement fördern wird.«

Dann nahmen wir noch brav Aufstellung für einen Fototermin mit dem Minister. Er hielt eine kurze Dankesrede und überreichte uns eine Bronzeplakette, die die DR Kongo darstellte, geschmückt von einem Adler mit Lorbeerkranz.

Ich stieß einen Seufzer der Erleichterung aus, als wir, von Brigit begleitet, zur Naturschutzbehörde ICCN gingen. Es war alles tatsächlich so, wie Botschafter M'Poko vorhergesagt hatte. Nun hatten wir die Zustimmung des Ministers zur Rettungsaktion. In der ICCN warteten wir eine Weile, bevor wir dem Leiter der Behörde und seinen Abteilungsleitern vorgestellt wurden. Dann legten wir ein zweites Mal unsere Pläne dar und erklärten, inwiefern sie für die Behörde von Nutzen waren. Wir erklärten die Verbindung zu Südafrika, berichteten von den Einladungen des Botschafters und Ministers und dass wir der ICCN helfen wollten, ein Programm in die Wege zu leiten, das die überlebenden Nashörner des Garamba-Reservats retten würde.

Die Reaktion war freundlich, aber zögerlich. Ob wir uns bewusst seien, fragte der ICCN-Leiter, dass Garamba vor Kurzem geräumt worden war und dass eine andere Naturschutzorganisation namens African Parks schon zu retten versuchte, was noch zu retten war. Wir bejahten das, wiesen aber darauf hin, dass diese Organisation den gesamten Park retten wollte, wir hingegen nur ein bestimmtes Ziel hatten – die ICCN bei der Rettung der Nashörner zu unterstützen. Wir wollten uns nur um dieses eine Projekt kümmern. Und wir hatten dazu die nötige Expertise und umfangreiche Finanzierungszusagen, beides würden wir der ICCN zur Verfügung stellen. Wir würden gerne mit anderen Umweltschutzorganisationen zusammenarbeiten, aber was wir vorhatten, würden wir nur in Zusammenarbeit mit dieser Behörde tun. Unser einziges Ziel sei es, in dieser sehr schwierigen Lage zu helfen.

Die Herren fanden das alles zwar hochinteressant, zögerten aber immer noch. Sie waren höflich zu uns, aber irgendwie schienen sie nicht so recht motiviert, die Initiative anzuschieben.

Der Garamba-Nationalpark ist unglaublich groß, größer als Israel. Nicht nur, dass im ganzen Park hemmungslos gewildert wurde, auch eine Rebellenarmee trieb dort ihr Unwesen. Eine einzige Naturschutzgruppe, die auf eigene Initiative agierte, würde nicht ausreichen, die Kontrolle über den Nationalpark wieder in die Hände der ICCN zu legen und gleichzeitig die unmittelbare Rettung der Nashörner zu stemmen. Ich wusste, was es kostete, Thula Thula zu betreiben, und unser Wildreservat war doch erheblich kleiner.

Also fragten wir, warum man bei der ICCN zögerte. Man konnte doch sicher davon ausgehen, dass sie jede Hilfe annahmen, die sie bekommen konnten, sowohl materieller als auch finanzieller Natur. Noch dazu, wo die Ausrottung einer großen Subspezies unmittelbar bevorstand.

Darauf wussten die Herren keine Antwort. Sie müssten sich das Ganze erst noch überlegen und konnten uns jetzt noch keine Genehmigung für die Reise in den Nationalpark erteilen.

Das überraschte uns. Wir hatten gerade die Zustimmung auf höchster Ebene erhalten – vom Minister selbst. Wir durften sofort einreisen. Ja, er würde uns sogar begleiten. Und doch schien sich die dem Ministerium zugehörige Behörde zwar nicht regelrecht zu weigern, aber grünes Licht gab man uns eben auch nicht. Die Fortsetzung der Gespräche brachte uns leider auch nicht weiter.

Am Ende warf ich das Handtuch. »Wir wurden in die DR Kongo eingeladen, um der ICCN in dieser Angelegenheit zu helfen, und wir sind sicher, dass sowohl African Parks als auch Ihre Behörde den Wert unseres Angebots erkennen werden«, sagte ich. »Wir werden auf weitere Nachrichten warten.«

Als wir gingen, nahm ich Brigit beiseite und fragte sie, was da vorging. »Es tut mir leid«, sagte sie. »Mit dieser Komplikation haben wir nicht gerechnet. Ich werde die Angelegenheit mit dem Minister besprechen und Sie informieren.«

»Aber wo könnte denn das Problem liegen?«, hakte ich nach.

»Es ist kompliziert. Bitte haben Sie Geduld mit uns.«

Erst später kamen wir den politischen Feinheiten der DR Kongo auf die Spur. Präsident Kabila versuchte, aus den vielen verschiedenen politischen Parteien des Landes eine Koalition zu bilden. Der Generaldirektor der ICCN und der Umweltminister sangen also nicht vom selben Blatt. Und das war nicht nur bei Umwelt- und Naturschutzthemen so, sondern in vielen anderen politischen Bereichen. Die meisten politischen Parteien in der DR Kongo sind dem einen oder anderen Stamm fest verbunden. Das Land ist so unendlich groß, größer als ganz Westeuropa. Die Menschen, die viele tausend Kilometer entfernt im Osten leben, verbindet mit den Menschen in den Nachbarländern meist mehr als mit der Bevölkerung von Kinshasa im Westen.

Der frühere Guerillakämpfer Laurent Kabila, Vater des Präsidenten, kommt aus dem Osten des Landes. Er verkündete 1995, dass er auf die Hauptstadt zumarschierte, um die Regierung des damaligen Herrschers, General Mobutu Sese Seko, zu stürzen. Kabila war noch von Che Guevara persönlich ausgebildet worden. Sein Mob kam aus der Grenzregion zu Uganda und marschierte Tausende von Kilometern den Kongo hinab. Zwei volle Jahre kostete Kabila der Marsch durch den Dschungel, um mit seiner Armee Kinshasa zu erreichen. Als er ankam, eroberte er die Stadt. Wenn man jemanden fragt, warum Kabila so erfolgreich war, heißt es gewöhnlich: »Sie haben uns vollkommen überrascht.«

Nach diesem Treffen waren wir sehr ernüchtert. Das Okay von höchster Stelle erhalten zu haben mit der Aussicht auf Begleitung durch den Minister, um letztlich dann doch auf eine Genehmigung warten zu müssen, war frustrierend. Und es handelte sich ja tatsächlich um einen Notfall: Die Zukunft der Nashörner war mehr als ungewiss. Viele Tausend Nördliche Breitmaulnashörner waren bereits tot. Wie viel Zeit würde den noch existierenden Exemplaren bleiben?

Es war früher Abend, und wir konnten nichts mehr tun. Also fragte JP, ob wir nicht einen seiner Freunde kennenlernen möchten. Wir nahmen ein Taxi ins schickste Viertel von Kinshasa, einen Elite-Vorort, wo die Drahtzieher der Stadt lebten. Kinshasa ist eine Stadt extremer Kontraste. Der Ozean der Armut umspült einzelne Inseln unglaublichen Wohlstands. Dort leben ein paar reiche ehemalige Kolonialherren, meist Belgier, die während der Bürgerkriege, die das Land in den 1960er-Jahren erschütterten, einfach ausharrten. Das war die Ära der weißen Söldner wie »Black Jack« Schramme, des Franzosen Bob Denard, »Mad« Mike Hoare und anderer professioneller Killer, die damals auf der Suche nach Abenteuern und Reichtum in großer Zahl ins Land kamen. Sie bekämpften die Simba-Rebellen, die loyal zu Patrick Lumumba standen, dem ersten Premierminister des Landes.

Zum Schaden der DR Kongo – und des restlichen Kontinents – ging die hastig vollzogene Unabhängigkeit vom früheren Kolonialherrn Belgien auf spektakuläre Weise nach hinten los. Ein Blutbad folgte dem anderen, Vergewaltigungen waren an der Tagesordnung. Das war zur Hochzeit des Kalten Krieges, als die Sowjetunion Lumumba stützte, der Westen hingegen einen eigenen Kandidaten namens Moïse Tschombe. Sowohl Tschombe als auch Lumumba wurden ermordet, während ein neuer starker Mann am Horizont auftauchte: General Mobuto Sese Seko, dessen korruptes Regime sich dreißig Jahre lang halten konnte. Er benannte das Land um in Zaire, aber als man ihn 1997 absetzte, entschied die Regierung sich erneut für den Namen Demokratische Republik Kongo.

Während des ersten Bürgerkriegs in den frühen 1960ern wurden sehr viele Grausamkeiten an Nonnen begangen, was in aller Welt Schlagzeilen machte. Das prägte das Bild Afrikas in den westlichen Medien, und dieses Bild hat sich bis heute gehalten. Der ehemalige Newsweek-Korrespondent Edward Behr erzählt in seinen Memoiren die Geschichte eines BBC-Journalisten, der in einem Flüchtlingscamp in Stanleyville (heute Kisangani) ankam und mit seinem piekfeinen britischen Akzent laut fragte: »Hallo: Gibt es hier jemanden, der vergewaltigt wurde und Englisch spricht?« (Edward Behr wählte diesen Satz als Titel für seine Memoiren.)

Bedauerlicherweise gingen die Kriege und Aufstände weiter. Ein Bericht des International Rescue Committee schätzt, dass in der DR Kongo und der Region um die Afrikanischen Großen Seen zwischen 1998 und 2008 ungefähr 5,4 Millionen Menschen getötet wurden. Kindersoldaten sind immer noch völlig normal. Die Bürgerkriege und Kriege zwischen den Staaten DR Kongo, Ruanda und Uganda sowie der Völkermord in Burundi resultierten in zehn Jahren blutiger Konflikte, den schlimmsten seit dem Zweiten Weltkrieg. Das hat Afrika gespalten, und doch wissen die Menschen so gut wie nichts darüber.

Die Ironie des Ganzen ist jedoch, dass die DR Kongo eigentlich zu den reichsten Ländern der Welt gehört, weil sie unberührte Bodenschätze im Wert von vierundzwanzig Billionen Dollar besitzt. Das entspricht dem Bruttoinlandsprodukt von Europa und den USA zusammen.

Das ist kaum zu glauben, wenn man Kinshasa betrachtet. Ganz im Gegenteil: Jeder Besucher würde annehmen, dass Kinshasa neben Mogadischu, der maroden Hauptstadt des zerfallenden Staates Somalia, die zerrüttetste, heruntergekommenste Stadt der Welt ist. Von seinen acht Millionen Einwohnern kann nur etwa eine Million als wohlhabend nach afrikanischen Standards betrachtet werden. Weitere zwei Millionen kommen gerade so über die Runden. Etwa drei Millionen leben in Slums, schmutzigen Barackensiedlungen mit einer kaputten Infrastruktur, auch wenn es noch Ansätze einer öffentlichen Grundversorgung gibt. Die restlichen zwei Millionen leben auf der Straße und schlafen in Kartons auf dem Gehsteig.

Das ist eine erschreckend hohe Zahl, und für diese armen Seelen gibt es keinerlei staatliche Unterstützung. Die einzige Rettung, wenn man es so nennen kann, ist die Tatsache, dass die Bürgersteige sehr breit sind. Das geht auf die belgischen Kolonialherren zurück, die breite, zweispurige Straßen bauten und den Mittelstreifen mit hohen Bäumen bepflanzten. In seiner Blütezeit war Kinshasa – oder Léopoldville, wie die Stadt damals hieß – das Kronjuwel von Belgiens brutalen kolonialen Bestrebungen. Tatsächlich betrachtete man die Stadt nicht einmal als Kolonie. Sie war ganz einfach König Leopolds ganz persönliches Feudalreich.

Die Stadt liegt nahe am Äquator und mitten in einer Region, die einst von Regenwald bedeckt war. Überall kreuzen Flüsschen und Bäche die Straßen. In den unzähligen Zuflüssen des Kongo waschen die Leute sich selbst und ihre Wäsche. Und sie vollziehen ihre rituellen Waschungen. Auch wenn Müll und Fäkalien sich da und dort haushoch auftürmen.

Die Menschen kommen in großer Zahl auf den Gehsteigen zur Welt, um in ebenso großer Zahl dort zu sterben. Sie haben keine Toiletten, kein fließendes Wasser, keine Abwasserkanäle. Sie leben in einer Schattenwelt, die die meisten Westler nicht einmal ansatzweise verstehen. Daher gibt es einen ausufernden Schwarzmarkt, den die Regierung nicht unter Kontrolle kriegt. Kinshasa ist eine Stadt im 21. Jahrhundert, in der es weder Supermärkte noch Banken oder Geldautomaten gibt, in der selbst Eier und Milch importiert werden müssen, obwohl das Land quadratkilometerweise über fruchtbare Erde verfügt.

Allerdings gibt es wenig schwere Verbrechen. Menschen haben keinen Zugang zu Banken, sodass Geldverleiher ihre Dienste auf wackligen Klapptischen auf offener Straße anbieten, während rechts und links von ihnen der Verkehr tost. Wollte jemand dies in einer anderen Stadt versuchen, dann würde er im Handumdrehen ausgeplündert oder für verrückt erklärt. Seltsamerweise aber sind sie in Kinshasa vollkommen sicher.

Selbst in den teuren Vorstädten wirken die Gebäude schäbig. Aber nur so lange, bis sie ihre Tore öffnen. Hinter hohen Mauern, so hoch, dass garantiert niemand darüberklettern kann, liegen einige höchst beeindruckende Anwesen.

JPs Freund lebte in einem solchen Haus. Ein palastartiges Herrenhaus, überragt von einem Baum, der so gigantisch war, dass ich auf Anhieb verstand, wieso manche Menschen in ihm Geister vermuten, die sie anbeten.

JP stellte uns Philippe Graca vor, den Inbegriff des Franzosen. Dunkelhaarig und urban. Philippes Familie lebte seit Generationen in der DR Kongo, daher kannte er Kinshasa wie wenige andere. Anfangs schien er eher gestresst, aber nachdem er uns erzählt hatte, was für einen schrecklichen Tag er gehabt hatte, schien er wieder guter Dinge. Ich glaube, viele Menschen, die in den früheren Kolonien geblieben sind, freuen sich über neue Bekanntschaften. Er schlug vor, wir sollten gemeinsam essen gehen. Es war Zeit zum Feiern.

Es sollte ein bemerkenswerter Abend werden. Zunächst nahm Philippe uns in ein portugiesisches Restaurant mit, das seiner Ansicht nach zu den besten der Welt gehörte. Er hatte recht. Wir aßen Riesengarnelen von der Größe einer Languste und Chorizo-Würste, die vor unseren Augen auf glühenden Kohlen gegrillt wurden. Einfach umwerfend! Exzellente Restaurants in Kinshasa berechnen New Yorker Preise, und Philippe erklärte, woran das lag. Ihr Kundenstamm war sehr klein. Er bestand meist aus Expats, den Ausländern, die in Kinshasa arbeiteten, und der kongolesischen Elite. Der Wettbewerb war hart, und wenn sie nicht wirklich Weltklasse boten, waren sie schnell wieder vom Markt.

Dann besuchten wir einen der für Kinshasa typischen Nachtclubs. Einen von der Sorte, die in London oder New York sofort ihre Lizenz verlieren würden, weil sie buchstäblich gegen jede Sicherheitsvorschrift verstießen, die man sich nur vorstellen konnte – ob es nun um Brandschutz, maximale Besucherzahl oder die Lautstärke ging. Auf der Tanzfläche tobte die Menge zu afrikanischen Rhythmen und den neuesten Disco-Hits.

JP hatte das Dröhnen bald satt, er nannte es »Headbanger-Musik«. Daher bat er den DJ, etwas zu spielen, was er, aus mir unerfindlichen Gründen, für ohrenfreundlicher hielt: Led Zeppelin. Kein Problem – als Robert Plant »Rock and Roll« röhrte, sah JP mich an, hob sein Glas und schrie so laut, dass alle es hören konnten: »Das ist richtige Musik!«

Von dem riesigen und charismatischen Südafrikaner offensichtlich beeindruckt, legte der DJ für den Rest des Abends alles auf, was JP hören wollte, obwohl seine Musikwünsche total von gestern waren.

Doch unser letztes Ziel war ein Ort, den ich mein Leben lang nicht vergessen werde. Philippe brachte uns zurück in die Stadtmitte zu den Gehsteigbewohnern. Es war zwei Uhr morgens. Es gab keine Straßenbeleuchtung, aber wohin man auch blickte, züngelten Kochfeuer zwischen den Tausenden sitzenden oder liegenden Menschen. Die Luft war schwer vom Holzrauch. Philippe hielt an einer Kreuzung an, wir stiegen aus und folgten ihm an eine Stelle, an der etwa acht Kinder wohnten, wenn man das so nennen konnte. Das älteste Kind war höchstens fünfzehn, das jüngste ein einjähriges Baby, um das sich eine etwa Achtjährige liebevoll kümmerte. Sie sammelten sich um Philippe und nannten ihn »Papa Philippe«. Offenkundig waren sie wirklich glücklich, ihn zu sehen. Sie waren barfuß, ja hatten vermutlich noch nie Schuhe getragen. Ihre Kleidung bestand aus Fetzen, und sie waren erschreckend dünn.

Philippe drehte sich um und sagte zu uns: »Das sind meine Freunde. Was immer ihr auch tut, gebt ihnen kein Geld. Dadurch fühlen sie sich herabgesetzt. Es macht sie abhängig.«

Ich steckte meine Brieftasche zurück in die Jacke. Die Kinder hatten allerdings ein Geschäft am Laufen. Sie verkauften Zigaretten in einer Art provisorischem Kiosk. Und so kaufte ich mehrere Päckchen.

Schließlich klatschte Philippe in die Hände und rief auf Französisch: »Jetzt machen wir doch mal Musik.«

Die Kinder strahlten. »Musik!«

Das älteste Kind holte eine kaputte Gitarre hervor, die nur drei Saiten hatte. Eines der anderen holte eine einzelne Saite einer Steel-Gitarre heraus, die an eine Blechbüchse gebunden war. Er hielt die Büchse zwischen den Beinen und zog die Saite mit den Zähnen straff. Dann zupfte er sie zur selben Zeit wie die Gitarrensaiten. Er schaffte es, die Saite immer genau so zu spannen, dass es perfekt harmonierte. Jason meinte, es höre sich an wie das Banjo-Duell im Film *Beim Sterben ist jeder der Erste*. Die beiden notdürftigen Instrumente passten ganz wunderbar zusammen. Ich schloss meine Augen. Mit einer kleinen Portion Fantasie konnte man sich vorstellen, den Jazzgitarristen Jean »Django« Reinhardt spielen zu hören. So gut klang es.

Ein höchstens dreijähriges Mädchen stand auf und fing an, zu tanzen. Sie hatte ein natürliches Gefühl für Rhythmus und drückte ihn mit ihrem kleinen Körper so perfekt aus, dass mein Fuß automatisch anfing, zu zucken. Gab es im Leben der Kleinen irgendetwas, das sie zum Tanzen animierte? Sie sollte eigentlich mit vollem Bauch in einem warmen Bett schlafen, nicht um zwei Uhr morgens auf dem Pflaster tanzen. Die anderen Kinder machten mit oder feuerten sie mit ihrem Klatschen an.

Als Philippe »Musik!« gerufen hatte, hatte ich eine extrem langweilige Vorstellung erwartet – ein paar Kinder, die misstönende Laute zu einer kaputten Gitarre von sich gaben. Stattdessen saßen wir alle da, hingerissen von diesem zerbrechlichen Ausdruck von Lebendigkeit. Nie hatte ich eine solche Vitalität gesehen, einen solchen Eifer, vor allem von Menschen, die so wenig besaßen.

»Weißt du«, meinte Jason, »du kannst alles unterdrücken, aber nicht die menschliche Seele.«

Ein Anflug von Gefühlsduselei überkam mich. Der Tag war ein einziger Ansturm sinnlicher Eindrücke gewesen. Welche Chance hatte dieser Ort hier denn überhaupt? Für einen Außenseiter aus dem Westen war Kinshasa eine farbenfrohe, lebendige, wenn auch arme afrikanische Stadt. Für die Menschen, die hier lebten, war sie buchstäblich das Herz der Dunkelheit. Und wenn dies schon in der Hauptstadt so war, wie würde es dann erst in den entlegeneren Regionen aussehen, wo es nicht einmal ansatzweise Recht und Ordnung gab? Wenn so viele Straßenkinder keine Zukunft hatten, welche Chancen würden dann erst die Tiere, die Nashörner haben?

Die Kinder tanzten weiter. Sie steckten voller Leben. Und das ist letztlich alles, was zählt. Sie lebten ganz im Augenblick. Sie tanzten, wenn sie konnten, und starben, wenn es an der Zeit war.

»Wenn wir je wieder hierherkommen, bringe ich dem Jungen eine gute Gitarre mit«, sagte ich, weil ich mich selbst aufbauen wollte.

Als Philippe uns mit dem Wagen zurück in unser Hotel brachte, fragten Jason und ich uns, wie viele von diesen Kindern noch am Leben sein würden, wenn wir zurückkehren würden. Später erfuhr ich, dass auf Kinshasas Straßen Zehntausende Kinder lebten, denen von der Polizei oder ihren Mitbürgern häufig Gewalt angetan wurde. Weil sie in ihren Augen nichts weiter sind als Ungeziefer.

Es war Zeit, nach Hause zurückzukehren. Wir hatten nie geglaubt, dass unsere Mission einfach werden würde, aber nun hatten wir wenigstens eine Ahnung von den massiven Hindernissen, die uns erwarteten. Wie konnte die Welt auf die Idee kommen, das Schicksal der letzten Nördlichen Breitmaulnashörner einem so chaotischen Land anzuvertrauen? Und wie können wir von einer Regierung, die ihre Bevölkerung nicht ernähren und keinerlei Infrastruktur aufrechterhalten kann, erwarten, dass sie die Regenwälder schützt, die den ganzen Planeten mit Sauerstoff versorgen? Hier sollte die UN eingreifen oder eine internationale NGO, die extra für diesen Zweck gegründet wird.

»Ich werde mit Botschafter M'Poko sprechen, wenn wir zurück sind«, meinte JP, der offensichtlich meine Gedanken lesen konnte. »Hoffentlich kann er dazu beitragen, dieses Durcheinander schnell zu entwirren.«

8

Wir flogen zurück, und am nächsten Tag erwachte ich in meinem eigenen Bett, durch und durch erfrischt.

Thula Thula hat eine ganz eigene Art, alle Probleme zu relativieren. Trotz der enttäuschenden Erfahrung in Kinshasa hatten wir Fortschritte gemacht, was die Rettung der Nashörner anging. Und die Naturschutzbehörden der DR Kongo hatten uns nun zumindest auf dem Radar. JP würde Botschafter M'Poko kontaktieren, und ich würde mit Jason, Dylan und dem Rest des Teams weiter an der Planung der Rettungsaktion arbeiten.

Ich beschloss, für eine Weile rauszufahren. Ich war in der entferntesten Ecke des Reservats, um einen Zaun zu überprüfen, als das vertraute Geräusch und Gefühl eines geplatzten Reifens den Landrover durchrüttelten. Normalerweise ist das kein Problem, nur hatte ich diesmal keinen Radschlüssel dabei. Außerdem saß ich mitten in einer recht tiefen Talsohle fest, was bedeutete, dass ich mit dem Funkgerät des Landrovers niemanden erreichen konnte. Vor mir lag also ein langer Heimweg.

Ein paar heiße und durstige Stunden später, durchglüht von der hoch am Himmel stehende Sonne, kam ich an einer großen Gnuherde vorbei, die friedlich in der Savanne graste. Ich hörte, wie ein Bulle laut Warnung gab, als er mich kommen sah. Schon galoppierten die Tiere davon. Das Trommeln ihrer Hufe donnerte durch den Busch. Flucht ist eine normale Verhaltensweise für Gnus, die ohnehin recht schreckhaft sind. Nicht verpaarte Bullen halten stets rund um die Herde Wache. Merkwürdig war nur, dass ich den Bullen nicht bemerkt hatte. Dann hörte ich wieder ein Schnauben, nur diesmal sehr viel näher. Ich eilte weiter auf dem Trampelpfad durchs Gelände, als mir hinter dem nächsten Busch plötzlich Heidi gegenüberstand. Sie spitzte die Ohren und reckte den Schwanz in die Höhe, offensichtlich in höchster Alarmbereitschaft. Dabei starrte sie mich direkt an.

Ich warf einen Blick auf ihre massige, von lediger Haut bedeckte Gestalt und suchte nach Anzeichen für einen bevorstehenden Angriff. Vorsichtshalber sah ich mich nach einem Baum um, auf den ich nötigenfalls klettern könnte. Aber sie blieb einfach stehen, was hieß, dass für mich keine unmittelbare Gefahr bestand. Doch dann erklang wieder der Warnruf eines Gnus, genau von dort, wo Heidi stand. Ich war vollkommen verwirrt, denn ich konnte immer noch keinen Bullen sehen. Bis ich zu meiner Überraschung realisierte, dass der Ruf von Heidi kam. Sie stieß noch einmal perfekt den typischen Gnu-Warnruf aus und sprang dann munter der Herde hinterher.

Dass ein Nashorn für eine Herde Gnus Wache schiebt und den typischen Warnruf der Männchen imitiert, auf den die Tiere so prompt reagierten, als würde das Nashorn zur Herde gehören, war für mich eine völlig neue Erfahrung. Doch dann verstand ich. Breitmaulnashörner gehören zu den sozialsten Tieren ihrer Art und die Weibchen ziehen normalerweise immer in Gruppen durch das Land. Aber da Heidi ja als Waise aufgewachsen war, kannte sie keine anderen Nashörner. Stattdessen hatte eine Gnu-Herde sie adoptiert, und Heidi dankte es ihren Genossen, indem sie für sie Wache hielt. Nashörner und Gnus ernähren sich beide von Mariengras und teilen sich daher den Lebensraum. Da Heidi mit Gnus aufgewachsen war, hatte sie deren Eigenheiten übernommen und sogar gelernt, mit ihnen zu kommunizieren. Ich würde annehmen, dass niemand in der Lage war, Heidis Ruf von dem eines echten Gnus zu unterscheiden. Die Gnus selbst jedenfalls konnten es nicht.

Ich erinnere mich noch, wie Nana und die Elefantenherde gezielt eine Antilopenherde befreiten, die wir eingefangen hatten, um sie in ein anderes Wildreservat zu bringen. Wir hatten die Antilopen in eine Boma getrieben, eine eigene Koppel. Da kam Nana aus dem Busch, ihre Herde im Schlepptau. Mit ihrem Rüssel öffnete sie das Tor. Dann wichen die Elefanten zurück, um die Antilopen freizulassen. Wir brauchten den ganzen nächsten Tag, um die Tiere wieder einzufangen. Aber das war es uns wert nach dieser außergewöhnlichen Erfahrung, bei der eine Art einer anderen zu Hilfe kam. Eine Herde Gnus, die ein einsames kleines Nashorn adoptierte, war ein anderes Beispiel für diese erstaunliche Beziehung, die alle Geschöpfe verbindet.

Über die Jahre hatte ich viel Zeit mit Heidi verbracht. Trotz ihrer tragischen Kindheit war sie erstaunlich sanftmütig. Sie war sich meiner Präsenz bewusst und schien meine Gesellschaft immer zu schätzen. Ich hatte mir wirklich gewünscht, eine Herde Nashörner in Thula Thula aufzunehmen, damit Heidi ein normales Sozialleben führen konnte, aber eine solche Herde würde die Wilderer anziehen wie ein Magnet. Für den Moment war sie sicherer mit ihrer schreckhaften Gnu-Herde. Dort gab es genug nervöse Augen und Ohren, um sie zu schützen.

Heidi war einer der Lieblinge unserer Gäste in der Lodge, die wir auf dem Landrover durch das Reservat begleiteten, damit sie die wilden Tiere beobachten konnten. Unsere Ranger taten immer ihr Möglichstes, um Heidi zu finden. Manchmal bummelte sie ganz gemütlich auf den Wagen zu, was unsere Gäste natürlich toll fanden. Sie war so sanft, dass unsere Ranger ihre Gruppen selbst auf Wanderungen durch das Wildtiergebiet in ihre Nähe führten. Dort konnten die Menschen dieses wunderbare Geschöpf zu Fuß und aus der Nähe bewundern. Der Besuch in Thula Thula war für viele Menschen der Höhepunkt ihrer Afrikareise.

Einmal allerdings gab es einen Zwischenfall, als eine der Wandergruppen Heidi aus ungefähr dreißig Metern Entfernung beobachtete. Plötzlich fing ganz in der Nähe ein Impalabock an, zu röhren. Das unerwartete Geräusch erschreckte Heidi und so schoss sie ohne jede Absicht direkt in Richtung der Touristen los. Da diese nun glaubten, sie würden niedergetrampelt, fingen sie an wegzurennen, während unsere Wildhüter in die Hände klatschten und schrien, um Heidi umzudirigieren.

Heidi drehte ab und donnerte vorbei, blieb dann stehen und guckte. Sie schien irritiert, als frage sie sich, was das ganze Tamtam sollte. Einem der Touristen hatte es buchstäblich seine teuren Schuhe ausgezogen. Wir fanden sie und gaben sie ihm zurück, die Schuhbänder erstaunlicherweise immer noch ordentlich verknotet. Er musste gerannt sein wie verrückt, dass ihm die Schuhe so einfach von den Füßen fielen.

Heidi erinnerte mich stets daran, warum es beim Naturschutz an vorderster Front ging. Wann immer ich ihr wunderbares Horn sah, machte ich mir Sorgen um ihre Sicherheit, um die anderen Nashörner, die in ganz Afrika wegen ihres Horns einen gewaltsamen Tod sterben mussten, und um die unfassbar wenigen Nördlichen Breitmaulnashörner, die es noch in Garamba gab.

Als ich zur Lodge zurückkam, war ich müde, durstig und unglaublich hungrig. So steuerte ich direkt in die Küche, um mir etwas Essbares zu besorgen. Françoise plante gerade mit den Küchenchefs ein neues Menü für unsere Gäste.

»Mein armer Schatz«, sagte sie, als ich ihr erzählte, dass ich stundenlang durch den Busch gewandert war. »Du musst ja am Verhungern sein. Ich habe ein köstliches Schoko-Chili-Huhn für dich.« Damit muss man fertigwerden, wenn man mit einer Französin verheiratet ist. Was bitte ist falsch an Steak, Eiern und Pommes für einen hungrigen Ranger?

Ungefähr zur gleichen Zeit hatten wir in Thula Thula ein paar neue Mitbewohner bekommen. Wir sind nämlich auch eine bekannte Wildtierauffangstation, in der reihenweise verletzte und verwaiste Tiere versorgt werden. Deshalb hatten wir kürzlich ein Buschbaby (Galago) und zwei Ginsterkatzen (Genetten) bekommen, die wir irgendwann in die Wildnis entlassen würden. Unterschiedlicher als diese beiden Spezies können Arten kaum sein. Die winzigen, knuddeligen Buschbabys mit ihren großen Augen, dem weichen grauen Fell und dem langen, fluffigen Schwanz gehören vermutlich zu den niedlichsten und liebenswertesten Geschöpfen auf der Erde. Die Genetten hingegen, wunderschöne Katzen, die aussehen wie eine Kreuzung zwischen Wiesel und Mangusten, sind mit Sicherheit die verschlagensten und listigsten Kreaturen auf diesem Planeten.

Das Buschbaby ließen wir als Erstes frei. Es warf jedoch einen Blick auf die Annehmlichkeiten der Lodge, verglich diese flugs mit dem Busch und entschied gegen jede Erwartung (schließlich führt es ja den »Busch« im Namen), dass es von nun an ein Lodge-Baby sein wollte.

Wir nannten es George nach dem früheren amerikanischen Präsidenten, dem Saddam Hussein, wie ich zu meiner Zeit in Bagdad erfuhr, den Spitznamen »Baby Bush« verpasst hatte.

George wurde schon bald zum Stammgast an der Bar. Françoise, die George vom ersten Moment an geliebt hatte, meinte, unser Buschbaby sei offenkundig ein notorischer Junggeselle, der jeden Abend mit seinen Freunden einen trinken ging. Er neigte dazu, Wasser aus Gläsern zu stibitzen, statt aus seiner Schüssel zu trinken. Er hüpfte einfach auf die Bar und steckte seine freche Schnauze ins nächste Glas. Allerdings konnte er nur einen Schluck nehmen, wenn das Glas voll war. Dieses Problem löste er, indem er es mit seiner Pfote umschubste. Dann leckte er die verschüttete Flüssigkeit vom Tresen. Das gefiel den Gästen, die sich gerade einen Drink bestellt hatten, natürlich überhaupt nicht. Aber George war ein so niedliches Kerlchen, dass ihm alle schnell vergaben. Bedauerlicherweise schloss sich George uns auch manchmal beim Abendessen an. Zu unserem Unglück, denn George hatte die Tischmanieren eines Ziegenbocks. Er sprang auf den Tisch und klaute den Leuten das Essen vom

Teller. Vor allem, wenn etwas aussah wie ein Insekt, was seine eigentliche Nahrung war. Einmal ließ er sich direkt auf dem Teller eines Gastes in dessen Essen nieder und schnappte sich eine große Garnele. Der Gast versuchte, sie ihm wieder abzunehmen, und am Ende gab es ein regelrechtes Tauziehen. George hielt natürlich nichts von Fair Play, also biss er den Mann schnell in den Daumen und zog dann mit seiner Beute ab.

Der Gast, ein berühmter Rugbyspieler und dementsprechend gebaut, sprang auf, hielt sich laut jammernd den Daumen und schimpfte über wilde Tiere am Esstisch. Aber er war ein netter Kerl und sah bald ein, wie komisch das Ganze letztlich war. Schließlich kämpft man nicht jeden Tag mit einem Buschbaby um ein Krustentier.

Danach versuchten Françoise und ich, George zu überreden, doch lieber dort zu wohnen, wo seine Spezies hingehörte, und ihn vom Thekenrowdy zu einem echten Buschbaby zu machen. Aber das kam für ihn überhaupt nicht infrage.

Buschbabys haben unglaublich große Augen. Sie nehmen fast drei Viertel ihres Gesichts ein. Aus diesem Grund sehen sie auch in der Nacht so gut, weshalb sie größtenteils nachtaktiv sind. Das bedeutet andererseits auch, dass ihre Augen hochgradig lichtempfindlich sind. An Weihnachten machte George einmal den Fehler, unter dem Christbaum einzuschlafen. Françoise, die ihn nicht gesehen hatte, machte die Lichterketten an, und der entsetzte George, der sich urplötzlich inmitten einer bunt gleißenden Lichtershow wiederfand, heulte wie ein Geist. Wenn ein Buschbaby zu drei Vierteln aus Augen besteht, so ist das restliche Viertel Lunge. George hätte mühelos Leute in Alaska aus dem Schlaf reißen können. Aber sein Gesichtsausdruck war so komisch, als er sich in eine dunkle Ecke verzog, dass wir fast umfielen vor Lachen. Den Rest des Abends war uns George beleidigt, was bedeutete, dass keine Garnelen geklaut und keine Gläser umgestoßen wurden.

Dann kam er eines Nachts in die Lodge und hüpfte wieder auf den Bartresen. Man sah sofort, dass er einen unglaublichen Kampf hinter sich haben musste. Sein Gesicht war geschwollen, sein rechtes Auge verletzt und jemand hatte ihm anscheinend büschelweise Haare ausgerissen. Es war klar, dass es um ein Weibchen gegangen war. Offensichtlich hatte unser George sich dabei Prügel eingehandelt.

Die selbstzufriedene Miene aber, die er aufgesetzt hatte, schien zu sagen: »Ihr solltet mal den anderen Kerl sehen.« Er hatte recht. Am nächsten Abend brachte er seine Freundin mit und führte sie uns mit siegesgewisser Geste vor.

Nun waren Georges Junggesellentage vorüber und wie für die meisten verheirateten Männer war es damit auch aus mit seinen Barbesuchen. Zweifelsohne flitzen hier mittlerweile viele kleine Baby-Georges herum. Ich frage mich, ob er sie mit Geschichten über seine wilde Jugend in den Kneipen von Thula Thula unterhält.

Ginsterkatzen sind hingegen ein völlig anderes Kaliber. Sie sind zwar wunderschön, aber sie haben rasiermesserscharfe Zähne. Beim Versuch, eine Ginsterkatze zu streicheln, kann man sehr schnell einen Finger verlieren. Wie George sagten sich auch die Genetten, dass die Lodge sehr viel komfortabler war als der Busch. Sie verbrachten ihre Tage damit, in jedem einzelnen Winkel nach einer Gelegenheit zu suchen, Ärger zu machen und sie zu finden. Ginsterkatzen sind echte Ganoven. Ein Sprint durch die Küche und jede Büchse, jedes Glas, jedes Päckchen lag auf dem Boden. Wenn sie dann durch die Tür hinausstoben, waren Zucker, Reis, Mehl und Salz überall auf dem Fußboden und den Anrichten verstreut, sodass die Küche aussah, als hätte eine Bombe eingeschlagen.

Unsere Angestellten verbrachten die Hälfte ihrer Zeit damit, um Georges' Aufmerksamkeit zu wetteifern, und die andere Hälfte, um sich vor den messerscharfen Zähnen der Ginsterkatzen in Sicherheit zu bringen. Glücklicherweise trieben sich unsere Gangsterkatzen schon bald mehr in der Wildnis herum als bei uns. Eines Tages waren sie dann ganz fort. So schön sie auch waren: Ihr Auszug kam nicht einen Moment zu früh.

Doch trotz dieser wunderbaren Ablenkungen – die das Leben im Wildreservat so faszinierend machen – bemühten wir uns nach wie vor um die Rettung der Nashörner in der DR Kongo. Und hinter den Kulissen passierte viel. Dylan plante die ganze Aktion, Grant sorgte dafür, dass Proviant, Ausrüstung, Fahrzeuge, Benzin, Satellitentelefone, Erste-Hilfe-Kasten und was wir sonst noch für einen längeren Aufenthalt in der Wildnis brauchen würden, zur Verfügung standen. Er fand auch einen Hubschrauber und einen Piloten.

Auch JP erzielte Fortschritte. Er engagierte einige Topleute für die Security, und ich verhandelte mit einigen der besten Wildtierärzte Afrikas, um das Fangteam zusammenzubekommen. Es klappte alles wunderbar – auf unserer Seite zumindest. Jeder erkannte die Dringlichkeit der Aktion und die Notwendigkeit des Projekts. Alle wollten dabei sein.

Etwa fünf Wochen später brachten JPs Gespräche mit dem Botschafter und Jasons fortwährende Kommunikation mit Brigit vom Büro des Umweltministers konkrete Ergebnisse. Wir erhielten eine E-Mail von der ICCN, die uns freien Zugang zum Garamba-Nationalpark zusicherte. Wir waren überglücklich, weil wir dies als Startschuss für die Rettungsaktion sahen. Unglücklicherweise hörten wir später von African Parks, die für die unmittelbare Verwaltung von Garamba verantwortlich waren, dass wir damit nur die Erlaubnis hatten, uns umzusehen. Nicht mehr.

Wie auch immer: Es war auf jeden Fall der Startschuss zu unserer Aufklärungsmission. Nun würden wir zumindest aus erster Hand erfahren, was dort wirklich los war. Obwohl wir unsere Expedition innerhalb weniger Monate auf die Beine gestellt hatten, war ich doch immer wieder entsetzt, wie langsam alles Übrige vorwärtsging, obwohl es so offenkundig war, dass schnelles Handeln geboten war. Jeder Tag konnte der letzte Tag für die Nashörner sein. Die Wilderer würden sich nicht netterweise zurückhalten, während wir zauderten.

Brigit berichtete, dass der Minister uns vielleicht begleiten würde, vielleicht aber auch nicht. Zwei ICCN-Beamte würden auf jeden Fall dabei sein. Sie wies uns darauf hin, dass es üblich sei, ihnen ein Geschenk mitzubringen. Wir riefen JP an, der meinte, das sei durchaus angemessen, und so kauften wir jedem von ihnen ein gutes Fernglas, das sich in der Wildnis auszahlen würde.

Wir hielten uns an JPs Rat, auf keinen Fall den kürzeren Charterflug über Uganda zu nehmen, weil dort die berüchtigte Lord's Resistance Army ihr Unwesen trieb. Wir mussten also in Kinshasa ein Privatflugzeug mit einem Piloten finden, der uns von Kinshasa aus in die weit entlegene Wildnis des Garamba-Wildreservats fliegen wollte. Das ist ungefähr genauso einfach wie einen Flug zum Mars zu buchen. Zum Glück kannte Brigit eine Organisation mit Namen Mission Aviation Fellowship (MAF), die christliche Missionare an ihre Zielorte in Zentralafrika bringt, aber auch zahlende Passagiere mitnimmt. Neben den evangelikalen Aufgaben hat sich MAF als Kurierdienst einen Namen gemacht und brachte wichtige medizinische Versorgungsgüter und Post in die entferntesten Regionen des Landes.

Jason rief die Leute bei der MAF an und bat um einen Sonderflug. Und sie sagten Ja. Sie würden uns mitnehmen und waren sofort einsatzbereit.

9

Da wir nun ein Charterflugzeug hatten, das uns nach Garamba bringen würde, flogen JP, Jason und ich wieder nach Kinshasa. Diesmal buchten wir unseren Flug aber bei der South African Airways, die die Richtlinien für Flugsicherheit auch befolgt – im Gegensatz zu der Fluggesellschaft, die wir beim Hinflug hatten.

Wir trafen uns mit Brigit, die bestätigte, dass alle Vereinbarungen getroffen waren und wir sowohl von der ICCN als auch von African Parks im Garamba-Nationalpark erwartet würden. Und nicht nur das: Sie würde uns als offizielle Vertreterin des Ministers begleiten.

Unser Charterflug sollte ganz früh am nächsten Morgen starten, aber zuvor hatten JP und ich noch etwas Wichtiges zu erledigen.

Die UN hatte eine zwanzigtausend Mann starke Friedenstruppe in der DR Kongo stehen, die MONUC. Diese versuchte, in einer von Kriegen und Konflikten zerrissenen Region für Stabilität zu sorgen. Ich stand in Kontakt mit den leitenden Offizieren und hielt sie auf dem Laufenden über unsere Initiative zur Rettung der Nashörner. Gleichzeitig versuchte ich, uns ihre Unterstützung dafür zu sichern, denn diese war unverzichtbar. Also hatte ich ein Treffen mit mehreren Offizieren arrangiert, bevor wir nach Garamba fliegen würden.

Wir kamen mitten am Nachmittag am Militärstützpunkt der MONUC an. Das Eingangstor war flankiert von Sandsäcken und Stacheldraht sowie je einem Schützenpanzer mit einem schweren 20-mm-Kaliber-MG. Dahinter ein Truppentransporter mit einem Automatikgeschütz, das die tödliche Feuerkraft zusätzlich multiplizierte. Alle im traditionellen UN-Weiß, bemannt von Soldaten mit den charakteristischen Blauhelmen. Wir wurden schon erwartet und sofort ins Verwaltungsgebäude eskortiert.

Mein Kontaktmann war Laurent Guepin, ein Belgier, der in der MONUC einen hohen Rang bekleidete. Laurent war ein freundlicher, sachlicher UN-Funktionär Ende dreißig, der sich wunderbar in den Charakter und die Kultur einer UN-Friedensmission in der DR Kongo einfügte. Wir hatten uns schon mehrfach geschrieben und freuten uns beide, uns endlich persönlich gegenüberzustehen.

»Laurent«, sagte ich nach dem ersten Austausch von Förmlichkeiten, »die Aufklärungsmission in Garamba ist die eine Sache, aber am Ende geht es um eine umfangreiche Rettungsaktion, und dabei ist die größte Herausforderung die Logistik.«

Ich lächelte, um mein Ansinnen etwas schmackhafter zu verpacken: »Soweit wir wissen, halten die Nashörner sich im tiefen Busch auf, wo es keinerlei Straßen gibt. Wir haben einen eigenen Hubschrauber, um sie aufzuspüren und zu betäuben. Doch dann brauchen wir einen Hubschrauber, der für Schwertransporte ausgelegt ist, damit wir die Tiere zum Gehege schaffen können. Von dort müssen wir sie weiter an einen sicheren Ort bringen. Das heißt, dass wir wohl ein C-130-Transportflugzeug brauchen, das auf kurzen Bahnen landen und starten kann. Das ist das einzige Flugzeug, das groß genug ist, um die Tiere transportieren zu können. Und Sie – genauer gesagt die UN – sind die Einzigen hier in der Gegend, die so ein Flugzeug zur Verfügung haben.«

Ich hielt kurz inne: »Können Sie uns da weiterhelfen?«

Gespannt wartete ich auf die Antwort, denn diese Anfrage war wirklich kein Pappenstiel. Hubschrauber und Flugzeuge dieser Art sind gewöhnlich nur beim Militär zu finden. Und wir brauchten sie ja nicht nur kurz, sondern durchaus für einen längeren Zeitraum. In einem gottverlassenen Landstrich auf der anderen Seite des Landes. Sie auch nur dorthin zu bekommen, war schon eine Herausforderung.

Laurent lehnte sich zurück und dachte über die ungewöhnliche Anfrage nach. »Und wenn wir das nicht können?«

»Dann werden sämtliche wild lebende Nördliche Breitmaulnashörner aussterben. Es ist genauso einfach oder so kompliziert, wie es klingt.«

Laurent wollte helfen, aber ich verlangte wirklich sehr viel von ihm. Er wusste das und ich wusste es.

»Lawrence, MONUC ist eine Militäroperation. Ich weiß nicht einmal, ob unsere Flugzeuge und Hubschrauber für zivile Zwecke genutzt werden dürfen.«

»Nun, warum machen wir dann die Nashornrettung nicht zu einer Militäroperation? Es wird MONUC einiges an Anerkennung bringen, wenn Sie uns helfen. Es handelt sich hier schließlich um ein viel beachtetes internationales Projekt.«

Er stand auf und sah mich an. »Nun, weil das letzte Mal, als MONUC Hubschrauber in den Garamba-Nationalpark geschickt hat – das war im Januar dieses Jahres, um die Lord's Resistance Army anzugreifen –, hat die LRA zwei Hubschrauber abgeschossen, acht UN-Soldaten getötet und zwanzig weitere verwundet. Darum. Die Region, in die Sie da unterwegs sind, ist brandgefährlich.«

»Davon habe ich gehört. Aber dieser Vorfall ereignete sich im Norden von Garamba. Wir dagegen werden im Süden tätig sein. Und vielleicht könnte man die Aktion ja gerade deshalb als Militäroperation einstufen?«

»Wir würden Truppen schicken müssen, um die Flugzeuge und Hubschrauber zu schützen«, sagte er, als redete er mit sich selbst. »Puhh«, meinte er dann, »da brauchen wir wirklich das Okay von ganz oben.«

»Glauben Sie, MONUC wird uns helfen?«

»Ich werde tun, was ich kann. Es ist schockierend, dass es mit den Nashörnern überhaupt so weit gekommen ist, und ich glaube, Ihr Vorhaben wird oben auf einige Sympathien stoßen. Aber jetzt erst mal zu Ihrer Aufklärungsmission. Wie wollen Sie denn überhaupt hinkommen?«

»Wir fliegen hin.«

»Wir werden Ihre Koordinaten brauchen, falls etwas schiefgeht und wir Sie herausholen müssen.«

»Kein Problem. Ich werde Sie Ihnen schicken«, antwortete ich und machte mir eine Notiz.

»Und die Nummer Ihres Satellitentelefons?«

Die bekam er von JP.

»In der Nähe Ihres Zielortes gibt es ein Dorf namens Nagero. Dieses müssen Sie meiden wie die Pest. Und das meine ich ganz wortwörtlich. Dort ist Ebola ausgebrochen. Die Seuche konnte nicht unter Kontrolle gebracht werden. Das ganze Gebiet steht unter Quarantäne.«

Da wurden wir natürlich hellhörig. Ebola ist ein seltenes Virus, das ein hämorrhagisches Fieber auslöst. Es ist vom Affen auf den Menschen übergegangen. Ebola gehört zu den schlimmsten Krankheiten dieser Erde. Die Opfer bluten buchstäblich aus jeder Körperöffnung – Augen, Ohren, Mund und Nase. Sie verbluten innerhalb weniger Tage. Der absolute Horror. Es gibt kein Gegenmittel, auch keinen bekannten Impfstoff oder andere Heilungsansätze. Beim ersten Ausbruch von Ebola in der DR Kongo infizierten sich dreihundertachtzig Menschen, zweihundertachtzig davon starben. Da das Virus seine Opfer so schnell tötet, gibt es in der unmittelbaren Umgebung oft nach kurzer Zeit keine Menschen mehr, die es infizieren könnte. Deshalb bleibt ein Ausbruch meist regional eng begrenzt.

»Nagero«, wiederholte ich, um mir den Namen einzuprägen. Und ich dachte erleichtert, dass wir den Nationalpark ja nicht verlassen würden.

»Zu guter Letzt«, meinte Laurent, »können Sie uns einen ausführlichen Bericht über die Sicherheitslage geben, wenn Sie zurückkommen? Wir hatten in der Gegend schon seit Längerem keinen Einsatz mehr und würden gerne wissen, wie es dort jetzt aussieht.«

»Absolut«, antwortete JP. »Wir werden einen Bericht verfassen.«

Laurent stieß dann später noch zu uns, als wir in einem chinesischen Restaurant zu Abend aßen. Und auch Philippe, JPs Freund.

»Hört mal alle zu«, meinte Philippe danach mit seinem breiten französischen Akzent, als wir alle saßen. »Ich kenne dieses Land gut. Wenn ihr in den Dschungel wollt, dann braucht ihr einen absolut notwendigen Ausrüstungsgegenstand, der auf keiner Expedition fehlen darf.«

JP, Jason und ich warteten gespannt. Offensichtlich kannte er die lokalen Gegebenheiten besser als wir. Philippe blickte uns nacheinander fest in die Augen.

»Ein Kissen«, verkündete er dann mit Grabesstimme, als enthülle er uns ein tiefes Geheimnis. »Ein gutes Kissen ist lebenswichtig. Ich meine das todernst.«

»Macht euch bitte eine Notiz«, warf JP ein, während rundherum tosendes Gelächter erklang.

Spät am Abend erreichte uns der Anruf eines Beamten aus dem Umweltministerium. Er meinte, er müsse uns sofort treffen. Ich sagte ihm, wo wir uns aufhielten.

Kurz darauf kam er ins Restaurant und bat mich nach draußen. Da JP und Jason ahnten, dass da etwas im Busch war, kamen sie mit.

Er entschuldigte sich für sein Auftreten, aber man habe ihm gesagt, dass wir den beiden ICCN-Mitarbeitern, die uns begleiten würden, für ihre Dienste hundertfünfzig Dollar pro Tag bezahlen müssten: »Außendienstgebühren«.

Das war nun doch eine Überraschung. Ich sah JP an, der einfach nur mit den Schultern zuckte und nickte.

»In Ordnung«, antwortete ich. »Wir bringen das Geld morgen Früh mit zum Flugzeug.«

Am nächsten Tag waren wir in aller Frühe auf den Beinen. Jason bestand darauf, dass wir ein paar Vorräte mitnehmen sollten, ein paar Büchsen Dosenfleisch, Wasser und Brot. Zu unserem Glück, wie wir später feststellen sollten.

Auf der Landebahn erwarteten uns die beiden ICCN-Mitarbeiter. Als wir sie sahen, trauten wir zunächst unseren Augen nicht. Sie trugen schicke Anzüge und dazu auf Hochglanz polierte Lederschuhe. Sie sahen aus, als wären sie unterwegs zu einer Cocktailparty und nicht in eine unglaublich heiße und abgelegene Wildnis Afrikas, wo man vermutlich eher Typen mit Gewehren begegnen würde als Jetsettern. Brigit, die die DR Kongo aus eigener Erfahrung gut kannte, war etwas praktischer gekleidet: in lockeren langen Hosen und Bluse.

»Das ist ein wichtiger Tag für die DR Kongo«, sagte sie zu allen Anwesenden. »Niemand von uns war bisher im Garamba-Nationalpark. Es ist von entscheidender Bedeutung, dass nicht nur das Parkmanagement, sondern auch die Menschen vor Ort sehen, dass wir die Rettung des Nashorns unterstützen.«

Wir gingen an Bord der einmotorigen Cessna Caravan, die zehn Personen Platz bietet. JP, ein versierter Flieger, nahm den Platz des Copiloten ein. Als wir unsere Sicherheitsgurte einklicken ließen, bat der uniformierte Pilot der Mission Aviation Fellowship uns, ein Gebet für eine sichere Reise zu sprechen.

Wir flogen von Kinshasa zuerst nach Kisangani im zentralen Teil der DR Kongo, wo wir nachtankten. Von dort aus ging es weiter nach Garamba. Der ganze Flug würde ungefähr neun Stunden dauern – länger also, als wir brauchen würden, um mit einem Linienflug von Afrika nach London zu fliegen.

Unmittelbar nach dem Start überquerten wir den Kongo. Gleich darauf breitete sich unter uns der Regenwald aus, der zweitgrößte nach dem am Amazonas. Auf den ersten Blick absolut atemberaubend. Auf den zweiten Blick fiel mir auf, wie viele Löcher schon in den Wald geschlagen waren. Breite braune Linien durchquerten ihn in alle Richtungen, die Narben, die die Zehnachser-Trucks hinterlassen hatten, die das Holz abtransportierten. An manchen Orten sah man über weite Strecken nur noch die gesplitterten Stümpfe der einst gewaltigen Dschungelriesen.

Genau wie der menschliche Körper hat Mutter Erde zwei riesige Lungen: die Regenwälder am Amazonas und die in Afrika. Warum manche Unternehmen die Erlaubnis erhalten, in diese lebenswichtigen Systeme einzugreifen, ist mir unbegreiflich. Würden sie die Region wenigstens wieder aufforsten? Ich hoffte es, aber mein Gefühl sagte mir, dass das nicht passieren würde. Und was war mit den unzähligen Arten, die dabei verloren gingen, sozusagen als Kollateralschaden?

Schließlich waren wir so weit entfernt von jeglicher Zivilisation, dass es nicht einmal die Holzbarone bis dorthin schafften. Unter uns erstreckte sich, soweit das Auge reichte, die undurchdringliche grüne Decke des Regenwalds und verstellte den Blick auf die Wildbäche und Flüsse, die alle in den mächtigen Kongo münden. Es gab keinerlei Straßen, noch nicht einmal irgendwelche Pfade. Dass dort unten Flüsse verliefen, erkannte man nur an den Palmen, die in der Sonne silbern glänzten. Als wir den Äquator überquerten, floss uns der Schweiß in Strömen von der Stirn, obwohl wir in dreitausend Metern Höhe in einem Flugzeug ohne Druckkabine unterwegs waren.

»Kisangani in Sicht«, verkündete der Pilot nach fünf Stunden Flug über den Dschungel.

Kisangani, das früher Stanleyville hieß, liegt fast zweitausend Kilometer flussaufwärts. Erst ab hier ist der Kongo flussabwärts schiffbar. Es handelt sich um eine isoliert liegende Hafenstadt inmitten der mächtigen Regenwälder Afrikas.

Wir machten eine kurze Zwischenlandung, um zwischen lauter Militär- und Frachtflugzeugen aufzutanken. Ich bemerkte die riesigen weißen C-130-Frachtflugzeuge der UN und einige große Hubschrauber, deren Anwesenheit sicher mit dem Bürgerkrieg und der Präsenz der Lord's Resistance Army zusammenhing. Genau solche Maschinen würden wir für unsere Nashornrettungsaktion brauchen. Ich dachte an Laurent, den UN-Mitarbeiter.

Als unsere Tanks voll waren, flogen wir Richtung Nordosten ins Niemandsland. Der Dschungel unter uns wich langsam dem subtropischen Busch, der wiederum in die Savanne überging, die da und dort von Baumgruppen unterbrochen wurde.

Ein wenig später erblickten wir zum ersten Mal die Landschaft von Garamba. JP bat den Piloten, über dem Gelände zu kreisen, damit er sich einen Überblick verschaffen und überprüfen konnte, ob Wilderer unterwegs waren. Dann landeten wir auf einer langen Graspiste. Wir sahen keine Anzeichen von Menschen, nur vier Elefanten, die nach Süden zogen.

Beim Landen fiel unser Blick auf ein abgestürztes Kleinflugzeug neben der Landebahn. Offensichtlich hatte es Söldnern gehört, die einem Aufstand zu entkommen versuchten. Es war abgeschossen worden, und niemand hatte bislang das Wrack beseitigt.

Willkommen in Garamba.

10

Wir rollten auf die einfache Hütte zu, die als Hangar diente. Ein Quad kam auf uns zu, dahinter ein Toyota-Lastwagen mit Mitarbeitern der Naturschutzbehörde ICCN, die das Camp betrieb. Man brachte uns ins Hauptlager, zu einem großen strohgedeckten Pavillon, neben dem sich eine Art Paradeplatz befand. Schräg gegenüber erblickten wir ein großes, doppelstöckiges Haus, und als wir uns ein wenig die Füße vertraten, sahen wir entlang des Flusses ein paar Gästehütten. Nicht zu nah am Wasser natürlich, immerhin war dies ein Fluss mitten in Afrikas Wildnis. In einiger Entfernung war ein großes Bauwerk zu sehen, das wohl als Verwaltungsgebäude diente.

Als wir um ein Gespräch mit Mr José Tello baten, dem Leiter des Nationalparks, der für African Parks das Management von Garamba übernommen hatte, da die ICCN notorisch pleite war, hieß es, wir seien nicht angemeldet und Mr Tello stünde uns nicht zur Verfügung. Brigit erklärte, wer wir waren und dass sie selbst im Auftrag des Umweltministers hier sei. Außerdem würden zwei ICCN-Mitarbeiter zu unserer Crew gehören. Aber was die Mitarbeiter anging, war die Nachricht von unserer Ankunft nie in Garamba angekommen, und daher war Mr Tello nicht hier.

Man brachte uns zu unseren Hütten. Obwohl unserer kleinen Delegation so hochrangige Mitglieder angehörten, bekamen wir bis zum Nachmittag des nächsten Tages niemanden mehr von der Nationalparkverwaltung zu Gesicht.

Die strohgedeckten Hütten waren rudimentär ausgestattet: zwei einfache Holzbetten und ein Wasserkübel, der zum Händewaschen ebenso herhalten musste wie zur Gesamtkörperpflege. Die Toilette war ein recht rustikaler Donnerbalken. Alle Hütten aber boten einen wunderbaren Ausblick auf den Dungu-Fluss, der hier ein schönes Becken mit klarem Wasser bildete. Ungefähr hundert Meter von uns entfernt nahm eine Flusspferdgruppe ihr Bad.

Jason und ich luden unsere Koffer ab und marschierten zu JPs Hütte hinüber, als Jason mich plötzlich am Arm packte.

»Was ist das für ein Geräusch?«

Dann hörte ich es auch. Ein seltsames Rauschen. Selbst in der Abenddämmerung konnte man sehen, wie die Blätter der Bäume und Büsche am Fluss hin und her wogten wie Ozeanwellen. Das Rauschen kam von dort, eine Million Blätter, die sich im Gleichklang bewegten.

Plötzlich erkannte ich das Geräusch, das ich in meiner Kindheit oft gehört hatte. »Siafu«, schrie ich aufgeregt. »Siafu.«

Ich suchte den Boden ab, um sicherzugehen, dass wir nicht mittendrin standen.

Jason sah mich fragend an. »Was?«

»Siafu … Treiberameisen. Heeresameisen. Safariameisen. Wanderameisen. Sie haben viele Namen. Ich glaub's einfach nicht.«

Und da kamen sie auch schon. Millionen von ihnen, ein lebendiger Ameisenfluss wälzte sich auf Jagdzug durch das Camp. Ein atemberaubendes Schauspiel, und ich war begeistert, es noch einmal erleben zu dürfen. Diese Ameisen sind die absoluten Plünderer. Ein solcher Zug greift alles an, was sich ihm in den Weg stellt, und frisst es gnadenlos auf. Sie können jedes Lebewesen innerhalb weniger Minuten in ein Skelett verwandeln.

Während wir den Zug fasziniert betrachteten, erzählte ich Jason eine Geschichte, die ich über ein afrikanisches Buschkrankenhaus gehört hatte. Ein Jagdzug Treiberameisen sei im Anmarsch auf die Klinik gewesen. Die Ärzte dort betrachteten dies als großen

Segen. Da sich die gefräßigen Insekten zum Glück nur mit einer Geschwindigkeit von etwa zwanzig Metern pro Stunde bewegen, konnten die Mitarbeiter, sobald sie wussten, dass die Ameisen auf ihre Klinik zumarschierten, alle Patienten nach draußen bringen, alle Türen und Fenster öffnen und sich zurückziehen. Die Ameisen schwärmten ins Gebäude und vertilgten gierig Insekten, Mäuse, Ratten und Kakerlaken, aber auch Schmutz und Blut auf Betten, Waschbecken, Skalpellen und sonstigen Instrumenten. Auf diese Weise machten sie das Krankenhaus gründlicher keimfrei als das stärkste Desinfektionsmittel. Sie fraßen jeden Blutfleck, alles Infektiöse und damit alle Bakterien und Krankenhauskeime einfach weg. Als die Ameisen das Gebäude verließen, war es so blitzsauber, als hätte jemand eine Generalreinigung gemacht.

Jason schien wenig beeindruckt. »Das ist doch total verrückt! Sie sind nur etwa dreißig Meter von unseren Hütten entfernt. Was passiert, wenn sie reinkommen? Oder wenn wir nachts über sie stolpern?«

»Das merkst du schnell. Ihre Kiefer sind so stabil, dass die hiesigen Stämme sie sogar zur Behandlung offener Wunden einsetzen. Sie halten die Ameisen so, dass ihre Beißwerkzeuge sich an den gegenüberliegenden Wundrändern festbeißen. Dann reißen sie ihnen den Kopf ab und schon ist mitten im Busch die Wunde genäht.«

Schweigend verfolgten wir die tödliche Prozession und lauschten dem gruseligen Rauschen, das den Marsch der tödlichen Armee der Natur begleitete. Uns beiden wurde in diesem Moment bewusst, wie abgelegen diese Region doch war. Es war eine unglaubliche Wildnis. Wir kamen uns vor wie der Afrikaforscher David Livingstone. Die Gegend hier war wahrscheinlich einer der unberührtesten Orte der Erde. Es waren vermutlich mehr Europäer und Amerikaner auf dem Mount Everest gewesen als hier in dieser Gegend. Selbst Jason, der eigentlich ein leidenschaftlicher Städter ist, spürte diese rohe, ungezügelte Kraft der

Natur. Die nächste Stadt, die diesen Namen verdiente, lag achthundert Kilometer weit entfernt in einem anderen Land. Und die Straßen dorthin waren so wenig ausgebaut, dass selbst ein Laster Tage brauchen würde, um sich voranzukämpfen. Selbst aus den tiefsten Tiefen von Thula Thula kannte ich keine solche Wildnis.

Wir riefen JP, um ihm den Siafu-Zug zu zeigen. Er stieß einen leisen Pfiff aus.

»Ja«, sagte er. »Ich habe sie auch schon mal gesehen. Das wird uns heute Nacht Ärger ersparen.« Natürlich konnten wir da noch nicht wissen, dass das für die darauffolgende Nacht nicht gelten würde.

JP, Jason und ich spazierten an der Hütte der beiden ICCN-Mitarbeiter aus unserer Crew vorbei. Sie saßen beide draußen vor ihrer Unterkunft und tranken Bier. Dem Fluss kehrten sie den Rücken zu. Es war mittlerweile dunkel geworden und ich hörte die Flusspferde grunzen. Flusspferde fressen gewöhnlich nachts und sind für mehr Todesfälle bei Menschen verantwortlich als jede andere Tierart in Afrika – mal abgesehen vom malariaübertragenden Moskito. Natürlich greifen sie nicht ohne Grund an, aber wenn man sie stört, ist es aus mit einem. Sie können Menschen einfach in der Mitte durchbeißen. Das Problem ist, dass sie nachts an Land gehen, um zu grasen. Dann muss man als Mensch wirklich vorsichtig sein.

»He, Jungs«, sagte ich und fragte mich, wo sie das Bier herhatten. »Vielleicht solltet ihr wenigstens die Stühle umdrehen, damit ihr die Flusspferde im Blick habt. Ein paar sind schon draußen unterwegs.«

Ich zeigte auf den Boden. »Seht euch die Spuren an. Nicht nur Flusspferde, auch Löwen und Hyänen sind hier vor Kurzem durchgekommen.«

Das allerdings löste eine Reaktion aus. Sie dankten mir und zogen sich flott in die Hütte zurück, immer noch im Designeranzug.

Bald war klar, dass wir im Camp nichts zu essen bekommen würden. Und so war Jason der Held des Abends. Unser Abendessen bestand aus vier Dosen Corned Beef, zwei Laiben Brot und dem Wasser aus unseren Flaschen. Da wir seit unserem Aufbruch von Kinshasa nichts gegessen hatten, gab es kein Gemecker.

In jener Nacht achteten wir ganz genau darauf, dass unsere Moskitonetze um das Bett herum dicht schlossen. Es gab so viele Moskitos, dass es zwischen ihnen vermutlich zu Flugunfällen kam. Jason verbrauchte eine ganze Packung Tabard-Insektenabwehrmittel. Wenn ein Körperteil tatsächlich das Netz berührte, wurde man durch das Gewebe hindurch gestochen. Das sei hier, meinte Jason, der Hauptbahnhof Malaria.

Am nächsten Tag waren wir schon wieder frühmorgens wach, ohne Frühstück. Draußen wurden die ICCN-Wildhüter militärisch gemustert und in Anti-Wilderer-Patrouillen eingeteilt. JP und ich sahen uns den Drill eine Weile an.

»Sie sind nicht ausgebildet«, sagte JP und schüttelte den Kopf, als wir weggingen. »Die müssten wirklich noch so einiges lernen. Sie können nicht marschieren, und wenn sie nicht mal marschieren können, dann können sie ganz sicher auch nicht schießen. Und da draußen stehen sie schwer bewaffneten Wilderern gegenüber oder der verdammten LRA. Und überhaupt«, fuhr er fort, »ich bin heute extra früher aufgestanden und habe einen Erkundungsgang gemacht. Ich habe eine Hütte voller Gewehre entdeckt, vorwiegend Kalaschnikows, aber fast alle kaputt oder nutzlos. Diese Jungs haben eine Riesenaufgabe übernommen, und offensichtlich tut Tello sein Bestes ... aber ich bin mir nicht sicher, ob sie der Aufgabe gewachsen sind.«

Wir streiften weiter herum, erforschten das Camp und redeten mit so vielen Mitarbeitern wie nur möglich. Am Ende standen wir vor dem Eingangstor. Wir schauten hinaus in die Landschaft und bemerkten ein Dorf in der Nähe. Jason fragte einen der Mitarbeiter, was das für ein Dorf sei.

»Nagero«, kam die Antwort.

»Was?« Wir blieben wie angewurzelt stehen. »Nagero?«

Die Wache nickte, und Jason und ich schüttelten den Kopf. »Nagero« – eben diesen Namen hatten wir nicht hören wollen. Selbst in meinen wildesten Albträumen wäre ich nicht auf die Idee gekommen, dass das von Ebola gebeutelte Nagero so nah am wichtigsten Camp in Garamba lag. Das tödliche Virus, vor dem Laurent uns gewarnt hatte, wütete weniger als zwei Kilometer entfernt.

»Ist das Dorf wirklich von Ebola betroffen?«, fragte ich.

Der Mann nickte. »In der Nähe des Dorfes«, antwortete er. »Sehr schlimm.«

»Ist kürzlich jemand von dort hierhergekommen?«, stellte ich die alles entscheidende Frage.

»Niemand kommt dort raus«, erklärte er. »Sie können nicht.«

Ich war mir nicht sicher, was er damit meinte. Hatte man einfach Quarantäne über das Dorf verhängt und die Bewohner hielten sich freiwillig daran? Das bezweifelte ich. Andererseits wollte ich die Antwort vielleicht gar nicht wissen. Wir konnten ohnehin wenig tun.

Etwa um die Mittagszeit kam José Tello, der Manager von African Parks, ins Camp und stellte sich uns vor. Ich hatte über ihn nur Gutes gehört. Er war mit dem afrikanischen Busch bestens vertraut, und ich wusste, dass wir gemeinsame Freunde hatten. Daher freute ich mich, ihn endlich kennenzulernen.

Er war um die sechzig, ein kräftiger, bärtiger Mann mit einem Gesicht, das von einem Leben in der erbarmungslosen afrikanischen Sonne faltig gerbt war. Er sprach gutes Englisch mit einem starken portugiesischen Akzent. Anfangs begegnete er uns mit Misstrauen, weil er angeblich nicht über unsere Erkundungsmission informiert worden war. Brigit stellte uns vor und erklärte, worum es uns ging. Dann brachte man uns in das Empfangsgebäude, wo das eigentliche Gespräch stattfinden sollte. Der ICCN-Manager des Nationalparks begrüßte uns mit einem breiten Lächeln. Wenigstens er schien sich über unsere Ankunft zu freuen.

José setzte sich, stellte uns Fragen und schrieb umständlich alles mit, was wir sagten, und wenn es noch so unbedeutend war. Er war ganz offenkundig kein Bürohengst. Das ausführliche Mitschreiben schien für einen Mann wie ihn so ungewöhnlich, dass ich schon dachte, er wolle sich über uns lustig machen. Unserem Projekt stand er ablehnend gegenüber und machte deutlich, dass African Parks in seinen Augen alles Menschenmögliche tat und keine Hilfe nötig hatte, danke sehr.

Wir stimmten ihm sofort zu. Natürlich war African Parks eine ausgezeichnete Organisation. Wir erklärten, dass wir keine Naturschutzorganisation im herkömmlichen Sinn seien. Wir wollten nur die Breitmaulnashörner vorübergehend an einen sicheren Ort bringen. Das sei unser einziges Ziel. Wir würden über die ICCN mit African Parks zusammenarbeiten und hätten nicht die Absicht, uns in deren Arbeit im Reservat einzumischen. Jetzt, wo das Nördliche Breitmaulnashorn kurz vor der Ausrottung stand, würde man ein wenig Hilfe doch durchaus willkommen heißen? Denn natürlich müsse alles getan werden, um diese Unterart am Leben zu erhalten.

José schüttelte den Kopf. Er wisse es nicht. Obwohl Brigit als Vertreterin des Umweltministers und zwei hochrangige ICCN-Mitarbeiter uns begleiteten, war der Ton des Meetings nicht gerade ermutigend. Brigit schüttelte frustriert den Kopf.

Die einzig positive Annäherung kam von Tellos Gegenpart, dem ICCN-Parkverantwortlichen. Er suchte uns nach dem Treffen noch einmal auf: »Mr Anthony«, meinte er mit einem warmen Lächeln. »Ich bin sehr froh, dass Sie hier sind. Bitte bleiben Sie. Wir brauchen Ihre Hilfe.«

»Danke«, gab ich zurück. »Ich weiß Ihre Unterstützung zu schätzen.«

»Die Lage ist wirklich sehr schlimm«, fuhr er fort. »Die LRA ist ein Riesenproblem und jeder ist höchst besorgt. Die Wildhüter haben Angst, das Camp zu verlassen und ihre Arbeit ordentlich zu machen, weswegen die Wilderer hier ein- und ausspazieren, wie es ihnen beliebt. Wir können die Nashörner nicht beschützen, solange die LRA im Nationalpark ihr Unwesen treibt. Niemand kann das. Es ist besser, wenn wir sie so schnell wie möglich rausbringen. Machen Sie sich keine Gedanken über das Treffen eben. Ich möchte, dass Sie uns helfen.«

»Danke«, antwortete ich, beeindruckt von seiner Ehrlichkeit. »Bitte machen Sie Ihrem Hauptquartier klar, wie Sie die Sache sehen, denn es scheint hier doch einiges schiefzulaufen.«

»Das werde ich.«

Endlich ein bisschen echte Hilfe. Ich informierte Brigit und unsere ICCN-Beamten. Diese machten sich sofort auf, um mit ihm zu reden.

Ein wenig später baten wir José um ein Fahrzeug, damit wir uns zumindest im Reservat umsehen konnten. Inzwischen schien er etwas milder gestimmt. Er versprach, er selbst würde uns mitnehmen.

JP, Jason und ich waren begeistert von der Idee. Er überquerte mit uns den Dungu-Fluss und fuhr durch den Wald in die Savanne hinaus, wo das lange Buschgras, Urelythrum giganteum, angeblich so hoch wird »wie ein Elefantenauge«. Tatsächlich wächst es noch viel höher, manchmal bis zu fünf Meter hoch. Es war waschechtes Grasland. Hier konnte eine Herde Elefanten grasen, ohne dass man sie entdecken würde. Das Gefühl, das mich am letzten Abend überkommen hatte, nämlich mich in einer absolut unberührten Wildnis zu befinden, stellte sich wieder ein. Dies war das echte, alte Afrika, wild, üppig und wunderschön. Ein Land, in dem Zivilisation nur eine vage Vorstellung ist. Man war ganz auf sich gestellt, doch das schenkte einem letztlich ein Gefühl grenzenloser Freiheit. Alle Regeln und Gesetze der modernen Welt waren hier außer Kraft gesetzt. Man musste sich selbst durchschlagen. Ein seltenes Privileg. Das einzige Zeichen von Zivilisation war eine Reihe von hastig errichteten Funkmasten.

»Was ist mit den Nashörnern, José? Sehen Sie vielleicht welche?«, wollte ich wissen.

»Ihr Territorium liegt weiter nördlich, beim Garamba-Fluss«, antwortete er. »Die finden Sie nur aus der Luft.«

Nachdem wir ungefähr eine Stunde in diesem wunderbaren Nationalpark verbracht hatten, begann JP José nach Sicherheitsproblemen zu fragen, vor allem, was die LRA anging.

»Wir hatten noch nie direkten Kontakt mit ihnen«, gab José zurück. »Aber man merkt, dass sie da sind. Wir hören sie manchmal über Funk, was den Wildhütern Angst macht. Ich habe die größte Mühe, sie dazu zu bringen, ihre Arbeit zu machen. Wenn ich sie auf Patrouille rausschicke, verstecken sie sich eine Weile und kommen dann gleich zurück. Ich bin der Einzige, der sich so weit hinaustraut. Aber ich kann natürlich auch schießen.« Er lachte und klopfte mit der flachen Hand auf sein Gewehr.

Dass man den Funkverkehr der LRA abhören konnte, hieß, dass sie in Sichtweite der Funkmasten waren. Das merkte ich mir. Vielleicht waren es ja nicht die Behörden, die den Garamba-Nationalpark kontrollierten, sondern die Terrorarmee. Vielleicht lag das Schicksal der Nashörner in den Händen der LRA.

José taute ein bisschen auf, was uns anging. Bald erkannten wir, dass er ein wirklich anständiger Kerl war. Ein Mann, der sich im Busch auskannte wie kein Zweiter. Wenn man die ganze Bürokratie mal beiseiteließ, die am Vorabend unsere Kommunikation erschwert hatte, waren wir Brüder im Geiste.

Wir kamen an einer Herde Waldbüffel vorbei, die davonrasten, kaum dass sie uns bemerkt hatten. Zu unserer Freude begegneten wir auch einem einsamen Männchen der seltenen kongolesischen Kordofan-Giraffe. »Es gibt von ehemals über 350 nur noch ungefähr 40 von ihnen hier im Park«, meinte José, als wir die kleine Giraffe bewunderten. »Auch sie stehen kurz vor der Ausrottung. Es ist eine verdammte Schande.«

»Das macht mich wirklich wütend«, meinte JP. »Wer zum Teufel würde schon eine kleine Giraffe erschießen wollen?«

José nickte. »Ich weiß. Die Wilderei ist einfach ein Riesenproblem. Der Großteil der Wildtiere in Garamba wurde ausgelöscht, Tausende und Abertausende von Tieren getötet. Man zählt schon gar nicht mehr mit. Alles fort. Vom Winde verweht.«

Ich dachte über Josés Worte nach. Ein Wildtier-Holocaust, von dem die Welt kein Sterbenswörtchen erfuhr. Der mitgenommene Ausdruck auf Josés Gesicht, als er von diesen Tragödien berichtete, sagte alles. Er hatte sein Leben dem Schutz von Wildtieren gewidmet, und das war das Ergebnis. Hier war ein Mann, der sich noch an die Zeit erinnerte, als die riesigen Herden frei durchs Land zogen. Als Afrika ein wundervoller Ort für einen jungen Abenteurer war. Ich konnte ihm das nachfühlen.

»Und das Nördliche Breitmaulnashorn, für das ihr euch so interessiert«, fuhr er fort, »wurde einfach abgeschlachtet. Früher gab es viele Tausend davon. Sie lebten in Uganda, im Kongo und im Sudan. Heute ist gerade mal eine Handvoll übrig, und ich bin nicht sicher, ob sie wirklich gerettet werden können. Und wofür das alles? Für ein völlig nutzloses, verdammtes Horn, das nur für das Nashorn wirklich einen Wert hat.«

Er wies mit dem Finger in die Ferne.

»Ihre letzte Zuflucht ist irgendwo zwischen dem Dungu- und dem Garambafluss. Die Wilderer können im Moment nicht dorthin, weil die Flüsse angeschwollen sind. Aber wenn am Jahresende, nach der Regenzeit, die Wasserstände wieder fallen, dann ist das ihr Ende. Wir können sie nicht beschützen. Sie sind zu weit weg, und die Wildhüter wollen nicht so lange draußen bleiben. Tatsächlich wissen wir nicht mal genau, wo sie sind. Wir haben nur eine wohlbegründete Vermutung.«

Das hatte ich nun nicht hören wollen.

José blieb stehen und richtete den Blick zum Himmel. »Wir verpassen den Sonnenuntergang.«

Genau. Als der Tag der Nacht den Vortritt ließ, füllte der Himmel sich allmählich mit tiefem Rot, leuchtendem Orange und strahlendem Gelb, den zutiefst afrikanischen Farben. Morgen- und Abenddämmerung sind in der Natur die Motoren des Wandels. Danach ist alles verändert. An diesem Nachmittag erfasste diese Verwandlung auch uns. Die Sonne sank, unsere Lebensgeister aber erwachten. Wir steuerten ins Camp zurück, bevor Fledermäuse und anderes Nachtgetier den Schlaf abschüttelten und der Ziegenmelker zu rufen anfing. José lud uns an jenem Abend zum Essen ein, was wir bereitwillig akzeptierten, denn wir hatten den ganzen Tag noch nichts gegessen. Er meinte, er würde uns in ein oder zwei Stunden ein Fahrzeug schicken, um uns abzuholen.

11

Das Gespräch mit José am Nachmittag war sehr aufschlussreich gewesen. Aufschlussreicher, als uns anfangs bewusst war. Ich machte mir mittlerweile erhebliche Sorgen.

Ich hatte bisher geglaubt, Bürokratie und Verschleppung seien die Haupthindernisse bei der Rettung der Nashörner. Mittlerweile war klar, dass die eigentliche Bedrohung die Lord's Resistance Army war. Ich wurde das Gefühl nicht los, dass die ICCN die Gefahr massiv unterschätzte. In Kinshasa jedenfalls hatte niemand diese Angelegenheit erwähnt. Ich selbst wusste nur das Allernötigste über sie. Und ich hatte keineswegs erwartet, dass die Terrorgruppe so nahe am Camp aktiv sein würde. JP allerdings war hier gründlicher informiert. Da wir vor dem Abendessen noch Zeit hatten, sprach ich ihn darauf an.

»JP, du bist hier der Experte. Was steckt denn wirklich hinter der LRA?«

Er sah mich an und schnitt eine Grimasse. »Meine Quellen in Uganda sagen, dass sie die Schlimmsten sind«, antwortete er ruhig. »Die allerschlimmsten. Die barbarischste Terroristenarmee der Welt.«

»Sie führen seit über zwanzig Jahren einen brutalen Bürgerkrieg gegen Präsident Yoweri Museveni in Uganda. Dieser Krieg hat Millionen Menschen zu Flüchtlingen gemacht und Hunderttausende das Leben gekostet. Der längste und grausamste Konflikt, den Afrika je erlebt hat. Mit bestialischen Grausamkeiten auf beiden Seiten. Folter, Mord, Entführungen, Vergewaltigung – was auch immer du dir vorstellen kannst, das machen sie. Und noch mehr. Doch die LRA übertrifft an

Brutalität einfach alles. Sie schneiden ihren Opfern Lippen und Nasen ab, als Warnung für die anderen, die sich gegen sie stellen.«

Ich hörte aufmerksam zu.

»Das eigentliche Problem aber sind die Kindersoldaten. Sie rekrutieren die Kämpfer für ihre Sache auf die barbarischste Art und Weise. Berichten zufolge hat die LRA während der letzten zwanzig Kriegsjahre ungefähr zehntausend Kinder gewaltsam entführt. Dabei überfallen sie Dörfer, brennen sie nieder, töten alle Erwachsenen, die sich ihnen entgegenstellen, und nehmen die Kinder mit. Manche Kinder werden gezwungen, ihre eigenen Eltern zu töten. Oder andere Kinder, die sich gegen die Entführung wehren. Kannst du dir das vorstellen? Dann müssen die Kinder die Beute aus der Plünderung des Dorfes zurück in die Dschungellager der LRA tragen. Manche von ihnen sind erst zehn Jahre alt. Die Jungs werden in die kämpfende Truppe integriert. Wenn sie sich weigern, werden sie einfach umgebracht. Die Mädchen werden mit den Soldaten verheiratet – wenn sie Glück haben. Haben sie Pech, müssen sie niedere Dienste verrichten oder werden als Sexsklavinnen gehalten. Ihr Leben lang.

Der Anführer der LRA ist Joseph Kony, ein selbst ernannter alttestamentarischer Prophet, dessen Gott ein Gott der Rache und Vergeltung ist. Seiner Ansicht nach sollen die Zehn Gebote die Grundlage für die Gesetze in Uganda abgeben. Außerdem hat er den Ruf, ein Hexer und Hellseher zu sein, was ihm völlige Kontrolle über seine abergläubischen Anhänger gibt.

Sein Stellvertreter ist der berüchtigte Vincent Otti. Wenn Kony der spirituelle Leiter ist, ist Otti sein Schwert oder vielmehr sein Maschinengewehr. Otti kontrolliert die Armee und ist die Macht hinter dem Thron. Er ist auch für die unfassbaren Gräueltaten verantwortlich. Wenn es irgendjemanden gibt, der noch grausamer und bösartiger ist als Kony, dann ist es Otti. Es heißt, er habe sein Heimatdorf in Uganda angegriffen und über zweihundert Freunde und Nachbarn getötet. Wer weiß, wie viele Tote und Kindersoldaten er über die Jahre zu verantworten hat? Kony und Otti sind dicke Freunde. Sie leben seit den ersten Tagen der LRA zusammen im Busch. Sie stammen auch aus der gleichen Gegend in Norduganda.

Kony, Otti und zwei ihrer Generäle gehören zu den vom Internationalen Strafgerichtshof in Den Haag wegen Kriegsverbrechen und Verbrechen gegen die Menschlichkeit meistgesuchten Personen.«

JP hielt kurz inne und holte tief Luft. »Die LRA-Kämpfer sind wie Geister. Sie leben tief im Dschungel, in den Wäldern. Soweit ich weiß, war noch nie ein Fremder in einem ihrer geheimen Lager, der sein Eindringen überlebt hätte. 1994 verlegten sie ihre Basis in den Sudan, offenkundig auf Einladung der Regierung in Khartum. Allerdings hat sich diese Beziehung mittlerweile massiv verschlechtert. Inzwischen versteckt sich die LRA in der DR Kongo, im Südsudan, in Uganda und in der Zentralafrikanischen Republik. Sie verlegen ihre Lager ständig. Und um dem Ganzen die Krone aufzusetzen, habe ich gehört, dass ihre Leute hochdiszipliniert und im Kampf absolut gefürchtet sind. Wenn sie kämpfen, kennen sie keine Gnade und bitten auch nicht darum. Sie töten ihre eigenen Verwundeten.«

»Darüber hinaus sind sie bis an die Zähne bewaffnet und besitzen sogar Boden-Luft-Raketen. Wie Laurent uns erzählt hat, hat eine kleine Einheit erst kürzlich zwei UN-Kampfhubschrauber abgeschossen und dann einen Trupp bestausgebildeter Special-Force-Soldaten ausgelöscht. Die offizielle Meldung sprach von acht Toten. Ich habe gehört, dass es fast vierzig gewesen sind. Es heißt, sie haben dem Kommandanten den Kopf abgeschlagen und ihn demonstrativ herumgetragen. Die LRA hat die Blauhelme aus dem Dschungel vertrieben. Die UN-Truppen sind nicht zurückgekommen. Dieser Vorfall trug sich übrigens genau hier zu, mitten im Nationalpark. Ein wenig weiter die Straße hoch von hier.«

»Woher stammen sie denn eigentlich?«, fragte ich nach.

»Die LRA sind hauptsächlich Acholi, ein Stamm, der den Norden Ugandas beherrscht. Sie gehören zur Volksgruppe der Niloten. Sehr verschieden von den Bantu-Völkern im Süden. Wie an vielen Orten Afrikas verschärft die Stammeszugehörigkeit die Animositäten, die schließlich zu kriegerischen Auseinandersetzungen führen.«

»Und wofür kämpfen sie nun?«, wollte Jason wissen.

»Nun, natürlich um die Macht. Aber sie hassen auch Museveni, weil er ein Bantu ist. Und sie glauben, dass er an den Acholi Völkermord begangen hat. Museveni hassen sie wie die Pest, absolut und unversöhnlich.

Museveni kam 1986 durch einen Staatsstreich an die Macht. Auch er setzte dabei Kindersoldaten ein, genau wie die LRA. Es heißt, er habe diese Methode auch verteidigt und dem Westen vorgeworfen, die afrikanische Kultur nicht zu verstehen. Diese Rede gibt es angeblich sogar auf YouTube. Es heißt, dass er genauso barbarisch wie Kony und Otti ist, er kann es nur besser verbergen. Anscheinend sagte er einmal, er werde die Acholi in eine Flasche stecken wie die Grashüpfer, damit sie sich gegenseitig auffressen.

Musevenis Regierung nahm die ständigen Angriffe der LRA zum Anlass, die Acholi zusammenzutreiben und sie in sogenannten ›geschützten Dörfern‹ unterzubringen. In Wirklichkeit sind dies Lager, in denen unmenschliche Zustände herrschen. Dort leben die Menschen wirklich zusammengepfercht wie Grashüpfer in einer Flasche, wie Museveni es angekündigt hat. Er behauptet natürlich, das sei zur eigenen Sicherheit der Acholi geschehen. In Wirklichkeit sind diese überfüllten Lager im Norden Ugandas die schlimmsten, scheußlichsten und schmutzigsten Orte auf der ganzen Welt. Die Acholi selbst nennen sie Konzentrationslager. Dort leben fast zwei Millionen Menschen in Angst vor Kony und Museveni gleichermaßen. Sie haben so wenig zu essen, dass sie gerade so am Leben bleiben. Medizinische Versorgung ist im Grunde nicht vorhanden. Letztes Jahr hat die Weltgesundheitsorganisation in Zusammenarbeit mit dem Gesundheitsministerium Ugandas einen Bericht veröffentlicht, wonach in diesen Lagern jede Woche tausend Menschen an vermeidbaren Krankheiten sterben. Prostitution ist weit verbreitet, Aids ebenso, und die Korruption treibt die wildesten Blüten. Die Familien sind zerrüttet, die Lebenserwartung beträgt gerade mal vierzig Jahre. Zu allem Überfluss sind die Agenten von Musevenis Geheimpolizei überall, und die LRA wiederum verkündet, dass jeder, der mit ihnen zusammenarbeitet, schlicht vom Antlitz der Erde verschwinden wird.«

JP fuhr fort: »Und dann gibt es noch die sogenannten ›Nachtwanderer‹. Das sind Kinder, die jeden Nachmittag zu Tausenden kilometerweit aus den Lagern fort in die umliegenden Städte laufen, weil sie Angst vor der LRA haben. Ich selbst habe das noch nie erlebt, aber ich kenne Leute, die dabei waren. Sie sagen, es sei ein absolut tragischer Anblick, wie da Tausende verängstigte Kinder durch die Straßen laufen. Manche von ihnen tragen Babys mit sich und nehmen einen kilometerweiten Marsch auf sich, um der Gefahr der Entführung oder Verstümmelung durch die LRA zu entgehen. Man nennt sie auch die ›unsichtbaren Kinder‹. Wenn sie Glück haben, erhalten sie in einer Kirche eine Decke. Wenn nicht, schlafen sie dort, wo sie können. Oft in Bushaltestellen oder auf dem Gehsteig. Und natürlich sind sie so jeder Gewalttat ausgesetzt. Am nächsten Morgen stehen sie auf und laufen wieder zurück, um zur Schule zu gehen, normalerweise ohne irgendetwas zu essen zu haben. Und das machen sie jeden einzelnen Tag. Denkt nur mal an eure eigenen Kinder – könnt ihr euch vorstellen, dass sie das Tag für Tag machen?«

Wir schwiegen vor Entsetzen. »Total verrückt«, meinte Jason.

»Ja, das kannst du laut sagen. Jetzt wisst ihr, warum ich ursprünglich meinte, die Rettung der Nashörner müsste ein schneller Rein-raus-Einsatz werden. Der Grund dafür, und zwar der einzige: die LRA.«

Dann trat JPs jahrelange militärische Erfahrung in den Vordergrund.

»Ich habe die Lage hier eingehend studiert«, meinte er. »Der Grund, warum die Aufseher den LRA-Funk hören können, ist nicht etwa, dass die Rebellen hier irgendwo Picknick machen. Sie betreiben vielmehr gründliche Aufklärungsarbeit.

Vergesst nicht, dass Garamba vollkommen verlassen war, bis die ICCN und African Parks im Nationalpark aktiv wurden. Die LRA hier im Norden weiß mittlerweile, dass sich im Park etwas abspielt, dass sich da Leute rumtreiben, die eine ganze Reihe Menschen bewaffnen und ausbilden. Deshalb wollen sie wissen, was hier abläuft. Ihr und ich werden das nicht mitbekommen, aber glaubt mir, sie sind genau hier, eben jetzt, im Schatten und beobachten uns, während wir uns unterhalten.

Ich nehme an, dass sie auch ein Netzwerk von Informanten aus den Stämmen der Umgebung haben. Und vermutlich sind auch unter den neuen Wachen, die wir heute Morgen auf dem Paradeplatz beobachtet haben, einige LRA-Spitzel. Sie wissen mehr über diesen Ort als das Management selbst. Und hier finden sie alles, was sie brauchen: Nahrung, Vorräte und vor allem Waffen und Munition. Alles in den Händen von Wachen, die ihren Job noch lernen. Für sie ist das wie ein verdammt großer Supermarkt hier. Dieses Camp hier ist bedroht. Das Einzige, was bislang einen Überfall verhindert hat, ist die Tatsache, dass die LRA und Museveni anscheinend Friedensgespräche führen. Die Regierung des Südsudans hat sich bereit erklärt, als Vermittler zu fungieren, und steht nun im Dialog mit der LRA. Die LRA will im Moment also nichts riskieren. Sollten die Gespräche scheitern, und das wird bestimmt der Fall sein, dann schlagen sie in

Garamba zu. Es ist einfach zu verlockend. Wir müssen die Nashörner also hier rausbringen, bevor die Gespräche enden oder abgebrochen werden. Sonst haben wir sie für immer verloren.«

Er hatte absolut recht. »JP, du bist eine echte Mamba«, sagte ich. »Danke!«

Wir hörten, wie vor der Hütte ein Motorfahrzeug hielt, um uns zum Abendessen abzuholen.

»Trinken wir also ein paar Gläser mit José«, meinte JP und holte zwei Flaschen Johnnie Walker Scotch aus seinem Koffer. »Ich muss einfach mehr darüber herausfinden, was hier wirklich läuft.«

12

Das Essen, das auf der großzügigen Veranda von Josés Gutshaus serviert wurde, war einfach: Spaghetti Bolognese. Wir hatten den ganzen Tag noch nichts gegessen und waren so hungrig, dass wir ausgehungerte Hyänen in den Schatten gestellt hätten.

José hatte in Portugal Frau und Kinder, hatte aber fast sein ganzes Leben in Afrika verbracht. Man sah ihm an, dass er ein Mensch war, der am liebsten draußen in der Wildnis war, die er liebte. Menschen, die im traditionellen Afrika leben und arbeiten, sind eine Spezies für sich. Sie verbringen oft Monate im Busch und sehen nie ein weißes Gesicht. Wenn Sie das absolute Gegenteil eines Bürohengstes sehen möchten, dann ist José Ihr Mann. Ich wusste einfach instinktiv, dass er für die Wildtiere im Garamba-Nationalpark buchstäblich alles tun würde. Vielleicht war seine ursprünglich ablehnende Haltung uns gegenüber darauf zurückzuführen, dass er allem misstraute, was bürokratisch abgesegnet werden musste. Ich wusste genau, wie er sich fühlte. Mir war auch aufgefallen, dass die beiden ICCN-Mitarbeiter, die uns begleiteten, ihn nicht sonderlich beeindruckten, obwohl es sich streng genommen um seine Vorgesetzten handelte. Sie jedenfalls waren nicht zum Abendessen geladen. Brigit hingegen war müde und hatte beschlossen, sich uns nicht anzuschließen – eine kluge Entscheidung, wie sich bald herausstellen sollte!

Der Abend zog sich hin. Die erste geleerte Flasche Whisky landete im Mülleimer, die zweite wurde aufgemacht. Mittlerweile waren die meisten Mitarbeiter nach Hause gegangen. Auch Jason, der sich dem Whisky-und-Wasser-Marathon klugerweise nicht angeschlossen hatte, beschloss, ins Bett zu gehen. Da man rund um das Camp frische Löwenspuren gefunden hatte, begleitete ihn ein bewaffneter Wachmann. Jason lag schon im Bett, als er laut und deutlich einen Leoparden brüllen hörte. Er eilte zu dem wackligen Fenster und sah einem ausgewachsenen Leopardenmännchen direkt in die Augen. Das Tier saß nur ein paar Meter entfernt, was hieß, dass er gerade eben an ihm vorbeigegangen sein musste. Er erzählte mir später, er hätte von schleichenden Leoparden geträumt, Löwenspuren vor seiner Tür, einer Armee Malariamoskitos, die versuchten, sich durch sein Moskitonetz zu beißen, und einer Todesschwadron unterirdisch ziehender Siafu.

Aber zurück zu José. Es gab so viele unbeantwortete Fragen in dieser wilden, anarchischen Region. Wir hofften, dass José einige der Antworten kannte. Und so ergriff JP die Gelegenheit beim Schopf.

»Was zum Teufel geht denn hier in Garamba eigentlich vor, mein Freund? Warum weicht man uns ständig aus, wenn wir die Nashornrettung ansprechen? Oder muss ich dir noch mehr Whisky eintrichtern, um dir die Wahrheit aus der Nase zu ziehen?«, fragte er mit einem breiten Lächeln.

José lachte.

»Ich meine es ernst«, gab JP zurück. »Lass uns zur Sache kommen.«

»Alles zu seiner Zeit«, antwortete José und schenkte uns weitere Drinks ein. Er hatte es nicht eilig. Vermutlich hatte er nicht allzu viel Besuch gehabt, seit er hier in Garamba war. Und das wollte er offenkundig auskosten.

Er erzählte uns, dass er einige Zeit in Südafrika verbracht hatte und zusammen mit dem berühmten Dr. Ian Player im Umfolozi-Nationalpark am Schutz der Löwen gearbeitet hatte. Als er hörte, dass Ian und ich Freunde waren, war er sichtlich beeindruckt. Ich glaube, das überzeugte ihn letztlich, dass wir nicht ein Grüppchen wohlmeinender, aber naiver Hasenfüße waren.

Ich erzählte ihm Ians Geschichte über seine Erlebnisse vor vielen Jahren in Zululand. Die jungen Wildhüter waren damals manchmal monatelang im Busch unterwegs, ohne weibliche Gesellschaft. Dann kamen sie zurück ins Dorf, ungewaschen, verschwitzt und hoffnungsfroh. Aber, wie Ian sagte, »die *nthombis* [Mädchen] waren nicht interessiert, und die Paviane waren zu schnell!« Danach und nach ein paar weiteren starken Whiskys, die José großzügig einschenkte, taute er allmählich auf.

»Ihr wollt wissen, was hier vorgeht? Ich sage es euch, aber seid bitte nicht beleidigt. Ihr verschwendet eure Zeit, wenn ihr das Nördliche Breitmaulnashorn retten wollt, meine Freunde. Es ist bereits ausgestorben. Es wäre besser, ihr siedelt die Südlichen hier an. Davon gibt es doch massenhaft in Südafrika. Machen wir doch ein gemeinsames Projekt, und ihr bringt sie hierher.«

JP und ich sahen uns an. Das war uns nun vollkommen neu.

»Wir haben aber die Information, dass es hier noch fünfzehn Nördliche gibt«, warf ich ein. »Wenn wir die herausschaffen können, haben wir eine Herde, mit der wir auch züchten können.«

Er schüttelte den Kopf. »Selbst wenn es wirklich noch fünfzehn geben sollte, was ich bezweifle, dann ist doch der Genpool viel zu klein. Ihr jagt einer Fata Morgana nach.«

War das der eigentliche Grund, warum die ICCN in Kinshasa keinerlei Interesse an der Rettung zeigte? José arbeitete für die Organisation African Parks. Das Schicksal der letzten Nördlichen Breitmaulnashörner hatte doch wohl absolute Priorität gehabt, als sie die Leitung von Garamba übernahm. Hatte man denn schon aufgegeben? Ich hatte ein mieses Gefühl bei der ganzen Sache und schüttelte frustriert den Kopf.

»José, das ist eine Unterart, die ein für alle Mal verloren sein wird, wenn wir den Arsch nicht hochbekommen. Wenn es auch nur den Hauch einer Chance gibt, dass wir sie retten können, dann müssen wir die Gelegenheit beim Schopf packen. Lassen wir mal den ganzen Hierarchiequatsch beiseite: Wirst du uns helfen?«

»Natürlich. Ich bin und bleibe hier. Und das Hauptstadtbüro überlegt, ob man nicht eine Luftaufklärung machen könnte, um die letzten Nördlichen zu zählen.«

»›Es überlegt …‹ – nun, das ist doch schon mal ein Anfang«, sagte JP scherzhaft.

José zuckte mit den Schultern. »Ich befürchte, so ist nun mal die Lage. Ich habe ziemlich viel um die Ohren.«

»Aber wir haben keine Zeit, um zu ›überlegen‹«, entgegnete ich. »Wir müssen verdammt noch mal endlich etwas unternehmen – sofort. Wir müssen sie finden, dann betäuben und mit einem Sender ausstatten. Danach holen wir sie raus. Wir schaffen das in zwei schnellen Einsätzen. Sonst ist es aus mit ihnen, sage ich dir. Aus!«

»Na, dann viel Glück«, sagte José und hob sein Glas, um uns zuzuprosten. »Wenn ihr die Genehmigung von oben bekommt, werde ich euch helfen.«

Am Ende ging uns das Wasser aus. Alles Wasser im Camp kam direkt aus dem Dungu-Fluss und musste gereinigt werden. Endlich, so dachte ich, war Schluss mit unserer Sitzung. Weit gefehlt. José befahl dem letzten verbliebenen Wachmann, ganz allein durch den Busch zum Fluss hinunterzugehen und noch einen Eimer zu holen. Was der Mann höchst pflichtbewusst – und meiner Ansicht nach ebenso tapfer – erledigte. Ich hätte das sicher nicht getan, nicht angesichts all der Krokodile und Flusspferde, die ich im Dungu schon gesehen hatte, die Löwenspuren nicht zu vergessen.

José kochte das Flusswasser ab und füllte unsere Gläser neu. Er mischte den Whisky direkt mit dem Wasser aus dem Kocher. Offensichtlich wollte er keine Zeit damit vergeuden, es abkühlen zu lassen. Andererseits war die Frage, wie kühl es in einer feuchtwarmen afrikanischen Nacht wirklich werden würde. Dampfend heißes Wasser und Whisky direkt am Äquator hauen so richtig rein. Eine Erfahrung, die ich nie mehr vergessen werde. Wiederholen werde ich sie aber bestimmt auch nicht.

Um 4.30 Uhr morgens ging uns schließlich auch der Whisky aus und mit ihm das lauwarme Wasser. José stand immer noch wie ein Baum und beschwerte sich, dass es hier draußen schwer sei, guten Whisky und gute Freunde zu finden. Offensichtlich zählten wir für ihn dazu, und das galt umgekehrt genauso.

»JP, die Sonne geht auf. Das Flugzeug fliegt in eineinhalb Stunden«, sagte ich. »Wir müssen wenigstens noch ein bisschen Schlaf bekommen.«

José bot an, uns zu unseren Hütten zu fahren, und klagte immer noch lautstark darüber, dass der Whisky ausgegangen war. Der Mann hatte die Konstitution eines Büffels.

Er ließ uns vor den Hütten aussteigen. JP ging – oder vielmehr schwankte – auf die seine zu, als ich plötzlich ein paar laute Schimpfworte hörte, gefolgt von einem Schrei: »Verdammt, die haben mich erwischt.«

JP hüpfte herum, schrie wie am Stieß und klopfte wie verrückt auf seinen Beinen herum.

»Mann, was ist denn los?«

»Ameisen! Und die Biester beißen«, sagte er und stampfte mit den Füßen.

Der Siafu-Zug kam von der Jagd zurück und JP war mitten hineingeraten. Ich eilte zu ihm, wenn auch nicht so schnell, wie ich es ohne Whisky getan hätte. Glücklicherweise war er sofort beiseitegesprungen, sodass der wilde Ameisenzug nun an ihm vorbeimarschierte. Er rieb sich die unzähligen Bisse auf seinen brandroten Beinen und murmelte leise Flüche. Wir fingen beide an, zu lachen, und schwankten zu unseren Hütten zurück. Als ich ins Bett fiel, hatte ich glücklicherweise noch genug Verstand, das Moskitonetz ganz eng festzuzurren.

Wir sollten um 6.00 Uhr morgens abfliegen. Unser Pilot hatte uns vorgewarnt, dass sein gesamter Zeitplan durcheinandergeraten würde, wenn wir auch nur ein paar Minuten zu spät kämen. Dann würde er tatsächlich ohne uns abfliegen.

Mir kam es wie der Bruchteil einer Sekunde vor, als Jason mich wachrüttelte und mir sagte, das Flugzeug würde in zehn Minuten abheben. Ich fühlte mich vollkommen zerschlagen, war aber nicht annähernd in so schlechter Verfassung wie JP, der einfach nicht aufstehen wollte.

»Mir gefällt es hier«, stöhnte er, als wir ihn aufzuwecken versuchten. »Holt mich in ein paar Wochen ab. Ich muss José noch zu einer Revanche herausfordern.«

Tatsächlich hatte JP tapfer mit José mitgehalten, was den Whisky anging. Natürlich alles in Ausübung seiner Pflicht, versteht sich. Ich hingegen hatte, wie ein Weichei, heimlich etwas von dem meinen in ein trist aussehendes Blumenbeet unterhalb der Veranda entsorgt. Außerdem war er mit einem Bein außerhalb des Moskitonetzes eingeschlafen, das nun wie ein einziger, riesiger leuchtend roter Moskitostich aussah. Was nach dem Siafu-Angriff natürlich doppelt schmerzhaft war. Er war wirklich in schlechter Verfassung. Wenn ich ihn so ansah, konnte daran nicht nur eine durchzechte Nacht schuld sein. Er sah wirklich gar nicht gut aus. Vermutlich hat er Malaria, dachte ich.

Irgendwie bekamen wir ihn aus dem Bett. Dann sahen wir Josés Geländewagen, der immer noch genau dort stand, wo er uns abgeladen hatte. Der charismatische portugiesische Ranger saß fest schlafend am Steuer und schnarchte. Die Fahrertür war weit offen, eine Einladung an all die Fleischfresser rundherum. Vielleicht war es ja der Geruch nach Whisky, der sie abgehalten hatte.

JP fing an, zu lachen, ging hinüber und rüttelte ihn wach. »Danke für alles, Kumpel«, sagte er. José war also doch menschlich und ein wirklich guter Kerl.

Im Flugzeug aber klappte JP uns einfach zusammen. Er verkroch sich auf dem Boden zwischen den Gepäckstücken. Es war erstickend heiß, und ich konnte sehen, wie ihm die Schweißperlen heruntertropften.

»JP«, sagte ich und ging zu ihm hinüber. »Ich glaube, du hast dir Malaria eingefangen.«

»Vermutlich. Aber jetzt können wir eh nichts tun. Entspann dich und lass mich schlafen.«

Malaria wird durch den Stich der Anopheles-Moskitos übertragen. Die Krankheit kann tödlich sein, daher machte ich mir wirklich Sorgen. Zu den Symptomen gehören Fieber, Schüttelfrost, Schweißausbrüche und Übelkeit – alle vier hatte JP. Aber er hatte recht. Wir konnten jetzt nichts tun. Und er war erfahren genug, um zu wissen, dass er durchhalten musste, bis wir wieder in Südafrika waren, wo er sich behandeln lassen konnte.

Unterwegs verkündete der Pilot, wir würden einen ungeplanten Zwischenstopp in einem Kloster im Nirgendwo machen, um dort Post abzuholen. Was sich da unter uns als Landefläche abzeichnete, sah aus wie ein dünnes Fädchen im riesigen Dschungel. Wir schlitterten zwischen den Urwaldriesen hindurch und kamen zum Stehen. Dutzende eifriger Schulkinder kamen aus ihrer kleinen Schule gerannt, gefolgt von den Nonnen. Die Landung eines Flugzeugs war natürlich ein Riesenereignis, das keiner verpassen wollte. Als wir ausstiegen, umringten sie uns und kicherten alle vor lauter Aufregung.

»Ist das nicht toll?«, meinte Jason. »Schau nur, wie glücklich sie über unseren Besuch sind.«

Plötzlich verstummte das Gelächter und Angst zeichnete sich auf den kleinen Engelsgesichtern ab. Hinter mir vernahm ich Gebrüll. Ich drehte mich um, und da stand JP ganz oben auf der Treppe des Flugzeugs. Das Hemd hing ihm heraus, die Haare standen ihm zu Berge und der Malariaschweiß tropfte ihm am

Kinn herab. JP ist sehr groß. Er sah aus wie eine Erscheinung aus Dantes *Inferno*.

»Hey, Lawrence«, brüllte er in voller Lautstärke. »Zeigen wir doch diesen Leuten mal, wie ein echter südafrikanischer *babelaas* [Kater] aussieht.«

Während er sprach, ging er hinunter und ließ sich ins Gras fallen. Mit ausgestreckten Armen lag er da und lachte. Die Kinder hatten sich zu den Nonnen geflüchtet und versteckten sich hinter ihren Gewändern. Gott sei Dank ging Jason zu ihnen hinüber und riss ein paar Witze über JP, sodass die Kinder bald wieder lachten.

Ich sah in die strahlenden Gesichter und dachte an die Kindersoldaten. Die LRA und Museveni hatten Kinder wie diese entführt, an ebensolchen Tagen wie heute, und hatten ihre Unschuld auf grausame Weise zerstört.

Wir halfen JP zurück ins Flugzeug, wo er sich wieder auf den Boden fallen ließ. Erst als wir wieder in Südafrika waren, fanden wir heraus, dass er tatsächlich Malaria hatte, sich aber schon vor unserem Aufklärungstrip infiziert haben musste. Die Krankheit hat gewöhnlich eine Inkubationszeit von einigen Wochen. Und sie greift die Leber an. Wie er es geschafft hatte, beim Trinken mit José mitzuhalten, war uns allen ein Rätsel. Das hätte jeden anderen umgehauen. Aber JP war nun mal nicht jeder andere.

Die Exkursion nach Garamba war für uns der Wendepunkt. Die LRA war ein Riesenproblem, aber nun wussten wir zumindest, womit wir es zu tun hatten. Das Fluggerät, das wir für die Rettung brauchten, würde auf jeden Fall deren Aufmerksamkeit erwecken. Und wenn wir über eine ihrer Patrouillen flogen, konnten wir abgeschossen werden. Außerdem mussten wir uns für einen Bodenangriff rüsten. Ich wusste, dass JP das bereits in der Planung hatte. Aber wie kämpft man gegen eine Terrorarmee? Sie mit einem Trupp guter Männer für eine Weile auf

Distanz halten – möglicherweise. Aber wirklich gegen sie kämpfen? Keine Chance.

In meinem Kopf begann eine andere Idee, Gestalt anzunehmen. Aber dafür würden wir einen Pakt mit dem Teufel schließen müssen. Keinesfalls, beschloss ich. Die Idee war so verrückt, dass ich sie sofort aussortierte. Es musste andere Möglichkeiten geben.

Das Gute war, dass José glaubte, es müssten noch einige überlebende Nashörner in Garamba existieren. Und ich wusste des Weiteren, dass der Dvůr-Králové-Zoo in der tschechischen Republik noch welche besaß. Das sollte für genug genetische Diversität sorgen.

Vielleicht konnten wir unsere Rettungsaktion doch noch durchziehen. Aber das nur dann möglich, wenn wir die wichtige Unterstützung und Zustimmung von der ICCN und von African Parks bekommen würden. Und zwar ohne weitere Verzögerungen. Im Frühling führten die Flüsse immer viel Wasser und schützten auf diese Weise die Nashörner. Aber wie José gesagt hatte: Sobald die Wilderer durch die ausgetrockneten Flussbetten ins Nashorngebiet gelangen konnten, war es aus und vorbei.

Wir landeten in Kinshasa, dank der Flugkünste unseres Piloten und der Gebete beim Start.

»Weißt du was«, sagte ich zu Jason, als das Verkehrschaos der Stadt uns wieder umschloss, »so merkwürdig das ist, aber ich komme mir vor, als seien wir gerade nach Hause gekommen, und zwar in den größten Luxus.«

Jason lachte. »Wir sind wieder in der wirklichen Welt.«

Und das stimmte. Verglichen mit dem wilden und großartigen Paradies von Garamba war Kinshasa Zivilisation pur.

Niemand von uns hätte je gedacht, dass wir einmal so etwas über diese chaotische Stadt sagen würden.

13

Als ich endlich wieder zu Hause in Thula Thula ankam, standen die Elefanten am Tor. Sie hatten schon lange nicht mehr einen so weiten Weg zurückgelegt, um mich zu sehen. Allein ihre Nähe weckte meine Lebensgeister. Ihr Willkommen ließ den Stress der letzten Tage beinahe banal erscheinen.

Da waren sie: Nana, Frankie, ET, Marula, Nandi und ihre Nachkommen, denen wir keine Namen gegeben hatten und das auch nicht tun würden. Sie waren wild. Und doch standen alle am Tor und erwarteten mich. Aus einem Grund, den wir wohl nie herausfinden würden oder mussten. Vielleicht hatte es ja auch gar keinen Grund: Sie waren einfach da.

Ich hielt an und stieg aus dem Wagen. Nana kam nach vorn und berührte mit ihrem Rüssel meine Brust. Sie war so groß, dass die Sonne hinter ihrem massigen Körper verschwand. Und sie begrüßte mich so zufrieden, dass ich einen Augenblick lang meinte, mich nie besser und lebendiger gefühlt zu haben.

Außerdem konnte ich so auch ihr Auge begutachten. Vielleicht hatte die Behandlung ja geholfen? Leider war dem nicht so. Das Auge war immer noch milchig. Aber wir konnten in dieser Hinsicht nichts mehr tun.

Schließlich zogen sie ab. Während sie langsam davonschaukelten, entdeckte ich in der Ferne Heidi, ein kleiner Fleck am Horizont. Ich holte mein Fernglas aus dem Landrover und sah ihr zu, wie sie in aller Ruhe graste, in Zululand, das seit Urzeiten die Heimat ihrer Vorfahren gewesen war. Als ich sie so beobachtete, fielen mir wieder ihre Artgenossen im Garamba-Nationalpark ein. Dass ein so mächtiges Geschöpf so verwundbar sein konnte, war ein Verbrechen gegen das Universum. Die tragische Vergeblichkeit des Ganzen setzte mir zu. Da hatte das Nashorn in Millionen von Jahren drei Tonnen Muskelmasse, Knochen und Horn aufgebaut, um sich zu verteidigen, aber in unserer technologisierten Welt, die sich einen Dreck um diese Kreaturen scherte, bedeutete das gar nichts. Die Tatsache, dass unsere Enkelkinder vielleicht nie ein Nashorn in freier Wildbahn sehen würden, war einer der wichtigsten Gründe für ihre Rettung. Ich würde weitermachen.

Ich wusste nun, womit wir im Kongo zu rechnen hatten. Die Logistik allein war eine Herkulesaufgabe. Die Chancen, diese Dickhäuter aus so einer abgelegenen Region retten zu können, waren wirklich sehr gering. Wir mussten kreativ sein, was unsere Aktion und deren Planung anging. Die Queensberry-Regeln des fairen Kampfes galten hier nicht. Wir mussten clever und schlau sein wie die Schakale, wenn wir Erfolg haben wollten. Eine zweite Chance würde es nicht geben.

Ich fuhr zu unserem Cottage, wo Françoise auf dem Rasen auf mich wartete. Sie sprang auf und fiel mir um den Hals, während unsere Hunde mir aufgeregt bellend um die Beine wuselten. Ich habe mich oft gefragt, was ich ihr zumutete, wenn ich mich an so irre Orte aufmachte, von deren Existenz wir bis vor Kurzem noch nicht einmal gewusst hatten. Aber sie akzeptierte meine Expeditionen und Eskapaden immer hundertprozentig und gab mir ihre vollste Unterstützung. Und das macht mir wiederum Mut, von Neuem loszuziehen.

Aber an diesem Tag hatte sie eine Überraschung für mich.

»David ist da. Er ist endgültig zu uns zurückgekommen«, sagte sie und führte mich an der Hand ins Haus. »Und weißt du was? Brendan stattet uns auch gerade einen Besuch ab. Sie sind unten in der Lodge.«

Also fuhren wir zur Lodge hinunter, und bevor ich noch eintrat, hörte ich ihre Stimmen, die angeregt plauderten.

»Elefanten pliieren wirklich Bäume«, sagte Brendan Whittington-Jones.

»Woher hast du nur all diese schicken Wörter?«, fragte David Bozas. »Gestern waren die Elefanten noch anthropomorph, heute pliieren sie Bäume. Erfindest du sie einfach so?«

»Pliieren ist wirklich ein Wort, es heißt ›umknicken‹. Und ›anthropomorph‹ heißt menschenähnlich«, gab Brendan zurück.

»Warum verwendest du dann nicht diese Wörter? Du hörst dich schon an wie ein echter Nerd. Ich glaube allmählich, du bist heimlich ein Nerd.«

»Und du? Du glaubst immer noch, dass Elvis der King ist. Wer denkt denn so was? Ich sage dir wer – absolut niemand. Du glaubst doch heute noch, die Black-Eyed Peas seien Hülsenfrüchte.«

»Nun, Elvis hätte jedenfalls nie ›pliieren‹ gesagt. Das ist ein total blödes Wort. Und natürlich ist er der King«, entgegnete David. Dann fügte er hinzu: »Außerdem ist er am Leben. Er wurde erst letztes Jahr in einem Supermarkt in Memphis gesehen.«

Als ich den Raum betrat, sprangen die beiden auf und kamen mir mit einem breiten Grinsen auf dem Gesicht entgegen. George, unser Buschbaby, das offensichtlich gerade mal wieder auf Besuch war, hatte seine Schwäche für David entdeckt und saß auf seiner Schulter. Als wir uns die Hände schüttelten, versuchte David, George abzuschütteln, was dieser mit einem kurzen Biss quittierte.

»Du kleines Biest«, schimpfte David und sog an seinem Finger. George aber klammerte sich nur noch fester an ihn. Erst als er Françoise entdeckte, machte er einen langen Sprung zu ihr hin und kuschelte sich an ihren Hals.

David war gerade aus Afghanistan zurückgekehrt, und Brendan stattete uns einen Besuch ab, um ihn zu sehen. Und kaum waren sie wieder vereint, stritten sie wie ein altes Ehepaar. Es war, als hätten sie Thula Thula nie verlassen.

David Bozas war der furchtlose, junge »Wir schaffen das«-Wildhüter, der auf Thula Thula gearbeitet hatte, als wir die wilde Elefantenherde hier ansiedelten (diese Geschichte erzähle ich in *Der Elefantenflüsterer*). Damals hatte ich Thula Thula gerade gekauft, und wir erlebten zusammen unglaubliche Abenteuer im Busch, als wir das Reservat aufbauten und Nana mit ihrer Herde hier eingewöhnten. David hatte uns vor vier Jahren verlassen, um an die prestigeträchtige englische Militärakademie von Sandhurst zu gehen. Als er sein Offizierspatent in der Tasche hatte, diente er der britischen Armee in Afghanistan und erlebte dort so einiges. Mittlerweile war er wieder dauerhaft hier. David ist eine geborene Führungspersönlichkeit und hat den afrikanischen Busch im Blut. Er ist nie glücklicher, als wenn er draußen in der Wildnis ist und unzählige – tierische oder menschliche – Probleme zu lösen hat. Das letzte Mal hatte ich ihn in London gesehen, und da wirkte er wirklich wie ein Fisch auf dem Trockenen. Wir hatten uns auf einen schnellen Drink in einem Pub in Soho namens *Dog and Duck* getroffen. Ich holte uns gerade eine Runde am Tresen, als David – ein bärenstarker, gut aussehender junger Mann – zu mir kam und meinte, die Leute hier seien »echt nett«.

»Gerade eben kam dieser Typ auf mich zu und fragte, ob ich eine Coke wollte. Ich verneinte dankend und sagte ihm, du würdest schon Getränke holen.«

Ein guter Freund von mir, Nick Thomas, der uns begleitete, wieherte vor Lachen.

»Der Typ wollte dir Kokain verkaufen und dich vermutlich auch noch anbaggern«, prustete Nick keuchend zwischen seinen Lachsalven.

David war entsetzt. Wie konnte nur jemand so unverschämt sein und ihm Drogen andrehen wollen? Wir erklärten ihm, dass in Soho, einem der Trendviertel Londons, wirklich alles möglich ist.

»Mit mir nicht«, gab David empört zurück. »Wenn der Typ zurückkommt, dann kriegt er eine ordentliche Abreibung.«

Jetzt sagte mir Davids leuchtender Blick, dass er wirklich in Afrika zu Hause war.

Brendan Whittington-Jones war früher mein oberster Wildhüter gewesen und meine rechte Hand, als wir nach der Invasion durch die US-Armee 2003 die Zootiere aus Bagdad retteten. Der Zoo war der größte im Nahen Osten und zwischen die Fronten des Krieges geraten. Er lag in der Stadtmitte und wurde von Amerikanern und den Saddam Hussein treu ergebenen Revolutionsgarden gleichermaßen beschossen. Bei meinem Eintreffen waren schon Hunderte von Tieren in ihren Käfigen verhungert oder getötet worden. Ein blinder Bär kauerte in der hintersten Ecke seines Käfigs, panisch vom Grollen der Bomben, die er ja nicht sehen konnte. Alle Tiere ohne Zähne oder Klauen, die sich nicht hatten verteidigen können, waren verdurstet oder vom Mob zu Braten verarbeitet worden. Ich ließ Brendan kommen, der mir helfen sollte. Und mit einer Handvoll unglaublich mutiger irakischer Zoo-Mitarbeiter sowie der Unterstützung eines Captains der US-Armee konnten wir die restlichen Tiere retten und den Zoo wieder in Ordnung bringen. Glücklicherweise investierten die Amerikaner Millionen in den Wiederaufbau und heute gehört der Zoo von Bagdad zu den Vorzeigeobjekten der Stadt. (Diese Geschichte finden Sie ausführlich in *Babylon's Ark*, meinem ersten Buch.)

Brendan lebte nun wieder in Zululand und führte Forschungsarbeiten zu den von der Ausrottung bedrohten afrikanischen Wildhunden im Umfolozi-Nationalpark durch. Auch er sah recht gut aus, war schlank, aber durchtrainiert und hatte einen leuchtend roten Haarschopf. Ich habe nie jemanden kennengelernt, der sich in seiner Haut so wohlzufühlen schien und gleichzeitig völlig unbeeindruckt war von Dingen, die ihm unbedeutend vorkamen. Die Tatsache, dass er zu seiner Zeit in

Thula Thula das Bett mit einem Hund und einem epileptischen Warzenschwein namens Napoleon teilte und sich gleichzeitig fragte, wieso er keine Freundin hatte, sagt alles über Brendan.

»Françoise sagt, du warst gestern auf einer Party«, meinte ich. »Wie war es?«

»Gut. Aber auf der Heimfahrt gab es Scherereien.«

»Wieso das denn?«

»Nun, ich war ziemlich müde und beschloss deshalb, im Reservat zu übernachten. Aber meine Beine waren im Landrover so eingeengt, deswegen machte ich mir ein Lager auf der Ladefläche und ließ die Heckklappe runter, damit ich mehr Platz hatte. Ich schlief längst tief und fest, als ich spürte, dass etwas an mir zerrte. Als ich die Augen aufschlug, sah ich, dass eine verdammt große Hyäne ihre Zähne in meine Stiefel geschlagen hatte. Offensichtlich wollte sie, dass ich sie nach Hause begleite.«

»Und dann?«

»Was glaubst du wohl? Ich gab ihr einen saftigen Tritt in die Schnauze und sagte ihr, sie solle abhauen.«

»Und ist sie?«

»Ja.«

»Und danach?«

»Bin ich natürlich wieder eingeschlafen.«

»Hast du die Heckklappe wieder geschlossen?«

»Nee, ich war einfach zu müde.«

»Die Hyäne hatte Glück, dass du nicht angefangen hast, deine Doktorarbeit mit ihr zu diskutieren«, witzelte David. »Du hättest sie zu Tode gelangweilt mit deiner bombastischen Wortwahl.«

Es war wunderbar, sie wieder hier zu haben. David würde wieder bei mir arbeiten, und Brendan war auch in der Nähe, denn Umfolozi lag höchstens eine Autostunde entfernt. Es würde sicher noch mehr Gespräche über das »Pliieren« oder den noch lebenden Elvis geben.

Die beiden waren genau das, was ich brauchte, um mich entspannen zu können, bevor ich mich wieder dem Nashornproblem zuwandte. In ein oder zwei Wochen würde ich wieder in die DR Kongo reisen zu einem der vielleicht wichtigsten Meetings meines Lebens.

14

Oberflächlich betrachtet, liefen die Vorbereitungen für die Nashornrettung so gut wie unter diesen Umständen nur möglich. Wir hatten Glück, dass uns Dave Cooper, der berühmte Wildtierarzt der Provinz KwaZulu-Natal, zugesagt hatte. Dave war ein guter Freund, aber nicht nur das: Er war vermutlich der beste Nashornspezialist Afrikas. Ich hatte auch gute Gespräche mit anderen Wildtierärzten geführt, die uns helfen wollten.

Das Einzige, was uns Sorge bereitete, war die Bürokratie. Jason stand in Kontakt mit African Parks, um die letztendliche Genehmigung für die Aktion zu bekommen, doch dort verwies man ihn auf die ICCN, die uns wieder zurück zu African Parks schickte. Ein extrem frustrierendes Karussell. Wir wiederum sprachen mit Botschafter M'Poko, der für uns Nachforschungen anstellte und uns versicherte, es sei alles in Ordnung. Wir würden eine Einladung vom Umweltminister bekommen, um an der jährlichen CoCo-Congo-Umweltschutzkonferenz in Kinshasa teilzunehmen.

JP, der sich von seiner Malariaattacke erholt hatte, Jason, Dr. Ian Raper und ich bildeten unsere Delegation. Wir flogen frohgemut nach Kinshasa und erwarteten von dort den Startschuss, jetzt, wo wir den Garamba-Nationalpark schon kennengelernt hatten. Wer würde schon Hilfe ablehnen, um eine Art vor der Ausrottung zu bewahren? Wir reisten sogar einen Tag früher an, um mit dem Minister zu sprechen, aber zunächst mussten wir mit Laurent Guepin verhandeln, dem UN-Mitarbeiter des MONUC-Projekts.

Laurent hieß uns willkommen und stellte uns einigen seiner Kollegen und Vorgesetzten vor, u. a. Bill Swing, dem Leiter der UN-Mission in der DR Kongo. Die Tatsache, dass eine Nashornart direkt vor ihrer Nase ausgerottet werden sollte, hatte offensichtlich Interesse erweckt. Die Leute hatten ihre Hausaufgaben gemacht und waren bereit, uns Hilfestellung zu geben. Was wir jetzt brauchten, war ein offizielles Schreiben vom Umweltminister, das uns seine Unterstützung bestätigte.

Laurent hatte in der Zwischenzeit Unglaubliches auf die Beine gestellt. Er hatte die Verantwortung übernommen und alles Menschenmögliche getan, um unsere schwierige Anfrage durchzubekommen. Offensichtlich war er ein Mann von Weitblick, und das war für uns ein echter Durchbruch. Langsam wagte ich es, zu träumen, dass wir es wirklich schaffen konnten – dass die letzten wild lebenden Nördlichen Breitmaulnashörner tatsächlich gerettet werden konnten.

Vor dem MONUC-Gebäude winkten wir ein klappriges Taxi heran und ließen uns zum Büro des Umweltministers bringen. Er begrüßte uns überschwänglich, lobte uns für die Hilfe aus Südafrika, für die Rettungsinitiative und das Engagement der MONUC-Mission. Am Ende händigte er uns ein Schreiben aus, das uns die vollste Unterstützung seiner Regierung zusicherte. Genau das, was Laurent für seine Unterlagen brauchte. Dann fuhren wir direkt zurück zur MONUC und gaben den Brief ab. Langsam begann ein Silberstreif am Horizont zu leuchten.

Laurent hatte für uns die beste Nachricht, die man sich wünschen konnte. Man würde uns nicht nur das Flugzeug und die Hubschrauber zur Verfügung stellen, die wir brauchten, um die Nashörner in Sicherheit zu bringen, sondern auch noch eine Einheit Soldaten, um auf sie aufzupassen. Natürlich mussten wir uns auf die Zeitvorgaben der Mission einlassen, aber ansonsten war die MONUC bei der Rettungsaktion voll dabei.

Mittlerweile war es später Nachmittag. Die wenigen einigermaßen modernen Hotels waren wegen der Konferenz alle belegt. Wir mussten uns also in einer einfachen Pension einmieten.

Der Aufenthalt fing gleich gut an, als Ian im Badezimmer den Hahn aufdrehte und ihm Wasser aus einem Loch im Abflussrohr die Knie seiner Hose völlig durchnässte. Was für eine fürchterliche Absteige! Andererseits hatten wir wichtigere Dinge im Sinn. Immerhin war es ein Dach über dem Kopf.

Abends fuhren wir ins Stadtzentrum von Kinshasa, das Jason nur noch »Mad Max City« nannte, und genossen ein köstliches chinesisches Abendessen. Das einzige Problem war, dass es kein Taxi gab, als wir spät am Abend aus dem Lokal kamen. Also machten wir uns bereit, die knappen zwei Kilometer bis zu unserer Pension zu laufen. Wir waren vielleicht gerade mal hundert Meter gegangen, als ein Kombi neben uns hielt.

»Taxi?«, schrie der Fahrer.

»Ja!«, schrie JP, und wir alle kletterten hinein. In Kinshasa war jedes Auto ein potenzielles Taxi. Der Fahrer wollte Verwandte besuchen und nahm auf dem Weg dorthin gegen ein Entgelt Fahrgäste mit. Und so machte es ungefähr jeder Autobesitzer in der Stadt.

Nachts hielt uns eine Reggaeband wach, die bis 4.30 Uhr immer die gleichen drei Lieder zum Fenster hinausplärrte, und so machten wir uns am Morgen recht verschlafen zu der Konferenz im Memling Hotel im Stadtzentrum auf.

Es war ein prunkvolles Gebäude, das in starkem Kontrast zu den ärmlichen Bauten rundherum stand. Die Delegierten in Designeranzügen und mit einem ganzen Schwarm Assistenten kamen aus aller Welt. Wir fanden unsere Plätze und erhielten bald darauf die Möglichkeit, mithilfe eines Übersetzers unser Projekt vorzustellen. Ich erklärte den Rettungsplan für die Nashörner und bestätigte unter donnerndem Applaus, dass der Umweltminister uns unterstützte.

Später am Tag wurden wir zu einem Treffen in die ICCN geladen. Teilnehmer waren der ICCN-Generaldirektor und José Kalpers von African Parks. Brigit nahm stellvertretend für den Minister teil. Außerdem waren Vertreter der International Union for Conservation of Nature (IUCN), Paris, sowie Mitarbeiter der United Nations Educational, Scientific and Cultural Organization (UNESCO) anwesend. Zu meiner großen Freude war auch José Tello den weiten Weg vom Garamba-Nationalpark gekommen und begrüßte uns herzlich. Eine hochrangige Delegation also. Und so gestattete ich mir kurz den Luxus, zu glauben, dass der gesunde Menschenverstand am Ende siegen würde und wir mit unserer Rettungsmission beginnen könnten.

Damit lag ich allerdings grundlegend falsch. Es war eines der deprimierendsten Treffen, die ich je erlebt habe.

Bevor die Gespräche überhaupt begannen, nahmen uns die ICCN-Mitarbeiter beiseite und erklärten uns scheinheilig unter den Blicken der African-Parks-Mitarbeiter, dass wir kein Recht hätten, den Umweltminister ohne ihr Beisein zu treffen und ohne ihre Zustimmung eine Aktion im Garamba-Nationalpark durchzuführen. Man erklärte uns, dass es ja bezüglich des Nationalparks schon eine Vereinbarung zwischen der ICCN und African Parks gab.

Dieser Rüffel aus heiterem Himmel machte uns zuerst völlig sprachlos. Nachdem wir uns wieder gefasst hatten, erklärten wir, dass wir von dieser Vereinbarung wüssten, aber unsere Beteiligung das direkte Ergebnis einer Einladung des Umweltministers über den Botschafter der DR Kongo in Südafrika sei. Das hatten wir uns ja schließlich nicht einfach so ausgedacht.

Diese eigentlich logische Erklärung machte auf die Herren nicht den geringsten Eindruck, daher fuhr ich in förmlichem Ton fort: »Die ICCN sagt, unsere Rettungsaktion müsse im Auftrag von African Parks erfolgen, aber African Parks verweist uns ständig nur zurück zur ICCN. Wir sind einfach nicht weitergekommen, daher haben wir uns erneut an den Botschafter gewandt, um Rat für das korrekte Vorgehen zu erhalten. Dieser sagte uns, dass der korrekte diplomatische Weg zur ICCN über den Umweltminister erfolgen müsse. Und genau den haben wir nun eingeschlagen.«

Ich fügte noch hinzu, dass wir ein Schreiben der Regierung dabeihätten, das uns beauftragte, in Zusammenarbeit mit der ICCN die Rettungsaktion anlaufen zu lassen. Ob dies für die Anwesenden etwa nicht von Bedeutung sei?

Nun, offensichtlich war es das nicht. Was immer wir auch sagten, uns schien, dass die ICCN und African Parks sich dafür überhaupt nicht interessierten. Obwohl wir offiziell von der Regierung beauftragt waren.

Diese Blockadehaltung schlug uns während des ganzen Treffens entgegen. Hauptthema der Gespräche war die Bürokratie.

Schließlich kamen wir endlich auf die immens wichtige Rettungsaktion zu sprechen. Die Mitarbeiter von African Parks erklärten den anderen Delegierten, dass sie eine Luftaufklärung mithilfe eines Flugzeugs planten.

Wir unterstützten diesen Plan für eine Zählung der Nashörner augenblicklich. Und nicht nur das. Wir konnten sogar einen Bell-Jet-Ranger-Hubschrauber bieten, der uns sofort zur Verfügung stand und sich für diese Aufgabe sehr gut eignete. Er würde African Parks keinen Cent kosten.

Sie lehnten unser Angebot, ohne auch nur darüber nachzudenken, ab. Was die Gründe dafür waren, ist mir bis heute nicht klar.

Ich war fassungslos. »Aus welchem Grund würden Sie für die Luftaufklärung lieber ein Starrflügelflugzeug benutzen anstelle eines Hubschraubers?«, fragte ich. »Die Situation ist kritisch. Sobald die Nashörner geortet sind, müssen sie betäubt und mit einem Sender versehen werden, damit wir sie später, wenn die Rettungsaktion läuft, wiederfinden. Von einem Starrflügler aus geht das einfach nicht, da muss man einen Hubschrauber benutzen. Und in dichtem Buschland entgehen Ihnen vermutlich auch noch einige Tiere, wenn Sie mit dem Flugzeug über sie hinwegdonnern. Ein Hubschrauber bietet Ihnen beides – Geschwindigkeit und Manövrierfähigkeit. Und wenn es nötig ist, können Sie damit über den Tieren im Schwebeflug bleiben.«

Das Argument fiel nicht auf fruchtbaren Boden. Die Herrschaften wollten lieber ein Flugzeug haben und keinen Hubschrauber.

Also versuchte ich einen neuen Anlauf, immer wieder auf das Offensichtliche hinweisend: »Wenn Sie das tun, müssen Sie die Tiere zweimal aufspüren. Einmal, um sie zu zählen, und später, um sie zu retten. Und dieses riesige Gebiet ist nicht nur schwer abzusuchen, es ist auch gefährlich. Wenn wir sie aufspüren, müssen wir die Gelegenheit nutzen, um sie sofort zu betäuben und Sender in ihr Horn einzusetzen. Dann finden wir sie später jederzeit wieder. Diese Chance bekommen wir vielleicht nie wieder.«

Ich schüttelte frustriert den Kopf. »Es ist einfach komplett sinnlos, ein Flugzeug zu benutzen.«

Die Delegierten sahen mich mit versteinerten Gesichtern an. Sie würden ein Flugzeug benutzen, ganz egal, wie löchrig ihre Argumentation war.

Dann debattierten sie weiter über den Zeitpunkt der Zählung aus der Luft – irgendwann in der Zukunft.

Wieder mischte ich mich ein, was einigen der Delegierten ganz offensichtlich missfiel. »Das ist viel zu spät. Wir müssen jetzt handeln. Genauer gesagt sofort. Die Nashörner befinden sich zwischen dem Dungu- und dem Garamba-Fluss.« Ich deutete eine imaginäre Karte an. »Ihre Leute vor Ort geben an, dass das reißende Wasser dieser beiden Flüsse der Hauptgrund – vielleicht sogar der einzige Grund – ist, weshalb die Nashörner noch leben. Sobald die Regenzeit vorüber ist, sinkt der Wasserstand, und die Wilderer können die Flüsse überqueren. Und das war's dann.«

Einer der Delegierten fegte mein Argument mit einer verächtlichen Handbewegung beiseite. »Aber unser nächstes Treffen findet erst nach diesem Zeitpunkt statt. Wir können doch nicht einfach jetzt schon entscheiden.«

Es war durch und durch unbegreiflich. Für sie war es lediglich eine Unannehmlichkeit, dass die Trockenzeit – und mit ihr das Todesurteil für die Nashörner – kommen würde, bevor das nächste Meeting angesetzt war.

Ich stützte den Kopf in die Hände. Ich konnte einfach nicht begreifen, was ich da zu hören bekam. Die Rettung war vom Tisch. Tot und begraben unter einer Lawine bürokratischen Starrsinns. Ich zitterte vor Wut.

Das Treffen endete, und als wir gingen, hörte ich einen der Herren witzeln: »Das Problem ist nur, dass Mr Anthony denkt, er liebe das Breitmaulnashorn mehr als wir.«

Ich drehte mich um und sah einige der Delegierten selbstgefällig grinsen.

Ich schüttelte den Kopf. Sie hatten einfach keine Ahnung. Warum würden sie sich sonst weigern, eine von ihrer eigenen Regierung gebilligte Hilfeleistung anzunehmen, wo doch der Wolf vor ihrer Haustür lauerte? Garamba war ein extrem gefährdeter Ort. Würden die ICCN und African Parks wirklich begreifen, welche Bedrohung die LRA darstellte, würden sie uns einen roten Teppich ausrollen. Oder jemand anderem, der verrückt genug war, sein Leben und sein Geld für solch ein Projekt zu riskieren.

Die Einzigen, die tatsächlich kapierten, was los war, waren der ICCN-Verantwortliche für Garamba und seine Wachen, die mittlerweile keine Patrouillen mehr gingen und sich lieber versteckten. Sie wussten wirklich, mit wem sie es dort draußen zu tun hatten.

In diesem Moment realisierte ich mit einem Schlag, was hier gerade passiert war. Ich wusste plötzlich mit erschreckender

Klarheit, dass das Schicksal des Nördlichen Breitmaulnashorns bei diesem Treffen ein für alle Mal besiegelt worden war. Sofern kein Wunder geschah, würde die Art in der Wildnis aussterben. Nicht wegen der Wilderer der LRA, nicht wegen dieser ohnehin schon realen physischen Bedrohung, sondern weil der Fluch, der so viele Naturschutzbemühungen zunichtemachte, wieder einmal zugeschlagen hatte: Überheblichkeit und Eigennutz.

Ich spürte, wie mein Zorn nachließ und ich von Apathie erfasst wurde. Es erforderte eine enorme Anstrengung, nicht einfach fortzugehen, weg von Kinshasa, und zur Vernunft von Thula Thula zurückzukehren, wo ich tatsächlich konstruktive Arbeit leisten konnte.

Ian, der gewöhnlich ein sehr ruhiger und rationaler Mensch ist, war stinksauer: »Ich hatte eigentlich erwartet, dass auf einem Treffen von dieser Tragweite wissenschaftliche Belege vorgetragen werden. Sie aber haben statt auf Wissenschaft auf Emotionen gesetzt, und dementsprechend unlogisch sind Ihre Resultate. Das war mit Sicherheit eines der dilettantischsten Meetings, an denen ich je teilgenommen habe.«

JP und Jason schüttelten niedergeschlagen die Köpfe.

»Nun, die Rettung ist vom Tisch«, sagte JP. »Es ist nur Zeitverschwendung, sich nochmal beim Minister zu melden. Wir werden Bene M'Poko in Südafrika aufsuchen und sehen, was er dazu meint.«

Die Delegierten verteilten sich im Foyer und im Restaurant. Laurent von MONUC kam herein. Ich nahm ihn beiseite und teilte ihm mit, was geschehen war.

Er war schockiert. »Das ist doch lächerlich. Ich kann es einfach nicht fassen.«

»Wir auch nicht.«

Wir plauderten eine Weile, dann ging ich in einem allerletzten Versuch, zumindest etwas Vernunft wiederherzustellen, zum Tisch der Delegierten hinüber.

Sie hörten auf, sich zu unterhalten, als sie mich kommen sahen. Ich atmete einmal tief durch, dann fing ich an: »Wenn Sie aus irgendeinem Grund die Bestätigung der Vereinten Nationen brauchen, dass diese unsere Initiative unterstützen, dann nur zu: Die wichtigsten MONUC-Leute sitzen dort drüben. Sie dürfen gerne mit ihnen sprechen.«

Ich zeigte auf Laurent.

Ein paar Minuten später sah ich, wie eine Delegierte der IUCN zu Laurent hinüberging und mit ihm sprach. Sobald sie fort war, winkte Laurent mich zu sich.

»Ich wollte Ihnen nur sagen, dass die IUCN-Mitarbeiterin mich gefragt hat, ob wir Ihre Initiative unterstützen. Ich sagte Ja. Sie fragte dann, ob wir die Flugzeuge und die Ausrüstung auch ihrer Organisation zur Verfügung stellen würden.«

Ich starrte ihn fassungslos an. »Das ist doch wohl ein Witz! Was haben Sie gesagt?«

»Dass wir unsere Vereinbarung mit Ihnen getroffen haben. Wir hätten uns davon überzeugt, dass Ihr Projekt durchführbar ist und dass wir keine anderen Vereinbarungen eingehen würden.«

»Ich kann es einfach nicht glauben«, sagte ich. »Wir haben uns selbst, unsere Finanzierung, unsere Ausrüstung, unsere ganzen Ressourcen – einfach alles – der ICCN zur Verfügung gestellt. Warum sollte jemand versuchen, sich durch die Hintertür hineinzudrängen, um etwas zu bekommen, was ihm ohnehin gratis und auf dem Silbertablett serviert wurde?«

»Warten wir doch mal ab, ob sie auf Sie auch nochmal zukommen.«

Das taten sie nicht.

Wir packten enttäuscht unsere Koffer und flogen zurück nach Südafrika. Ein paar Tage in Thula Thula sollten uns dringend benötigte neue Perspektiven eröffnen.

Würde die Welt das Nördliche Breitmaulnashorn verlieren, dann wäre dies seit dem Wollmammut die größte Säugetierart, die aussterben würde. Und das war keineswegs nur mein Problem. Hier spielte sich auf einer Bühne, die weit größer war als wir selbst, eine internationale Krise ab. Das Nashorn wusste davon nichts und es scherte sich auch nicht um Politik, Status oder Bürokratie. Und ich schwor mir, das auch nicht zu tun.

Unglücklicherweise war die einzige Lösung, die ich jetzt noch sah, eine Idee, die so radikal war, dass ich ursprünglich zu schockiert war, um überhaupt nur darüber nachzudenken.

Das Problem in Garamba war einfach: Die Wachen waren zu verängstigt, um ihre Aufgabe zu erfüllen. Der Grund dafür war die überwältigende Präsenz der LRA im Nationalpark.

Was wäre nun, wenn wir diese Bedrohung umgehen könnten? War das möglich? Konnte man die LRA – eine der grausamsten und gefährlichsten Rebellenarmeen der Welt – kontaktieren?

Ich musste unwillkürlich schlucken.

15

Etwa eine Woche nach dem katastrophalen CoCo-Congo-Meeting erhielt ich einen Anruf von JP aus Pretoria. JP ist so hartnäckig wie ein Bullterrier. Er würde nicht aufgeben, was die Nashornrettung anging, ganz egal, was die Naturschutzbehörden in der DR Kongo meinten.

»Lawrence, ich habe mit Botschafter M'Poko gesprochen und ihn nach Thula Thula eingeladen, um über die Rettungsaktion zu reden. Er hat eingewilligt. Ist dieses Wochenende für dich in Ordnung?«

»Perfekt«, sagte ich.

»Gut. Er kommt mit seiner Frau und drei Kindern. Wir werden am Freitag so um die Mittagszeit eintreffen. Ich bringe ihn mit meinem Flugzeug zu euch.«

»Ausgezeichnet«, antwortete ich. »Das gibt eine interessante Diskussion.«

Wir prüften, ob unsere Landebahn im Busch auch frei von neuen Termitenhügeln oder Erdlöchern war. Beides kann tödlich sein, wenn ein Rad da einbricht und das Flugzeug sich überschlägt. Dann sammelten wir etwas Feuerholz und stapelten es neben der Landebahn. Wir besaßen nämlich keinen Windsack und der Rauch eines kleinen Feuers zeigte den Piloten die Windrichtung an.

Außerdem überprüften wir, ob die Herde auch bestimmt nicht in der Gegend war. Unsere Elefanten mögen Flugzeuge nicht. Ich habe einmal gesehen, wie Frankie ein Flugzeug angriff, das gerade abheben wollte. Das Flugzeug rollte die Landebahn hinunter, um genug Geschwindigkeit zum Abheben zu entwickeln, und der riesige, wütende Elefant rannte hinterher, wild entschlossen es zu zerstören. Der Pilot traute seinen Augen nicht. Immerhin hatte er nun einen starken Anreiz, die Maschine schnell hochzuziehen. Glücklicherweise schaffte er es gerade noch rechtzeitig. Aus irgendeinem Grund kam der Mann nie wieder zu Besuch.

Am Freitag trafen JP und die M'Pokos pünktlich ein. Jason, Dylan, ein paar unserer Wildhüter und ich selbst beobachteten, wie JP die Landebahn so tief wie möglich anflog, um Tiere zu vertreiben, die ihn bei der Landung hätten stören können. Dann zog er eine Schleife über den Bäumen am Ende der Bahn und setzte zur Landung an. Kaum hatte sie aufgesetzt, zog die Maschine heftig nach links.

Ich konnte JP im Cockpit sehen, mit angespannten Nackenmuskeln, während er verzweifelt versuchte, die Maschine auf der Bahn zu halten. Mein Herz schlug bis zum Hals, denn sie zog immer noch nach links. Sekundenbruchteile später verfing sich ein Flügel in einem Baum und das nun unkontrollierbare Flugzeug kam von der Landebahn ab und raste mit einem betäubenden Krach, der sicher meilenweit zu hören war, in den Busch. Angesichts des lauten Aufpralls hielt ich den Atem an. Ich erwartete beinahe einen Feuerball, der in den Himmel stieg und JP und seine Passagiere zu Asche verbrannte.

Dann war es still. Unheimlich still. Wir fingen an, zu rennen.

Aus dem Augenwinkel sah ich eine Herde panischer Zebras dahinschießen, gefolgt von drei Giraffen. Ein großer Schwarm Hagedasche erhob sich in die Lüfte und stieß seinen charakteristischen »Hah-di-dah«-Schrei aus.

Wir kamen zum Wrack und kletterten verzweifelt über umgestürzte Bäume und entwurzelte Büsche, um zu den Überlebenden zu gelangen. Trotzdem befürchtete ich das Schlimmste. Niemand überstand einen Unfall bei so hoher Geschwindigkeit.

Doch wie durch ein Wunder war das Flugzeug immer noch nicht gekippt, sondern saß bäuchlings zwischen den umgeknickten Bäumen. In der Kabine war keine Bewegung erkennbar, also schnappte ich mir den Griff und fing an, an der verbogenen Tür zu zerren.

Meine Ängste hatten sich bewahrheitet. Die Körper drinnen bewegten sich nicht.

Dann sah ich, wie JP sich rührte, den Kopf schüttelte und über den Sitz des Co-Piloten hinweg versuchte, die Tür mit der Schulter aufzustemmen. Die Unterstützung wirkte, die verbeulte Tür gab in den Scharnieren nach. Neben JP saß der Botschafter und versuchte, seinen Gurt zu lösen. Auf den Sitzen hinter ihm war noch keinerlei Bewegung.

»JP, wir müssen hier weg, und zwar schnell!«, zischte ich so leise wie möglich, um niemanden zu erschrecken.

»Ich weiß«, gab er vollkommen klar zurück und begann herauszuklettern. »Mir geht's gut. Holt die anderen raus.«

»Die anderen Türen! Öffnet die Türen!«, rief Jason. Innerhalb weniger Sekunden hatten wir die Türen offen und holten die Leute heraus. Dann eilten wir so schnell wie möglich weg vom Flugzeug, das, wie ich fürchtete, jederzeit explodieren konnte.

»Ist jemand verletzt?«, fragte JP. Er ging von einem zum anderen und stellte sicher, dass es seinen Passagieren gut ging.

Verständlicherweise standen alle unter Schock, doch für Menschen, die gerade aus dem Himmel mit beinahe tödlicher Geschwindigkeit in den Busch gekracht waren, steckten sie das Ganze erstaunlich gut weg. Es war ein Wunder, dass niemand ernsthaft verletzt war. Der Botschafter hatte Schmerzen im Fuß, das war aber auch alles. Seine Frau und seine Kinder waren zwar benommen, aber ansonsten ging es ihnen gut. Was sie gerettet hatte war, dass zwar Bug und Heck des Flugzeugs zusammengeschoben worden waren wie eine Ziehharmonika, die Fahrgastkabine aber intakt geblieben war.

Ebenso erstaunlich war, dass das Flugzeug eben nicht in Flammen aufging. Mit einem Flugzeug, dessen Tank mit hoch entzündlichem Flugbenzin gefüllt ist, in eine Baumgruppe zu krachen heißt, das Schicksal herauszufordern.

Die Wildhüter halfen den Passagieren in unsere Fahrzeuge und brachten sie zur Lodge, wo Françoise, die wir über Funk von dem Unfall informiert hatten, mit dem französischen Allheilmittel für alle Lebenslagen wartete: Champagner.

Die französische Behandlungsmethode wirkte. Nachdem alle sich beruhigt hatten, kam JP auf mich zu und schlug mir mit der Kraft einer Bazooka auf den Rücken.

»Das ist ja gerade noch gut gegangen, *ou maat* – alter Freund.« In seinem abenteuerlichen Leben war dies nicht das erste Mal gewesen, dass JP dem Tod gerade noch von der Schippe gesprungen war.

Ich nickte. »Das bringst auch nur du fertig: So ein Knall und trotzdem ist den Passagieren nichts passiert. Was war denn los?«

Er zuckte mit den Schultern. »Als wir landeten, haben wir das Fahrgestell und die Hydraulik verloren. Das war echt ein Hammer.« Mehr würde man von ihm nicht vernehmen, was seine neuerliche Begegnung mit dem Tod anging.

»Nun, alle sind gesund, und du bist auch okay. Das ist schließlich alles, was zählt«, sagte ich, bevor ich in gespieltem Ärger die Stirn runzelte. »Nun, nicht ganz – du hast meine Bäume beschädigt. Zahlst du gleich oder später?«

JP wieherte vor Lachen.

Trotz des Dramas setzten wir uns am Abend mit dem Botschafter zusammen und berichteten von dem verhängnisvollen CoCo-Congo-Treffen. Bene M'Poko war ein kluger Diplomat, und was er da zu hören bekam, verärgerte ihn sichtlich.

»Das ist alles vollkommen unnötig«, sagte er. »Ich werde weiterhin tun, was ich kann. Ich bin in Kürze ohnehin in Kinshasa und werde mit dem Minister und dem Präsidenten sprechen.«

»Danke«, antwortete JP. »Sie waren uns immer eine große Hilfe. Jemand muss doch Verantwortung übernehmen, wenn die Welt im Begriff ist, diese Nashörner zu verlieren.«

Der Botschafter nickte. »In der Tat.«

Vielleicht gab es ja doch noch Hoffnung.

Während ich wartete, ob der Botschafter uns helfen konnte, blieb mir noch eine Trumpfkarte, die ich noch nicht gespielt hatte. African Parks war von einem erfolgreichen holländischen Geschäftsmann namens Paul van Vlissingen gegründet worden. Wenn wir ein Treffen mit ihm vereinbaren könnten, würde er ja vielleicht Vernunft annehmen und die ausweglose Situation bereinigen. Glücklicherweise hielt er sich gerade in Südafrika auf, und zu seinen Gunsten muss man sagen, dass er uns empfing, obwohl er schwer krank war.

Das Treffen fand im Marakele-Nationalpark statt, im Norden Südafrikas. Ich selbst war leider verhindert, sodass Jason und JP ihn besuchten. Irgendwie fand JP aber den Weg nicht, sodass Jason die extrem wichtige Präsentation allein in die Hand nehmen musste.

»Ein Mann mit einer enormen Präsenz«, erzählte Jason mir später. »Ich mochte ihn auf Anhieb. Ich habe ihm das Projekt ungefähr fünfzehn Minuten lang erklärt. Er wartete, bis ich zu Ende gesprochen hatte, dann zündete er sich eine Zigarre an und stimmte uns sofort zu: Wir sollten die Rettungsaktion zusammen mit African Parks und der ICCN durchführen. Was wir ja die ganze Zeit über vorgeschlagen hatten. Und das war's dann. Endlich war alles in trockenen Tüchern.«

African Parks machte also mit. Das waren die besten Nachrichten seit Langem. Wir kontaktierten sofort die ICCN und informierten die Mitarbeiter von African Parks' Entscheidung. Einige Tage später bekamen wir die Antwort: Man würde mitmachen, wenn African Parks zustimme.

Aber African Parks habe bereits zugestimmt, entgegneten wir.
Und damit ging das absolut lächerliche Karussell von Neuem los. Wieder kein Millimeter Fortschritt.

16

Ich war gerade auf der Fahrt in unser Nashornrettungs-Hauptquartier bei meinen Söhnen in Durban, um mein Team zu informieren, als mein Handy klingelte. Es war David Bozas: Er hatte gerade die Leitung in Thula Thula übernommen und schon viel zu tun.

»Hallo, Boss. Wir haben ein Problem hier.«

»Was ist los?«

»Gegen zehn Uhr heute Morgen haben wir ein Elefantenbaby gefunden, das ganz allein herumirrte. Ein Männchen.«

»Wie alt?«

»Höchstens ein paar Stunden. Er ist vermutlich am frühen Morgen zur Welt gekommen. Die Nabelschnur ist auch noch dran.«

»Ein paar Stunden alt und allein?«, fragte ich überrascht. »Das ist unmöglich. Die Mutter muss irgendwo in der Nähe sein.«

»Ich habe alles abgesucht. Hier ist im Umkreis von zwei Kilometern kein Elefant zu sehen.«

»Das ist ungewöhnlich. Wie ist denn sein Zustand?«, fragte ich nach, während ich fieberhaft überlegte, was da passiert sein konnte.

»Er ist total gestresst und schwach, aber nicht verletzt – er steht einfach nur verloren da. Wir haben ihn in einem schmalen Hohlweg gefunden. Ich habe ein paar Wildhüter dort gelassen, damit die Hyänen ihn nicht erwischen. Jetzt werde ich ihn mitnehmen.«

»Okay. Ruf Leottie Morkel an, unsere Tierärztin, und frag sie, ob sie sich den Kleinen mal ansehen kann. Und sie soll eine Infusion mitbringen.«

»Alles klar«, meinte David. »Ich besorge auch Flaschen und die richtige Milchmischung.«

Ein Elefantenbaby aufzunehmen, was im Grunde heißt, es mitzunehmen und irgendwo in Sicherheit zu bringen, ist nicht so leicht, wie es sich anhört. Es mochte nur wenige Stunden alt sein, aber es wog immerhin schon über hundert Kilogramm und würde sich zur Wehr setzen.

Andererseits war David unglaublich kompetent und würde sein Möglichstes tun, um es zu beruhigen und am Leben zu erhalten. Es war großartig, dass er wieder bei uns war.

Er versperrte zunächst den Hohlweg auf einer Seite mit Felsen und Gestrüpp. Dann packte er eine Schaumstoffmatratze und Decken auf die Ladeklappe des Landrovers und fuhr ganz langsam im Rückwärtsgang in den Hohlweg hinein, sodass der kleine Elefant in der Falle saß.

Dann packten er und seine drei Wildhüter den Kleinen, sanft, aber bestimmt, und schoben bzw. zogen das quiekende Baby auf die Ladefläche. Und schon fiel die Klappe zu. Zwei Ranger hielten ihn auf der Matratze fest, während er sich langsam beruhigte.

So weit, so gut. Obwohl er seit seiner Geburt nichts zu trinken gehabt hatte, glaubte David, dass der Kleine kräftig genug war, um zu überleben. Leottie war mit der Infusion auf dem Weg nach Thula Thula. Alles, was wir jetzt tun mussten, war, ihn nach Hause zu bringen, damit er behandelt werden konnte.

Etwas aber beschäftigte David ebenso wie mich. Elefanten vernachlässigen ihren Nachwuchs nicht. Elefantenkühe gehören zweifelsohne zu den besten Müttern, die man sich vorstellen kann. Menschenmütter eingeschlossen. Doch dieses Baby war aus irgendeinem Grund verstoßen worden. Und mit all den Raubtieren im Busch würde es keinen halben Tag überleben. Ich habe schon miterlebt, dass Tiere ihre Nachkommen verstoßen, aber dafür gibt es immer einen guten Grund, zum Beispiel wenn das Kleine aufgrund einer Missbildung nicht lebensfähig ist. So etwas verzeiht der afrikanische Busch nicht.

Bei Elefanten aber habe ich so etwas noch nie gesehen. Wir hatten schon einmal ein Elefantenbaby mit fehlgebildeten Füßen, doch die Herde hatte sich geweigert, es zurückzulassen. Sie hatten vierundzwanzig Stunden lang versucht, es zum Aufstehen zu bewegen. Schließlich mussten wir ihnen das Kleine wegnehmen, um es nach Möglichkeit zu behandeln. Traurigerweise starb der kleine Elefant, den wir Baby Thula genannt hatten, am Ende doch.

David steuerte den Landrover vorsichtig aus dem Hohlweg heraus und fuhr dann mit seiner kostbaren Fracht langsam und vorsichtig zum Haus.

Auf halbem Weg dorthin überquerte er einen Hügel. Von dort aus sah er die Herde auf einer Lichtung grasen. Immer noch verblüfft darüber, dass ein gesundes Elefantenbaby abgelehnt wurde, kam ihm eine Idee. Und wenn er das Baby nun zurück zur Herde brachte?

Das war keine leichte Entscheidung. Wenn die Elefanten aus einem für Menschen unverständlichen Grund das Kleine ignorieren würden, wäre es zu nah an der Herde, um es wieder ins Auto und in Sicherheit zu bringen. Es würde sterben. Aber wenn es nun klappte?

David durchdachte das Problem gründlich und entschied schließlich, dass er auf die wunderbaren mütterlichen Eigenschaften der Elefantenkühe vertrauen würde. Er rief die anderen Wildhüter zusammen und eröffnete ihnen, was er vorhatte.

Er erklärte, dass es wohl am besten sei, sich der Herde so zu nähern, dass der Wind ihr die Witterung des Kleinen zutragen würde. Dann konnte man immer noch entscheiden, was zu tun sei, je nachdem, wie die Elefanten reagieren würden. Nahmen die Elefanten die Witterung auf und kamen auf sie zu, würden sie das Kleine schnellstens abladen und in einem Affenzahn verschwinden. Ignorierten sie es, dann würde man es ins Haus bringen, damit es die Tierärztin untersuchen konnte.

Es gab keinerlei Spielraum für Fehler, als David auf die Herde zusteuerte. Jede Verzögerung beim Abladen des sich wehrenden und vermutlich laut quiekenden Elefantenbabys würde dazu führen, dass die erzürnte Herde sie in Nullkommanichts umringen konnte. Und eines sollte man tunlichst vermeiden: Kommen Sie nie zwischen eine Elefantenkuh und ihr Baby.

Die Angst schlang einen ordentlichen Knoten in Davids Magen, als er die Windrichtung prüfte, die Straße verließ, in den Busch hineinfuhr und geradewegs auf die Herde zusteuerte. Fünfzehn holprige Minuten später blieb er stehen, wendete den Landrover und fuhr im Rückwärtsgang auf die Tiere zu. Nun mussten sie allmählich die Witterung aufnehmen. Aber sie ignorierten ihn weiterhin.

Er fuhr näher und näher heran, bis einer der Wildhüter auf der Ladefläche rief: »He, David. Dir geht's ja gut da im Auto. Du musst dir wirklich keine Gedanken machen, wenn der Rest von uns mitten in einer Herde zorniger Elefanten steht!«

Alle lachten laut, aber David achtete nicht auf sie. Er fuhr noch näher heran, bis der Geruch des Babys fast schon über der Herde wabern musste. Gleichzeitig verrenkte er sich fast den Hals, um zu sehen, ob es eine Reaktion gab.

Plötzlich blieb Nana wie angewurzelt stehen und hob ihren Rüssel Richtung Landrover. »Nana riecht was«, meinte einer der Ranger aufgeregt.

David hielt an und machte den Motor aus, damit sich nur ja kein Hauch Diesel in den Elefantengeruch mischte. Er stieg aus.

Nana stand da wie angewurzelt. Von ihrem schnuppernden Rüssel einmal abgesehen, hätte sie eine Statue sein können. Dann hob sie den gewaltigen Schädel und tat einen Schritt auf den Wagen zu. Und noch einen.

»Sie kommt«, flüsterte David laut, schoss zur Ladefläche des Landrovers und öffnete die Heckklappe. »Los, los, los!«

Es gibt nichts, was einen mehr erstarren lässt, als zu nah an einem riesigen Elefant zu sein, der plötzlich ein gewisses Interesse an einem entwickelt. Die Ranger, zwei vor dem Wagen, zwei auf der Ladeklappe, zogen und schoben verzweifelt das Baby, um es von der Ladefläche zu bekommen, bevor Nana ankam.

Dann die Katastrophe – das Baby schrie laut auf und Nana verdoppelte ihre Geschwindigkeit. Dann schrie es noch einmal. »Sie kommen! Alle!«, rief David. »Beeilt euch, los!«

Ein hundert Kilo schweres widerwilliges Elefantenbaby in Rekordzeit von der Ladefläche zu bekommen, ist kein Klacks. Als Nana schon in unmittelbarer Nähe war, schoben sie den Kleinen von der Ladefläche auf den Boden und halfen ihm auf seine Füße. Danach gab es ein wildes Durcheinander, denn die Ranger sprangen auf die Ladefläche und krallten sich fest, wo sie nur konnten, während David Vollgas gab. Er fuhr eine weite Schleife, sodass sie nun direkt von vorn auf das Kleine sehen konnten, das mittlerweile aus Leibeskräften schrie.

Kaum war Nana bei dem verstörten Baby angekommen, beschnüffelte sie es und streichelte es mit ihrem Rüssel. Dann stützte sie es mit ihren riesigen Beinen und ließ ein lautes Gurgeln aus dem Rumpf erklingen.

Nun war auch der Rest der Herde näher gekommen. Die Wildhüter sahen, wie eines der Weibchen sich von den anderen löste und auf den Kleinen zurannte.

»Das ist die Mutter!«, sagte David. »Jetzt sehen wir mal, was passiert.«

Die Mutter kam näher und beschnüffelte jeden Zentimeter am Körper ihres Babys, als könne sie einfach nicht glauben, was gerade geschah. Dann drängte sie Nana ab und stellte sich über den Kleinen, der sofort eine Zitze fand und zu saugen anfing.

Der Rest der Herde kam, und auch die älteren Weibchen berührten und beschnüffelten den kleinen Elefanten, der nun eine geballte Ladung Zuneigung abbekam. Es war ein wundervoller Anblick. Die Wildhüter brachen in lauten Jubel aus.

Dann aber tat Nana etwas Ungewöhnliches. Sie drehte sich langsam zum Landrover um und blieb unbeweglich stehen, den Blick lange Zeit auf seine Insassen gerichtet. Erst dann drehte sie sich wieder zu Mutter und Kind um.

David erzählte mir später, er hätte keinerlei Zweifel daran, dass Nana genau wusste, was passiert war. Und dass sie ihnen dankte.

Aber warum war das Baby überhaupt verlassen worden? Angesichts des liebevollen Willkommensgrußes von Nana, der Mutter und dem Rest der Herde war wohl kaum anzunehmen, dass sie den Kleinen absichtlich zurückgewiesen hatten. Was also war geschehen?

Ich glaube, es war so: Sehr selten kommen Elefantenbabys als Totgeburt zur Welt. Dieses hat sich vielleicht unmittelbar nach der Geburt nicht bewegt. Schließlich zog die Herde wohl weiter, weil sie das Kleine für tot hielt.

Wunderbarerweise war es das nicht. Eine andere Erklärung ist fast nicht möglich.

17

»Also«, sagte ich zu Jason, Dylan und Grant, als ich in Durban ankam. »Die Rettungsaktion ist abgesagt. Diese blöden Bürohengste in Kinshasa haben's vermasselt.«

Alle schüttelten verständnislos den Kopf.

»Das Problem ist, dass bei dem Treffen in Kinshasa einige der größten Naturschutzorganisationen der Welt dabei waren. Und diese werden ihren Standpunkt verteidigen«, meinte Grant.

»Ich habe überhaupt kein Interesse an ihrem Standpunkt«, meinte Dylan. »Ich denke aus der Perspektive der Nashörner. Sie sind intelligent genug, um zu wissen, was los ist. Menschen kommen immer wieder aus dem Nichts und mit ihnen Explosionen, Angst und Chaos. Jedes Mal sterben dabei Nashörner. Die Überlebenden haben vermutlich Hunderte ihrer Genossen sterben sehen. Die sind vermutlich total gestresst.«

»Ihrer Genossen?«, hakte Grant amüsiert nach. »Machen wir sie da nicht ein bisschen anthropomorph?«

Ich weiß noch, dass Brendan diesen Begriff benutzte – »menschenähnlich«.

»Jeder, der nicht glauben kann, dass Tiere ihre Familie und ihre Freunde kennen und sich um sie kümmern, glaubt vermutlich auch, die Erde sei eine Scheibe. Oder die Sonne drehe sich um die Erde«, erwiderte Dylan geringschätzig. »Ich meine, wie ahnungslos kann man denn sein? Wieso gibt es immer noch Leute, die glauben, dass Tiere keine Gefühle haben? Sie sind lebendig, und Emotionen sind unsere Reaktion auf das Leben. Ich habe Warzenschweine gesehen, die klüger und verantwortungsbewusster sind als so mancher Mensch, den ich kenne. Und dazu noch viel bessere Eltern.«

Ich wechselte das Thema, weil ich eine Ankündigung machen wollte. Diese war der eigentliche Grund, weshalb ich das Treffen einberufen hatte. »Ich habe mit JP gesprochen. Wir sind einer Meinung, dass das größte Risiko für das Nördliche Breitmaulnashorn die LRA im Garamba-Nationalpark ist. Vor ihr fürchten sich die Ranger, und das hindert sie daran, effektiv auf Patrouille zu gehen.«

»Neben der Bürokratie natürlich«, fügte Dylan hinzu.

»JP meint außerdem, dass Garamba leichte Beute sein wird, wenn die Friedensgespräche zwischen der LRA und der Regierung von Uganda scheitern. Und JP meint auch, das wird unweigerlich der Fall sein«, ergänzte Jason. »Ich habe erst heute wieder mit ihm geredet und er ist sehr pessimistisch. Seiner Ansicht nach ist es nur eine Frage der Zeit, dass das größte Camp in Garamba angegriffen wird. Und damit meint er einen kompletten militärischen Angriff.«

Die anderen nickten.

»Was aber, wenn wir dieses Risiko beseitigen oder zumindest reduzieren könnten?«, fragte ich. »Wenn wir die LRA dazu bringen würden, sich zurückzuziehen? Die Ranger in Garamba und ihr Camp zufrieden zu lassen? Dann hätten wir zumindest ansatzweise die Chance, das Nashorn vor der Ausrottung zu bewahren.«

»Und wie sollen wir das bitte anstellen?«, schnaubte Jason. »In den kongolesischen Dschungel marschieren, Joseph Kony und Vincent Otti finden, zwei der meistgesuchten Terroristen des Internationalen Strafgerichtshofs, und sie freundlich bitten, ob sie vielleicht so nett wären, keine Leute mehr umzubringen und aufzuhören allen Angst einzujagen?«

Er hielt inne und musterte mich merkwürdig.

»Ich glaub's einfach nicht!«, rief er aus. »Das ist genau, was du vorhast, oder? Du bist doch komplett verrückt. Jetzt hast du echt dein letztes bisschen Verstand verloren.«

Aber Jason hatte recht. Er hatte den Nagel auf den Kopf getroffen – ich plante Gespräche mit der Lord's Resistance Army. Zumindest würde ich es versuchen.

»Alles fängt mit einem Plan an«, erklärte ich. »Und welche Alternative haben wir denn? In Kinshasa interessiert sich kein Mensch für uns, und ich glaube allmählich, so wie da der Laden läuft, werden die wild lebenden Nashörner am Ende ausgerottet.«

Diese ungreifbare und viel geschmähte Terrororganisation zu kontaktieren, zumindest den politischen Flügel, stellte sich als einfacher heraus, als ich erwartet hatte.

Ich rief Julie Laurenz an, die mich überhaupt erst auf das Problem mit dem Nördlichen Breitmaulnashorn aufmerksam gemacht hatte, und bat sie um Hilfe. Julie geht, nur mit Kameras und Mut bewaffnet, überall dorthin, wo andere keinen Schritt hintun würden. Sie sagte augenblicklich zu.

»Lassen Sie mich ein paar Nachforschungen anstellen«, meinte sie. »Ich habe schon mal mit jemandem gearbeitet, der uns vielleicht helfen kann. Ich rufe Sie zurück.«

Einen Tag später kam ihr Anruf.

»Gute Neuigkeiten«, sagte sie. »Wir haben einen Kontakt. Sein Name ist Frank Nyakairu, ein Reporter aus Uganda, der seit Jahren über die LRA schreibt.«

Die Friedensgespräche zwischen der LRA und der Regierung Ugandas hatten Mitte Juli 2006 in Dschuba ihren Anfang genommen, der heruntergekommenen Hauptstadt des Südsudans. Dort lebte Frank, und er würde uns helfen, unter der Bedingung, dass wir sofort anreisten.

Ich beendete das Gespräch und buchte sofort Flüge nach Dschuba über Nairobi in Kenia – für Julie, mich und ihren Mann Christopher.

Am nächsten Tag flogen wir von Durban nach Johannesburg, wo wir zum ersten Mal Pech hatten: Die Zollbehörde in Johannesburg wollte Julie und Christopher ohne sudanesische Visa nicht an Bord lassen. Man bestand darauf, dass die beiden Visa aus Khartum vorlegten, der Hauptstadt des Sudan. Und das war unmöglich. Khartum lag tief im muslimischen Norden, wo seit Jahren ein erbitterter Bürgerkrieg gegen den christlichen Süden geführt wurde. Es würde nicht nur ewig dauern, Visa aus Khartum anzufordern, wir würden damit in Dschuba vermutlich auch Schwierigkeiten bekommen. Mehr jedenfalls als ohne Visa.

Ich hatte auch kein Visum, doch aus einem mir schleierhaften Grund hatten die Zollbeamten kein Problem damit, mich an Bord zu lassen. Erschwerend kam hinzu, dass der Flughafen einen Stromausfall hatte. Kein einziger Geld- oder Geldwechselautomat funktionierte. Ich hatte also nicht nur meine Reisegefährten verloren, sondern auch kein Bargeld. Und im Großteil Afrikas, wo Kreditkarten gar nichts nützten, sind US-Dollar überlebenswichtig.

Das alles ging mir gehörig auf die Nerven und so wandte ich mich an die Fluggesellschaft und sagte den Leuten, sie wüssten genauso gut wie ich, dass es schlicht unmöglich war, ein Visum für die Reise in den Südsudan zu bekommen. Und das sei außerdem gar nicht das Problem von Südafrika, denn wir würden ja über Nairobi in den Sudan einreisen. Am Ende gaben sie nach – und im selben Moment gab es auch wieder Strom. Wir schossen auf die Geldautomaten zu und konnten uns eine Handvoll lebenswichtiger Dollarnoten sichern, bevor die Gates geschlossen wurden.

Fünf Stunden später hatten wir in Nairobi exakt die gleichen Scherereien. Die kenianischen Zollbeamten standen ihren südafrikanischen Kollegen in nichts nach. Sie weigerten sich, uns ohne Visum ins Flugzeug nach Dschuba zu lassen. Ich kehrte alle paar Minuten an den Schalter zurück und quatschte die Beamten unermüdlich zu. Ich glaube, am Ende hatten sie es einfach satt und ließen uns passieren.

Ein paar Stunden später, nachdem wir nach Nordwesten über die weite, offene Buschlandschaft geflogen waren, ohne auch nur das kleinste Anzeichen von menschlicher Besiedelung zu entdecken, landeten wir schließlich am Flughafen von Dschuba – mit einem mulmigen Gefühl im Bauch, schließlich hatten wir keine Visa. Ironischerweise, nachdem wir mit Zähnen und Klauen darum gekämpft hatten, ohne diese reisen zu dürfen.

In den chaotischen Städten Afrikas gibt es zwei Regeln. Erstens: Nur Bares ist Wahres. Zweitens: Das Bargeld musste aus Dollarnoten neuesten Datums bestehen, denn die alten Scheine waren zu oft Fälschungen! Sobald wir die Ankunftshalle erreichten, ein ganz gut in Schuss gehaltenes weiß gestrichenes Gebäude, wusste ich, was zu tun war. Inmitten der Menge an Passagieren, die darauf warteten, ihre Pässe gestempelt zu bekommen, stand ein knallhart aussehender Typ in Militäruniform mit schicker Sonnenbrille und einer AK-47. Ich steuerte auf ihn zu.

»Entschuldigen Sie«, sagte ich ruhig und hielt meine Brieftasche in der Hand. »Könnte ich Sie mal unter vier Augen sprechen?«

Er musterte mich verächtlich von oben bis unten. Dann bemerkte er die Brieftasche. Er nickte und ich folgte ihm in einen kleinen Raum am seitlichen Ende der Halle. Zweihundert Dollar wanderten in seine Tasche. Einen Augenblick später waren unsere Pässe gestempelt. Wir waren durch, ohne weitere Fragen.

Für weitere hundert Dollar fanden wir ein Taxi, das uns die kurze Strecke ins Stadtzentrum mitnahm. Wobei »Stadt« hier vielleicht die falsche Bezeichnung ist. Gebäude, die seit ihrer Errichtung Anfang des zwanzigsten Jahrhunderts keinen Strich Farbe mehr gesehen hatten, trotzten der Schwerkraft und standen aus unerfindlichen Gründen immer noch, während Kühe mit langen Hörnern durch die abfallübersäten Straßen streiften. Eine wunderbar widerspenstige, buntscheckige Kuh weigerte sich, uns aus dem Weg zu gehen. Man musste wohl einheimisch oder ein Langhornrind sein, um die geheimnisvollen Verkehrsregeln hier zu begreifen.

Dschuba hat etwas Geheimnisvolles, zutiefst Verstörendes an sich. Das liegt wohl daran, dass es wirkt wie eine verlorene Stadt, abgekoppelt von der Welt, zum einen durch seine Entfernung, zum anderen durch seine Besonderheiten. Es ist ein Ort, an dem das Militär das Sagen hat, und ein Leben ist hier wenig wert. Hier kann alles geschehen, und das tut es auch. Ich holte ganz automatisch meine Brieftasche aus der Hosentasche und steckte sie in eine Reißverschlusstasche an der Innenseite meiner Buschjacke. Ich bewegte die Zehen und vergewisserte mich, dass die je fünfhundert Dollar, die ich für Notfälle in den Socken versteckt hatte, noch da waren. Und ich hätte mich sehr viel wohler gefühlt, wenn ich wenigstens eine kleine Pistole bei mir gehabt hätte.

Dschuba ist auch die Schlaglochhauptstadt der Welt. Wir hatten einige dieser Monster glücklich hinter uns gebracht, als wir schließlich auf die Mutter aller Schlaglöcher stießen, einen Krater, der tiefer war als das Taxi hoch. Der Fahrer warf uns einen Seitenblick zu, dann steuerte er das alte Fahrzeug mitten hinein in den Abgrund, während wir uns verzweifelt an die Haltegriffe klammerten. Schließlich erreichten wir den Grund und rollten über die zerfurchte Erde, die ihrerseits wieder Schlaglöcher aufwies, bis ans andere Ende. Dort ließ der Mann dann den Motor aufheulen und wir rasten regelrecht zurück ins Sonnenlicht und wieder hinauf auf die Straße.

Unser Taxifahrer erzählte, dass die Friedensgespräche zwischen Uganda und der LRA im Juba Raha Hotel stattfanden. Natürlich war es komplett ausgebucht. Doch er kannte ein Hotel ganz in der Nähe und würde uns dorthin bringen.

Er setzte uns vor einem Gebäude ab, auf dem die Aufschrift »Hotel« prangte. Diese Bezeichnung war mehr als unzutreffend, denn es handelte sich um ein sehr einfaches Gebäude, in dem wir zweihundert Dollar für ein winziges Zimmer bezahlten. Aufgrund der Bürgerkriege im Sudan und in Uganda ist Dschuba der Dreh- und Angelpunkt verschiedener UN-Aktivitäten, und die Leute vor Ort hoben die Preise an, sobald sie glaubten, internationale Bürokraten mit dicker Brieftasche vor sich zu haben. Als ich mich über den offenen Abwasserkanal beschwerte, der direkt vor meinem Zimmer verlief, zuckte der Empfangschef nur gleichgültig mit den Schultern. Vielleicht würde er ja morgen repariert. Mehr bekam ich nicht aus ihm heraus.

Wir stellten also unser Gepäck ab und das Taxi brachte uns zum Juba Raha Hotel. Schwer bewaffnete Soldaten flankierten den Eingang. Rundherum wurde mit Maschinengewehren patrouilliert. Und vermutlich waren auf den Dächern der umliegenden Gebäude Scharfschützen positioniert. Die LRA war in der Stadt, und niemand wollte ein Risiko eingehen, vor allem, weil Joseph Kony vor nicht allzu langer Zeit noch in Dschuba gelebt hatte.

Wir gaben uns mithilfe von Julies und Christophers Kameras und Visitenkarten als Fernsehteam aus und schafften es so ins Hotel hinein. Drinnen trafen wir auf Frank Nyakairu, den Journalisten aus Uganda, der uns auf eine weitläufige Terrasse mit Plastik-Gartenstühlen führte. In der Ecke gab es eine verfallene Bar, an dem Fast Food verkauft wurde. Offensichtlich gab es bei den Gesprächen gerade eine Pause, denn die Terrasse war mit gut gekleideten Delegierten und Beamten gefüllt, die in Grüppchen zusammenstanden und über die Beratungen am Nachmittag diskutierten.

»Wartet hier«, meinte Frank, nachdem wir einen Snack bestellt hatten. »Ich schaue mal, ob ich jemanden von der LRA finde.«

Ich beobachtete die Terrasse über den Rand meines Sandwiches und war aufgeregt bei dem Gedanken, dass ich endlich am selben Ort wie die Lord's Resistance Army war und vielleicht gleich einige Vertreter dieser erschreckenden und kontroversen Gruppierung kennenlernen würde.

Zehn Minuten später kam Frank zurück. Er hatte leider keine guten Nachrichten. »Die Delegation der LRA ist noch drinnen. Ich habe mit ihnen geredet, aber ich fürchte, sie wollen mit niemandem sprechen.«

Julie und ich sahen uns an.

»Es tut mir leid, aber sie sind wirklich höchst misstrauisch gegenüber allem und jedem. Ich versuche heute Abend nochmal, mit ihnen zu sprechen. Treffen wir uns doch morgen gegen neun Uhr wieder hier, dann schauen wir, was sich machen lässt.«

Am nächsten Morgen waren wir wie vereinbart wieder im Hotel, aber leider hatte Frank keine Zeit für uns. Also setzten wir uns an einen Tisch, von dem aus wir alles im Blick hatten, und warteten.

Schließlich gab es wieder eine Pause. Ich fragte einen Vorübergehenden, ob er möglichweise wüsste, wo die LRA-Delegation war. Er zeigte auf eine Gruppe Menschen auf der anderen Seite des Gartens. Mein Herz fing an, schneller zu schlagen. Da standen sie nun, direkt vor mir.

Ich nahm einen tiefen Atemzug, dann trat ich auf sie zu und stellte mich dem Mann vor, der der Anführer zu sein schien. Er ignorierte mich einfach. Unglaublich. Er sah mich nicht mal an, sondern starrte nur weiter vor sich hin. Abgesehen von der Tatsache, dass die Gruppe aufhörte, sich zu unterhalten, zeigte keiner auch nur die leiseste Reaktion auf meine Anwesenheit.

Also versuchte ich es wieder. Wieder ergebnislos. Kein Schimmer einer Reaktion. Und das war's.

Es gibt nichts Schlimmeres, als durch Schweigen zurückgewiesen zu werden, also setzte ich mich allein an einen Tisch und überlegte, was ich sonst noch tun konnte. Meine Alternativen schienen begrenzt. Ins nächste Flugzeug zu steigen, um diese Hölle zu verlassen, schien im Moment am verlockendsten. Unterm Strich sah es bis jetzt aus wie folgt: Wir mussten uns mit Schmiergeldern ins Land schmuggeln. Die Leute, die wir sehen wollten, hatten kein Interesse, mit uns zu reden. Und unsere Unterkunft als Absteige zu bezeichnen, hätte allen Absteigen dieser Welt Unrecht getan.

Etwa dreißig lange Minuten später kam ein gut angezogener, würdevoller Gentleman auf mich zu. Das Erste, was mich beeindruckte, waren seine großen, klugen Augen. Er lächelte mich voller Wärme an, dann fragte er mit einem tiefen, überaus kultivierten kenianischen Akzent, ob er sich setzen dürfe.

»Natürlich«, antwortete ich, neugierig geworden. Ich bot ihm einen Stuhl an.

Er streckte die Hand aus. »Mein Name ist Professor Medo Misama. Ich gehöre zu den Vermittlern bei den Friedensgesprächen.« Er reichte mir seine Visitenkarte.

Das fand ich nun äußerst spannend. Wenn er zu den Vermittlern gehörte, musste er die LRA-Delegation kennen.

»Bitte verzeihen Sie meine schlechten Manieren«, sagte er auf diese umwerfend höfliche Weise, die Afrikaner gegenüber Fremden an den Tag legen, »aber ich habe mich gefragt, warum ein Weißer hier so ruhig an seinem Tisch sitzt. Sie sind schon den ganzen Tag hier, und ich fürchte, dass einige der Delegierten anfangen, Fragen zu stellen.«

Wobei mit den »Delegierten« hier vermutlich die Vertreter der LRA gemeint waren.

»Manche Dinge sind es wert, auf sie zu warten«, entgegnete ich lächelnd. »Und seltsamerweise könnten Sie genau der Mensch sein, auf den ich gewartet habe.«

»Nun, das ist allerdings interessant«, meinte er und beugte sich vor. Offensichtlich hatte ich ihn neugierig gemacht. »Bitte sagen Sie mir, inwiefern ich Ihnen helfen kann.«

»Ich nehme an, Sie kennen die LRA-Delegation?«

»Recht gut. Ich habe seit dem Beginn der Konferenz jeden Tag mit den Leuten gearbeitet.«

»Und Ihnen als Vermittler hören die Delegierten vermutlich auch zu?«

Er lachte. »Ich glaube schon. Warum?«

Ich beschloss, ihm reinen Wein einzuschenken. Manchmal braucht man im Leben einfach ein Quäntchen Glück, und ich würde nicht lange zaudern, wo es doch so bereitwillig an meinen Tisch gekommen war. Ich sagte ihm also, wer ich war, woher ich kam und warum ich hier war. Ich schilderte ihm kurz die Geschichte des Nördlichen Breitmaulnashorns und die aktuelle Krise im Garamba-Nationalpark.

Ich erzählte, dass die Art kurz vor dem Aussterben stand, weil die Anwesenheit der LRA in Garamba den Wachen so viel Angst einjagte, dass sie ihre Pflichten nicht mehr erfüllten. Die Lage war verzweifelt, und die Tiere würden aussterben, falls ich keinen Deal mit der LRA eingehen könnte. Ich sagte dem Professor, dass ich die LRA überzeugen musste, das Nashorn zu schützen und die Wachen bzw. das Hauptlager nicht anzugreifen. Denn meiner Ansicht nach könne das durchaus passieren, wenn die Friedensgespräche abgebrochen wurden.

»Von allem anderen mal abgesehen«, sagte ich, um meine Stegreifpräsentation abzuschließen, »sind die Leute der LRA doch Ugander, und die Nashörner sind ihr Naturerbe.«

Professor Misama hörte geduldig zu, stellte Fragen und wies da und dort auf einzelne Punkte hin. Als ich geendet hatte, dachte er eine Weile nach, dann antwortete er: »Das ist sicher eine einzigartige und unübliche Anfrage. Sie hat mit dem Zweck der Verhandlungen hier nichts zu tun, ist aber trotzdem wichtig.

Ich muss jetzt zurück zu den Besprechungen, aber bitte bleiben Sie doch hier. Ich werde sehen, was ich tun kann.«

Er stand auf und zögerte kurz. »Ich habe ein großes Interesse an der Natur, schon seit ich ein Kind war. Was Sie mir gesagt haben, bereitet mir tiefe Sorge. Ich werde mein Bestes tun, um Ihre Angelegenheit der LRA vorzutragen.«

»Danke«, antwortete ich. »Ich bleibe auf jeden Fall hier.«

Es war später Abend, als Professor Misama lächelnd auf mich zukam. »Gute Neuigkeiten«, meinte er, nachdem ich ihn Julie und Christopher vorgestellt hatte. »Ich habe mich mit dem Führer der LRA-Delegation getroffen, und er wird jetzt mit Ihnen sprechen. Bitte folgen Sie mir.«

Endlich ein Durchbruch!

Er brachte mich zu der Delegation, die mich vorher so eiskalt übersehen hatte. Dann bat er einen der Männer beiseite.

»Darf ich vorstellen«, sagte er förmlich. »Das ist Mr Lawrence Anthony, der Naturschützer aus Südafrika, von dem ich Ihnen erzählt habe. Mr Anthony, dies ist Mr Martin Ojul, der Führer der Delegation der Lord's Resistance Army bei den Dschuba-Friedensgesprächen.«

Wir gaben uns die Hand.

Martin Ojul war ein kleiner, stämmiger Mann mit rundem Gesicht. Trotz seiner förmlichen Haltung fand ich, dass er mehr nach nettem Onkel aussah als nach dem politischen Führer einer grausamen Rebellenarmee. Später erfuhr ich, dass Ojul, Geschäftsmann aus Uganda, der in Nairobi lebte, das Vertrauen des militärischen Flügels gewonnen hatte und für die Friedensgespräche zum Delegationsleiter ernannt worden war.

»Ja, ich habe von Ihnen gehört«, sagte Ojul mit starkem Uganda-Akzent. »Sie interessieren sich für Nashörner?«

»Das ist richtig«, antwortete ich. »Ich habe hier ein Problem von internationaler Tragweite, und ich glaube, dass Sie helfen können.«

»Was könnten wir da wohl tun?«

»Ich wäre sehr dankbar, wenn ich unser Projekt kurz vor Ihrer Delegation präsentieren dürfte, wenn das möglich ist. Ich glaube, es wird auch zu Ihrem Vorteil sein, wenn Sie meinen Vorschlag anhören.«

»Das ist in Ordnung«, sagte er, ohne zu zögern. »Kommen Sie morgen Vormittag um zehn Uhr ins Juba Bridge Hotel. Dann können Sie Ihre Präsentation halten.«

Damit drehte er sich um und kehrte zu seinen Leuten zurück. Mein Herz machte einen wilden Sprung. Professor Misama hatte gute Arbeit geleistet. Endlich war das Treffen in Sicht, für das ich von so weit hergekommen war.

Als ich wieder an unseren Tisch zurückkehrte, waren auch Frank, Christopher und Julie da. Ich stellte sie dem Professor vor und berichtete, was gerade passiert war.

»Das ist ja großartig!«, meinte Julie. »Dieses Treffen müssen wir filmen, wenn es geht.«

»Ich weiß nicht, ob das möglich sein wird«, entgegnete Professor Misama. »Vielleicht wäre es besser abzuwarten, ob Fortschritte erzielt werden, und erst dann um eine Drehgenehmigung zu bitten. Diese Organisation ist höchst argwöhnisch. Die verdächtigen jeden.«

»Kein Problem«, meinte Julie mit einem Lächeln. »Freunden wir uns also zuerst mit den Leuten an.«

»Anfreunden?«, sagte Frank und riss die Augen auf. »Du kannst dich nicht mit der LRA anfreunden. Die trauen wirklich absolut niemandem. Ihr müsst wirklich sehr vorsichtig sein. Besteht darauf, dass das Treffen hier in diesem Hotel stattfindet. Ihr dürft nicht einfach ins Juba Bridge Hotel gehen, wie sie vorgeschlagen haben. Das liegt außerhalb der Stadt und ist alles andere als sicher.«

»Aber ich treffe dort die ganze Delegation«, sagte ich. »Was können die schon mit uns machen?«

»Was sie machen können? Einfach alles – das ist die LRA. Glaubt ihr denn tatsächlich, die Delegation ist allein angereist? Mit Sicherheit nicht. Die ganze Stadt wimmelt von LRA-Mitgliedern, harte Männer aus dem Busch, die undercover in Dschuba sind, um die Delegation zu schützen und Informationen zu sammeln. Als Westler habt ihr euren Preis. Ihr könnt gekidnappt oder getötet werden und niemand wird auch nur nach euch fragen. Das hier ist nicht Südafrika.«

Nach weiteren Debatten über die möglichen Risiken kehrten Professor Misama und Frank wieder zu ihren Verhandlungen zurück. Diese dauerten noch bis weit in die Nacht an.

Julie und ich sahen uns an.

»Das ist eine einmalige Chance. Wenn wir versuchen, einen anderen Treffpunkt zu vereinbaren, sagen sie das Treffen vielleicht ab«, meinte ich. »Ich muss einfach dorthin.«

»Ich bin deiner Meinung«, antwortete Julie. »Und ich komme mit.«

18

Am nächsten Morgen nahmen Julie, Christopher und ich ein Taxi zum Juba Bridge Hotel, reichlich angespannt vor Erwartung und Sorge um unsere Sicherheit. Es handelte sich eher um eine Art Motel, dessen einzelne Gebäude über das ganze Grundstück verteilt lagen. Außer da und dort einem Hotelangestellten konnten wir niemanden entdecken. Das Ding schien menschenleer zu sein.

Nach einer kurzen, erfolglosen Suche nach den Mitgliedern der Delegation marschierten wir an ein paar Zimmern vorbei und fanden uns plötzlich an einem kilometerbreiten Fluss wieder. Ich guckte zuerst verständnislos, bis mir einfiel, dass wir an den Ufern des Nils standen.

Der Anblick war umwerfend. Einen Augenblick lang hatten wir die LRA vergessen. Das Flussufer erstreckte sich direkt zu unseren Füßen, der Fluss strömte majestätisch an uns vorüber. In der Mitte waren ein paar Inseln zu erkennen, von denen einige nicht mehr als Schilf- und Sandbänke waren. Auch mitten im Fluss trieben riesige Schilfflöße, die der mächtige Nil bei den jüngsten Überschwemmungen irgendwo mitgerissen hatte. Rostig braune Rohrkolben standen wie Flaschenbürsten auf dünnen grünen Stielen und schwankten im Wind. Dieser symbolträchtige, uralte Fluss war so beeindruckend, dass ich es schon als Ehre empfand, an seinen Ufern stehen zu dürfen. Mit einem Boot und einigen Vorräten könnte ich hier losfahren und würde nach Tausenden Kilometern in Ägypten ankommen und dort ins Mittelmeer gespült werden.

Ich weiß noch, dass ich dachte, der Fluss sei viel zu majestätisch, um durch eine halb verfallene Stadt wie diese zu fließen.

Der Gedanke hatte etwas Prophetisches. Etwa fünfzig Meter entfernt wuschen ein paar Frauen an einem Felsen Wäsche. Wir näherten uns ihnen, da ich immer versuche, egal wo ich bin, Kontakt zur einheimischen Bevölkerung aufzunehmen. Gewöhnlich ist das recht nützlich.

In diesem Fall aber nicht. Ich war ungefähr noch zwanzig Meter von den Frauen entfernt, als ich ihnen einen Gruß zurief. Ohne jede Warnung bückte sich eine von ihnen nach einem Stein und warf ihn nach mir. Ich konnte mich gerade noch ducken. Dann griff eine andere nach einem Stein – eher einem Gesteinsbrocken – und warf ihn, dann die nächste. Am Ende regnete es Steine. Wir entgingen der ersten Salve und rannten zurück zum Hotel. Ich glaube ja nicht an Vorzeichen und so etwas, aber das war sicher kein gutes Omen.

Zurück im Hotel suchte ich zwischen den Gebäuden nach jemandem, den ich ansprechen konnte. Ich entdeckte eine Frau, die auf einem staubigen Weg auf einem irgendwie unpassend wirkenden Bürostuhl saß und in einigen Papieren las. Sie hatte eine schicke blaue Bluse an und trug ein langes weißes Kleid. Ihr Haar war fein säuberlich in der Mitte gescheitelt, und sie wirkte sehr würdevoll. Also ging ich auf sie zu und fragte:

»Verzeihung, ich frage mich, ob Sie mir wohl helfen könnten. Ich habe ein Treffen mit der Delegation der Lord's Resistance Army.«

Sie warf mir einen scharfen Blick zu. »Wer sind Sie?« Der drohende Tonfall war nicht zu überhören.

»Mein Name ist Lawrence Anthony. Ich komme aus Südafrika und bin für ein Naturschutzprojekt hier.«

Sie stand auf und schäumte förmlich vor Aggression. In ihren Augen flackerte der Zorn, als hätte ich ein Zündholz angezündet.

»Sie sind also der Anthony, der der Welt vorlügt, die LRA würde die Nashörner töten! Und Sie wagen es hierherzukommen, um uns so etwas zu erzählen!«

Das hat mich definitiv auf dem falschen Fuß erwischt. Solch einen Empfang hatte ich nicht erwartet.

»Das muss ein Irrtum sein«, sagte ich so höflich, wie ich nur konnte. Ich beschuldige schließlich niemanden. Ich wollte nur mit der LRA über das sprechen, was in Garamba passierte.

Sie starrte mich an. Ihr Zorn loderte so glühend, dass ich meinte, neben einem Ofen zu stehen. So kurz und knapp wie möglich schilderte ich ihr meine Sicht der Dinge. Wir mussten die letzten Nashörner in Garamba retten, denn die Lage war verzweifelt. Ich unterstrich einmal mehr, dass ich hier war, um die LRA um Hilfe zu bitten. Falls ich sie irgendeines Verbrechens beschuldigen wollte, würde ich doch niemals hierherkommen, um sie auf ihrem eigenem Gebiet mit diesem Vorwurf zu konfrontieren. Ich betonte auch, dass ich keinerlei politisches Manöver plante. Mir gehe es einfach nur um den Naturschutz.

Schließlich gab sie nach und hörte mir zu.

»Wir haben Sie erwartet und ich werde nun grünes Licht für das Meeting geben. Seien Sie in einer Stunde beim Acholi-Mangobaum am Fluss.«

Erst danach stellte sie sich als Josephine Apira vor, stellvertretende Leiterin der LRA-Friedensdelegation. Ich fand später heraus, dass sie vor Musevenis Regime geflohen war und in London lebte. Sie gehörte zu den vom ugandischen Führer vertriebenen Intellektuellen.

Ich musste diesen Glücksfall unbedingt nutzen. Allerdings war mir nicht klar, was sie mit dem »Acholi-Mangobaum« meinte. Da es nur einen Mangobaum gab, der unter der Vegetation am Niluferhervorstach, wartete ich dort. Die Acholi waren der Stamm der LRA, der Stamm von Joseph Kony und Vincent Otti.

Die Delegation kam eine Stunde später, sieben Teilnehmer, angeführt von Martin Ojul. Und ihre Körpersprache schien keineswegs negativ. Angespannt vielleicht, aber nicht feindselig.

Mir fiel jedenfalls auf, dass Josephine nun etwas freundlicher gestimmt war. Und offensichtlich hatte sie vor dieser Begegnung mit den anderen Delegationsmitgliedern gesprochen.

Professor Medo Misama stieß zu uns und wir setzten uns alle. Nach einer kurzen Vorstellung durch Professor Misama erklärte ich, warum ich hier war, warum ich den langen Weg von Südafrika hergekommen war, um mit der LRA über die letzten Nashörner zu sprechen. Ich berichtete Schritt für Schritt alles, was ich darüber wusste, ohne zu dramatisch zu werden. Die Fakten sprachen ohnehin für sich selbst. Ich erklärte, dass die Anwesenheit der LRA-Kämpfer im Garamba-Nationalpark der wichtigste Faktor war, der die Überlebenschancen der Nashörner beeinträchtigte, und dass die ganze Art aussterben würde, wenn sie uns nicht helfen würden.

Als ich zu Ende gesprochen hatte, sagte einer der Delegierten: »Wir sind überrascht von dem, was Sie uns hier erzählen. Wir hatten gedacht, es gäbe immer noch viele Nashörner. Sie sind doch letztlich überall.«

Ich antwortete auf der Stelle. »Ich fürchte, das ist nicht mehr so. Tatsächlich gibt es fast keine mehr.«

»Was meinen Sie damit? Wir haben doch in Uganda Nashörner in den Nationalparks.«

»Sie meinen das Südliche Breitmaulnashorn, das nach Uganda gebracht wurde, um das Nördliche Breitmaulnashorn zu ersetzen, das zur Zeit von Idi Amin ausgelöscht wurde. Wir denken, dass es nur noch fünfzehn Nördliche Breitmaulnashörner auf der Welt gibt. Nur fünfzehn – maximal –, und sie leben alle in Garamba.«

Ich suchte nach Vergleichen. »Hier in diesem Hotel sitzen mehr Menschen an zwei Tischen, als es auf der ganzen Welt Nördliche Breitmaulnashörner gibt.«

Einen Augenblick lang herrschte Stille. »Woher sollen wir wissen, ob das stimmt?«, hakte einer der Delegierten nach.

»Weil ich keinen Grund habe, Sie anzulügen. Außerdem ist die Tatsache bekannt. Sie finden diese Information auch im Internet. Überall. Mehr gibt es nicht mehr.«

Einen Augenblick lang unterhielten sie sich auf Acholi. Ich glaubte – oder hoffte –, den richtigen Ton getroffen zu haben.

»Es ist aus mit ihnen«, fügte ich hinzu, um diesen Punkt noch einmal zu untermauern. »Das Schicksal dieser Nashörner liegt in Ihren Händen. Wenn Sie uns nicht helfen, werden sie für immer vom Antlitz der Erde verschwinden.«

Die sieben Leute unterhielten sich weiter in ihrer Sprache. Einige schüttelten den Kopf. Dann wandte Martin Ojul sich an mich.

»Das Nashorn ist ein heiliges Totemtier bei einigen Acholi-Clans. Wir essen kein Nashorn und verwenden das Horn nicht. Wir können nicht zulassen, dass es ausstirbt. Aber was können wir tun, um zur Rettung beizutragen?«

»Ich habe vier Vorschläge, die ich Ihnen gerne vortragen würde«, antwortete ich. »Erstens: Ihr militärischer Flügel zieht alle Männer vom Hauptcamp in Garamba ab. Sie haben dort Aufklärungsarbeit betrieben. Sie wissen, dass dort keine Soldaten ausgebildet werden, sondern nur Wildhüter. Das sind keine Kämpfer, Sie müssen sich also keine Sorgen machen.«

»Zweitens bitte ich darum, dass die LRA die Wildhüterpatrouillen nicht angreift.«

»Drittens würde ich darum bitten, dass Sie nicht zulassen, dass Wilderer in Ihrem Gebiet Nashörner töten. Das soll heißen: Ich bitte Sie darum, das Nashorn immer und überall zu schützen, wo Sie darauf stoßen.«

»Und zu guter Letzt bitte ich um Hilfe bei der Sammlung von Informationen über die Nashörner. Dass Ihre Männer im Busch nach den Tieren Ausschau halten und mir berichten, wenn sie welche finden.«

Ich legte eine kurze Pause ein. »Wenn Sie dies tun, werden Sie dazu beitragen, die Art vor der Ausrottung zu schützen.«

Während ich meine vier Bitten vorgetragen hatte, hatte jemand mitgeschrieben. Dann diskutierten die Delegierten wieder in ihrer Sprache. Am Ende wandte Ojul sich mir zu.

»Wir sehen, dass Sie ein Mann der Tiere sind«, sagte er. Die anderen nickten dazu. Im Westen mag das seltsam wirken, in Afrika ist es ein interessantes Kompliment. Es bedeutet, dass man in spiritueller Hinsicht anders ist als andere: dass man irgendwie zum Königreich der Tiere gehört und eben nicht vollständig zur Welt der Menschen. Und ganz wichtig: dass ich keinerlei wie auch immer geartete finanzielle, politische oder militärische Pläne hatte.

»Wir werden mit unseren Kommandeuren im Busch sprechen«, fuhr er fort. »Wir werden sie über Ihre Bitten informieren. Dann treffen wir uns morgen um die gleiche Zeit wieder hier und wir werden Ihnen die Ergebnisse berichten. Danke für Ihr Kommen.«

Nach der Beendigung des Treffens blieben einige Mitglieder der Delegation zurück und plauderten noch ein wenig mit uns. Ich lernte den kompetenten und hochintelligenten Godfrey Ayoo kennen, der für die Pressearbeit zuständig war und in Deutschland lebte. Dann Crispus Ayena, den Anwalt der Delegation, der mit seiner Brille sehr akademisch wirkte. Auch der in Nairobi lebende Obonyo Olwenyh, seines Zeichens Autor und Sprecher von Joseph Kony, blieb noch. Josephine stieß wieder zu uns, und ich gab allen Fotokopien, die Thula Thula und unsere Naturschutzprojekte vorstellten. Ich erzählte von der Rettungsaktion für den Zoo in Bagdad und verteilte Exemplare von meinem Buch darüber: *Babylon's Ark*. Damit wollte ich die Authentizität meiner Bemühungen belegen.

»Ich habe mir Ihre Webseiten angesehen«, meinte Godfrey Ayoo. »Es gibt da noch etwas, das wir gerne mit Ihnen besprechen würden.«

»Wenn ich helfen kann, immer gerne«, antwortete ich. »Möchten Sie jetzt gleich darüber sprechen?«

»Alles zu seiner Zeit«, antwortete er, was mich natürlich gespannt zurückließ.

Christopher, Julie und ich marschierten zum wartenden Taxi zurück, und es brachte uns langsam in unser Hotel zurück. Dort setzten wir uns zusammen und debattierten noch stundenlang über die Ereignisse des Tages. Nach einem kaum genießbaren Abendessen verbrachten wir eine ruhelose Nacht auf unseren buckligen Matratzen, mitten zwischen Moskitos und Käfern. Meine Klimaanlage war ein lautes Ungeheuer und für den kleinen Raum viel zu groß. Ich konnte sie also laufen lassen und unter der dünnen Decke vor mich hin frösteln oder sie abstellen und vor Hitze eingehen. Ich war mir nicht sicher, ob es gut war, in einer merkwürdigen Stadt wie dieser das Fenster offen zu lassen. Und weil ich mich an JPs Malaria erinnerte, hatte ich auch das Moskitonetz ganz eng um mein Bett gewickelt.

Trotz alledem war ich glücklich. Es war ein äußerst ergebnisreicher Tag gewesen. Trotz all der Schwierigkeiten, denen wir ausgesetzt gewesen waren – von einer Beinahesteinigung bis hin zu einem historischen Naturschutzmeeting mit dem politischen Flügel einer terroristischen Vereinigung –, hatten wir endlich Fortschritte erzielt.

19

Am nächsten Morgen teilte man uns mit, dass das Treffen mit der LRA abgesagt worden war.

Die Nachricht wurde von einem grob wirkenden Mann mit schlechten Manieren ins Hotel gebracht, der den Eindruck erweckte, als würde er sich mit einer Maschinenpistole über der Schulter im Busch wohler fühlen als in der Rolle eines Kuriers. Einer von den Undercover-Leuten der LRA, dachte ich. Wir hatten ganz bewusst nicht erwähnt, wo wir abgestiegen waren, aber natürlich wusste die LRA Bescheid.

Da wir nichts Besseres zu tun hatten, schlenderten wir zum Juba Raha Hotel in der Hoffnung, dort Leute von der Delegation zu treffen und sie zu fragen, was denn los sei. Doch es ließ sich niemand blicken.

Ich ging ein wenig spazieren und traf dabei am Hoteleingang zwei ungepflegte Soldaten, die in billigen Plastikstühlen herumhingen und Wache hielten.

»Gib Zigarette«, sagte einer von ihnen und winkte mich unhöflich mit ausgestreckter Hand herbei.

»Aber klar«, sagte ich und marschierte lächelnd hinüber. Ich nahm eine Zigarette aus meinem Päckchen, zündete sie für ihn an und holte noch drei weitere heraus. »Für später.«

»Danke.«

»Wie läuft denn die Konferenz?«, fragte ich, um ein Gespräch anzufangen.

»Die LRA ist da«, sagte er und verzog das Gesicht, während er einen tiefen Zug von seiner geschnorrten Zigarette nahm.

»Wird das Treffen Frieden bringen?«, wollte ich wissen.

»Mit der LRA niemals«, antwortete er. »Die LRA weiß nicht, was Frieden ist.«

»Aber ihre Führer sind doch hier. Und sie alle reden miteinander.«

»Das sind nicht die LRA-Führer«, entgegnete er mit freudlosem Lachen. »Joseph Kony ist nicht hier, Vincent Otti auch nicht. Die Leute da drin haben keine Macht, gar nichts. Es wird keinen Frieden geben.«

Wir redeten noch ein bisschen über Dschuba. Der Mann erzählte mir, dass seine Familie während des zwanzigjährigen Bürgerkriegs zwischen Süd- und Nordsudan schwer gelitten hatte. Außerdem zahle die Armee den Sold oft nicht pünktlich aus, was seinen Leuten zu Hause enorm zu schaffen mache.

Dann geschah etwas total Merkwürdiges. Seine Maschinenpistole, die er auf dem ausgestreckten Bein abgelegt hatte, geriet ins Rutschen und fiel mir vor die Füße. Und der Soldat ließ sie einfach liegen.

»Kennen Sie diese Waffe?«, fragte er und deutete verächtlich auf die AK-47.

»Ja«, antwortete ich. Während der Rettung des Bagdader Zoos hatte mich ein Söldner in ihren Gebrauch eingewiesen, denn es bestand damals durchaus die Gefahr, dass Aufständische uns angriffen.

»Dann heben Sie sie mal auf.«

Ich zögerte.

»Da«, sagte er lachend und hob sie selbst auf, bevor er sie in meine zögerlich ausgestreckten Hände legte. »Prüfen Sie das Magazin.«

»Sind Sie da ganz sicher?«, sagte ich und blickte mich unbehaglich um. In dieser unsicheren Stadt die Maschinenpistole eines Soldaten in der Hand zu halten war mir definitiv nicht geheuer.

»Machen Sie ruhig«, drängte er.

Ich holte das Magazin heraus. Es war leer. Dann kontrollierte ich den Verschluss. Ebenfalls leer.

»Sehen Sie, wie die uns behandeln?«, sagte er, nahm die AK-47 zurück und schob das leere Magazin wieder hinein. »Sie haben heute Morgen vergessen, mir Munition zu geben. Zum Teufel mit denen.«

Ich war entsetzt. Diese unglaublich wichtige Konferenz mit einer Terrorarmee wurde von einem Soldaten bewacht, der keine Kugeln in seiner Waffe hatte. Was war das nur für ein verrückter Ort!

Ein paar Stunden später spürte ein LRA-Bote uns auf der Gartenterrasse des Hotels auf und sagte uns, wir sollten um 15.00 Uhr am Juba Bridge Hotel sein.

Wir besorgten uns ein Taxi, aber die frohgemute Hoffnung des Vortages war geschwunden. Mir schwante Unheil. Ich befürchtete, dass Ojuls Anruf über Satellitentelefon bei den Kommandeuren irgendwo im Busch keinen Erfolg erzielt hatte. Was der Wachmann ohne Kugeln gesagt hatte, war richtig. Ganz egal, was diese Delegation tat, letztlich waren es Kony und Otti, die bestimmten. Sagten sie Nein, dann war es aus und vorbei mit unserer Rettungsaktion und dem Nashorn.

Die LRA-Delegation erwartete uns unter dem Acholi-Mangobaum. Der freundliche Gruß, mit dem man uns willkommen hieß, machte mir sofort wieder Mut. Meine gedrückte Stimmung löste sich in Luft auf. Es musste einfach gute Nachrichten geben.

Und so war es tatsächlich.

Martin Ojul meinte, er hätte gestern General Otti kontaktiert und die Angelegenheit eingehend mit ihm besprochen. Heute Morgen habe der General ihn zurückgerufen und bestätigt, dass Kony und die Kommandeure der LRA meine Bitten erfüllen würden. Sie würden das Nashorn schützen. Einfach so.

Alle standen auf und strahlten. Man schüttelte sich die Hände, gratulierte sich gegenseitig. Das war wirklich ein gewaltiger Durchbruch. Und nicht nur das – die Delegation wollte diese historische Übereinkunft als formelles Dokument in die Friedensverhandlungen mit aufnehmen. Crispus Ayena, der Anwalt, würde die Vereinbarung aufsetzen.

Er trat vor. »Bitte kommen Sie mit, Mr Anthony«, sagte er. »Wir werden uns zusammensetzen und die einzelnen Punkte gemeinsam formulieren.«

Im Wesentlichen besagte der Vertrag – vermutlich der erste dieser Art, der im Laufe eines Krieges je geschlossen worden war –, dass die LRA das Nördliche Breitmaulnashorn schützen würde und die Garamba-Wildhüter und -Mitarbeiter ihre Arbeit machen lassen würde.

Ich wollte außerdem sichergehen, dass der Vertrag auch eine Klausel enthalten würde, dass die LRA sich aus der Region um das Garamba-Camp zurückziehen würde. Crispus Ayena bestätigte mir, dass auch dies zu den gefassten Beschlüssen gehörte.

Da es so gut lief, wollte ich auch noch eine Klausel zum Schutz der Elefanten einfügen. »Tausende sind schon getötet worden«, sagte ich. »Elefanten sind so intelligente Tiere. Wir müssen zumindest dafür sorgen, dass sie wieder ihre alte Anzahl erreichen.«

»Nein«, entgegnete mir Ayena. »Das ist nicht besprochen worden. Dafür haben wir keine Vollmacht.«

Dann fragte ich nach der Kordofan-Giraffe, die – wie ich kurz erklärte – ebenfalls von der Ausrottung bedroht war.

»Die Kordofan-Giraffe wird ebenfalls geschützt.« Dann fügte der Anwalt noch hinzu, dass dies auch für das Okapi gelte.

Das überraschte mich nun doch. Das Okapi ist ein zauberhaftes Tier, das aussieht wie eine Kreuzung zwischen Giraffe und Zebra. Aber es gab in Garamba keine Okapis. Da die LRA aber in drei Staaten operierte, hatte sie vielleicht auch irgendwo Okapis entdeckt. Wer wusste das schon?

»Und was ist mit den anderen Tieren im Nationalpark?«, hakte ich nochmals nach, denn ich würde wohl kaum je wieder die Gelegenheit haben, so einen Vertrag auszuhandeln.

Nein. Die LRA erklärte sich nur bereit, diese drei Arten zu schützen. Das war's.

Obwohl andere stark bedrohte Arten nicht in die Vereinbarung mitaufgenommen wurden, vor allem (zu meinem großen Kummer) der Elefant, nahm ich natürlich, was ich kriegen konnte. Der Spatz in der Hand war mir lieber als die Taube auf dem Dach. In jedem Fall hatten wir ein historisches Abkommen geschlossen, das in den Friedensvertrag mit der Regierung von Uganda integriert werden sollte, falls ein solcher je zustande kam.

Ich kehrte an den Tisch zurück, während Crispus Ayena den Vertrag ausarbeitete.

Dann ergriff Godfrey Ayoo, der die Öffentlichkeitsarbeit für die LRA leitete, das Wort. »Wir haben Ihre Aktivitäten im Internet und Sie selbst einer genauen Prüfung unterzogen. Dafür haben Sie doch sicher Verständnis. Wir mussten schon aus Sicherheitsgründen mehr über Sie wissen.«

»Ja, das verstehe ich«, gab ich zurück.

»Ihre Arbeit in Bagdad hat uns sehr beeindruckt. Vor allem Ihr Vorschlag an die irakische Regierung, nach der Absetzung Saddam Husseins eine Wahrheits- und Versöhnungskommission einzurichten.«

Ich beugte mich vor. Das Gespräch nahm eine völlig unerwartete Wendung. Nach dem Ende der Apartheid in Südafrika war die sogenannte Wahrheits- und Versöhnungskommission geschaffen worden. Über diese Plattform konnten Täter beider Seiten ihre Verbrechen, die im Namen der Apartheit oder der Befreiung begangen wurden, bekennen, und jeder, der wahrheitsgemäß gestand und sich beim Land entschuldigte, wurde freigesprochen. Diese Verfahren, die live im Fernsehen übertragen und von Erzbischof Desmond Tutu geleitet wurden, waren sehr erfolgreich, um die Spannungen zwischen Weißen und Schwarzen beizulegen. Nur so konnte das Land den Weg zu wahrem Frieden finden. Ich hatte auf Einladung der irakischen Interimsregierung bei einer Konferenz in Bagdad die Arbeit dieser Kommission vorgestellt. Das war es offenkundig, was Godfrey im Internet gefunden hatte.

Er deutete auf Ausdrucke von Webseiten, die vor ihm auf dem Tisch lagen. »Wir brauchten eure Wahrheits- und Versöhnungskommission, um die Wunden in unserem Land zu heilen. Aber wir trauen Museveni nicht.« Hier wurde er von höhnischem Lachen der anderen Delegationsmitglieder unterbrochen. »Wir trauen auch den Sudanesen nicht. Wir haben Ihnen mit dem Nashorn geholfen. Würden Sie nun uns helfen, als eine Art Quidproquo?«

Godfreys Intelligenz, die in jedem seiner Beiträge zu unseren Gesprächen deutlich wurde, hatte mich von Anfang an beeindruckt. Dies war ein strategischer Zug der LRA, denn eine solche Kommission würde sowohl ihre beiden Anführer als auch Museveni dazu zwingen, öffentlich ihre Verbrechen zu bekennen. Da jede Seite die andere der schrecklichsten Gräueltaten bezichtigte, würden solche Offenbarungen ein Erdbeben auslösen. Das würde die politische Landschaft in Uganda auf jeden Fall umfassend verändern.

Jetzt wusste ich Bescheid. Das wollte man von mir im Austausch für den Schutz der Nashörner.

»Ich werde gerne helfen, wenn ich kann«, entgegnete ich. »Ich habe ausführliche Informationen über die Kommission und werde Ihnen diese schicken, sobald ich wieder zu Hause bin. Ich habe auch gute Kontakte zu hochrangigen Regierungsbeamten in Südafrika, die ich von Ihrer Anfrage unterrichten werde.«

»Die Südafrikaner haben Einfluss in Afrika ... sie haben die Macht«, meinte Godfrey. »Wenn sie bei der Einrichtung einer

Wahrheits- und Versöhnungskommission helfen, kann diese Pattsituation aufgebrochen werden.«

Am nächsten Tag, dem 21. August, trafen wir uns wieder unter dem Acholi-Mangobaum. Crispus Ayena händigte uns Kopien der Vereinbarung aus, die wir nochmals Punkt für Punkt durchgingen.

»Elefanten«, sagte ich, als wir alles besprochen hatten. »Meine Herren, könnten wir nicht noch die Elefanten in die Liste der geschützten Tierarten aufnehmen? Es sind schon viel zu viele getötet worden. Auch die Elefanten brauchen Ihre Hilfe.«

Die Antwort lautete, dass man das Thema »Elefanten« mit den Führern im Busch nicht besprochen hatte. Jetzt noch einmal nachzuhaken würde die Sache nur verzögern. Man schlug mir vor, die Vereinbarung so zu akzeptieren, wie sie war, und weitere Vorschläge später einzubringen.

Wir unterzeichneten das Abkommen. Julie bekam die Erlaubnis, das Ganze zu filmen, und Christopher machte Fotos von uns und der LRA-Delegation, wie wir mit dem unterzeichneten Vertrag an den Ufern des Nils standen. Ich hatte gerade das vermutlich wichtigste Dokument meines Lebens unterzeichnet, ein Abkommen mit einer Krieg führenden Partei zum Schutz einer bedrohten Art im Kriegsgebiet. Erst später erfuhr ich, dass so etwas tatsächlich noch nie vorgekommen war.

Aber ich muss heute noch lachen, wenn ich an die chaotische Abfolge von Ereignissen denke, die zu diesem historischen Moment geführt hatte. Von der Entscheidung, Kontakt zu einer der meistgesuchten Terrorgruppen der Welt zu suchen, über die Diskussionen, bis wir an Bord eines Flugzeugs gehen durften, das Schmiergeld, das uns nach Dschuba brachte, und die Beinahesteinigung am Nil bis hin zu dem Gespräch mit dem munitionslosen Soldaten ... So etwas könnte man sich nicht einmal ausdenken.

Zum ersten Mal, seit wir mit diesem Projekt begonnen hatten, hatte ich das Gefühl, einen entscheidenden Fortschritt erzielt zu haben. Natürlich hätte ich das unterzeichnete Abkommen mit der LRA nicht einklagen können; es war gleichbedeutend mit einem Handschlag mit einer illegalen Terrororganisation.

Aber es war sehr viel besser als nichts.

20

Professor Medo Misama, der bei unserem ersten Treffen mit der Delegation noch dabei gewesen war, traf zufällig zur selben Zeit in unserem Hotel ein, als wir uns zum Flughafen aufmachten. »Wie ist die Sache denn ausgegangen?«, wollte er wissen.

»Erstaunlich gut«, antwortete ich. »Sie haben ein Abkommen unterzeichnet, mit dem sie sich verpflichten, das Nashorn zu schützen und die Wildhüter und die Verwaltung im Nationalpark ihre Arbeit machen zu lassen.«

Der kenianische Akademiker war tief beeindruckt. »Na, das ist doch schon mal was! Wie in aller Welt haben Sie denn das geschafft?«

»Anscheinend ist das Nashorn das Totemtier einiger Acholi-Clans. Daher hat man die Führer im Busch kontaktiert und nachgehakt. Und ich habe schon am nächsten Tag Antwort bekommen. Der Befehl, uns zu unterstützen, kam von Vincent Otti persönlich.«

Der Professor starrte mich an. »Otti! Das ist unglaublich. Höher geht's nicht. Das ist wirklich ein enormer Durchbruch. Enorm!«

Er musterte mich einen Moment lang, als würde er sich seine folgenden Worte gründlich überlegen. »Ich bin nicht ganz sicher, ob Ihnen klar ist, was Sie damit geschafft haben. Es ist das erste Mal, dass die LRA – und damit meine ich den militärischen Flügel unter Kony und Otti – mit einem vollkommen Außenstehenden ein Abkommen geschlossen hat. Das erste Mal überhaupt. Das größte Problem dieser Gruppierung ist, dass sie niemandem vertraut und umgekehrt niemand ihr. Alle sind zu verängstigt oder eingeschüchtert und wollen daher nichts mit der LRA zu tun haben. Aber wenn niemand ihr zuhört, hat sie auch niemanden, mit dem sie verhandeln kann. Dann werden wir hier nie Frieden haben und das Leid geht weiter.

Ich und andere mit den Gesprächen befasste Leute haben allmählich den Eindruck, dass Museveni gar nicht wirklich Frieden will. Er braucht Kony als Schreckgespenst da draußen. Die LRA ist Musevenis Eintrittskarte zu allen möglichen Hilfen vonseiten der USA, Großbritanniens und anderer Länder. Wir fürchten, dass er das Waffenstillstandsabkommen wieder brechen und den Bürgerkrieg erneut anheizen wird, nur damit er weiterhin Geld bekommt. Leider ist der Ruf der LRA so, dass er der Organisation alles unterschieben kann. Jeder wird ihm glauben.«

»Wieder?«, fragte ich.

»Ja«, sagte der Professor. »Nur wenige wissen, dass die LRA sich schon mehrfach um Frieden bemüht hat. Und immer, wenn es bei solchen Gesprächen Fortschritte gibt, macht Museveni einen Rückzieher oder greift an. Da ist kein Vertrauen mehr vorhanden. Wir brauchen eine andere Dynamik, um diese Blockade zu durchbrechen.«

Er hielt kurz inne. »Wir stehen ja noch ganz am Anfang, daher sage ich dies mit Vorsicht: Ich habe das Gefühl, dass die LRA Ihnen möglicherweise zu vertrauen beginnt. Es ist Ihre Beziehung zu den Tieren, die den Unterschied macht. Sie sagen, dass Sie mit den Elefanten reden. Wenn dies der Fall ist, versetzt Sie das in eine einzigartige Position. Darauf müssen Sie aufbauen. Hier steht viel auf dem Spiel.«

Mittlerweile war mir klar, dass ich möglicherweise der erste Mensch war, der mit der LRA sprach, ohne ein politisches Anliegen zu haben oder vor Abscheu zurückzuzucken. Es mochte den LRA-Leuten merkwürdig erscheinen, dass ich nur ein paar Tiere retten wollte, aber vielleicht war das ja einfach genau der

Punkt. Ich war auf einzigartige Weise neutral, fern vom Krieg und von der Politik und der Gewalt, die ihn umgab. Tatsächlich hatte ich kaum von der LRA gehört, bevor ich nach Garamba kam. Vielleicht glaubten die LRA-Leute ja auch, dass es das Schicksal war, das diesen seltsamen Weißen zu ihnen geführt hatte. Plötzlich war ich ein möglicher Mittler – aus purem Zufall oder durch die Macht der Umstände.

»Machen Sie sich bereit«, meinte der Professor. »Die Leute haben Ihren Hintergrund überprüft, möglicherweise hören Sie ja wieder von ihnen. Und meiner Meinung nach werden sie das Abkommen, das Nashorn zu schützen, einhalten. Sie könnten für die LRA möglicherweise wichtig werden. Und solange dies der Fall ist, wird sie ihr Wort halten.«

Ich dankte dem Professor für seine Unterstützung und seinen Rat, bevor wir uns trennten. Er war ein großartiger Mensch, einer der wenigen Intellektuellen von Bedeutung, die mit den Friedensgesprächen befasst waren. Und seine Hilfe war für uns von unschätzbarem Wert gewesen.

Kaum war ich zurück in Thula Thula, kontaktierte die LRA-Delegation mich wieder, wie der Professor vorhergesagt hatte. Die LRA hielt sich an ihren Teil der Vereinbarung. Vincent Otti hatte den LRA-Kämpfern befohlen, sich vom Haupt-Camp in Garamba zurückzuziehen, die Wildhüter nicht zu behelligen und eventuelle Nashornsichtungen ihrer Patrouillen zu melden. Ich war begeistert. Sie riefen mich sogar zweimal an, um mir Bescheid zu geben, dass LRA-Patrouillen sehr nah an das Garamba-Hauptcamp herankommen würden. So konnte ich African Parks vorab warnen. Die Patrouillen aber kamen und gingen ohne irgendwelche Zwischenfälle.

Ich meinerseits schickte ihnen detaillierte Informationen über die Wahrheits- und Versöhnungskommission und ihre Funktion in Südafrika und beantwortete alle ihre Fragen, die sie mir dazu stellten.

Das Leben in Thula Thula ging weiter. Meine Verhandlungen mit den örtlichen Zulustämmen, ihr Land in Naturschutzgebiete umzuwandeln, Schritten voran, wenn auch sehr langsam. Auch hier ging es im Wesentlichen um den Aufbau von Vertrauen und gegenseitigem Verständnis, damit Glaube und guter Wille mehr zählten als die alten Apartheid-Vorurteile zwischen Schwarzen und Weißen. Die Verhandlungen verliefen zäh, aber wo man sich verständigen konnte, profitierte vor allem die wilde Natur unseres Landes. Afrika hat da nun mal einen eigenen Rhythmus, und der erfordert Geduld.

Einige Wochen später erhielt ich einen ungewöhnlichen Anruf. Martin Ojul war am Apparat. Joseph Kony wollte einen LRA-Repräsentanten nach Südafrika schicken, um mit mir zu sprechen. Die Organisation hätte eine »wichtige Angelegenheit« mit mir zu besprechen.

Ich war neugierig, aber leider war dieser Wunsch nicht unproblematisch. Die LRA wurde als Terrororganisation eingestuft, ihre Mitglieder durften vermutlich nicht einreisen. Ich besprach mich mit Françoise und beschloss dann, trotz der Komplikationen mitzuspielen. Mehr Kommunikation ist immer besser als weniger, egal mit wem. Ein Besuch würde mir nicht nur ermöglichen, das Nashornabkommen noch besser umzusetzen, sondern würde mir vielleicht eine neue Gelegenheit geben, die Elefanten in Garamba zu schützen.

Also rief ich eine Kontaktperson in der südafrikanischen Behörde für internationale Beziehungen und Zusammenarbeit an. Der Mann hatte mir nach der amerikanischen Invasion im Irak geholfen, nach Bagdad zu kommen. Nun erzählte ich ihm von dem Ansinnen der LRA. Er hörte sich meine Argumente an und erlaubte es schließlich, dass zwei Mitglieder der LRA-Friedensdelegation ins Land einreisten, allerdings niemand vom militärischen Flügel. Die beiden würden ein einwöchiges Visum erhalten, unter der Bedingung, dass ich für all ihre Bewegungen im Land die Verantwortung übernahm. Die LRA ernannte Martin Ojul, den Leiter der Friedensdelegation, und Godfrey Ayoo, den Leiter der Öffentlichkeitsarbeit, zu ihren Vertretern für diese Mission. Aus naheliegenden Gründen erzählte ich niemandem von diesem Besuch außer JP, Dr. Ian Raper und natürlich meinen Söhnen Jason und Dylan.

Schon in der folgenden Woche kamen Martin Ojul und Godfrey Ayoo in Thula Thula an. Ojul kontaktierte sofort Joseph Kony, der irgendwo im Dschungel des Kongo saß, um ihm seine Ankunft zu melden. Während ich neben ihm stand, schoss mir der Gedanke durch den Kopf, wie surreal mein Leben mittlerweile war. Noch vor wenigen Wochen war die LRA Hauptakteur einer Horrorgeschichte irgendwo draußen im Busch. Nun waren deren Vertreter hier bei mir in Thula Thula und der berüchtigte Kony war am anderen Ende der Leitung.

»Bevor wir anfangen, möchte ich offen zu Ihnen sein«, leitete Ojul unser erstes Treffen ein. »Zweck unseres Besuches ist es, Sie zu überprüfen. Wir haben Hintergrundrecherchen angestellt. Jetzt, wo wir hier sind, möchte ich Ihnen sagen, dass wir Ihre Referenzen akzeptieren.«

»Ich verstehe«, sagte ich. »Danke für Ihre Offenheit.«

Dann machten wir uns an die Arbeit. Wir sprachen über die Wahrheits- und Versöhnungskommission, wie sie hier in Südafrika funktionierte und wie man sie auf die Verhältnisse in Uganda übertragen könnte, um sie zum integralen Bestandteil der Friedensgespräche zu machen. Die Logik sei recht einfach, berichtete ich. Solch eine Kommission sei ein international anerkanntes System, das helfen konnte, den Krieg ein für alle Mal zu beenden. Vor der Kommission müssten Kony, Museveni und ihre Generäle bzw. Soldaten öffentlich ihre Verbrechen bekennen, um Amnestie zu erhalten.

»Aber ist das auch realisierbar? Es hat nur Sinn, sich hier über diese Dinge zu unterhalten, wenn Kony, Otti und die hochrangigen militärischen Befehlshaber der LRA sich auch einsichtig zeigen und zu einem öffentlichen Geständnis bereit sind.«

»Wir haben diese Angelegenheit ausführlich mit ihnen besprochen«, meinte Ayoo. »Sie verstehen den ganzen Prozess und haben sich einverstanden erklärt.«

»Was ist dann mit dem Internationalen Strafgerichtshof, dem ICC?«, fragte ich. »Kony, Otti und zwei andere LRA-Generäle gehören zu den vom ICC meistgesuchten Männern.«

»Auch dessen sind wir uns bewusst«, antwortete Ayoo. »Der Haftbefehl des ICC ist ein Hindernis für den Frieden. Die Acholistämme im nördlichen Uganda akzeptieren die Haftbefehle des ICC nicht. Wir schlagen stattdessen eine traditionelle Form der Gerichtsbarkeit vor. Die Acholi, die Opfer der LRA sind, sollen auf Art und Weise der Acholi Recht sprechen.«

»Wird dies den ICC zufriedenstellen?«, warf ich ein.

»Die Acholi sind eine Nation, eine echte Nation mit einem uralten Rechtssystem. Wer sind die Europäer, dass sie uns ihr Verständnis von Gerechtigkeit aufdrängen? Im Westen geht es um Sanktionen, um unbarmherzige Strafen. In Afrika aber haben wir mehr Sinn für den Wert von Bekenntnissen, von Gnade und Vergebung. Doch offenkundig versteht der Westen auch die Arbeit der Wahrheits- und Versöhnungskommission, die unserer traditionellen Rechtsprechung gleicht. Daher wird das auch bei uns funktionieren.

Wir sind zuversichtlich, dass wir einen Weg finden, mit diesem Problem umzugehen«, fügte er noch hinzu. »Aber jetzt haben wir genug geredet für einen Tag. Lassen Sie uns das Abendessen genießen und morgen früh weitermachen.«

Am nächsten Morgen sprachen die beiden Delegierten die Lager im Norden von Uganda an, in denen die Mehrheit der Acholi unter schlimmen Umständen lebte. Ich hörte mir geduldig an, was Ojul und Ayoo zu sagen hatten, und wies immer wieder auf meine Neutralität hin. Ich wollte den Eindruck vermeiden, dass ich ihren Standpunkt teilte.

Ob es sich bei den Lagerinsassen um Flüchtlinge vor der LRA handelte, wie die ugandische Regierung behauptete, oder um gefangene Acholi, die gegen ihren Willen festgehalten wurden, wie die LRA sagte, war ein strittiger Punkt. Je mehr ich mich nach meiner Rückkehr aus Dschuba mit dieser Frage beschäftigt hatte, desto entsetzter war ich. Die Leute starben dort wie die Fliegen, entweder an Hunger, an Krankheiten oder an der Verzweiflung – zusätzlich zu den Bürgerkriegsopfern. Die Lage war noch schlimmer als in Darfur, das zu jener Zeit die Schlagzeilen beherrschte, weil die sudanesische Dschandschawid-Miliz willkürlich wehrlose schwarze Dörfer angriff. Und die Welt sah tatenlos zu. Wieso sah die Welt einfach zu, wenn in diesen ugandischen Lagern zwei Millionen Menschen entweder ein rudimentäres Strohdach oder eine Plastikplane ihr Zuhause nannten, wenn sauberes Wasser nur in dünnen Rinnsalen vorhanden war und die Nahrungsmittel von den Vereinten Nationen so knapp waren, dass der Großteil der Menschen verhungerte oder zumindest ernsthaft unterernährt war? Die Verwundbarsten hatten die geringsten Chancen, Lebensmittel abzubekommen. Viele Kinder hatten *kwashiorkor*, Hungerödeme, verursacht durch Proteinmangel in der Nahrung. Junge Mädchen wurden zu Prostituierten, um sich ernähren zu können.

Der anglikanische Bischof Ochola aus Uganda sagte, dass Norduganda der schlimmste Ort der Welt für ein Kind sei, um dort geboren zu werden und zu leben. Hier finde ein Genozid statt, ein langsamer Völkermord an den Acholi.

Ich versuchte, Martin und Godfrey zu überzeugen, dass LRA-Angriffe auf Lager und Dörfer nicht hilfreich seien, ja, dass sie diesbezüglich selbst ihre schlimmsten Feinde seien. Sie meinten, dass es solche Angriffe nicht gäbe, doch so etwas müsse man direkt mit Otti besprechen.

»Wir dürfen diese Angelegenheit nicht unterschätzen«, warf ich ein. »Sie werden nichts erreichen, wenn Sie Ihre eigenen Leute angreifen und deren Kinder entführen. Denn das ist erstens vor Ort eine humanitäre Katastrophe und zweitens für die LRA eine PR-Katastrophe. Wenn es solche Vorfälle gibt, müssen sie aufhören. Genau das sollten Sie Otti sagen. Sie gewinnen dadurch schlicht nichts.«

Je mehr ich mit Martin und Godfrey sprach, desto klarer wurde mir, dass wir erfinderisch sein mussten, wenn wir diese Pattsituation durchbrechen wollten. Es war schwierig, sich allein auf die Rettung der Nashörner zu konzentrieren, wenn rundherum der Bürgerkrieg tobte und Menschen unter derart schwierigen Bedingungen leben mussten. Die desaströse humanitäre Situation und die Naturschutzkatastrophen in Zentralafrika sind eng miteinander verwoben. Schlimmer noch: Die Friedensgespräche traten auf der Stelle. Man fürchtete ernsthaft einen Überraschungsangriff der Museveni-Truppen auf die Lager der LRA, die deshalb keinerlei Vertrauen mehr hatte. Wenn die Friedensgespräche abgebrochen würden, würde man die Hunde des Krieges loslassen. Und Museveni hätte einmal mehr Grund, Geld von den reichen Industrienationen einzustreichen.

»Mr Anthony, wir brauchen Ihre Hilfe«, sagte Ojul. »Vincent Otti will Frieden und Kony steht dahinter. Diese Gespräche dürfen nicht schiefgehen. Werden Sie uns helfen?«

»Wenn ich kann«, antwortete ich. »Aber wie?«

»Das werden wir Sie in Kürze wissen lassen. Zuerst müssen wir Kony und Otti über die Ergebnisse dieser Gespräche in Kenntnis setzen. Dann werden wir auf Sie zurückkommen.«

»Danke«, sagte ich. »Aber eines möchte ich klarstellen. Ich werde helfen, aber ich kann nicht die LRA unterstützen. Ich möchte nicht als Mensch wahrgenommen werden, der politisch oder anderweitig hinter Ihnen steht. Es tut mir leid, aber das ist eine nicht verhandelbare Bedingung meinerseits. Wenn Sie etwas anderes von mir erwartet haben, dann müssen wir leider die Gespräche beenden. Ich werde helfen, so gut ich nur kann, damit es Frieden gibt. Aber ich werde dabei vollkommen neutral bleiben.«

Als ich geendet hatte, merkte ich, dass ich sehr direkt gewesen war, vielleicht zu direkt. Wenn meine Gesprächspartner mit meiner Aussage oder der Art meiner Äußerung nicht einverstanden waren, dann wäre auch der Nashorndeal verloren.

»Wir verstehen das vollkommen«, sagte Godfrey. »Leider ist der Ruf der LRA so, dass wir nicht viele Freunde haben. Aber hier geht es um den Frieden, zum ersten Mal in zweiundzwanzig Jahren.«

Er hielt inne und sah Ojul an. »Da gibt es noch etwas, was Sie wissen müssen«, meinte Godfrey. »Joseph Kony ist ein bekannter Seher, ein Hellseher, wenn Sie so wollen. Er kann die Zukunft vorhersagen.«

»Davon habe ich gehört.«

»Während unseres Besuches in Dschuba hat Kony uns angerufen. Er meinte, er hätte die Vision gehabt, dass unsere Rettung aus Südafrika käme. Deshalb wollten wir in Dschuba mit Ihnen sprechen. Deshalb sind wir hierhergekommen. Und deshalb beschützen wir das Nashorn. Er glaubt, es ist mehr als ein Zufall, der Sie zu uns gebracht hat.«

Ich lehnte mich zurück. Das war es also. Stammesriten, schwarze Magie, Geister, Dämonen und Hexer sind ein wichtiger Bestandteil der afrikanischen Tradition. Der Animismus, die Vorstellung, dass Pflanzen, Tiere, Felsen und Berge von Geistern bewohnt werden, ist tief in den Afrikanern verwurzelt. Kony war ein Hexer, und er hatte eine Vision gehabt. In Afrika muss man das sehr ernst nehmen. Die Geister hatten zu ihm gesprochen, und seine Vorhersagen würden Wirklichkeit werden – außer jemand anders würde sie mit stärkerer Magie überwinden.

Ich hatte keine Ahnung, wie schnell der Gegenzauber wirksam werden sollte.

21

An jenem Nachmittag fragte ich Godfrey und Martin, nachdem wir ziemlich lange gearbeitet hatten, ob sie nicht Lust hätten, eine kleine Safari zu machen. Die Aussicht auf ein bisschen Entspannung war beiden hochwillkommen. Weder Godfrey noch Martin hatten je zuvor einen Elefanten oder ein Nashorn gesehen. Ich wiederum wollte unbedingt meinen neuen Landrover testen, also fuhren wir los und machten uns auf die Suche nach den Tieren.

Es war ein herrlicher Abend. Ich machte die beiden auf verschiedene Antilopenarten aufmerksam, vor allem Nyalas, von denen Thula Thula ein paar der schönsten Exemplare auf der Welt besitzt. Ich zeigte ihnen unsere üppige Vogelwelt, Warzenschweine, Giraffen, Zebras und Büffel. Sie waren vollkommen fasziniert.

Als wir um eine Anhöhe herumkamen, stand unvermittelt Mnumzane, mein ältester Elefantenbulle, mit seinen sechs Tonnen Lebendgewicht vor uns auf der Straße und fixierte uns grimmig. Mit einem Blick war mir klar, dass er in der Musth war, der Brunstphase der Elefantenbullen. Das war an der Ausscheidung eines öligen Sekrets aus den Schläfendrüsen zu erkennen und einer unkontrollierten Urinausscheidung, die seine Beine dunkel gefärbt hatte. Elefanten in der Musth sind ganz und gar unberechenbar und können sehr gefährlich werden. In dieser Zeit geht ihr Testosteronspiegel durch die Decke, und man macht am besten einen weiten Bogen um sie, egal, wie gut man sie kennt. Früher, als die Elefanten noch in großen Herden durchs Land zogen, gab es immer zumindest eine brünstige Elefantenkuh in der Gegend, sodass dieser Stau auf natürliche Weise abgebaut werden konnte. Heute aber, wo die Tiere in kleineren Reservaten leben, ist dies nicht immer der Fall.

Dass er in der Musth war, stellte kein unmittelbares Problem dar, wohl aber die Tatsache, dass er mein neues Fahrzeug nicht kannte. Um auf Nummer sicher zu gehen, legte ich den Rückwärtsgang ein und setzte langsam zurück. Mnumzanes Mutter war vor einigen Jahren, kurz bevor er nach Thula Thula kam, vor seinen Augen erschossen worden. Er war immer schon ein Spezialfall gewesen. Elefantenbullen werden, sobald sie die Geschlechtsreife erreichen, aus der Herde ausgeschlossen, und so hatte Mnumzane eine Beziehung zu mir aufgebaut. Im Lauf der Jahre hatten wir gemeinsam viele glückliche Stunden im Busch verbracht, doch als er älter wurde, ging ich auf Distanz zu ihm, weil ich wollte, dass er als wildes Tier leben konnte. Mnumzane bereitete mir schon seit ein paar Monaten Sorgen, ohne dass er in der Musth war. Sein Verhalten war unberechenbar geworden. Er war von einer unverhältnismäßigen Gereiztheit, die ich mir nicht erklären konnte.

Seiner Meinung nach war er jetzt hier der Platzhirsch, und als solcher hatte er sich eine ziemliche Rüpelhaftigkeit angewöhnt. Er verschwand irgendwo nach links ins Gelände, um uns kurz darauf zu überraschen, indem er urplötzlich aus dem dichten Busch auftauchte und sich direkt vor dem Beifahrerfenster aufbaute. Schlimmer noch, er stand da in einer reichlich angriffslustigen Pose und schwang den Rüssel hin und her, was bei Elefantenbullen immer ein schlechtes Zeichen ist. Godfrey und Martin fingen an, lauthals »Elefant! Elefant!« zu schreien, was Mnumzane noch wütender machte. Die goldene Regel für solche Fälle lautet: Stehst du einem angriffslustigen Elefanten Auge in Auge gegenüber, tue alles möglichst langsam und leise. Einzige Ausnahme: der Scheinangriff, bei dem man versucht, sie abzulenken, indem man möglichst viel Lärm veranstaltet. Also versuchte ich, die beiden zu beruhigen, während ich ganz sachte zurücksetzte. Mnumzane allerdings kam noch einen Schritt weiter auf uns zu, wobei er einen Stoßzahn gegen die Scheibe drückte, die sich, wie ich sehen konnte, unter dem Druck zu biegen begann.

»Mein Gott«, schoss es mir durch den Kopf, »gleich kracht er durch die Scheibe.« Und im gleichen Sekundenbruchteil begriff ich, dass er, wenn er die Scheibe eindrückte, Godfrey mit seinem Stoßzahn aufspießen würde. Ich schlug alle Vorsicht in den Wind und trat das Gaspedal durch bis zum Anschlag. Während der Landrover rückwärtsschoss, streifte Mnumzanes Stoßzahn am Fenster entlang und stieß gegen die Stützstrebe.

Er stieß einen Laut aus, der sich eher nach mächtigem Schrei anhörte als nach Trompeten. Nun war mir klar, dass wir wirklich in der Klemme steckten. Ich ließ den Motor laut aufheulen und drückte gleichzeitig auf die Hupe. So wollte ich ihm Angst machen und uns gleichzeitig ein paar wertvolle Sekunden verschaffen, um uns aus dem Staub zu machen, doch zu spät. Er drehte sich vor den Landrover, senkte den Kopf und ging zum Angriff über. Mit einem furchtbaren Wumms rammte er den Frontschutzbügel derart heftig, dass ich mit dem Kopf gegen die Windschutzscheibe knallte. Ein paar vernebelte Sekunden lang war alles, dessen ich mir dumpf bewusst war, dieses rasende sechs Tonnen schwere Monster, das die Windschutzscheibe ausfüllte und meinen Landrover gewaltsam rückwärts in den Busch schob, als wäre er ein Spielzeugauto. Das Geräusch von Ästen und Bäumen, die unter der Wucht des Aufpralls knickten und brachen, dröhnte mir eine schiere Ewigkeit in den Ohren, bis wir gegen einen riesigen Baum krachten und endlich stillstanden. Warum wir nicht umgekippt sind, kann ich mir bis heute nicht erklären. Doch in dem Moment war das meine geringste Sorge. Es entstand eine tödliche Stille, als Mnumzane sich zurückzog. Er bewegte sich seitlich von uns weg, wobei er seinen zornlodernden Blick nicht einen Moment von unserem Fahrzeug abwendete. Mir war klar, dass er sich einzig und allein mehr Platz für einen weiteren erbitterten Angriff verschaffen wollte. Und dass er dieses Mal keine halben Sachen mehr machen würde.

Dann schrie Martin etwas, das mich trotz der Klemme, in der wir steckten, faszinierte: »Das ist Museveni! Er versucht, uns umzubringen!« Für einen ganz kurzen Moment blieb die Zeit einfach stehen. Für Martin war all das hier schlicht und einfach Hexerei. Solche Vorstellungen sind in Afrika tief verwurzelt.

Wieder ließ ich verzweifelt den Motor aufheulen, bis er jaulend protestierte, und drückte gleichzeitig wie irre auf die Hupe, um so viel Lärm wie möglich zu machen in der Hoffnung, den Elefanten auf diese Weise verwirren zu können. Dann nahm ich den Fuß von der Kupplung und versuchte, vor dem drohenden Angriff zu flüchten. Zu spät. Gerade als wir uns in Bewegung setzten, spürte ich einen Aufprall wie ein Erdbeben und starrte urplötzlich durch die Frontscheibe, aber nicht etwa auf die Straße vor mir, sondern auf den Boden unter mir. Wir kippten mit voller Wucht seitwärts und schlugen auf dem Boden auf. Doch Mnumzane war noch nicht fertig mit uns, noch lange nicht. Ich hörte ihn brüllen, als er als Nächstes die Unterseite des Fahrzeugs attackierte und meinen immerhin zwei Tonnen wiegenden Landrover wüst in eine Baumgruppe rammte.

Dann wurde es still.

Selbst überrascht, wie klar ich im Kopf war, machte ich eiligst eine Bestandsaufnahme unserer Situation. Das Fahrzeug lag auf der rechten Seite, Türen und Dach waren eingedrückt, Frontscheibe und alle anderen Fenster zerbrochen. Godfrey lag auf mir und Martin hinten war zu einem Knäuel verdreht. Wie durch ein Wunder war keiner von uns verletzt. Doch Mnumzane stapfte immer noch wutentbrannt durch die Gegend und wir lagen da wie auf dem Präsentierteller. Irgendwie schaffte ich es, mich umzudrehen und an meine kleine Pistole vom Kaliber .635 zu kommen. Das ist, als würden Sie einem Elefanten mit einem Blasrohr gegenübertreten. Schnell feuerte ich vier kurze Schüsse durch die offene Windschutzscheibe in die Luft, sorgfältig darauf bedacht, Mnumzane nicht zu verletzen und noch mehr zu reizen. Ich wusste, dass Elefanten, die das Geräusch von Gewehren kennen, manchmal vor Schreck erstarren, wenn sie Schüsse hören. Oder sie rasten richtig aus. Die Schüsse abzugeben war also ein höchst gewagtes Spiel, doch ich hatte keine Zeit, lange zu überlegen. Wenn er nochmal auf uns losginge, dann wäre das unser Ende.

Zum Glück blieb er wie erstarrt stehen. Auf der Stelle rief ich ihn, immer und immer wieder. Ich ließ ihn meine Stimme hören und sprach ihn in einem Tonfall an, den er von früher kannte. Falls es ganz schlimm kommen sollte, würde ich ihm die restlichen vier Kugeln in den Fuß schießen im verzweifelten Versuch, ihn bewegungsunfähig zu machen. Das würde uns dann vielleicht ein paar wertvolle Sekunden verschaffen, um uns in Sicherheit zu bringen. Doch das wäre wirklich nur die allerletzte Option. Ich würde nur auf ihn schießen, wenn mir absolut nichts anderes mehr übrig bliebe.

Er starrte mich mit glasigen Augen an. Elefantenbullen in der Musth können nur einen zusammenhängenden Gedanken denken, und der heißt: Elefantenkühe.

»Mnumzane, mein großer Junge!«, rief ich wieder. »Ich bin's! Du hast mich zu Tode erschreckt und wir sind in großer Gefahr. Geh zurück! Geh zurück!«

Als er meine Stimme hörte, stellte er seine riesigen Ohren auf, hob seinen Rüssel und richtete ihn wie einen dicken Gummistab auf mich, um meine Witterung aufzunehmen. Nach einigen Sekunden kam er langsam angetrabt und begann, mit seinem Rüssel vorsichtig an der zerbrochenen Windschutzscheibe zu ziehen. Er war direkt über uns und sein riesiger Fuß nur ein paar Zentimeter von meinem Kopf entfernt. Er hätte seinen Fuß nur auf die Kabine setzen müssen, um uns zu Brei zu zerstampfen. Ich konnte sehen, wie seine feuchte, borstige Rüsselspitze sich rhythmisch öffnete und schloss, als er sie ins Fahrzeug steckte. Währenddessen hörte ich nicht auf, besänftigend auf ihn einzureden, ihn meiner Gegenwart zu versichern und zu versuchen, ihn zu beruhigen. Am wichtigsten war jedoch, dass er, wie ich sehen konnte, diesen glasigen Blick verloren hatte. Nun setzte er ganz sanft die Spitze seines Rüssels auf meinen Kopf und führte sie über meinen ganzen Körper hinweg, um meinen Geruch aufzunehmen. Plötzlich legte sich so etwas wie Ruhe über das Fahrzeug. Fast konnte man meinen, er wolle kontrollieren, ob mir etwas passiert war. Schließlich entfernte er sich zufrieden ein paar Meter und blieb dann, als wäre er nicht sicher, was er jetzt tun solle, stehen und betrachtete uns still ein paar Minuten lang, ehe er endgültig verschwand.

Meinen beiden Mitfahrern ließ das Adrenalin die Augen aus den Höhlen treten. Ihre Münder standen sperrangelweit offen, dennoch atmeten sie kaum. Sie konnten nicht glauben, was da gerade passiert war. Ich übrigens auch nicht. Das war eine höchst erstaunliche Erfahrung gewesen.

»Er hat auf Sie gehört!«, rief Godfrey. »Er hat auf Sie gehört und unser Leben verschont.«

Martin reagierte etwas weniger poetisch. »Wir leben.« Aber vollkommen überzeugt klang das nicht.

Ich schwieg. Das war verdammt knapp gewesen.

Zurück in der Lodge kam Françoise sofort angelaufen und schlang ihre Arme um mich. Godfrey, der sein Leben lang keinen Tropfen Alkohol angerührt hatte, ließ sich von unserem Barmann dreimal ein randvolles Glas Whiskey einschenken.

Dann wollte ich von Martin genau wissen, warum er »Das ist Museveni!« geschrien hatte, als Mnumzane uns angegriffen

Mit dem Landrover in Thula Thula unterwegs. Zwei unserer Nashörner grasen friedlich in der Nähe.

Françoise mit George, unserem Buschbaby. Einem eigenwilligen Gast, der uns häufig an der Bar besucht.

Unsere wunderschöne Heidi, die als Jungtier zur Waise wurde und sich einer Herde Gnus anschloss. Eines davon ist im Hintergrund zu sehen.

Oben: Wir schützen seit vierzehn Jahren eine Herde Elefanten. Hier ist Mandla, der seinen Hunger an einem Akazienbaum stillt. *Unten:* Ich, Jason, ein Mitglied der Garamba-Wachmänner und JP vor dem Flugzeug, das uns in die DR Kongo flog.

Christopher Laurenz machte dieses Foto von der LRA-Friedensdelegation, dem Journalisten Frank Nyakairu und mir am Nilufer in Dschuba.

Oben: Nach Dschuba lud mich das militärische Oberkommando der LRA in sein Dschungelcamp ein. *Von links nach rechts:* General Okto Odhiambo, General Vincent Otti und Brigadier Bok Abudema.

Knallharte LRA-Soldaten in Uniform schützten Vincent Ottis Camp.

Vor meiner Unterkunft mit Godfrey Ayoo und einem entspannten Vincent Otti, der sich voller Begeisterung den Zeitungen widmete.

Im LRA-Camp lebten viele Frauen und Kinder. Es wirkte eher wie ein Dorf als wie ein Militärlager.

Frankie, die ihre Pflicht erfüllt und die Herde schützt.

Unsere brutal ermordete Heidi mit unserem Wildhüter Promise. Sie war wahrlich eine sanfte Riesin, die wegen ihres Horns abgeschlachtet wurde.

Wir bekamen einen neuen Elefantenbullen, Gobisa, der sofort nach seiner Ankunft ausbrach. Wir konnten ihn einholen und betäuben. Hier wird das bewusstlose Tier aus einem Hohlweg herausgehievt. Heute ist er den jungen Elefantenbullen in Thula Thula ein großartiges Vorbild.

Häuptling Biyela und sein Bruder sind maßgeblich daran beteiligt, unsere Nashörner zu schützen.

Unsere Hoffnung für die Zukunft: die Baby-Nashörner Thabo und Nthombi, die mit ihrer Pflegerin Alyson McPhee nach Thula Thula kamen. Sie folgten ihr auf Schritt und Tritt.

Thabo und Nthombi schlafen auf unserer Landebahn im Busch.

In Thula Thula schützen wir nicht nur Nashörner. Bei uns leben beispielsweise auch Zebras (*oben links*) und Buschkatzen (*oben rechts*). Und der Afrikanische Büffel (*unten*) – er ist königlich, stark und unberechenbar und steht damit für das Beste im afrikanischen Busch.

hatte. Mit einem Schlag wurde er ganz aufgeregt. Wie auch Godfrey. Sie beugten sich dicht an mein Ohr.

»Weil in dem Elefanten der Geist von Museveni steckte«, erklärte Martin mir. »Museveni hat versucht, uns davon abzuhalten, mit Ihnen zu reden. Er weiß nämlich ganz genau, dass dann all seine Lügen auffliegen und alles aufgedeckt wird, was er den Acholi antut. Museveni will keinen Frieden, er hat Angst davor. Er will uns vernichten. Er saß direkt im Herzen dieses Elefanten.«

»Genau«, fiel Godfrey ein. »Ich habe die ganze Zeit im Geist mit dem Elefanten gesprochen. Ich habe ihm direkt meine Gedanken geschickt und ihm gesagt, dass ich ihm nichts tun will und dass Museveni ihn nicht gegen uns aufstacheln soll.«

Viele Afrikaner sind zutiefst spirituell und glauben, dass nichts zufällig geschieht. Wenn ich von einer Schlange gebissen werde, dann sind entweder die Götter oder meine Ahnen wütend auf mich. Wenn ich meine Arbeit verliere oder meine Frau mir davonläuft, dann versucht jemand, mir mit schwarzer Magie zu schaden. Wenn ich von einem Elefantenbullen angegriffen werde, dann nicht etwa, weil er brünstig ist. Es steckt vielmehr etwas Mystisches dahinter. Ich wusste, dass ich mit keinem Argument Godfrey und Martin von ihrer Überzeugung abbringen konnte: Dass Mnumzane sich in jenen Augenblicken der Raserei in Museveni verwandelt hatte. Also versuchte ich es erst gar nicht.

Tags darauf reisten sie in den Südsudan ab und sagten, sie würden in Kontakt bleiben. Allmählich wird es interessant, dachte ich.

Ich hatte ja nicht die leiseste Ahnung.

22

Nur wenige Tage später rief mich Martin Ojul auch schon an. Françoise und ich saßen gerade in der Lounge unseres kleinen Busch-Cottages.

»Mr Anthony«, meldete Martin sich förmlich. »Ich halte mich im Busch bei unseren Führern auf. Wir werden Sie in einer Stunde anrufen, um ein wichtiges Thema zu diskutieren. Das Gespräch muss kurz bleiben, um zu verhindern, dass jemand unsere Position ortet. Wären Sie erreichbar?

»Ja«, gab ich zur Antwort. »Ich werde die Leitung für Sie freihalten.«

Jede Mitteilung von der Friedensdelegation der LRA war wichtig; jeder Anruf eine Möglichkeit mehr, unser Abkommen zum Schutz der Nashörner durchzubekommen und Garamba Sicherheit zu verschaffen. In dem Fall aber lagen die Dinge noch einmal anders, da Martin sich im Busch aufhielt und in direktem Kontakt mit den militärischen Führern stand. Ich war gespannt, zu hören, was da auf mich zukommen würde.

Exakt eine Stunde später läutete das Telefon.

»Sind Sie das, Mr Anthony?«, fragte Martin.

»Ja, ich bin's.«

»Bitte bleiben Sie dran. General Vincent Otti möchte mit Ihnen sprechen.«

Diese Ansage kam für mich wie ein Blitz aus heiterem Himmel. Otti war nach Kony die meistgesuchte Person auf diesem Planeten, zumindest was den Internationalen Strafgerichtshof anging. Wie bereits erwähnt, hatte der Internationale Strafgerichtshof im Jahr 2005 Haftbefehle gegen folgende Personen erlassen: Joseph Kony, seinen Stellvertreter Vincent Otti sowie die LRA-Kommandeure Raska Lukwiya, Okot Odhiambo und Dominic Ongwen. Es handelte sich um die ersten internationalen Haftbefehle, die am Gerichtssitz in Den Haag überhaupt erlassen worden waren. Lukwiya wurde im August 2006 bei einem Gefecht mit dem ugandischen Militär getötet. Und jetzt bemühte Otti sich persönlich ans Telefon, um mich zu Hause anzurufen, weil er mit mir reden wollte. Mir drehte sich der Kopf, als ich an die Verwicklungen dachte, die sich daraus ergeben konnten. Ich wusste augenblicklich, dass nun die Büchse der Pandora geöffnet war. Nichts würde mehr so sein wie zuvor. Ich konzentrierte mich, so gut ich konnte.

»Guten Morgen, Mr Anthony. Hier spricht Vincent Otti von der Lord's Resistance Army. Wie geht es Ihnen?«

Die leise Stimme bohrte sich in den heiligen Frieden von Thula Thula und in mein Leben.

»Gut, danke«, erwiderte ich mechanisch, während ich innerlich damit kämpfte, dass ich wirklich und wahrhaftig mit dem berüchtigten Vincent Otti telefonierte, der angeblich einer der brutalsten Massenmörder der Welt war.

»Freut mich, Sie kennenzulernen«, sagte er, um dann ohne weitere Formalitäten direkt zur Sache zu kommen. »Meine Leute sagen mir, dass Sie jemand sind, mit dem ich über bestimmte Dinge verhandeln kann. Ich möchte, dass Sie uns gegenüber der südafrikanischen Regierung unterstützen.«

»Wie soll diese Unterstützung aussehen?«, fragte ich nach. Im Hinterkopf hatte ich immer noch Martins Warnung, dass dieser Anruf möglicherweise via Satellitensignal zurückverfolgt wurde und unsere Unterhaltung daher nicht lange dauern würde.

»Wir haben zuverlässige Informationen, dass Museveni vorhat, die Friedensverhandlungen platzen zu lassen und unsere Stellungen anzugreifen. Das kann ich unmöglich zulassen. Unsere dringende Bitte an Sie ist, dass Sie Ihre Regierung auffordern, zu intervenieren, damit die Friedensverhandlungen von Dschuba nach Kenia oder Südafrika verlegt werden. Die Leute werden auf die Südafrikaner hören«, schloss er seine Ausführungen.

Als Vorbedingung für die Aufnahme der Friedensverhandlungen in Dschuba hatten die LRA und die Regierung von Uganda sich darauf geeignet, alle Kampfhandlungen einzustellen. Der Hauptteil der LRA-Einheiten, angeblich mehrere Tausend Mann, hielt sich in einem sicheren Gebiet auf, und zwar an Sammelplätzen, die versteckt im Kongo im äußersten Norden des Garamba-Nationalparks lagen. Eben dort erwartete die LRA den Angriff.

»Wir trauen der Lage hier nicht«, fuhr Otti fort. »Wir haben Bewegungen von Boden- und Lufttruppen bemerkt. Sie werden bald angreifen. Wenn Sie uns nicht helfen können und die Gespräche nicht aus dem Sudan in ein anderes Land verlegt werden, sind wir gezwungen, von unseren Sammelplätzen abzuziehen. Dann gehen wir zurück in den Busch und damit in den Krieg. Genau das will Museveni – die Gespräche beenden.«

»Ich verstehe«, sagte ich. »Ich werde mit meinen Kontaktleuten von der südafrikanischen Regierung sprechen.«

»Ich rufe Sie in zwei Tagen wieder an«, erwiderte er. »Uns bleibt nicht mehr viel Zeit.«

»Danke für Ihre Hilfe bei den Nashörnern«, presste ich noch heraus.

»Die Angelegenheit ist wichtig«, antwortete er. Dann war die Satellitenverbindung tot.

Ich klappte mein Handy zu und war völlig geplättet von diesem gigantischen Anliegen, das er da an mich herangetragen hatte. Indem er sich direkt an mich gewandt hatte, umging Otti die von der UN unterstützten Friedensverhandlungen komplett.

»Mit wem hast du da geredet?«, wollte Françoise wissen, die auf dem Sofa saß und das Gespräch mitgehört hatte.

»Mit Vincent Otti von der Lord's Resistance Army«, erklärte ich ihr. »Ich kann einfach nicht glauben, dass er mich hier angerufen hat.«

Sie riss die Augen auf. »Und was hat er gewollt?«, fragte sie, stand auf und kam auf mich zu.

»Er ist misstrauisch, was den Ort der Friedensgespräche angeht. Er möchte, dass sie nach Kenia oder Südafrika verlegt werden, weil er glaubt, dass Museveni einen Angriff plant. Daher möchte er, dass ich meine Kontakte bei der Regierung dazu nutze, Südafrika zur Intervention zu bewegen. Andernfalls wird er die Friedensverhandlungen verlassen.«

»Aber warum redet er mit dir über diese Dinge? Die ganze Welt verfolgt diese Verhandlungen. Du bist schließlich kein Diplomat.«

»Weiß Gott«, sagte ich. »Irgendwie glaubt er wohl, dass ich ihm helfen kann. Aber da bin mir nicht so sicher.«

Sie sah mich lange an, dann sagte sie schließlich: »Du kannst es, ja du musst es sogar.«

Das kam nun doch überraschend. Wir waren jetzt zwanzig Jahre zusammen, und sie war unglaublicherweise bei all meinen meist irgendwie gefährlichen Unternehmungen immer hinter mir gestanden. Nie hatte sie mich kritisiert, sondern mir stets den Rücken gestärkt. Mich aber jetzt zu ermutigen, mich mit einer Gruppierung wie der LRA einzulassen, war etwas völlig anderes.

»Du musst helfen«, fuhr sie fort. »Diesmal geht es nicht allein um Tiere, sondern auch um das Leid, das dieser furchtbare, nicht endende Krieg über die Menschen bringt. Ich habe dazu im Internet recherchiert. Es war das Schlimmste, was ich je gelesen habe. Die Kindersoldaten, all die Gräueltaten, der ganze Horror dieses Krieges – das übersteigt alle Vorstellungen.«

Sie sah mir fest in die Augen. »Diese LRA kennt einfach niemanden. Sie haben keine Kontakte zur Außenwelt, und jetzt haben sie dich gefunden. Sie haben zwanzig Jahre lang im Dschungel gekämpft, und – das lass dir von mir als Frau sagen – ihre Soldaten haben das Ganze satt. Niemand macht so etwas freiwillig für so lange Zeit. Egal, was sie getan haben oder was aus ihnen geworden ist, auch sie haben Mütter, Väter, Familien, die sie gerne wiedersehen würden. Und vergiss nicht, dass sie selbst auch einmal Kinder waren, Kinder, die man aus liebevollen Familien, aus einem liebevollen Zuhause geraubt und in die LRA gezwungen hat. Trotz aller Verrohung, trotz allem, wozu sie vielleicht fähig sind: Ich glaube, sie wünschen sich nichts mehr, als endlich nach Hause zu können. Ich weiß nicht viel über Politik oder Krieg, doch was Familie angeht, kenne ich mich aus. Ich bin vor so langer Zeit nach Südafrika gekommen, um mit dir zusammen zu sein, und ich war nie glücklicher. Trotzdem denke ich immer noch an mein Zuhause, meine Heimat, meine Kultur, meine alten Freunde. Aber wenn ich möchte, kann ich jederzeit zu ihnen zurück. Stell dir vor, wie das für die LRA-Kämpfer ist. Keine Sache ist ein solches Opfer wert.«

Sie seufzte. »Das ist alles so etwas von irrsinnig. Männer, die selbst einmal Kindersoldaten waren, kidnappen Kinder, um sie zu Soldaten zu machen. Das ist doch vollkommen verrückt. Aber tief drin sind sie immer noch menschliche Wesen. Dein Kontakt zu ihnen, das Vertrauen, das sie zu dir haben, das muss man sich zunutze machen – mit sehr viel Fingerspitzengefühl. Aber du kannst viel Gutes bewirken. Das ist ein Weg, den du gehen musst, und diesmal nicht nur zum Wohl der Tiere, sondern auch der Menschen.«

Es gibt Ansprachen, die verändern dein Leben. Diese gehörte dazu.

»Dir ist aber schon klar, dass, egal, was ich mache, beide Seiten mich scharf kritisieren werden«, erwiderte ich. »Diese ganze Angelegenheit ist einfach viel zu heiß. Genauer gesagt, ist sie heißer als heiß, sie brennt lichterloh.«

»Es hat schon angefangen«, meinte Françoise. »Im Internet habe ich gesehen, dass die ICCN und eine andere Naturschutzorganisation aus Kenia dich allein deswegen angreifen, weil du in Dschuba mit der Friedensdelegation der LRA gesprochen hast.«

»Ich weiß. Und ich fürchte, daran werden wir uns wohl gewöhnen müssen.«

Wir plauderten noch eine Weile, ehe ich schließlich zum Hörer griff und Dr. Ben Ngubane in Tokio anrief. Ben war ein alter Freund, ein altgedienter afrikanischer Politiker und Botschafter von Südafrika in Tokio. Er genoss international großes Ansehen und war an höheren Stellen sehr gut vernetzt. Wenn hier jemand helfen konnte, dann er.

»Sagt dir die Lord's Resistance Army etwas?«, fragte ich ihn, als ich endlich an seiner Sekretärin vorbeigekommen war.

»Joseph Kony, Musevenis Erzfeind«, erwiderte er. »Wer kennt ihn nicht?«

»Dann wirst du nicht glauben, was ich dir jetzt erzähle«, fuhr ich fort.

»Donnerwetter«, meinte er, nachdem ich ihm die ganze Geschichte erklärt hatte. »Das ist wirklich sehr ungewöhnlich. Ich dachte, dein Fachgebiet ist der Umweltschutz«, lachte er. »Überlass die Sache mir. Ich werde ein paar Erkundigungen anstellen und mich dann bei dir melden.«

Schon tags darauf rief er mich an.

»Ich habe mit Leuten vom Auswärtigen Amt gesprochen, doch die können nicht so recht glauben, dass jemand ausgerechnet mit Vincent Otti in engem Kontakt stehen sollte. Doch ich bleibe an der Sache dran. Bitte informiere mich, wenn es bei dir neue Entwicklungen gibt.«

Am folgenden Nachmittag bekam ich den erwarteten Anruf von Otti. Ich erkannte seine leise Stimme sofort wieder und erinnerte mich selbst noch einmal daran, dass wir unser Gespräch notgedrungen sehr kurz halten mussten.

»Ich habe mit meinen Kontakten bei der Regierung gesprochen«, berichtete ich ihm auf seine Frage, ob es irgendwelche Fortschritte gebe. »Es handelt sich bei ihnen um ranghohe Persönlichkeiten, die Entscheidungen beeinflussen können. Sie haben Interesse gezeigt, doch ich fürchte, es gibt da ein Problem, was die Glaubwürdigkeit der ganzen Sache angeht. Sie können sich nämlich nicht so recht vorstellen, dass ich in direktem Kontakt mit Ihnen stehe und dass Sie die offiziellen Friedensgespräche umgehen und mit jemandem wie mir verhandeln.«

Kurzes Schweigen.

»Dann sagen Sie diesen Leuten bitte Folgendes. Wir wünschen uns echten, dauerhaften Frieden. Die Zeiten des Kämpfens sind vorüber. Doch gerade eben sind ein paar meiner Männer vom ugandischen Militär getötet worden, und das ist nicht akzeptabel. Museveni hat die Waffenruhe gebrochen, und wir glauben, dass ein Angriff auf unsere Stellungen unmittelbar bevorsteht. Wenn ich innerhalb von drei Tagen keine positive Reaktion bekomme, sind wir gezwungen, zurück in den Busch zu gehen. Und wir werden die Friedensgespräche beenden.«

»Ich werde weitergeben, was Sie gesagt haben«, antwortete ich, erschrocken über die möglichen Konsequenzen, die sich da andeuteten.

»Ich danke Ihnen«, sagte er. »Ich werde mich demnächst wieder bei Ihnen melden.«

Hier bleibt anzumerken, dass sich damals beide Seiten gegenseitig beschuldigten, den Waffenstillstand zu brechen, und ich keine Möglichkeit hatte herauszufinden, was da vor Ort tatsächlich ablief. Ich teilte Ben in Tokio den Inhalt des letzten Telefonats mit und fuhr dann hinaus ins Reservat. Auf meiner Seele lastete das klitzekleine Problem, dass ein Scheitern meiner Mission Krieg nach sich ziehen würde, und dort draußen im Reservat würde ich das natürliche Heilmittel für jede Art von Problemen finden – die Elefanten.

Es ist schon interessant, dachte ich bei mir, als ich im offenen Buschland nach der Herde Ausschau hielt: Wenn Elefanten einfach nur große Berge Buschfleisch sind, warum fühlt man sich dann in ihrer Gegenwart so unglaublich wohl? Warum suchte ich ihre Nähe, um mir selbst etwas Gutes zu tun? Über diese Frage habe ich im Laufe der Jahre mit vielen Menschen gesprochen, und sie alle meinten übereinstimmend, in der Nähe von frei lebenden Elefanten bekomme man unweigerlich den Eindruck, dass in der Welt alles in Ordnung war.

Und in meiner Welt war beileibe nicht alles in Ordnung. Die von der UN unterstützten Friedensgespräche zwischen der Regierung von Uganda und der LRA standen kurz vor dem Scheitern. Dann würden Tausende unbarmherziger LRA-Kämpfer losgeschickt, und der längste und hässlichste Bürgerkrieg Afrikas würde von Neuem aufflackern, wenn ich nicht irgendwie meinen Teil zu einer Lösung beitragen konnte.

Wie in aller Welt hatte ich mich nur in diese Situation hineinmanövriert? Wie bei so vielen anderen Naturschutzprojekten auch musste man zuerst einmal die Probleme der Menschen lösen, ehe man darangehen konnte, den betroffenen Tieren zu helfen, doch das hier war ein ganz anderes Kaliber. Mit den Nashörnern hatte es angefangen, und komme, was da wolle, mit den Nashörnern würde es enden. Das schwor ich mir.

Schließlich entdeckte ich die Elefantenherde im üppig grünen Grasland um Croc Pools, einem herrlichen offenen Feuchtgebiet am Nseleni-Fluss. Als ich näherkam, erspähte ich Nana, die ein wenig abseits von der Herde stand. Wie es zu dieser morgendlichen Stunde ihre Gewohnheit war, studierte sie die Buschnachrichten.

Sie stand völlig reglos da, den Rüssel knapp über dem Boden, und schnupperte aufmerksam die vorbeistreichende Luft nach verräterischen Witterungen und Gerüchen ab. Ihre riesigen, leicht in den Wind gestellten Ohren fingen jedes Geräusch im

Umkreis von ein paar Meilen auf. Abgesehen vom gelegentlichen Flattern ihrer Ohren und dem Schwingen des Rüssels, hielt sie sich absolut still, ganz auf ihre Aufgabe konzentriert.

Und wie immer liest man in den Buschnachrichten zuerst die Todesanzeigen.

Die längste und größte Nase der Tierwelt kann noch Geruchspartikel im Verhältnis eins zu hundert Millionen wahrnehmen. Nana würde also auch den allerschwächsten Geruch von Blut wittern, den der Wind aus der Ferne herantrug. Sie hatte die nächtliche Jagd gehört, und die Witterung sagte ihr nun, dass sie erfolgreich gewesen war. Ihr phänomenales Elefantengedächtnis würde ihr sagen, welche Tiere wo lebten, und sie würde genau wissen, in welcher Herde der Tod zugeschlagen hatte. Sie würde vielleicht sogar wissen, welches Tier es getroffen hatte.

Dann kamen die Beerdigungen dran. Der ferne Geruch von Verwesung, der Geruch von Hyänen, Schakalen und Geiern, der über die Hügel getragen wurde, sagten ihr, dass auch die letzten Reste eines Kadavers vertilgt worden waren. Denn im Busch wird nichts begraben, sondern alles gefressen.

Das Nächste waren die Geburtsanzeigen. Die Morgenluft roch unverkennbar nach Nachgeburt. Dieser Geruch lockt Raubtiere an, und das ist der Grund, warum Tierbabys gleich nach der Geburt, oft schon innerhalb von Minuten, aufstehen und rennen können. Nana hatte die trächtige Zebrastute bemerkt, als die Herde tags zuvor in dieses Gebiet gewandert war. Nun bestätigte ihr Rüssel ihr, dass ein neues Zebrajunges geboren worden war. Wer weiß, vielleicht schickte sie der Mutter sogar stille Glückwünsche.

Der Wetterbericht fiel nicht so aus, wie sie es sich erhofft hatte. Wassermoleküle in der sanften Brise vermeldeten zwar, dass es in den kommenden ein, zwei Tagen zu leichten Regenschauern kommen könnte. Doch es war lange Zeit, genau genommen sogar einige Jahre lang, immer heiß und trocken gewesen. Nana aber brauchte für ihre Familie dringend starke Niederschläge. Aber damit würde es nichts werden, nicht heute.

Der Geruch eines großen Elefantenbullen in der Musth war unschwer zu erkennen. Er stammte von Mabula, der von einem fernen Hügel herankam, um zu sehen, ob sich eine der anwesenden Damen für seine Avancen empfänglich zeigte. Doch Nana wusste schon, dass keines der Weibchen in ihrer Herde paarungswillig war. Er würde diesmal also kein Glück haben.

Ihre unglaublichen Ohren, auch sie die größten in der Tierwelt, schwangen vor und zurück und fingen jedes Geräusch in mehreren Kilometern Umkreis auf, interpretierten es und luden es in das größte Gehirn der Landtierwelt, wo es mit Gerüchen und Witterungen verknüpft wurde.

Und damit sind keineswegs alle Leistungen aufgezählt, nicht einmal ansatzweise.

Elefanten senden auf einer eigenen Frequenz, die sie für ihre Elefant-zu-Elefant-Kommunikation benutzen. Die Rede ist von Infraschall, unglaublich tiefen Brummtönen, die für das menschliche Ohr nicht wahrnehmbar sind, sich aber über weite Areale ausbreiten können. Manche reden von Hunderten von Quadratmeilen. Nana konnte die dumpfen Töne fühlen, die eine Herde im nahe gelegenen Umfolozi-Nationalpark zusammen mit den letzten Neuigkeiten schickte. Sie konnte diese Infraschall-Schwingung nicht nur hören, sondern auch mit ihren Füßen aufnehmen. »Kopien« dieser Schwingungen werden nicht nur durch die Luft, sondern auch über den Boden übertragen. Es klingt unglaublich, aber Elefanten können über feinste Bodenerschütterungen im Infraschallbereich miteinander kommunizieren.

Ich schaute ihr eine Zeit lang zu, wobei ich nur in der Theorie verstand, womit sie da so beschäftigt war. Mit meinen ärmlichen menschlichen Sinnesfähigkeiten konnte ich bestenfalls versuchen, mir vorzustellen, welch riesige Informationsfülle sie da aufnahm und verarbeitete und die mir gänzlich unzugänglich war.

Nimmt man zu all dem noch die hoch entwickelte Empfindungsfähigkeit und Bewusstheit, die Elefanten auszeichnet, kann man angesichts dieser unglaublichen Geschöpfe, die wir so unbekümmert wegen ihrer beiden Vorderzähne abschlachten, nur in Ehrfurcht verfallen.

Nana hatte das Geräusch meines neuen Wagens schon lange vor meinem Eintreffen vernommen und ihren Rüssel erhoben. Sie konnte immer sehr schnell mein Fahrzeug von anderen des gleichen Herstellers und Modells am Klang unterscheiden. Sobald ich anhielt, legte sie die Zeitung weg und führte lässig die Herde herbei. Ich hatte ihr schon länger keinen Besuch mehr abgestattet.

Nach dem Austausch von Elefantengrüßen, wozu auch gehörte, dass Nana ihren Rüssel zum Fahrerfenster hereinsteckte und mich mit einer Schleimschicht überzog, hingen sie einfach nur herum und grasten stundenlang in der Nähe meines Fahrzeugs. Die jüngeren Elefanten und die Elefantenbabys, die mich nicht kannten, hielten sich zurück, folgten aber dem Vorbild der erwachsenen Tiere und benahmen sich in meiner Gegenwart vorbildlich.

Wenn man sich in der Gegenwart einer Herde von Elefanten aufhält, die aus jeder Pore Zufriedenheit ausdünsten, kann man einfach nicht weiter über die eigenen Problemen brüten. Die Tatsache, dass sie so riesig und imposant sind, rückt zunächst den Gedanken an die eigene Sicherheit in den Vordergrund und lässt uns alles andere vergessen. Doch sobald man sich daran gewöhnt hat und sich entspannt, stellt man fest, dass es kein besseres Lebenselixier gibt als dieses.

Ich musste wieder daran denken, wie unglücklich und gefährlich diese Tiere gewesen waren, als sie hierherkamen, und wie Nana schließlich auf mich zugegangen war und mich so viel über sie selbst und ihre Art gelehrt hatte. Allen Widrigkeiten zum Trotz hatte sie es geschafft, ihre Familie sicher durch schlimme Zeiten zu bringen – indem sie Freundschaft mit einem Menschen schloss. Nun waren sie wohlgenährt und glücklich und brachten ihren Nachwuchs in Thula Thula zur Welt. Wie zufrieden sie dastanden, wie gemalt vor dem Hintergrund des grünen Marschlands.

Widerwillig nahm ich von der Herde Abschied und fuhr zurück nach Hause, wobei ich einen Umweg nahm, um noch ein wenig Zeit zum Nachdenken zu gewinnen.

Als ich das Cottage betrat, telefonierte Françoise gerade mit Ben, der aus Tokio anrief. Er hatte keine guten Nachrichten.

»Ich fürchte«, sagte er, als ich den Hörer nahm, »dass der Antrag der LRA, den Verhandlungsort nach Kenia oder Südafrika zu verlegen, bereits bei den Gesprächen in Dschuba gestellt und abgelehnt worden ist. Niemand glaubt deiner Warnung, dass die LRA ihre Einheiten abziehen und die Gespräche abbrechen wird. Sie sagen, dass hätten Sie alles schon mal gehört.«

Ich war fassungslos.

»Aber was ist, wenn er es ernst meint?«

»Nun, es gibt nicht viel, was wir innerhalb von drei Tagen tun könnten«, meinte Ben. »Jetzt ist Otti am Zug.«

23

Drei Tage später kam von irgendwo aus den Tiefen des kongolesischen Dschungels Vincent Ottis Anruf über Satellitentelefon.

»Mr Anthony, die Dinge stehen schlecht. Zum meinem Bedauern muss ich Ihnen mitteilen, dass wir uns aus den Gesprächen zurückziehen. Wir werden zurück in den Busch gehen. Haben Sie Ihren Leuten gesagt, dass das passieren wird?«

»Ich habe exakt das gemacht, worum Sie mich gebeten haben«, erwiderte ich, »aber man wollte mir nicht glauben. Leider gibt es hinsichtlich der Glaubwürdigkeit immer noch Probleme.«

Ein, zwei Sekunden lang war von ihm nichts zu hören, sodass ich schon fürchtete, die Verbindung sei zusammengebrochen. Doch dann war seine Stimme wieder da.

»Nun, jetzt sind Sie glaubwürdig. Ihre Voraussagen haben sich bewahrheitet, und man wird Ihnen glauben«, sagte er. »Wir haben keine andere Wahl mehr. Bitte machen Sie weiter mit Ihrer Friedensarbeit. Das ist mein Wunsch. Alles Gute.«

Sofort rief ich in Tokio an.

»Hallo Ben. Otti hat mich soeben angerufen. Die LRA bricht die Gespräche ab. Die Armee geht zurück in den Busch.«

»Also hattest du doch recht«, meinte er.

»Nun, es ist ein schwacher Trost, dass erst wieder ein Krieg ausbrechen muss als Beweis, dass ich recht hatte«, sagte ich. »Das ist eine furchtbare Situation.«

»Otti hört auf dich. Das ist ein einmaliger Umstand, und auf den müssen wir bauen. Ich fliege zurück nach Südafrika. Wir müssen etwas unternehmen.«

Eine Woche später war Ben wieder in Südafrika und durchkämmte die Korridore der Macht auf der Suche nach Lösungen. Es dauerte gefährlich lange, bis es endlich einen Durchbruch gab. Ben war schon wieder in Japan, als wir eine einigermaßen positive Reaktion erhielten. Es war nicht das, was wir erhofft hatten, aber es bot immerhin eine Lösungsmöglichkeit. Der Verhandlungsort würde definitiv nicht verlegt werden, doch Südafrika und auch Kenia und Mosambik würden Beobachter zu den Gesprächen entsenden. Diese Beobachter würden für einen geregelten Ablauf und Sicherheit sorgen und mit den Delegierten in sämtlichen Fragen in ständigem Austausch stehen.

»Der Vorschlag muss der LRA noch formell unterbreitet werden«, sagte Ben, als er mich wieder anrief. »Doch es gibt Bedenken, dass er nicht gut aufgenommen wird. Deine Rolle ist es, Otti den Vorschlag zu unterbreiten und die LRA zur Zustimmung zu bewegen. Es hängt einiges davon ab, dass du damit Erfolg hast, denn wenn sie ablehnen ... nun, es gibt keinen Plan B.«

Ich legte auf und rief sofort Martin Ojul an.

»Martin«, sagte ich zu ihm, »die ganze Geschichte hat um einiges länger gedauert, als ich dachte, doch es gibt vielleicht eine Lösung. Allerdings ist das nichts, was man am Telefon besprechen sollte. Könnten Sie und Godfrey wieder nach Südafrika kommen?«

»Wir brauchen erst das Okay von Kony und Otti«, erwiderte er. »Und Sie müssen uns neue Visa besorgen.«

Also berappte ich das Geld für die Flüge und kümmerte mich um neue Sonder-Einreisegenehmigungen. Innerhalb weniger Tage waren sie vor Ort.

»Meine Herren«, sagte ich, sobald sie sich eingerichtet hatten, »lassen Sie mich ganz offen sprechen. All unseren Bemühungen zum Trotz hat sich gezeigt, dass der Antrag, den Verhandlungsort von Dschuba nach Kenia oder Südafrika zu verlegen, keine Unterstützung findet. Keine der beteiligten Regierungen will ihre Zustimmung geben.«

»Wir haben diesbezügliche Gerüchte gehört«, sagte Martin. »Doch Dschuba ist und bleibt für uns völlig inakzeptabel. Es muss ein anderer Verhandlungsort gefunden werden.«

Godfrey nickte zustimmend.

»Das Problem dabei ist«, gab ich zu bedenken, »dass sowohl Kenia wie auch Südafrika in der Organisation für Afrikanische Einheit eine führende Rolle spielen. Und nachdem diese beiden Länder Nein gesagt haben, ist es höchst unwahrscheinlich, dass andere afrikanische Staaten sich über diese Entscheidung hinwegsetzen können oder wollen.«

»Das ist in der Tat ein Problem«, meinte Godfrey. »Es gibt zu viele Einflüsse von außen und Intrigen, die die Gespräche unterminieren. Aber Dschuba ist kein sicherer Ort für unsere Delegierten. Es hat bereits einen Angriff auf unsere Einheiten gegeben, und wir haben große Bedenken, dass unsere Soldaten in eine Falle laufen, falls sie zum Sammelplatz zurückkehren. Es wird immer klarer, dass Museveni gar keinen Frieden will.«

»Es gibt einen Vorschlag, der Ihrer Delegation demnächst formell vorgelegt werden wird«, sagte ich. »Doch ich hielt es für wichtig, dass wir ihn erst einmal unter uns besprechen, bevor wir General Otti davon unterrichten.«

Godfrey und Martin sahen sich stirnrunzelnd an, und ich spürte, wie mein Magen sich verknotete. Hier bot sich eine Chance, die LRA dazu zu bewegen, an ihre Sammelplätze (die großen Dschungelareale, in denen sich die LRA während der Verhandlungen versteckt hielt) zurückzukehren und die Friedensgespräche wieder aufzunehmen. Martin und Godfrey meinten, dass sie sich aufrichtig Frieden wünschten. Auch Otti hatte mir gegenüber erklärt, dass er Frieden wolle, und doch waren all diese Äußerungen für mich schwer zu beurteilen. Ich verfügte über keinerlei diplomatische oder politische Schulung und musste mich auf meinen gesunden Menschenverstand verlassen, um mich in diesem mir völlig unbekannten Bereich zurechtzufinden.

Ich fand die Behauptung der LRA, sie hätte schon mehrere Male versucht, ein Friedensabkommen zu schließen, merkwürdig. Konnte es sein, dass die gewalttätigste Terrorarmee der Welt sich wirklich Frieden wünschte, dass diese Leute einfach genug hatten vom Krieg? Lagen etwa gar die Menschen richtig, die behaupteten, Museveni wolle keinen Frieden? Ich wusste es einfach nicht.

Was ich wusste, war, dass der Vorschlag, den ich ihnen vorstellen würde, die einzige Chance war, ein Wiederaufflammen des Krieges zu verhindern. Die Einheiten der LRA waren schon einsatzbereit und in höchster Alarmbereitschaft für einen Angriff. Die Lage war mehr als angespannt und alle dementsprechend nervös. Schon ein kleiner Zwischenfall, ein fahrlässiger Schuss, ein Missverständnis, würde reichen, damit die Hölle losbrach. Wir tanzten am Rande des Abgrunds. In ganz Zentralafrika waren die Menschen entsetzt über das, was sich da im Moment abspielte. Berichte, wonach die LRA von ihren Sammelplätzen abzog und die Friedensverhandlungen verließ, beherrschten die lokalen und internationalen Medien. Panik machte sich breit.

»Dann wollen wir mal hören, was Sie zu sagen haben«, meinte Martin. »Wir sind schon gespannt.«

»Bitte korrigieren Sie mich, wenn ich etwas Falsches sage«, begann ich. »Bei unserem Treffen in Dschuba hatten Sie mir gesagt, dass Sie Museveni und den Sudanesen nicht vertrauen würden. Wenn ich recht verstehe, glaubt die LRA, dass die Verhandlungen in Dschuba abgekartet sind und zwischen dem Südsudan und Uganda eine geheime Verbindung besteht. Möchten Sie deshalb, dass der Verhandlungsort verlegt wird?«

»Verrat bei den Verhandlungen ist nur einer der Gründe«, gab Godfrey zur Antwort. »Ein Angriff durch ugandische Truppen ist ein weiterer Punkt, der uns ständig Sorgen bereitet.«

»Außerdem geht es um die persönliche Sicherheit unserer Delegation, falls in Dschuba etwas schiefläuft«, erklärte Martin. »Die SPLA, die südsudanesische Armee, ist uns nicht gerade gewogen. Und wir besitzen keine diplomatische Immunität.«

»Nun«, sagte ich, »die Weigerung, den Verhandlungsort zu verlegen, lässt uns nicht mehr viele Optionen offen. Doch wenn wir den Propheten nicht zum Berg bringen können, dann müssen wir eben versuchen, den Berg zum Propheten zu bringen.«

»Und wie soll das gehen?«, wollte Godfrey wissen.

Dann mal raus mit der Sprache, dachte ich mir.

»Durch Beobachter bei sämtlichen Verhandlungen«, erwiderte ich. »Beobachter aus neutralen afrikanischen Staaten, die über die Lage und die Dynamik gut informiert sind. Sie sollen die Gespräche überwachen und bei Spannungen schlichten. Diese Beobachter sind bevollmächtigt, an allen Treffen teilzunehmen, zu reisen, Beschwerden zu überprüfen, Beiträge zu liefern und für Fairness zu sorgen.«

Vorsichtig hielt ich Ausschau nach Signalen, wie Martin und Godfrey meinen Vorschlag aufnahmen. Im Moment saßen die beiden nur völlig reglos mit versteinerter Miene da.

»Die Regierungen von Südafrika, Kenia und Mosambik werden je einen Beobachter bestimmen. Diese werden ihren Regierungen über sämtliche verhandelten Angelegenheiten Bericht erstatten und deren Empfehlungen zu den Gesprächen und an die verhandelnden Parteien weiterleiten.«

»Fahren Sie fort«, sagte Martin.

»Und was das Wichtigste ist: Durch diesen Vorschlag werden diese drei Regierungen in die Gespräche eingebunden, was ihr Interesse und ihr Engagement deutlich erhöhen wird. Dadurch kann irregulären Aktivitäten leichter ein Riegel vorgeschoben werden, und die Verhandlungen können vorangebracht werden.«

Nun lagen die Karten auf dem Tisch. Der Vorschlag war simpel und nicht im Mindesten das, was die beiden hören wollten. Aber es konnte funktionieren.

Martin ergriff als Erster das Wort.

»Besteht irgendeine Möglichkeit, dass die Gespräche verlegt werden, vielleicht nach Übersee?«, fragte er.

»Ich bezweifle das sehr«, erwiderte ich. »Jede Regierung wird uns wieder an die Organisation für Afrikanische Einheit zurückverweisen. Das Ganze ist nun mal eine innerafrikanische Angelegenheit.«

Er sagte nichts mehr. Martin war ein Politiker und suchte stets nach anderen Blickwinkeln und Optionen. Mir war klar, dass in meinen Worten davon wenig vorhanden war.

Godfrey dagegen war eher der intellektuelle Typ, der wohlüberlegt an die Dinge heranging. Meiner Meinung nach war er ein großer Gewinn für die Friedensgespräche, jemand der wirklich etwas zur Beendigung des Krieges beitragen konnte, sofern er nicht durch die Borniertheit weniger heller Köpfe, von denen es im diplomatischen Chaos von Dschuba leider zu viele gab, ausmanövriert würde.

»Wird Uganda diese Beobachter akzeptieren?«, fragte er.

»Ich denke schon«, erwiderte ich.

»Dann ist die Entscheidung für uns, wie es scheint, recht einfach. Wenn wir die Beobachter nicht akzeptieren, geht der Krieg weiter.«

»Es scheint so«, sagte ich. »Doch nehmen wir den Vorschlag doch noch mal unter die Lupe. Es ist nicht die perfekte Lösung, aber es ist ein gangbarer Weg. Und ich möchte dabei das Wort ›gangbar‹ wirklich betonen.«

Martin und Godfrey fingen an, sich lange auf Acholi zu unterhalten. Offensichtlich diskutierten sie diesen Vorschlag lang und breit.

Dann richtete Martin das Wort wieder an mich: »Mr Anthony, das ist eine Entscheidung, die nicht von uns getroffen werden kann. Wir müssen mit General Otti Rücksprache halten. Würden Sie uns bitte entschuldigen?«

Sie standen vom Tisch auf und entfernten sich, bis sie außer Hörweite waren. Dann tätigten sie einen Anruf in den Dschungel.

»Diese Angelegenheit erfordert es, dass der gesamte Führungsstab zusammengerufen wird«, erklärte mir Godfrey, als die beiden wieder zurückkamen. »Man hat uns zurückbeordert. Es gibt noch viele Punkte, die wir besprechen müssten, doch wir müssen übermorgen abreisen.«

»Und es gibt ein Problem, das jedem weiteren Fortschritt im Weg steht«, erklärte mir Martin düster. »Unsere militärische Leitung braucht die Zusicherung, dass die MONUC, die UN-Mission im Kongo, während der Verhandlungen unsere Stellungen nicht angreift.«

»Ich habe da ein paar Kontakte«, sagte ich, erstaunt über ihr Vertrauen in meine Fähigkeit, das Unmögliche möglich zu machen.

»Dieser Punkt ist nicht verhandelbar«, fuhr er fort. »Wir haben einen Waffenstillstand mit Museveni. Wir brauchen auch einen Waffenstillstand mit der MONUC. Andernfalls können wir die Gespräche nicht fortsetzen.«

»Ich verstehe«, sagte ich. »Ich werde mein Bestes tun.«

»Ausgezeichnet.«

»Aber jetzt muss ich noch ein paar Vorkehrungen treffen, um Sie wieder zum Flughafen zu bringen«, erwiderte ich.

»Wir möchten Ihnen noch danken für alles, was Sie an Friedensarbeit geleistet haben, Mr Anthony. Eines Tages wird Ihnen auch das Volk der Acholi dafür danken.«

Das hörte sich doch ganz vielversprechend an, dachte ich bei mir. Wäre die Antwort Nein gewesen, hätten sie sicher etwas gesagt.

»Ach ja, und noch etwas«, erinnerte sich Martin. »Joseph Kony und Vincent Otti möchten sich mit Ihnen treffen.«

Ich starrte ihn nur ungläubig an.

24

Joseph Kony und Vincent Otti wollten sich mit mir treffen! Das hieß für mich, dass ich mich allein in ihre geheimen Camps irgendwo im kongolesischen Dschungel begeben musste. Die Geschichte war nun mehr als eine Nummer zu groß für mich, und überhaupt kam das alles Schlag auf Schlag.

Am liebsten hätte ich mich ganz einfach zurückgezogen und dieses ebenso verworrene wie gefährliche Durcheinander jemand anderem überlassen. Niemand würde mir deshalb einen Vorwurf machen. Da war ich mir sicher.

Andererseits herrschte seit zwei Jahrzehnten Krieg, und in diesen zwei Jahrzehnten hatte niemand es je geschafft, eine Lösung zu finden. Ich dagegen befand mich in einer Position, in der ich tatsächlich etwas erreichen konnte. Die Führer des militärischen und politischen Flügels der LRA verhandelten mit mir und brachten mir ein hohes Maß an Vertrauen entgegen. Natürlich beschritten sie daneben auch andere, offizielle und inoffizielle, Wege, doch sie hatten deutlich gemacht, dass sie diesen Foren nicht vertrauten.

Was sollte ich jetzt nur tun?

Da fiel mir Professor Medo Misama ein und das, was er mir bei meiner Abreise aus Dschuba gesagt hatte: Die LRA beginne, mir zu vertrauen, und das versetze mich in die einmalige Lage, unzähligen Menschen zu helfen, die unter diesem nicht enden wollenden Krieg litten.

Ich musste an die Tausende Kinder denken, die die LRA im Laufe der Jahre gekidnappt hatte. Unschuldige Kinder, die einem liebevollen Zuhause entrissen und ohne Hoffnung auf

Rückkehr verschleppt worden waren. Und dann waren da noch die Binnenflüchtlinge in den Lagern in Norduganda, wo fast zwei Millionen Menschen zusammengepfercht lebten, wenn man das überhaupt »leben« nennen konnte. So mancher würde da eher von einem menschengemachten Fegefeuer sprechen. Stellen Sie sich vor, jemand zieht los und treibt zwei Millionen Menschen zusammen. Das übersteigt jede Vorstellungskraft. Flüchtlinge treibt man nicht zusammen. Sie fliehen vor Gefahr und entscheiden sich für einen Ort, an dem sie sicher sind. Sie werden nicht zwangsweise dorthin gebracht. Ich würde noch viele Menschen kennenlernen, die diese Camps, in denen jede Woche fünfhundert Kinder starben und die Lebenserwartung unter vierzig Jahren lag, besucht oder sogar dort gelebt hatten. Ich glaubte weder Musevenis Propaganda, dass es sich um reine Flüchtlingslager handelte, noch die Aussagen der Gegenseite, dass es sich um Konzentrationslager handle. Die Wahrheit lag wohl irgendwo dazwischen. Auf jeden Fall waren es schreckliche, grausame Orte, und niemand sollte gezwungen sein, dort zu leben.

Und was war mit den »night walkers«, den Tausenden von Kindern, die sich jeden Nachmittag aus schierer Angst, von der LRA entführt zu werden, auf den Weg aus den Lagern machten, weil Museveni sie nicht beschützen konnte oder wollte? Was würde aus ihnen werden, wenn ich mich jetzt aus der Affäre zöge? Und was wäre mit den unzähligen Menschen, die im Verlauf dieses entsetzlichen Krieges, in dem Grausamkeit, Verstümmelung und Vergewaltigung als Strategien der Kriegsführung gang und gäbe waren, vertrieben und entwurzelt worden waren?

Seitdem die LRA im Januar die beiden Kampfhubschrauber der MONUC abgeschossen hatte, fürchtete man Vergeltungsschläge. Und nun wollten Kony und Otti von mir, dass die UN die Lager der LRA so lange nicht angriff, bis sie entschieden hatten, ob sie den Vorschlag mit den neutralen Beobachtern akzeptieren würden. Ich suchte die Nummer der MONUC heraus, der UN-Mission in der DR Kongo, und rief dort an. Sie werden mir schon den Kopf nicht abreißen, dachte ich. Mehr als Nein sagen können sie nicht.

»Da müssen Sie mit Mr Mujahid Alam sprechen«, erklärte die junge Frau in der Telefonzentrale. »Er ist für Angelegenheiten wie diese zuständig. Einen Augenblick, ich verbinde Sie.«

»Danke, dass Sie meinen Anruf entgegennehmen, Mr Alam«, sagte ich, nachdem sie mich durchgestellt hatte. »Sie kennen mich nicht«, fügte ich hinzu und nannte ihm meinen Namen. »Ich möchte mich mit einer ungewöhnlichen Bitte an Sie wenden.«

»Nun, ich glaube, ich kenne Sie doch«, unterbrach er mich. »Wir unterstützen Ihre Bemühungen, das Nördliche Breitmaulnashorn vor der Ausrottung zu schützen, mit Flugzeugen und technischem Gerät. Wie kann ich Ihnen also helfen?«

Ich skizzierte ihm kurz, worum es ging.

Gleich am nächsten Morgen setzte ich mich in den Flieger und flog die fünf Stunden nach Kinshasa. Am frühen Abend suchte ich mir einen Tisch am Swimmingpool des Grand Hotel. Es war ein Sonntagabend, und ich war sehr froh, dass sich nur wenige Leute auf der Terrasse aufhielten, sodass wir uns in aller Vertraulichkeit unterhalten konnten. In Kinshasa wusste man nie, wer möglicherweise lange Ohren machte.

Mujahid Alam, dessen beeindruckender offizieller Titel »Principal advisor to Special Representative of the Secretary-General of the United Nations (Hauptberater des Sonderbeauftragten des Generalsekretärs der Vereinten Nationen)« lautete, kam pünktlich, und wir stellten uns vor. Alam war Pakistani und, sowohl in puncto Kleidung als auch seiner Art zu reden, durch und durch kultivierter Städter. Sein bereitwilliges Lächeln und seine offene Art nahmen mir jede Anspannung. Nach ein wenig

Small Talk trug ich ihm die Geschichte meiner ungewöhnlichen Verwicklung in die Belange der LRA und ihrer Forderung vor.

»Letztendlich besteht das ganze Problem darin«, sagte ich, »dass die LRA – zu Recht oder zu Unrecht – glaubt, Museveni lege es darauf an, die MONUC zu einem weiteren Angriff auf die LRA zu bewegen. Und dieser Verdacht steht einer Wiederaufnahme der Gespräche in Dschuba im Weg.«

»Ich verstehe«, sagte er nachdenklich, als ich geendet hatte. »Mr Anthony, ich kann Ihnen versichern, dass die MONUC die Friedensverhandlungen in Dschuba voll und ganz unterstützt. Es gibt keinerlei Pläne, währenddessen gegen die LRA militärisch vorzugehen. Vorausgesetzt natürlich, die LRA hält sich tatsächlich an den vereinbarten Sammelplätzen auf und stellt keine unmittelbare Bedrohung für die Bürger in diesem Land dar.«

»Nun, diese Nachricht wird einiges dazu beitragen, dass die LRA sich wieder zurück an die Sammelplätze begibt«, meinte ich. »Und sie wird definitiv die Wiederaufnahme der Friedensverhandlungen fördern.«

Wir unterhielten uns dann noch eine ganze Stunde beim Essen über die Angelegenheit. Dabei erfuhr ich viel über Museveni und darüber, warum Kony gegen ihn die Waffen erhoben hatte. Alam kannte die politischen Verhältnisse in Afrika in allen Einzelheiten. Natürlich würde er mir nicht erzählen, wie die MONUC militärisch aufgestellt war. Klar war aber auch, dass die LRA vonseiten der MONUC keinen Angriff zu befürchten hatte, sofern die Organisation nichts Schlimmes anstellte. Dieses Gespräch hat mich sehr ermutigt.

Der entscheidende Punkt sei, erklärte mir mein Gesprächspartner, dass die Friedensverhandlungen in Dschuba an Glaubwürdigkeit verloren hätten. Doch mein Engagement könnte unter Umständen dazu beitragen, dass zum ersten Mal überhaupt verlässliche Kommunikationskanäle zu den militärischen Führern der LRA hergestellt werden könnten.

»Bei unserer Suche nach Lösungen ist dies ein kritischer Punkt«, gab er mir im Diplomatenjargon zu verstehen. »Die Friedensverhandlungen in Dschuba sind das Einzige, was im Augenblick ein Wiederaufflammen des Krieges verhindert. Ich würde Sie also bitten, mit mir in engem Kontakt zu bleiben, sodass Sie mich über alle Fortschritte auf dem Laufenden halten können.«

»Sehr gern«, erwiderte ich. »Umgekehrt würde ich auch Sie bitten, mich über wichtige Veränderungen zu informieren.«

»Das werde ich«, versprach er. »Doch schon im Interesse Ihrer eigenen Sicherheit muss geheim bleiben, was wir hier besprochen haben.«

»Vielen Dank«, erwiderte ich. »Ich weiß Ihr Interesse und Ihre Sorge sehr zu schätzen.«

Wir tauschten noch unsere Kontaktdaten aus und am Nachmittag darauf war ich wieder zurück in Südafrika. Ich rief Godfrey an, um ihm von meinem Besuch in Kinshasa zu berichten und was bei dem Gespräch herausgekommen war.

»Ich muss noch einmal wiederholen«, sagte ich zu ihm, »dass die Zusicherung des Waffenstillstands nur unter der Voraussetzung gilt, dass Ihre Truppen an ihren Sammelplätzen bleiben und Sie sich an den Friedensverhandlungen beteiligen.«

»Das ist eine sehr wichtige Information«, erwiderte Godfrey. »Martin und ich werden Kony und Otti sofort auf den neuesten Stand bringen. Danke für alles, was Sie für uns tun. Wir werden uns bald wieder melden.«

Tags darauf war ich mit David im Busch, da es hier draußen dringend einiges zu erledigen gab, worum ich mich viel zu wenig gekümmert hatte. Plötzlich erwachte das Funkgerät zum Leben.

»Alarmstufe rot, Alarmstufe rot! Hört mich jemand? Bitte kommen!«

Ich brachte den Landrover abrupt zum Stehen und wollte nach dem Mikro greifen. Doch David kam mir zuvor.

»Komme.«

»Bitte helft mir! Schnell! Er versucht, mich umzubringen! Der Büffel versucht, mich umzubringen!« Die kehligen Worte in Afrikaans klangen unnatürlich und aus voller Panik heraus.

»Wo bist du genau?«, fragte er, während er mich ansah und besorgt die Brauen runzelte.

»Ich sitze in einem Baum beim Übergang über den Shaka-Fluss. Kommt schnell, es ist wirklich schlimm, Leute.«

»Okay, wir sind unterwegs. Halte durch.«

»Bitte macht schnell. Er will mich echt töten.«

Ich überlegte kurz, wie ich am schnellsten dort hinkäme, fuhr den Landrover vom Feldweg herunter in den offenen Busch und trat das Gaspedal durch. Währenddessen griff David nach dem Gewehr, das zwischen uns auf dem Boden stand, nahm mit geübter Hand das Magazin heraus und kontrollierte die Munition.

Der Hilferuf über Funk war von Pieter gekommen, unserem neuen jungen Ranger. So wie sich das angehört hatte, hatte er sich ordentlich in Schwierigkeiten gebracht.

Der Afrikanische Büffel ist eines meiner afrikanischen Lieblingstiere. Majestätisch, stark und unberechenbar steht er für das Beste am afrikanischen Busch. Allerdings ist er auch eines der gefährlichsten Tiere Afrikas. Einzelgängerische Bullen (von manchen *dagga boys* genannt, von anderen »Schwarzer Tod«) sind eineinhalb Tonnen schlechte Laune, um die man am besten einen weiten Bogen macht. Pieter musste am Fluss einem von ihnen ihn die Quere gekommen sein und hatte es Gott sei Dank noch irgendwie auf einen Baum geschafft.

Ich rief ihn über Funk zurück, eine Hand am Mikrofon, die andere am rüttelnden Lenkrad.

»Pieter, bitte kommen! Pieter!«

»Ja, hier Pieter.«

»Was ist passiert?«

»Der Bulle hat im Schilf geschlafen und war ganz von Schlamm bedeckt, daher habe ich ihn nicht gesehen. Mann, beinahe wäre ich voll in ihn reingelaufen.«

Er hielt inne und rang nach Luft.

»Er ist auf mich losgegangen. Ich bin gerannt, so schnell ich konnte, und habe zum Glück einen Baum gefunden.

Ich bin jetzt außer Gefahr, er kann mich nicht erwischen. Aber er haut auch nicht ab, sondern wartet da unten, bis ich runterkomme. Er will mich aufspießen.«

David nahm das Mikro und versuchte, ihn zu beruhigen: »Dir passiert nichts. Bleib schön oben und hab keine Angst. Wir sind gleich da.«

»Es ist nicht bloß der Büffel«, jammerte er, »sondern auch die verdammten Dornen. Mein ganzer Körper ist damit gespickt.«

Ich konnte mir das panische Szenario lebhaft vorstellen: Pieters adrenalinbeschleunigter Sprint um sein Leben endete damit, dass er sich auf den erstbesten Baum rettete. Zu seinem Pech aber handelte es sich bei seinem Zufluchtsort um ein Exemplar des legendären *Ziziphus mucronata*, hierzulande bekannt als »Büffeldorn«. Legendär ist der Büffeldorn nicht nur, weil er für die Zulu eine Verbindung zur spirituellen Welt darstellt, sondern auch wegen seiner unzähligen gemeinen, hakenförmigen Dornen.

»Nimm deinen Leatherman«, antwortete ich und bezog mich dabei auf sein Kombinationsmesser mit Zange und Schraubenzieher, das ein universelles Werkzeug und ein unverzichtbarer Bestandteil der Ausrüstung eines jeden Rangers war. »Schneide die Dornen einfach ab.«

»Das geht nicht.«

»Warum nicht?«

»Weil ich den Büffel mit dem Leatherman geworfen habe.«

»Du meinst, du hast den Leatherman nach dem Büffel geworfen«, antwortete ich und musste insgeheim grinsen, als ich mir sowohl den Büffel als auch das Taschenmesser vorstellte, wie sie durch die Luft flogen.

»Ja, er wollte nicht weggehen, also hab ich ihn nach ihm geworfen.«

»Na, zum Glück hast du nicht mit dem Funkgerät nach ihm geschmissen«, meinte ich, »sonst könnten wir uns jetzt gar nicht unterhalten.«

Zehn Minuten später waren wir an Ort und Stelle. Die Lage war genau, wie er sie geschildert hatte: Er klammerte sich verzweifelt oben im Baum fest, unter ihm das mächtige, schlammbedeckte Hornvieh. Zugleich hatten sich Dutzende hartnäckiger Dornen in seiner Kleidung verhakt und stachen ihn gemein ins Fleisch.

Durch einfaches Hupen, Schreien und Schlagen mit der Hand auf die Außenseite der Wagentür konnten David und ich den Bullen so weit verscheuchen, dass wir aussteigen und Pieter vom Baum herunterholen konnten.

David musste angesichts dieses elenden Anblicks unwillkürlich lachen. Dann hob er Pieters Leatherman auf und gab ihn ihm zurück.

»Pass das nächste Mal besser auf, wo du hingehst«, sagte er dann mit strenger Stimme, während er, ohne dem Jammern des jungen Rangers Beachtung zu schenken, anfing, die scharfen Dornen zu entfernen. »Das hier ist keine Schaffarm. Und lass diese Dornenstiche ordentlich versorgen, damit sie sich nicht entzünden.«

Jeder allzu selbstsichere junge Ranger erlebt so eine »Busch-Taufe«, ein Ereignis, das ihn in die wahren Gefahren der Wildnis einweiht. Pieter hatte seine gerade durchgemacht und überlebt. Künftig würde er im Busch klarkommen.

Der Zwischenfall mit dem Büffel erinnerte mich an Garamba. Meine Gedanken wanderten wieder zur LRA und den fehlgeschlagenen Friedensverhandlungen. In den Medien hatte es ziemlich viel Tamtam um die ganze Geschichte gegeben. Die gute Nachricht war, dass es allen Beschuldigungen und Gegenbeschuldigungen zum Trotz nicht zu Kampfhandlungen gekommen war. Der zerbrechliche Frieden hielt.

Ein paar Wochen später bekam ich zwei Anrufe, erst von Martin und dann von Godfrey. Und sie hatten die allerbesten Nachrichten für mich. Die LRA würde die Beobachter akzeptieren und an den Verhandlungstisch zurückkehren. Ihre Truppen würden sich zurückziehen und an die Sammelplätze zurückkehren. Ich rief Ben in Tokio an, um ihm Bericht zu erstatten. Wäre er nicht in Japan gewesen, hätten wir uns jetzt auf eine Flasche Champagner getroffen.

Als Nächstes telefonierte ich mit Mujahid Alam, um ihn auf den neuesten Stand zu bringen.

»Die LRA will wieder an den Verhandlungstisch zurück«, berichtete ich ihm.

»Das sind großartige Neuigkeiten«, meinte er.

»Ja, das ist richtig«, stimmte ich ihm zu. »Ihre Waffenstillstandsgarantie hat dabei eine entscheidende Rolle gespielt. Diese Leute sind extrem argwöhnisch. Sie haben lange Vergeltungsschläge seitens der MONUC befürchtet. Die Auskunft, die ich von unserem Treffen mitgebracht hatte, hat die LRA beruhigt. Jetzt können sie sich wieder auf die Friedensverhandlungen konzentrieren.«

Etwa einen Monat später, im April 2007, nahmen die Beobachter ihre Tätigkeit auf, und die Gespräche wurden fortgesetzt.

Auch in Sachen Nashorn galt die Vereinbarung weiter. Die LRA hielt sich von den Wildhütern und dem Camp in Garamba fern. Und ihre Patrouillen im Nordteil des Parks hielten nach den Tieren Ausschau. Ich selbst hatte allerdings kaum noch Hoffnung, dass sie die Nashörner finden würden.

Während die Verhandlungen vorangingen, hatte ich Gelegenheit, mich wieder mehr auf meine Arbeit mit den

Stammesführern der Dörfer um Thula Thula zu konzentrieren, die ich eine ganze Zeit lang ziemlich vernachlässigt hatte. Nach mehreren Monaten und unzähligen Verhandlungen unterzeichneten wir endlich eine Vereinbarung, die einen ersten Teil ihres Landes unter Naturschutz stellte. Es handelte sich um das bereits bestehende KwaZulu-Natal-Naturschutzgebiet, das auf ihrem Stammesland lag und den Stämmen zurückgegeben worden war. Nun wurde es Teil eines Gemeinschaftsprojektes mit Thula Thula, um seine Erhaltung und Weiterentwicklung zu sichern.

Wir machten uns auf in das vernachlässigte Territorium und begannen mit dem erhebenden Gefühl, etwas Sinnvolles zu tun, Zäune zu reparieren, Straßen zu schlagen, Dämme anzulegen und alles Notwendige zu tun, um ein prächtiges Wildreservat zu schaffen. Als wir die Zäune zum Thula-Thula-Reservat abbauten, wanderte die Wildtiere in die neuen Areale ein. Bald entdeckten wir Büffel, Zebras, Kudu-Antilopen und viele andere einheimische Arten auf unserem Land.

Höchst merkwürdig war jedoch, dass Nana und Frankie sich weigerten, ihre Herde in das neue Reservat zu führen. Sie blieben dort stehen, wo früher einmal der Zaun verlaufen war, und schauten hinüber in das neue Areal, setzten aber keinen Fuß hinein. Also beschloss ich, etwas zu unternehmen. Ich ging hinüber in die neue Hälfte und rief sie. Sie erkannten beide meine Stimme sofort und kamen näher, doch an der alten Zaunlinie blieben sie wieder stehen.

»Alles gut, Nana«, beruhigte ich sie, wie sie so unschlüssig dastand und nicht wusste, was sie tun sollte. »Du kannst herüberkommen, es ist hier sicher. Das neue Gelände hier ist für euch.« Trotzdem rührte sie sich nicht vom Fleck.

Dann rief ich Frankie: »Frankie, komm doch rüber, dieses ganze große Gebiet wartet auf dich und deine Familie. Das gehört jetzt alles zu Thula Thula.« Noch immer keine Reaktion.

Sie blieben weiter auf Thula-Thula-Gebiet stehen, etwa zwanzig Meter von der alten Grenze entfernt. Also stieg ich aus meinem Landrover, ging ein Stück auf sie zu, machte kehrt und wanderte zurück in das neue Areal, wobei ich die ganze Zeit mit ihnen redete.

Ich musste einiges an Überzeugungsarbeit leisten, um sie umzustimmen, das kann ich Ihnen sagen. Frankie reagierte als Erste und machte ein paar zögerliche Schritte auf mich zu, dann noch ein paar, und schließlich marschierte sie über die Grenze hundert Meter hinein ins neue Reservat. Die ganze Herde folgte ihr nun nach – außer Nana. Sie blieb stehen. Frankie hielt an, schaute Nana an und wartete. Schließlich schloss die alte Matriarchin sich ihnen an, und alle verschwanden im wundervoll dichten, unberührten Busch, der seit hundert Jahren keine Elefanten mehr gesehen hatte.

Der nächste Tag war ein Sonntag. Wir veranstalteten bei einem Damm am Ntambanana-Fluss ein sogenanntes »Busch-Braai«, ein Grillfest, bei dem Familie, Freunde, Kind und Kegel und ein buntes Gemisch von Haushunden herumflitzten und spielten. Aus dem Augenwinkel beobachtete ich, wie David, Jason und Dylan zum Flussufer gingen und händeklatschend etwas verjagten, das ich zuerst für einen Hund hielt. Auf den zweiten Blick erkannte ich, dass der vermeintliche Hund in Wirklichkeit ein junges Krokodil war. Unser munteres Treiben hatte seine Neugierde geweckt. Ich behielt die Stelle im Auge und sah, dass es nur wenige Minuten später Gesellschaft von einem zweiten Krokodil bekam. Krokodile fressen mit Vorliebe Hunde, und das Gebell der Hunde, die mit den Kindern herumtollten, hatte sie angelockt.

David und Dylan verjagten die zwei Krokodile zwar, aber sobald sie ihnen den Rücken zudrehten, krochen sie auch schon wieder ans Ufer. Und dann tauchte noch ein drittes, viel größeres Krokodil aus den Tiefen des Flusses auf und gesellte sich zu den anderen.

»Leute, passt auf«, rief ich. »Diese Krokodile verbünden sich gerade gegen uns. Wir müssen unser Braai verlegen, wenn wir nicht einen Hund oder ein Kind verlieren wollen.«

»Keine Bange«, meinte David, während die Männer einen alten Tennisball nach den Krokos warfen und sie damit kurzfristig in die Flucht schlugen. »Wir sind auf der sicheren Seite. Laut Vorschrift muss der Chefranger jedes Kind, das im Reservat verloren geht, sofort ersetzen. Und wir sind hier die Chefranger.« Er legte die Arme um Jasons und Dylans Schultern und grinste bis über beide Ohren. Doch schon im nächsten Augenblick mussten sie alle den Kopf einziehen, weil Dylans Frau einen Schuh nach ihnen warf. Der Blick, den sie ihnen zuwarf, hätte auf fünfzig Meter Entfernung noch locker töten können.

Überhaupt sind die Mädels im ländlichen Zululand von der zähen Sorte. Ein paar Monate zuvor war Phiwe, eine unserer Kochlehrlinge, zum ersten Mal schwanger, und das Kind hatte beschlossen, zu früh zur Welt zu kommen. Alles war schon in Panik, als wir zwei Wildhüter weckten, damit sie Phiwe auf schnellstem Weg mit meinem Landrover ins Krankenhaus brachten. Die Panik stieg, als der Landrover auf halbem Weg in die Stadt liegen blieb. Und schließlich wurden die Ranger von nacktem Entsetzen ergriffen, als klar wurde, dass Phiwe ihr Kind auf dem Rücksitz zur Welt bringen würde. Der erste Wildhüter, ein wahrhaft wackerer Mann, warf einen Blick auf das Geschehen und rannte würgend davon. Der zweite Ranger erwies sich immerhin insofern als nützlich, als er es schaffte, sie mit lauten Zurufen zu ermutigen und mit den einzigen Werkzeugen, die er hatte, die Nabelschnur zu durchtrennen: mit einer Machete und einem Stein.

Die erschöpfte Mutter hielt glücklich ihr gesundes Baby in den Armen, als die Ranger den Landrover wieder zum Laufen brachten und sich Richtung Klinik in Bewegung setzten.

»Wo fährst du denn hin?«, rief Phiwe vom Rücksitz.

»Na, in die Klinik«, gab der Fahrer zur Antwort.

»Wieso?«, wollte Phiwe wissen. »Ich habe mein Kind doch schon bekommen.«

»Aber du musst zu einem Arzt.«

»Nein, warum denn?«

»Aber wo willst du denn dann hin?«

»Zurück in mein Zimmer«, beharrte Phiwe. »Ich bin sehr müde.«

Also drehten sie um und fuhren zurück nach Thula Thula. Dort wurden sie schon von ein paar von Phiwes Freundinnen erwartet, die ihr und ihrem Baby in dieser Nacht zur Seite standen. Sie ist nie zu einem Arzt gegangen, und wir mussten ihr verbieten, eine Woche später mit dem Baby auf dem Rücken wieder zur Arbeit zu kommen.

Während dieser Zeit stand ich in ständiger Verbindung mit Otti, Godfrey und Martin. Eines Tages im September erhielt ich wieder einen Anruf von Martin.

»Guten Morgen, Mr Anthony. Die Dinge entwickeln sich im Moment sehr schnell. Könnten Sie sofort nach Nairobi kommen?«

»Ja, kann ich«, antwortete ich.

»Ausgezeichnet. Godfrey und ich treffen Sie am Flughafen und dann fliegen wir zusammen nach Dschuba.«

»Und was ist der Zweck dieser Reise?«, wollte ich wissen.

»Joseph Kony und Vincent Otti laden Sie ein, ihr Gast zu sein. Wir besuchen sie im Dschungel.«

Auch wenn ich den Anruf erwartet hatte, brachte mich die Ankündigung doch etwas aus der Fassung.

»Wieso?«, entfuhr es mir, allen guten Manieren zum Trotz.

»Ihre Nachrichten bezüglich der UN im Kongo sind sehr gut aufgenommen worden. Das militärische Oberkommando möchte sich persönlich bei Ihnen bedanken für Ihre Hilfe bei der Wiederaufnahme der Friedensgespräche. Und es möchte sich Ihrer weiteren Unterstützung versichern, um ein neuerliches Scheitern zu verhindern. Das ist von großer Wichtigkeit. Godfrey und ich werden Sie begleiten. Die LRA garantiert für Ihre Sicherheit.«

»Wie kommen wir dorthin?«

»Wir fahren von Dschuba aus.«

»Fahren!?« Meinen bescheidenen Ortskenntnissen zufolge war es von Dschuba nach Garamba eine zwei- bis dreitägige Fahrt durch Banditengebiet, quer durch den Südsudan und dann weiter durch kongolesisches Niemandsland. Die Anreise allein war schon ein Albtraum.

Mir drehte sich der Kopf. Man hatte mich eingeladen, dreitausend Meilen zu reisen, um ein paar der gefährlichsten Männer auf dieser Erde in ihrem Dschungelcamp einen Besuch abzustatten. Positiv zu vermerken war, dass eine der berüchtigsten Terrorarmeen der Welt für meine Sicherheit garantieren würde. »Absurd« beschrieb die Situation nicht einmal ansatzweise.

Das Seltsame daran war, dass die Garantie der LRA für mich in der Tat ein Maximum an Sicherheit bedeutete. Das Einzige, was mich nun noch vom Leben zum Tod befördern könnte, wäre ein Befehl von Kony oder Otti höchstpersönlich. Und das schien mir doch recht unwahrscheinlich. Außer natürlich, Uganda oder der Erzfeind der LRA, die Südsudanesischen Streitkräfte SPLA, würden einen Angriff starten. Oder es käme innerhalb der LRA zu einer Revolte. Oder eine Krankheit, von der ich noch nie gehört hatte, würde mich erwischen. Oder Rebellen oder Banditen, die uns unterwegs auflauerten – all diese Möglichkeiten hatte ich ganz vergessen. Nun, diese Aussichten waren doch wunderbar.

Ich habe meinem Bauchgefühl seit jeher vertraut. Mach es oder mach es nicht. Zu viel Grübeln macht alles nur komplizierter, vor allem, wenn es um große Entscheidungen geht.

»Martin«, sagte ich, »wenn sie wirklich meine Hilfe wollen und es ihnen ernst ist mit Frieden, dann nehme ich die Einladung an. Aber zuvor muss ich wissen, ob die Tagesordnung offen ist und ich jedes Thema ansprechen kann, das ich möchte.«

»Was genau meinen Sie?«, wollte er wissen.

»In der Wahrnehmung der Welt ist die LRA eng mit dem Problem der Kindersoldaten verwoben. Wenn sie wirklich Frieden wollen, muss dieses Thema auf den Tisch. Ich möchte wissen, was die LRA dazu sagt.«

»Das haben wir schon angesprochen«, erfuhr ich. »Gleich nach unserem letzten Besuch in Thula Thula haben wir Otti darüber unterrichtet. Die beiden sind auf Ihre Fragen vorbereitet.«

»Dann sind da noch die Angriffe auf die Flüchtlingslager und auf die Acholi in Norduganda, worüber wir bei Ihrem ersten Besuch hier gesprochen haben. Diese Angriffe sind nicht förderlich, und wenn wir überhaupt irgendwelche Fortschritte erzielen wollen, dann müssen sie ein Ende finden. Ich möchte auch wissen, wie sie dazu stehen, wenn sie meine Hilfe wollen.«

»Wir haben unserem Führungsstab bereits berichtet, wie Sie zu diesen Punkten stehen. Das Thema steht durchaus zur Diskussion.«

»Dann richten Sie den Herren bitte meinen Dank aus, und sagen Sie ihnen, dass ich einverstanden bin«, sagte ich zuversichtlicher, als ich es tatsächlich war.

Endlich konnte ich mit den höchsten LRA-Führern von Angesicht zu Angesicht über die Nashorn-Rettungsaktion sprechen, die ja überhaupt der Auslöser für all das war.

»Wann soll ich in Nairobi sein?«

»In genau einer Woche am Samstag«, erwiderte Martin. »Sie müssen Ihren eigenen Schlafsack mitbringen sowie alles, was Sie an Medikamenten und speziellen Lebensmitteln brauchen. Denn ich fürchte, da, wo wir hinfahren, gibt es keine Geschäfte.

Und noch eine Bitte«, sagte er zum Schluss. »Erzählen Sie niemandem davon. Wenn die falschen Leute erfahren, wann und wohin wir unterwegs sind, wird es schwer, für Sicherheit zu sorgen.«

Na, das war ja mal wirklich sehr vertrauenserweckend.

Allen offensichtlichen Risiken zum Trotz bot sich hier eine absolut einmalige Gelegenheit. Berichten zufolge hatte noch nie ein Außenstehender einen Fuß in ein geheimes LRA-Camp gesetzt – freiwillig, meine ich.

Als Nächstes rief ich JP an und bat ihn, mich zu begleiten.

»Ich bin dabei«, sagte er spontan. »Wann hast du vor, zu fahren?«

»Ich muss ziemlich kurzfristig aufbrechen, innerhalb der nächsten zehn Tage«, erwiderte ich.

»Aber ich bin in Europa und gerade erst angekommen. Ich habe hier mehrere Besprechungen, die ich nicht absagen kann. Kannst du die Sache nicht verschieben?«

»Nein, JP, leider nicht«, sagte ich und erklärte ihm, warum und was da gerade ablief.

»Ach, das ist wirklich schade«, meinte er schließlich. »Aber ich kann einfach nicht rechtzeitig zurück sein.«

»Ja, ich finde es auch schade«, sagte ich.

»Also, mach's gut und pass auf dich auf, mein Freund«, sagte er. »Und schöne Grüße an die LRA!«, kicherte er.

Das war nun nichts, was ich vor Françoise geheim halten konnte. Ich vermied es, sie unnötig in meine Unternehmungen zu verwickeln, doch in diesem Fall musste sie wissen, was los war.

Angesichts der Tatsache, dass sie Französin war und in bester gallischer Tradition recht temperamentvoll werden konnte, machte ich mich innerlich schon mal auf eine geballte Ladung vernünftiger Gegenargumente gefasst.

Ihre Antwort war ungewöhnlich ruhig und bedacht.

»Das ist, was du am besten kannst«, sagte sie, nachdem ich ihr die ganze Situation auseinandergesetzt hatte. »Kein Mensch glaubt ihnen, und sie brauchen deine Stimme und deine Verbindung zur Welt da draußen, um Frieden zu erzielen.«

Innerlich stimmte ich ihr zu. Realistisch betrachtet, drohte Gefahr nur von denen, die ein Interesse daran hatten, dass die Friedensverhandlungen scheiterten. Frieden würde Kony, Otti und die anderen aus dem Exil und ins internationale Rampenlicht holen, und sie würden reden. Und nach zwei Jahrzehnten Krieg und Grausamkeiten würde es viel zu bereden geben. Zum Streiten gehören immer zwei. Die LRA hatte viel Schuld auf sich geladen, das wusste jeder. Doch was war mit der Gegenseite? Jemand hat mal zu mir gesagt, das Einzige, was eine Ratte von einem Hamster unterscheide, sei die Öffentlichkeitsarbeit.

Jedenfalls würde ich die Augen offen halten müssen.

25

Am folgenden Samstagnachmittag landete ich wie vereinbart in Nairobi, wo Martin und Godfrey schon auf mich warteten. Gemeinsam reisten wir weiter nach Dschuba, wo wir am Flughafen von einem Fahrer und ein paar Bodyguards abgeholt wurden, die uns zum Juba Bridge Hotel brachten.

Ich deponierte meine Tasche in einem kleinen Fertigbau-Zimmer, und marschierte vorbei an dem Acholi-Mangobaum, unter dem das Nashorn-Abkommen unterzeichnet worden war, bis ich wieder an den Ufern des prächtigen Nils stand und in seiner Erhabenheit schwelgte. Die dichten Schilfbänke waren gesund. Innerhalb der nächsten zehn Minuten zog ein einheimischer Fischer zwei stattliche Nilbarsche aus dem Wasser.

»Wir brechen morgen um vier Uhr früh auf«, sagte Martin beim Abendessen. »Wir fahren mit zwei Land Cruisern mit Allradantrieb. Wir dürfen aber nicht allein fahren, deswegen werden uns Soldaten der SPLA, der Streitkräfte des Südsudans, begleiten.

»Haben Sie eigentlich Geld für Benzin?« Er schaute mich erwartungsvoll an.

»Ja, habe ich«, sagte ich und spürte die beruhigenden US-Dollar zwischen meinen Zehen.

»Gut, das Geld für unsere Arbeit ist nämlich immer etwas knapp.«

»Wohin fahren wir eigentlich genau, und wie lange werden wir brauchen?«, wollte ich wissen.

»Wir werden in einem Gebiet an der Grenze zwischen Südsudan und Kongo in der Nähe eines Ortes namens Ri-Kwangba erwartet. Der Ort ist auf keiner Karte eingezeichnet«, sagte er.

»Wenn wir nicht aufgehalten werden, sollten wir in zwei Tagen dort sein.«

»Und wie sieht es mit unserer Sicherheit aus?«

»Sie wissen, dass wir kommen. Das ist alles geregelt. Je näher wir unserem Bestimmungsort kommen, desto sicherer sind wir«, antwortete Godfrey.

Ich wünschte ihnen schließlich eine Gute Nacht und ging auf mein Zimmer, da ich noch etwas Wichtiges zu erledigen hatte. Mit einer unerkannten Malariainfektion im Leib in abgelegene Gegenden zu reisen kommt einem Todesurteil gleich. Die einzige Möglichkeit, wie man vor einer Expedition herausfinden kann, ob man malariafrei ist, besteht darin, eine Art »Selbst-Schnelltest« zu machen. Dieser besteht darin, dass man schnell zwei Gläser harten Alkohol kippt und wartet, wie der Körper reagiert. Malariaerreger reifen in der Leber heran. Wenn man infiziert ist, dann kommt es kurz nach der Alkoholaufnahme zu Schwindel und Gallenkoliken. Zum Glück war ich malariafrei und somit stand unserer Expedition nichts im Weg.

Am nächsten Morgen um 3.30 Uhr standen wir in einer dunklen, staubigen Straße irgendwo in Dschuba und beluden die Fahrzeuge. Ich, Godfrey, zwei SPLA-Soldaten, von denen einer fuhr, und ein Zivilist saßen in einem Allradfahrzeug. Die SPLA-Soldaten trugen beide eine AK-47. Martin reiste im anderen Fahrzeug in ähnlicher Gesellschaft.

»Wer sind diese Typen?«, flüsterte ich Godfrey zu. Ich meinte damit die Zivilisten.

Er warf einen Blick auf die SPLA-Soldaten und hielt seinen Finger vor den Mund. »Später«, sagte er.

Als es dämmerte, waren wir schon einige Zeit unterwegs. Das wird eine lange Fahrt, dachte ich nach den ersten paar Stunden Rüttelpartie auf buckligen Straßen.

Wir fuhren erst Richtung Südwesten nach Yei, dann Richtung Nordosten nach Faraxica und von dort weiter nach Westen

Richtung Maridi. Die Fahrt verlief ereignislos, bis wir die ersten Minenfelder erreichten. Vor uns hatten Minenräumfahrzeuge ein paar Fahrspuren freigeräumt, und wir wurden angewiesen, diese auf keinen Fall zu verlassen. Fahren Sie auf keinen Fall seitlich ran, nicht mal zum Pinkeln, befahl man uns. Und das machten wir auch nicht, sondern hielten die Räder unseres Fahrzeugs ganz vorsichtig in der Spur. Allerdings gab es nur eine Spur, und ich fragte mich, was wir wohl tun würden, wenn uns ein anderes Fahrzeug entgegenkäme. Zu unserem Glück geschah das nicht.

Die SPLA-Soldaten in unserem Allradfahrzeug waren ziemlich nachlässig und undiszipliniert. Die ganze Zeit über beklagten sie sich und verlangten ständig nach Zigaretten oder nach etwas zu essen. Ihre Maschinengewehre hatten sie achtlos auf den Boden gelegt, wo sie durchgerüttelt wurden. Der Mann in Zivil, der mit uns im Wagen saß, verhielt sich dagegen still und wachsam. Er beobachtete alles und akzeptierte alles, was ihm widerfuhr, ohne Murren.

Nachdem wir das Minenfeld hinter uns gelassen hatten, hielten wir an, um eine Pause zu machen. Bei dieser Gelegenheit wiederholte ich meine Frage an Godfrey.

»Wer sind diese Typen, Godfrey? Kennst du sie?«

»Das sind Leute von uns«, erklärte er mir. »Sie sind hier, um uns zu beschützen.«

»Aber sie haben doch gar keine Waffen. Was wollen sie machen, wenn wir angegriffen werden?«

»Machen Sie sich da keine Sorgen«, beruhigte er mich. »Es ist alles geregelt. In diesem Gebiet besteht keine Gefahr für uns.«

Am späten Nachmittag kamen wir in Maridi an, einer schmutzigen, heruntergekommenen Stadt am Ende der Welt.

»Hier werden wir schlafen«, sagte Martin, als wir vor einer maroden Absteige hielten, die seit Jahren keinen Tropfen Farbe gesehen hatte. »Es ist gar nicht so übel.«

Die Pension gehörte einer netten Frau, die uns auf recht rustikale Zweibettzimmer verteilte. Ich teilte mir eines mit Godfrey. Sie gab uns knallbunte Gummilatschen und ein Handtuch, und es gelang mir, eine funktionierende Dusche zu finden und mir den ganzen Schmutz vom Leib zu waschen. Anschließend gingen wir auf die andere Seite der Straße, wo wir warmes Bier und ein sehr einfaches Abendessen aus Maisbrei und ein bisschen Fleisch mit Soße zu uns nahmen. Danach machte ich noch einen Spaziergang.

Maridi lag wirklich am äußersten Rand des Universums. Polizei gab es dort keine, wie ich von einem freundlichen Einheimischen erfuhr, der sich fragte, was ein Weißer hier wohl treiben mochte. Ich bezweifelte allerdings, dass es hier wirklich keinerlei Polizei geben sollte. Hier werde alles per Selbstjustiz geregelt, erklärte er mir in gebrochenem Englisch. Verhandlungen wurden auf der Hauptstraße abgehalten und selbst schwerste Strafen von der versammelten Menge verhängt und unmittelbar vollzogen. Es war, als wäre man zweihundert Jahre in der Zeit zurückversetzt worden.

Während ich so herumschlenderte, bemerkte ich, dass mich jemand unauffällig verfolgte. Jemand von der LRA, wie ich hoffte, bis mir aufging, wie widersprüchlich dieser Gedanke eigentlich war. Ich war wohl der einzige Mensch weit und breit, der hoffte, von der LRA beschattet zu werden.

Wir verbrachten eine ruhige Nacht und waren am nächsten Morgen schon sehr früh wieder unterwegs.

War der erste Teil unserer Fahrt noch ereignislos verlaufen, so änderte sich das jetzt. Die Straße wurde schmäler, das Landschaftsbild veränderte sich, und je weiter wir vorstießen, desto dichter wurde die Vegetation. Schließlich überdachten die Äste riesiger Bäume die Straße. Wasser und Schlamm beherrschten die Szenerie, und das in Massen. Die Regenzeit hatte begonnen, und Flüsse und Bäche waren zu gewaltigen Hindernissen angeschwollen. Sie überfluteten die Straßen und brachten sogar unsere Allrad-Geländewagen an ihre Grenzen. Die Straße war kaum mehr als eine Schlammspur, das Überqueren jedes Flusses wurde zum Abenteuer. Ohne Auspuffschnorchel hätten wir es keine fünf Kilometer weit geschafft. Unsere Motorhaube war dauernd unter Wasser, während wir Wasserlauf um Wasserlauf durchquerten. An größeren Furten drehten die Räder häufig durch. Ich fürchtete schon, der Fluss würde uns mit sich reißen. Unsere Fahrt war abwechselnd waghalsig und übervorsichtig. Meine Bitten, das Steuer übernehmen zu dürfen, wurden ignoriert.

»Das ist ein Militärfahrzeug«, sagte der Fahrer entschieden und machte dabei eine ablehnende Handbewegung, »und Sie sind ein Zivilist. Sie können nicht ans Steuer.«

Ich kurbelte mein Fenster herunter, um eine Ausstiegsluke zu haben für den Fall, dass wir baden gingen.

Wir kamen an Lkws vorbei, die mitten auf der Straße liegen geblieben waren und uns den Weg verstellten. Sie waren bis zur Achse eingesunken in diese kaum zu bezwingende Morastpiste, die sich während der Regenzeit als Straße ausgab. Bei einem Laster hatte es den gesamten Aufbau weggerissen und das Fahrgestell steckte nun fest im Schlamm. Rund ums Fahrgestell brannten Feuer, die den Schlamm so weit trocknen sollten, dass man es wieder herausziehen konnte. Na, damit werden die ja einige Zeit beschäftigt sein, dachte ich bei mir.

Doch dann begann ich, mir ernsthaft Sorgen zu machen. Wir fuhren erst an einem ausgebrannten Laster vorbei und dann an einem zweiten. Beide hatten zahlreiche Einschusslöcher. Das ist erst vor Kurzem passiert, erkannte ich. Ich ließ unsere Allradfahrzeuge anhalten und wir stiegen aus.

Auf meinen Fahrer machte das Ganze wenig Eindruck.

»Rebellen«, meinte er nur und warf Godfrey und Martin, die sich zu uns gesellt hatten, vorwurfsvolle Blicke zu. »Aber die haben sich mittlerweile zurückgezogen. Das Militär hat die Straße für uns freigegeben.«

Fahrer und Soldaten der SPLA bildeten eine Gruppe, Godfrey, Martin und unsere zwei Mitfahrer in Zivil eine andere. Die Aufteilung war klar.

»Was machen wir, wenn wir angegriffen werden?«, fragte ich leise unsere Gruppe. »Wir sind nicht bewaffnet. Das Ganze gefällt mir überhaupt nicht.«

Schweigen.

»Leute, ich will das jetzt wissen. Hier hat es erst vor Kurzem Kämpfe gegeben. Wie sieht unser Plan B aus?«

Schweigen.

Dann sprach einer der LRA-Mitarbeiter leise.

»Wir werden die Soldaten schnell töten und ihnen die Waffen abnehmen«, eröffnete er mir in gutem Englisch. »Die Männer da«, er deutete mit dem Kopf Richtung SPLA-Trupp, »taugen nichts.«

Na, dann ist ja alles bestens, dachte ich bei mir. Wie konnte ich auch so albern sein und mir Sorgen machen. Diese Herrschaften haben alles vollkommen unter Kontrolle. Mir drehte sich der Kopf. Er meinte jedes Wort, das er gesagt hatte, völlig ernst. Schlagartig wurde mir klar, dass wir auf dieser Fahrt schon irgendwo vor Maridi, wo Recht und Gesetz Fremdwörter waren, den letzten Rest von Zivilisation hinter uns gelassen hatten. Damit hatte sich meine Lage völlig verändert.

Ich schielte zu den SPLA-Leuten hinüber, die sich ebenfalls unterhielten und versuchten, sich ein Bild von der Lage zu machen. Doch der LRA-Mann hatte recht, dachte ich mit meinem frisch erworbenen Durchblick. Die Typen sind wirklich mehr als nachlässig. Ihre Maschinenpistolen lagen in den Fahrzeugen auf dem Boden. Was wäre, wenn uns in diesem Moment jemand aus dem Busch angreifen würde?

Eine gewaltige Kolonne *siafu*-Ameisen, die sich aus der dichten Vegetation ergoss und sich anschickte, hinter den Fahrzeugen die

Straße zu überqueren, lenkte meine Aufmerksamkeit einen Moment ab. In der normalen Welt hätte mich das in Aufregung versetzt, doch jetzt war ich zu sehr mit anderen Dingen beschäftigt, als dass ich ihnen groß Aufmerksamkeit geschenkt hätte. Das Gespräch eben hatte mich in eine neue Dimension katapultiert und jeder einzelne Nerv in meinem Körper war in Alarmbereitschaft.

Wir stiegen wieder in unsere Geländewagen und setzten die Fahrt fort.

Doch die Stimmung war eine andere geworden. Zwischen den beiden Gruppen herrschten spürbar Spannungen.

Wir fuhren weiter durch Schlamm, Wasserläufe und Flüsse, Stunde um Stunde im Kampf mit den Elementen. Wir verlangten unseren Fahrzeugen das Äußerste ab. Die Straße war übersät von Zeugnissen früherer Kämpfe, die uns stets daran erinnerten, wo wir uns befanden.

Wir durchquerten die kleine Stadt Eidi, und irgendwann nach dem Mittagessen rief der Fahrer plötzlich: »Da vorn ist Nabanga.« Einigermaßen erleichtert kamen wir zwanzig Minuten später in dem sehr ländlichen Dorf an.

»Es gibt hier ein SPLA-Quartier«, verriet Godfrey mir leise. »Wir müssen hier haltmachen, um nachzutanken. Aber mir gefällt das nicht. Bleiben Sie in der Nähe unseres Wagens.«

»Ich müsste mal auf die Toilette«, sagte ich, als wir in dem Militärzeltlager ankamen. Man zeigte mir den Weg. Bei besagter Örtlichkeit handelte es sich um ein Plumpsklo in einem kleinen Bretterverschlag. Allerdings hatte mich niemand darauf vorbereitet, dass ich gleich die widerlichste Latrine der Welt betreten würde. Ich machte die Tür zu, klappte den Klodeckel auf und machte sogleich einen Satz rückwärts, da mir aus den Eingeweiden der Erde eine Pestwolke aus Myriaden blaugrüner Fliegen entgegenschwirrte, die dort unten gefangen waren und nun die winzige Bretterbude bis in die letzte Ecke ausfüllten. Dies zusammen mit dem bestialischen Gestank, den die Latrine ausdünstete, lösten bei mir einen heftigen Brechreiz aus. Die Hose um die Fußknöchel, mit den Händen Mund und Nase bedeckend hüpfte ich wie ein Frosch aus dieser Zisterne der Hölle und fiel vornüber ins Gras.

Mir blieb nichts anderes übrig, als mich hinzuhocken und unter freiem Himmel zu erledigen, was zu erledigen war, während die Soldaten feixend und gestikulierend an mir vorbeispazierten. Zum Glück hatte die Erfahrung mich gelehrt, nie ohne eine Rolle Klopapier auf Reisen zu gehen.

Ich ging zu unserem Fahrzeug zurück, wo die Dinge ebenfalls nicht gut liefen. Nabanga war der letzte Außenposten der SPLA, bevor LRA-Territorium begann. Die ersten Sammelplätze lagen etwa zwanzig Meilen entfernt. Die Militärbasis in Nabanga war als Bollwerk gegen die LRA eingerichtet worden für den Fall, dass bei den Friedensverhandlungen etwas schieflief.

Irgendwie hatte sich herumgesprochen, dass in unseren Fahrzeugen auch LRA-Leute saßen, und schon flogen die ersten Beschimpfungen durch die Luft. Die Nachricht verbreitete sich, und es tauchten immer mehr wütende Soldaten auf, die sich um unsere Fahrzeuge versammelten, dabei wild gestikulierten und ihre Maschinengewehre schwenkten. Das ist ganz und gar nicht gut, dachte ich, während ich zum Wagen lief und einstieg. Unsere Fahrer standen indessen ratlos in der Gegend herum. Sie warteten immer noch darauf, dass die Fässer mit Diesel gebracht würden.

»Vergesst den Treibstoff«, schrie ihnen jemand zu, »fahrt los!«

Endlich kapierten sie, was los war, und als ich schon dachte, dass man uns nun mit Gewalt aus den Fahrzeugen ziehen würde, sprangen die Motoren an, und wir machten uns eiligst aus dem Staub, während uns ein paar wutentbrannte Soldaten nachrannten.

»Das war nicht schön«, sagte ich zu Godfrey. »Überhaupt nicht nett.«

»Diese Leute sind ziemlich eingebildet«, sagte er seelenruhig und deutete dabei auf die Soldaten, die immer noch hinter uns auf der Straße standen. »Das sind Wehrpflichtige. Sie gehören der regulären Armee an und sind ein wenig zu selbstsicher. Sie bilden sich ein, sie könnten die LRA besiegen, aber sie haben keine Vorstellung davon, was sie im Dschungel erwartet. Wir wollen nicht mehr kämpfen, und wir wollen, dass die Friedensverhandlungen erfolgreich sind. Aber falls sie so blöd sein sollten, die Stellungen der LRA anzugreifen, werden sie alle sterben.«

Seine Worte sollten sich als prophetisch erweisen.

Die letzten zwanzig Meilen waren das Schlimmste an Straße, was ich je erlebt hatte. In der Trockenzeit mochte es ja noch gehen, doch jetzt spottete der Pfad jeder Beschreibung. Auf dem ganzen Wegstück rutschten und schlitterten wir buchstäblich von einer Seite auf die andere und schickten Gebete zum Himmel, dass wir nicht im Morast stecken blieben und nochmal mit den Soldaten in Nabanga Kontakt aufnehmen müssten. Ich fühlte mich völlig abgeschnitten von dem Leben, das ich kannte. Meine beste Option war nun, sicher nach Ri-Kwangba und in die Obhut der LRA zu gelangen. Wie verrückt war das denn?

Selbst meine wildesten Vorstellungen hätten mich nicht auf das vorbereiten könne, was hier ablief. Der bürokratische Irrsinn beim Nashorntreffen in Kinshasa fiel mir wieder ein, und urplötzlich kochte die Wut in mir hoch. Es war doch der blanke Irrsinn, dass ich wegen der Nashörner diesen ganzen Zirkus mitmachen musste, wo doch ein einfacher Federstrich bei diesem Treffen gereicht hätte.

Doch dann öffnete sich plötzlich ohne jede Warnung und ohne jedes Anzeichen der Busch und wir standen auf einer grasbedeckten Lichtung. »Wir sind da«, sagte Godfrey. »Das ist Ri-Kwangba.«

Das Herz schlug mir bis zum Hals.

Die Fahrer stellten die Fahrzeuge ab und halfen uns beim Ausladen des Gepäcks. Offensichtlich hatten sie es eilig, uns loszuwerden und die Rückfahrt anzutreten. Wir befanden uns nun direkt an der Grenze zum LRA-Territorium, und das gefiel ihnen gar nicht. Nur ein paar Minuten später sagten sie uns hastig Lebewohl, und ich sah den beiden völlig verdreckten Geländewagen nach, die uns den weiten Weg hierhergebracht hatten, wie sie die Schlammpiste zurückfuhren und langsam aus unserem Blickfeld verschwanden. Ich sah mich um. Ri-Kwangba war nicht mehr als eine einfache Lichtung in einem dichten dunklen Wald hoher Bäume. Auf einer Seite stand ein einsamer Wassertank. Ein paar Bänke aus grob behauenen Baumstämmen waren im Kreis aufgestellt. Es war keine Menschenseele zu sehen.

Langsam dämmerte mir, dass die Geländewagen uns im absoluten Niemandsland abgesetzt, ja ausgesetzt, hatten. Die Lichtung war ein unscheinbarer, nichtssagender Ort, verloren zwischen endlosen Baumriesen und undurchdringlichem Dickicht. Dies war die Außengrenze der zivilisierten Welt. Jenseits davon lebten Drachen – »Hic sunt dracones« –, wie es auf den alten Karten hieß. Nun konnten wir nichts weiter tun, als zu warten, bis wir von den meistgefürchteten Rebellen der Welt abgeholt wurden, und ihnen durch den finsteren Dschungel in ihr Versteck zu folgen. Wenn sie nicht vergessen hatten, dass sie uns hier abholen mussten.

»Und jetzt?«, fragte ich.

»Jetzt warten wir erst mal«, kam Martins Antwort, während er auf mich zuging. »Unsere Leute sind hier«, sagte er und deutete mit einer ausladenden Handbewegung auf den Wald. »Doch sie kontrollieren erst, ob unsere Fahrzeuge die einzigen hier in der Gegend sind.«

Kurz darauf machte ich eine winzige Bewegung aus, und ein paar Augenblicke später tauchte ein Mann aus dem Dschungel auf, betrat die gegenüberliegende Seite der Lichtung und rief etwas auf Acholi.

Martin antwortete ihm und der Mann kam näher. Gleichzeitig tauchten fünf weitere Männer zwischen den Bäumen auf und marschierten im Gänsemarsch auf uns zu, die Waffen schussbereit in den Händen. Das war das erste Mal, dass ich die berüchtigten LRA-Kämpfer mit eigenen Augen zu sehen bekam. Ich war wie gebannt. Sie steckten in nicht mehr ganz neuen militärischen Uniformen. Vier von ihnen hatten eine AK-47, die zwei anderen schwere Maschinengewehre vom Kaliber 20 Millimeter. Alle waren sie Anfang zwanzig.

Als sie bei uns ankamen, schüttelte Martin einem von ihnen die Hand und deutete auf mich, wobei er etwas auf Acholi sagte. Sie nickten, nahmen unser Gepäck, und ohne weiteres Aufheben marschierten sie zurück in den Dschungel. Drei gingen uns voraus, die anderen drei bildeten die Nachhut.

»Ab jetzt gehen wir zu Fuß weiter«, sagte Martin grinsend zu mir.

Und wie wir gingen.

Lange Zeit bewegten wir uns, einer hinter dem anderen, auf engen Dschungelpfaden voran. Das Dickicht an der Seite war quasi nicht einsehbar, der Blick reichte keine drei Meter weit. Wie irgendjemand sich einbilden konnte, es in diesem dichten Busch mit der LRA aufnehmen und sie besiegen zu können, überstieg meinen Verstand. Mir fielen wieder die selbstsicheren Soldaten in Nabanga ein. Sie würden schnell eine böse Überraschung erleben, sollten sie sich von ihrem Draufgängertum zu irgendwelchen Aktionen hinreißen lassen.

Irgendwann deutete Godfrey auf einen großen Baum und sagte mir, dieser markiere die Grenze. Wir waren eben vom Südsudan in den Kongo übergetreten. Mir wurde bewusst, dass ich nun wieder im Garamba-Nationalpark war. Diesmal allerdings im Nordteil, dem Weltkulturerbe, in dem eine ganze Rebellenarmee ihre Lager aufgeschlagen hatte. Naturschutz war in Afrika eine gefährliche Angelegenheit.

Eigenartigerweise fühlte ich mich trotz meiner unsicheren Lage völlig entspannt, und nachdem ich so lange im Geländewagen eingepfercht gewesen war, genoss ich es, wieder draußen in der freien Natur zu sein. Ich hatte es aufgegeben, mir dauernd sinnlose Sorgen zu machen. Ich war, wo ich war, und ich konnte von da nicht weg. Ich hatte drei LRA-Kader im Rücken, die wiederum einen feindlichen SPLA-Standort im Rücken hatten. Und bis Dschuba waren es zwei Tage Fahrt, und ich war ohne Fahrzeug. Ich will verdammt nochmal hoffen, dass irgendeiner von denen weiß, wie wir wieder zurückkommen, dachte ich bei mir.

In dem Moment erregte eine winzige, unnatürliche Bewegung im Dickicht ein Stück vor uns meine Aufmerksamkeit. Ich sondierte sorgfältig die Stelle. Wahrscheinlich irgendein Tier, dachte ich, und wartete darauf, dass es davonlaufen würde. Doch da bewegte sich nichts mehr. Ich wusste, dass kein wildes Tier uns so nahe herankommen lassen würde, und dann ging mir plötzlich ein Licht auf. Das mussten Menschen, LRA-Kämpfer, sein, die dort versteckt saßen und aufpassten, ob uns jemand folgte. Diese Leute gingen wirklich kein Risiko ein.

Die Pfade wurden immer schmäler, und man konnte sehen, dass sie kaum je benutzt wurden. Ich war mir sicher, dass wir ein- oder zweimal den gleichen Weg zurückgegangen waren, während wir uns einer kleinen Lichtung näherten. Vor uns standen ein paar kleine strohgedeckte Hütten, dahinter ein Zelt.

»Wir sind da«, sagte Martin. »Das ist das Lager von General Vincent Otti.«

26

Einer der Männer an der Spitze ließ uns anhalten, und wir verloren ihn aus den Augen, als er allein Richtung Camp verschwand. Ein paar Minuten später kam er zurück und winkte uns heran.

Wir betraten die Lichtung, von wo uns aus etwa 30 Metern Entfernung ein paar Soldaten entgegenkamen. Angeführt wurde der Trupp von einem großen, eher dünnen Mann um die sechzig in einem hellen Safarianzug.

In diesem Augenblick geschah etwas höchst Seltsames. Ein Soldat kam von hinten auf mich zu und klopfte mir auf die Schulter. Als ich mich umdrehte, hielt er mir ein Pavianjunges hin! Ich glaubte, meinen Augen nicht zu trauen, doch da stand tatsächlich ein Soldat, der einen kleinen Pavian in seinen ausgetreckten Armen hielt. Meine ganze Aufmerksamkeit galt Vincent Otti, den ich zum ersten Mal treffen sollte, also versuchte ich, ihn irgendwie loszuwerden. Doch der Pavian machte einen Satz, klammerte sich fest an meine Brust und versteckte sein Gesicht in meinem Kragen. Martin und Godfrey lachten immer noch, als der Trupp schließlich vor mir stand. Der Mann im Safarianzug streckte mir die Hand entgegen.

»Guten Tag, Mr Anthony«, begrüßte er mich schmunzelnd angesichts meiner misslichen Lage. »Ich bin General Vincent Otti. Willkommen bei mir zu Hause.«

Gibt es etwas Merkwürdigeres, als mit einem Pavian am Revers dem vom Internationalen Strafgerichtshof zweitmeistgesuchten Mann vorgestellt zu werden?

Ich schüttelte ihm die Hand. »Sehr erfreut, Sie kennenzulernen«, erwiderte ich und kam mir vor wie ein Idiot. Die ganze

Szene hätte aus einem Monty-Python-Film stammen können. Aber das Eis war gebrochen.

»Wie ich sehe, sind Sie ein Tierfreund«, meinte er.

»Das ist meine Lebensaufgabe«, erwiderte ich und schielte an dem unruhigen Pavian vorbei.

»Davon habe ich gehört«, sagte er, bevor er auf einen strohgedeckten Unterstand am Rand der Lichtung deutete, vor dem man mein Gepäck abgestellt hatte. »Das ist Ihre Unterkunft, solange Sie hier sind. Es tut mir leid, dass ich Ihnen nichts Komfortableres bieten kann, aber hier im Urwald ist das schwierig.«

»Alles bestens«, erwiderte ich. »Vielen Dank.«

»Wir haben für Sie gekocht. Bitte essen Sie erst einmal und ruhen Sie sich aus nach dieser langen Reise. Wir treffen uns dann, sobald Sie bereit sind.« Dann drehte er sich um und nahm von Martin einen Stapel Lokalzeitungen entgegen. Er hockte sich auf einen Plastikstuhl vor meinem Unterstand und begann, sie begierig zu lesen.

Ich ließ meinen Blick herumschweifen, um mir ein Bild von der Umgebung zu machen. In der Mitte der Lichtung war eine Feuerstelle. Darum herum hatte man lange Holzbänke aufgestellt, offensichtlich aus frisch gefällten Bäumen des dicht belaubten Waldes gemacht, der eine undurchdringliche Grenze um das Camp herum schuf. Weiter hinten waren einige Hütten zu sehen, die offensichtlich von Otti bewohnt wurden. Davor spielten ein paar kleine Kinder. In der Nähe der Feuerstelle stand eine größere Hütte, die so aussah, als wären dort die Küche und die Vorratskammer. Auf der anderen Seite der Lichtung standen zwei kleine Zelte. Davor packten Martin und Godfrey gerade ihre Sachen aus.

Ich ging zu meinem Unterstand, um mir den kleinen Pavian einmal genauer anzusehen, der sich die ganze Zeit fest an meinen Hals geklammert hatte. Er war erst ein paar Monate alt und unverletzt, doch der arme Kleine war ganz klar unterernährt.

»Wo ist denn seine Mutter?«, fragte ich seinen Besitzer, der etwas abseitsstand. An seiner Seite hatte er locker eine gut geölte AK-47 hängen.

»Ich weiß es nicht. Die Soldaten sagen, sie haben ihn allein im Wald gefunden.«

»Womit habt ihr ihn gefüttert?«, fragte ich ihn.

»Mit Wasser und mit Beeren.«

»Er braucht aber Milch.«

»Hier gibt es keine Milch.«

»Nicht mal Trockenmilch?«, wollte ich wissen.

»Nein, das bisschen, das wir haben, bekommen die Generäle.«

»Hat er denn schon einen Namen?«

»Nein.«

»Jeder braucht einen Namen. Wir nennen ihn ›Mfeni‹«, sagte ich. Das ist Zulu für »Pavian«.

»Ich sage es den anderen«, erwiderte er. »Sie möchten auch, dass er überlebt, und hoffen, dass Sie ihm helfen können.«

»Ich werde mein Bestes tun«, versprach ich und gab ihm Mfeni zurück. »Habt ihr Kontakt zu irgendeinem Dorf in der Umgebung?«

»Ja, manchmal gehen wir dorthin.«

»Dann besorgt so bald wie möglich etwas Kuh- oder Ziegenmilch für ihn.«

Diese erbarmungslosen Mörder, die der schlimmsten Verbrechen bezichtigt wurden, sorgten sich also tatsächlich um das Schicksal dieses armen Geschöpfes. Was für eine seltsame Welt.

Nachdem ich mein Gepäck untergebracht hatte, zeigte man mir die Buschtoilette, die von einer Wand aus Schilf und Gras umschlossen war. Die Toilette selbst war nur eine Grube im Boden, über die man sich hocken musste. Aber sie war peinlich sauber, wie überhaupt das ganze Camp, wie mir auffiel. Nirgends lag Abfall herum und überall herrschte Ordnung.

Martin und Godfrey gesellten sich später zu mir, und wir teilten uns eine einfache, wohlschmeckende Mahlzeit, wie sie in Afrika üblich ist: Bohnen, Maisbrei und Sauce. Wir saßen um die Kochtöpfe herum, die zwischen uns auf dem Boden standen, und aßen den klebrigen Maisbrei mit den Fingern, nachdem wir ihn in die Sauce getaucht hatten.

Nachdem wir uns gestärkt hatten, traten die »stummen« LRA-Kämpfer, die uns auf der Fahrt hierher begleitet hatten, vor und stellten sich zum ersten Mal richtig vor. »Ich bin der Sohn von Vincent Otti«, begrüßte einer mich. »Herzlich willkommen. Wir begleiten Sie, solange Sie hier sind. Das hier ist das Camp meines Vaters.«

Sie waren also meine Bodyguards und zweifelsohne auch meine Aufpasser. Sie grinsten beide breit. Das erste Mal, dass ich sie lächeln sah. Sie freuten sich offensichtlich, dass wir es bis hierher geschafft hatten. Sie hatten ihre Aufgabe, mich sicher zu Otti zu bringen, prima erledigt.

Nun kamen Soldaten in abgetragenen Uniformen über die Lichtung, alle mit AK-47 oder schwereren Waffen ausgerüstet. Zwei von ihnen trugen Maschinengewehre vom Kaliber 20 Millimeter, und über ihren Schultern hingen schwere Patronengürtel. Ein anderer schleppte ein schweres 50-Millimeter-Maschinengewehr, mit dem man bei Dauerfeuer mühelos ein ganzes Haus auseinandernehmen konnte. Ich stieß einen leisen Pfiff aus. Solche Waffen sind gewöhnlich fest montiert. Hier wurde einiges an Feuerkraft von Hand durch den Dschungel bewegt. Die Schusswaffen waren alle gut gepflegt, gut geölt und offensichtlich häufig benutzt, aber alle sauber und in gutem Zustand. Und dann sah ich noch einen Soldaten, der etwas Ungewöhnliches mit sich führte: ein kurzes schwarzes Sturmgewehr moderner Bauart. Ich konnte die Marke nicht zuordnen, doch das Ding war neu.

Woher sie die wohl hatten? Dann fiel mir wieder der Angriff auf die UN-Truppen ein, der vor nicht allzu langer Zeit stattgefunden hatte. Sicher hatten sie es einem UN-Soldaten abgenommen, der bei dem missglückten Angriff der Special Forces auf die LRA den Tod gefunden hatte.

Otti, der immer noch dasaß und las, rief nach einem der Soldaten. Der kam angelaufen, salutierte, nahm Ottis Befehle entgegen und eilte wieder los, um sie auszuführen. Ich war ehrlich überrascht über das hohe Maß an Disziplin. Das entsprach so gar nicht dem, was ich hier vorzufinden geglaubt hatte. Ich hatte erwartet, einen wild zusammengewürfelten, undisziplinierten Söldnerhaufen vorzufinden, was aber nicht im Mindesten den Tatsachen entsprach.

Martin, Godfrey und ich plauderten noch eine Weile, dann rief uns einer der Soldaten zu, wir sollten zu Otti kommen.

»Mr Anthony«, sagte er, nachdem wir ein paar Plastikstühle aufgestellt und uns gesetzt hatten, »wir möchten Ihnen für Ihre Unterstützung bei den Friedensgesprächen danken und auch dafür, dass Sie den weiten Weg hierher auf sich genommen haben. Ich weiß, dass das alles sehr schwer für Sie gewesen ist.«

»Danke«, sagte ich einfach nur, neugierig auf das nun kommende Gespräch.

»Ich habe für heute Abend ein Treffen organisiert, bei dem der gesamte militärische Führungsstab der LRA anwesend sein wird. Ich möchte Sie darum bitten, den Generälen und ranghöheren Offizieren zu erklären, warum und wie wir ein Friedensabkommen aushandeln können. Es wird für uns alle von Vorteil sein, dazu die Meinung einer neutralen, außenstehenden Person zu hören.«

»Wird auch Joseph Kony anwesend sein?«, wollte ich wissen.

»Nein«, meldete sich Godfrey zu Wort. »Leider ist es ihm wegen der starken Regenfälle nicht möglich, den Fluss zu überqueren. Aber er wird morgen oder übermorgen hier eintreffen. Alle Generäle und Offiziere sind in der Gegend, weil sie auf Sie gewartet haben. Wir müssen diese Gelegenheit nutzen, ehe sie sich wieder in den Busch zurückziehen.«

»Verstehe«, gab ich zurück. Ich sollte also das Wort an das versammelte militärische Oberkommando der LRA richten, das innerhalb der Organisation als »Kontrollaltar« bezeichnet wurde. In meinem Kopf überschlugen sich die Gedanken.

»Kein Außenstehender hat jemals zuvor mit der Vollversammlung des militärischen Oberkommandos gesprochen«, erklärte mir Godfrey. »Nicht einmal die Mitglieder der Friedensdelegation. Das ist eine große Ehre, die Ihnen hier zuteilwird.«

Otti nickte zustimmend bei diesen Worten.

»Ich danke Ihnen. Ich werde mein Bestes tun«, versprach ich. »Was sind die Hauptpunkte auf der Tagesordnung?«

»Bitte bestätigen Sie den Generälen als Erstes, dass Sie mit den Vereinten Nationen in Kinshasa eine Vereinbarung ausgehandelt haben, dass sie uns während der Verhandlungen nicht angreifen werden«, sagte Godfrey.

»Ja, das ist ein wichtiger Punkt«, schaltete Otti sich ein. Seitdem sie von ein paar unserer Leute besiegt wurden, rechnen wir ständig mit einem neuen Angriff. Museveni versucht, sie gegen uns aufzuwiegeln.«

»Und erklären Sie ihnen bitte auch, warum der Verhandlungsort nicht verlegt wurde und warum man stattdessen Beobachter berufen hat«, sagte Martin.

»Das werde ich.«

»Es wird viele Fragen geben«, sagte Otti. »Und Sie werden die uneingeschränkte Möglichkeit haben, alle Punkte vorzubringen, die Ihnen wichtig sind. Dieses Treffen ist von entscheidender Bedeutung. Es herrscht viel Misstrauen rund um die Verhandlungen.«

»Ich danke Ihnen. Ich werde mein Möglichstes tun.«

»Ich bin es, der Ihnen danken muss«, erwiderte Otti. Er hielt einen Moment inne, ehe er weitersprach. Godfrey und Martin saßen in stummer Erwartung da.

»Man hat uns vieles nachgesagt«, fuhr er fast schon nachdenklich fort. »Es war ein langer Krieg. Manches von dem, was gesagt wird, stimmt. Doch vieles ist auch frei erfunden. Wir haben anders als Museveni kein Regierungsradio oder -fernsehen und auch keine Zeitungen zur Verfügung, um der Welt Lügen aufzutischen. Wir haben nichts.

Doch denken Sie daran, Mr Anthony, dass wir, und nicht Museveni, es waren, die diese Friedensverhandlungen wollten. Wir wollten Frieden. Museveni musste erst von seinen amerikanischen und britischen Verbündeten zu den Gesprächen gezwungen werden, wir aber sind freiwillig gekommen. Sie werden sich davon heute Abend selbst überzeugen können. Das ist der Grund, warum wir Sie hierhergeholt haben. Damit Sie mit eigenen Ohren hören können, was hier geredet wird, und damit Sie den Südafrikanern, den Amerikanern und den Briten davon berichten können.

Sie glauben uns nicht, aber Ihnen werden sie glauben.«

Irgendwo von links ertönte plötzlich ein Ruf aus dem Busch.

»Sie kommen. Wir treffen uns morgen wieder«, sagte Otti und beendete damit die Diskussion.

»Wir haben ein Bad für Sie vorbereitet«, sagte Godfrey und zeigte auf zwei Männer, die vor meiner Unterkunft eine Zinkwanne aufstellten, während Otti ging. »Und machen Sie sich keine Sorgen. Morgen werden wir auch besprechen, wie es mit Ihren Nashörnern weitergeht.«

Die Aussicht auf ein Bad im Busch machte alles gleich ein bisschen besser. Ich hatte vermutet, ich müsste mich in einem der vielen Flüsse in der Nähe frischmachen, doch nein, ich bekam ganz für mich eine Wanne voll mit frischem, sauberem Wasser.

Die beiden Männer, die die Wanne angeschleppt hatten, waren äußerst neugierig, was da geschehen sollte. Sie blieben ganz in der Nähe stehen und beobachteten, wie ich mich auszog und meine Kleidung ablegte, während ich in die Wanne stieg.

»Es ist gut, auf Sauberkeit zu achten«, sagte einer weise. »Im Dschungel gibt es Krankheiten, darum muss sich jeder waschen.«

»Und Sie müssen sich die Zähne bürsten«, sagte der andere, holte die Zahnbürste aus meinem Kulturbeutel und imitierte einige energische Zahnputzbewegungen. »Im Dschungel gibt es keine Zahnärzte.«

Ich beugte mich vor, nahm ihm den Kulturbeutel aus der Hand, holte drei oder vier Mückenschutz-Stifte heraus, und erklärte ihnen, wozu sie gut waren. Dann drückte ich sie ihnen in die Hand und zeigte ihnen, wie man sie benutzte. Ihre Augen begannen, zu leuchten.

»Das ist gut. Malaria ist schlecht, ich schon zehnmal gehabt«, sagte einer der beiden und hielt alle zehn Finger in die Höhe. »Aber jetzt nicht mehr krank, jetzt nur noch Kopfweh.«

Ich stieg aus der Wanne, trocknete mich ab und zog mich wieder an. Zum Schluss holte ich einen Deoroller hervor und trug das Deodorant unter der Achsel auf.

»Moskito stechen dort?«, fragte er und zeigte auf seine Achselhöhle.

»Wie lange sind Sie schon im Urwald?«, wollte ich wissen, seine Frage übergehend.

Beide meinten, es müssten schon über zehn Jahre sein, waren sich aber nicht sicher.

»Wie alt sind Sie?«, fragte ich.

Auch da waren sie sich nicht sicher, aber sie meinten, so um die dreiundzwanzig.

Demnach dürften sie gerade mal dreizehn gewesen sein, als man sie entführt hatte. Und sie hatten noch nie einen Deoroller gesehen.

27

Ich beobachtete, wie die Generäle und Kommandanten in Begleitung von Soldaten und Leibwächtern aus dem dichten Urwald kamen. Die Oberbosse Okot Odhiambo und Dominic Ongwen, die zusammen mit Kony und Otti vom Internationalen Strafgerichtshof gesucht wurden, kannte ich vom Foto. Godfrey machte mich noch auf sechs oder sieben weitere aufmerksam. Sie alle trugen frisch gebügelte Kampfanzüge. In Afrika kann man noch Bügeleisen kaufen, in die man glühende Kohlen füllen muss, und wenn man weiß, wie man damit umzugehen hat, erfüllen sie bestens ihren Zweck.

Zusammen mit Godfrey und Martin nahm ich vor der hochkarätigen Versammlung Platz. Otti hatte sich einen Platz etwas weiter links gesucht. Die Generäle saßen uns im Halbkreis gegenüber. Bewaffnete Soldaten standen um das gesamte Camp herum Wache, und ich hatte keinerlei Zweifel, dass sie im Urwald noch einige mehr postiert hatten. Der gesamte militärische Führungsstab der LRA war natürlich ein lohnendes Ziel und niemand wollte ein Risiko eingehen.

Otti hielt eine Begrüßungsrede auf Acholi, aus der ich mehrere Male meinen Namen heraushören konnte. »Er stellt Sie vor und erinnert nochmal daran, warum und wozu Sie hier sind«, flüsterte Godfrey mir zu.

»Danke, dass Sie zu uns gekommen sind«, sagte Otti dann auf Englisch, während er sich mir zuwandte. »Vor Ihnen sitzt das Oberkommando der Lord's Resistance Army«, fuhr er fort und machte eine respektvolle Handbewegung in Richtung der Sitzenden. »Joseph Kony lässt sich entschuldigen. Doch sobald er kommt, wird er sich mit Ihnen treffen.«

Dann stellte er mich reihum den Delegierten vor, die dies mit einem Nicken oder Winken quittierten. Otti wollte gerade mit der Besprechung beginnen, als einer der Generäle etwas auf Acholi sagte.

»Mr Anthony«, wandte Otti sich an mich, als der Mann geendet hatte. »Bevor wir anfangen, gibt es eine Frage: Haben Sie unser Geld? Haben Sie unsere fünfhunderttausend Dollar mitgebracht?«

Während mein Gehirn die Frage registrierte, schaltete alles in mir auf Zeitlupe um. Ich kannte dieses Gefühl gut von früheren Situationen, wenn ich von Elefanten angriffen wurde oder anderweitig in Lebensgefahr war. Ich war mir nicht sicher, worum es da gerade ging. Auf der Tagesordnung stand anscheinend noch ein weiterer Punkt, von dem ich nichts wusste, und der hatte damit zu tun, dass ich eine halbe Million Dollar haben sollte, die der LRA gehörte. Dieses Geld hätte ich wohl hierher in den Dschungel mitbringen sollen, und die Herren wollten es jetzt haben.

In meiner Not hätte ich am liebsten Martin gefragt, was da gerade ablief, aber das wäre von all meinen Optionen vermutlich die schlechteste gewesen, denn man hätte es als Hinweis deuten können, dass ich gemeinsam mit ihm irgendetwas abzog.

Ich musste auf diese Frage antworten. Wie ein wildes Tier, wenn es angegriffen wird, erhob ich mich, richtete mich zu meiner vollen Größe auf und antwortete laut und selbstsicher.

»Herr Vorsitzender«, sagte ich, »ich bin auf Ihre Einladung hierhergekommen. Wie jeder weiß, bin ich ein Umweltschützer, ein Mann der Tiere. Ich gehöre nicht zur Welt des Geldes. In meinem Koffer habe ich ein paar Dollar für die Reise. Ich weiß leider nicht, wovon Sie sprechen.«

Das reicht, ermahnte ich mich selbst und unterdrückte das Bedürfnis weiterzureden. Wenn du noch mehr sagst, klingt das so, als wolltest du dich entschuldigen. Ich zwang mich also, mich wieder hinzusetzen. Das Gefühl, die Zeit wäre stehen geblieben, wurde nun vom lauten Hämmern meines Herzens übertönt. Was, wenn sie mir nicht glaubten? Neben diesen Burschen wirkte jeder Mafioso wie ein Weichei. Die brächten es fertig, mich an einen Baum zu stellen und zu erschießen und dabei munter zu plaudern, als wäre nichts passiert. Ich hörte zu, wie Martin Ojul mehrere Fragen beantwortete, die man ihm nun stellte. Die ganze Diskussion lief auf Acholi ab, war aber dem Tonfall nach zu schließen nicht feindselig, was mich wieder etwas zuversichtlicher stimmte. Dann wandte Otti sich mit einem breiten Grinsen an mich.

»Vielen Dank, Mr Anthony, und bitte verzeihen Sie uns diese Frage. Aber wir sind immer auf der Suche nach Geld für unsere Versorgung. Dieses Thema ist damit abgeschlossen.«

Zu meiner großen Erleichterung sah ich, dass auch die Generäle lächelten.

Verdammt nochmal, dachte ich, was zum Teufel sollte das eben?

»Machen wir weiter«, sagte Otti. »Der erste Punkt ist die Haltung der UN-Militärmission im Kongo, der MONUC. Mr Anthony, würden Sie uns bitte berichten, was Sie darüber wissen?«

Ich stand wieder auf und gab einen detaillierten Bericht meiner privaten Unterredung in Kinshasa, wobei ich darauf achtete, keine Namen zu nennen.

»Die Position der UN-Kräfte im Kongo ist eindeutig«, schloss ich meinen Bericht. »Sie werden die Friedensverhandlungen in Dschuba nicht mit militärischen Aktionen torpedieren, wenn die Einheiten der LRA an ihren Sammelplätzen bleiben und die Bevölkerung im Kongo nicht angreifen.«

Meine Versicherungen sorgten für aufgeregtes Stimmengewirr unter den Delegierten, dem ausgedehnte Diskussionen auf Acholi folgten. Offensichtlich war dieser Punkt für sie von größerer Wichtigkeit, als ich gedacht hatte.

»Können wir deren Worten vertrauen?«, fragte einer der Generäle, als wieder etwas Ruhe eingekehrt war.

»In dieser Welt ist es schwer, irgendjemandem zu vertrauen«, erwiderte ich, bewusst ihr Misstrauen gegen alles und jeden aufgreifend. »Doch die UN haben sich von ganz oben bis nach unten ausdrücklich hinter die Verhandlungen in Dschuba gestellt. Sie haben mir ihr Wort gegeben und ich glaube ihnen. Sonst wäre ich nicht hier.«

»Das ist eine wichtige Information«, sagte Otti. »Vielen Dank, dass Sie sie an uns weitergegeben haben.«

»Bitte danken Sie Ihren Kontakten bei der MONUC«, sagte einer Delegierten, »und teilen Sie ihnen mit, dass wir ihre Bedingungen akzeptieren. Doch sagen Sie ihnen auch, dass wir in Bereitschaft bleiben. Jeder Angriff auf uns wird mit voller Kraft erwidert werden.«

»Das werde ich, sobald ich zurück bin«, gab ich zur Antwort. »Sie hätten auch gerne, dass ich als direkter Kontakt zwischen der LRA und der UN im Kongo fungieren solle. Dies könne dazu beitragen, Verwirrung und Fehler zu vermeiden. Sind Sie damit einverstanden?«

»Ja, das sind wir«, sagte Otti, nachdem er sich kurz mit ein paar Generälen beratschlagt hatte. »Das wird hilfreich sein.«

»Museveni plant einen Angriff und wird uns dann vorwerfen, wir hätten ihn angezettelt«, sagte ein anderer Delegierter unter zustimmendem Gemurmel. »Sollte dies passieren, sind die Friedensverhandlungen in Dschuba zu Ende. Warum wurden die Gespräche nicht nach Südafrika verlegt und warum bekommen wir nur Beobachter?«

»Beobachter sind vielleicht nicht das, was Sie ursprünglich wollten, aber sie sind jedenfalls mehr als das, was Sie bisher hatten«, erwiderte ich. »Die Teilnahme von Beobachtern bedeutet, dass die Aufmerksamkeit der Öffentlichkeit auf diese Verhandlungen gelenkt wird. Die Beobachter werden eine aktive Rolle spielen. Werden die Verhandlungen an einen weit entfernten Ort verlegt, so wird es für Sie schwierig, sie zu kontrollieren, und Sie befinden sich weiterhin hier an Ihren Sammelpunkten, fernab jeder Aufmerksamkeit, sodass alles Mögliche passieren kann. Mit Beobachtern holen Sie die Weltöffentlichkeit näher heran. Die Beobachter sind in Dschuba, verfolgen aufmerksam die Verhandlungen und berichten der Welt darüber.«

Auch diese Aussage sorgte für Diskussionen, aber da die LRA ja die Friedensgespräche bereits wieder aufgenommen hatte, war dies kein so wichtiger Punkt.

Es waren Militärs, die hier diskutierten, und im weiteren Verlauf des Abends wurde mir klar, dass ihr Vertrauen in die Verhandlungen von Dschuba sehr gering war. Man schien sich einig zu sein, dass Museveni von seinen amerikanischen und europäischen Verbündeten gegen seinen Willen zu diesen Verhandlungen gezwungen worden war und dass es nur einen verdeckten Angriff von Museveni brauchte, um den Krieg wieder aufflammen zu lassen. Und natürlich würde Museveni die Schuld der LRA zuschieben. Sie misstrauten der ugandischen Delegation und sie misstrauten sogar einigen Mitgliedern ihrer eigenen Delegation.

Ich machte mir keine Illusionen darüber, wo ich war und mit wem ich es zu tun hatte. Doch während die Nacht in diesem abgelegenen Teil des Dschungels voranschritt, wurde immer klarer, dass man mir viel Respekt entgegenbrachte und meinen Ansichten Gehör schenkte. Irgendwann schließlich schaltete ich mich entspannt in die Diskussionen ein, so, als wäre ich bei einem Stammestreffen in Zululand. Ein Merkmal der Afrikaner ist, dass sie die Kunst des geduldigen Zuhörens pflegen, und ich stellte fest, dass ich offen sagen konnte, was ich dachte.

Das allesbeherrschende Thema war Frieden und wie man ihn schaffen könne. Diese Männer hier hatten ihr ganzes Leben

Krieg führend im Dschungel verbracht. Die Vorstellung, dass Frieden tatsächlich möglich sein könnte, war ihnen fremd. Je weiter dieses Treffen voranschritt, desto klarer wurde mir, dass sie wirklich all dem ein Ende setzen und nach Hause wollten, aber einfach nicht wussten, wie das funktionieren konnte.

Als das Thema der Flüchtlingslager in Norduganda zur Sprache kam, wurde die Diskussion zunehmend hitziger. Der absolute Hass auf diese Lager und auf Museveni, der sie eingerichtet hatte, loderte wie eine offene Flamme.

»Meine Herren«, meldete ich mich zu Wort. »Sie haben mich hierher eingeladen, um Ihnen meine Vorschläge zu unterbreiten, und ich danke Ihnen, dass ich offen sprechen darf. Wenn ich helfen soll, dann müssen wir offen über bestimmte Themen reden. Das erste Thema sind die Angriffe auf ebendiese Lager und das zweite sind die Kindersoldaten.«

Damit war mir die allgemeine Aufmerksamkeit sicher.

»Mir wurde gesagt, dass die Lager, die Sie so sehr verabscheuen, von Einheiten der LRA angegriffen werden. Sie haben dafür Ihre Gründe, doch ich muss Ihnen sagen, dass sich bei jedem dieser Angriffe Ihre Feinde zufrieden die Hände reiben. Die Weltöffentlichkeit reagiert auf so etwas mit Entsetzen. Die Kinder in den Lagern haben Angst, und Tausende marschieren jede Nacht in die Städte, um Schutz vor Entführungen zu suchen. Das wird im Fernsehen und in den Zeitungen in Europa, Amerika und Südafrika berichtet. Und das schafft Ihnen Feinde auf der ganzen Welt.

Welche Gründe auch immer Sie haben mögen, ich bitte Sie, diese Strategie zu überdenken und die Angriffe dauerhaft einzustellen. Das ist eine wichtige Etappe auf dem Weg zum Frieden.«

»Es liegt allein an Museveni und seiner Propaganda, dass unsere eigenen Leute Angst vor uns haben«, entgegnete Otti und stand auf. »Nur unsere Feinde haben vor uns Angst. Wir haben für unsere Leute viele Jahre lang gekämpft, und wenn wir nach Hause nach Norduganda zurückkehren, werden sie uns willkommen heißen und uns danken.« Er hielt inne und dachte über seine nächsten Worte nach. »Doch haben wir unsere Männer nicht immer unter Kontrolle, und wir können vor der Verantwortung für das, was im Krieg passiert ist, nicht davonlaufen. Die Verantwortlichen müssen Rechenschaft ablegen. Aber nicht nur wir, auch auf Musevenis Seite.«

Allein diese Worte waren die weite Reise und alle damit verbundenen Risiken wert. Der Ton war umgeschlagen, von der Schuldzuweisung hin zur Übernahme von Verantwortung. Das war ein Riesenschritt vorwärts.

»Godfrey Ayoo und Mr Anthony haben sich ausführlich mit der TRC, der Wahrheits- und Versöhnungskommission in Südafrika, beschäftigt«, fuhr er fort, wobei er sich nun direkt an die Generäle wandte. »Die TRC war die Grundlage für die Beschlussvorlage unserer Delegation für das Abkommen über Rechenschaftspflicht und Versöhnung, das wir bei den Friedensgesprächen in Dschuba unterzeichnet haben.

Es muss Verantwortung übernommen werden«, unterstrich er noch einmal.

Ich war begeistert.

»Danke, General Otti«, sagte ich, nachdem er sich gesetzt hatte. »Sie sagen, dass Ihre Leute in den Lagern wieder nach Hause wollen und den Krieg satthaben, aber« – ich machte eine kleine Pause, um den folgenden Worten mehr Nachdruck zu verleihen – »es gibt auch Stimmen, die besagen, dass die Acholi zwar ursprünglich in diese Lager gezwungen wurden, nun aber wegen der LRA-Angriffe gezwungen sind, dort zu bleiben. Deshalb schlage ich mit Ihrer Erlaubnis vor, dass auf diese Angriffe als militärische Taktik verzichtet wird.«

Ich wusste, dass Martin und Godfrey meinen Vorschlag und die Gründe dafür der LRA bereits übermittelt hatten und dass er ausgiebig diskutiert worden war. Also setzte ich mich und wartete die Reaktion ab.

Otti stand wieder auf und schwieg eine Weile, während einige Generäle miteinander diskutierten.

»Wir stimmen Ihnen zu«, sagte er schließlich. »Es besteht bereits ein Abkommen mit Museveni über die Einstellung aller Kampfhandlungen. Es wird keine Angriffe mehr auf die Lager oder auf die Acholi in Norduganda geben. Sie können das Ihren Leuten sagen, Mr Anthony, und Godfrey Ayoo, unser Leiter der Öffentlichkeitsarbeit, wird diese Nachricht unseren Leuten überbringen. Ich werde mit dem Radiosender sprechen und bestätigen, dass es vorbei ist. Die Menschen sollen die Lager verlassen und nach Hause zurückkehren. Sie haben nichts zu befürchten.«

Diese Entscheidung, die alles verändern würde, war also genehmigt worden. Ich war total aus dem Häuschen. Godfrey und Martin strahlten übers ganze Gesicht. Diese Worte würden in Norduganda eine immense Wirkung entfalten. Wenn das stimmte, wenn den Worten Taten folgen würden, dann konnte der Horror nun definitiv ein Ende finden.

»Sind Sie nun zufrieden, Mr Anthony?«, fragte Godfrey mich leise, während Martin zuhorchte.

»Das bin ich wirklich, und es könnte wirklich ein historisches Treffen sein«, erwiderte ich. »Ich möchte Ihnen beiden für alles danken, was Sie getan haben. Ohne Ihre Hilfe wäre das hier nicht möglich gewesen.«

Ich wollte gerade aufstehen und das Thema Kindersoldaten ansprechen, als ich Godfreys Hand auf meinem Arm spürte. Er hielt mich zurück. Otti beugte sich vor und wollte mit uns allein sprechen.

»Mr Anthony, die Acholi essen keine Nashörner«, sagte Otti. »Wir haben keine Verwendung für ihr Horn und wir schießen keine Elefanten für Elfenbein. Das haben wir noch nie getan. Es tut mir leid, aber unsere Patrouillen haben kein Einziges Ihrer Nashörner gefunden. Wir haben gehört, dass Jäger, Araber, mit Pferden und Kamelen aus dem Sudan gekommen sind, um Nashörner und Elefanten zu töten, aber auch sie hat man seit längerer Zeit nicht mehr gesehen. Unsere Patrouillen haben die Menschen in den Dörfern im Norden gebeten, allen zu sagen, dass die LRA es nicht zulassen wird, dass jemand hierherkommt, um Nashörner oder Elefanten zu schießen.«

»Und falls doch welche kommen?«, fragte ich vorsichtig.

»Die Leute wurden gewarnt. Wenn trotzdem jemand kommt, werden wir ihm sagen, dass er verschwinden soll. Aber wenn uns jemand angreift, dann ist das sein Ende.«

In den Büroräumen eines westlichen Landes wäre eine solche Unterhaltung völlig unvorstellbar, doch man muss begreifen, was für Ranger in diesem Teil von Afrika Alltag ist. Die Behörden hatten den Park schon vor Jahren aufgegeben wegen der Gewalt, die hier herrschte. Nashorn- und Elefantenwilderer sind eiskalte Profis, die großzügig von ihren Maschinengewehren Gebrauch machen und kurzerhand jeden Parkranger niederschießen, der ihnen in die Quere kommt. Im Laufe der Jahrzehnte haben diese Leute weiß Gott wie viele Elefanten geschossen und die Nashörner so gut wie ausgelöscht. Damit würden sie jetzt nicht aufhören, nur weil jemand sie freundlich darum bat. Soweit es mich betraf, würde ich Otti bestimmt nicht aufhalten, wenn er diese Typen aus dem Park fernhalten wollte. Viel Glück, ihr Wilderer. Wenn sie tatsächlich so dumm sein sollten, das Feuer auf eine LRA-Patrouille zu eröffnen, dann würden sie eine volle Dosis ihrer eigenen Medizin zu schmecken bekommen.

Mittlerweile war es schon zehn Uhr abends vorbei und alles in allem hatte dieses Treffen ohne Unterbrechung fünf Stunden gedauert. Otti und die Generäle waren schon wieder in eine ausgedehnte Diskussion auf Acholi verwickelt, als ich Godfrey zuflüsterte, dass ich nun zu dem wichtigen Punkt der Kindersoldaten kommen wollte.

»Nein«, entgegnete er. »nicht jetzt. Das Treffen ist jetzt zu Ende und es erfolgt noch eine wichtige Ankündigung. Aber machen Sie sich keine Sorgen. Die Generäle kommen morgen alle wieder, um die Gespräche fortzusetzen, und dann steht das Thema auf der Tagesordnung.«

Schließlich verstummten die Diskussionen, und Otti stand auf, um die Versammlung zu beenden. »Wir sind schon sehr weit aufeinander zugegangen, seit Sie unserer Delegation in Dschuba begegnet sind«, richtete er das Wort direkt an mich. »Und wir haben gelernt, einander zu vertrauen. Deswegen haben wir beschlossen, Sie zu fragen, ob Sie unser Pate sein wollen. Wir bitten Sie, uns weiter zu unterstützen und uns nach Hause zu führen.«

»Wie bitte?«, fragte ich, völlig perplex angesichts der Tragweite dessen, was Otti gerade gesagt hatte. Einige der Generäle hatten sich in Erwartung meiner Antwort vorgebeugt.

»Wir bitten Sie, unser Pate zu werden. Der Pate der LRA«, wiederholte er lächelnd.

Pate der LRA. Ich hatte im Leben ja schon manche Überraschung erlebt, aber das schoss absolut den Vogel ab. In meinem Kopf ging es rund. Wie in aller Welt sollte ich auf dieses Angebot reagieren? Aus ihrer Sicht meinten die Leute es sicher aufrichtig und es war auch eine große Ehre für mich. Aber das hier war nicht der Elternbeirat irgendeiner Schule, sondern die LRA, zum Donnerwetter, und als Pate einer der bösartigsten Guerillaarmeen der Welt zu fungieren, kam für mich gar nicht infrage. Ich musste mir unbedingt Zeit zum Nachdenken verschaffen.

»Vielen Dank, General Otti, könnte ich mich kurz mit Godfrey Ayoo und Martin Ojul beraten, damit ich das besser verstehe?«

»Natürlich.«

»Das bedeutet, dass sie Ihnen vertrauen und Ihnen Vollmachten erteilen«, sagte Godfrey gut hörbar flüsternd, nachdem er sich zu mir herübergebeugt hatte. Er war ein gebildeter, logisch denkender und hochintelligenter Mensch, der für die LRA nicht einmal eine Waffe abgefeuert hatte und unbedingt Frieden wollte. »Das ist, was wir brauchen, das ist wirkliche Macht. Sie können nun mit dem Oberkommando in allen Fragen direkt verhandeln. So können wir Frieden schaffen. Sie müssen akzeptieren. Sie müssen eine Antwort geben.«

»Weiß Joseph Kony darüber Bescheid?«, fragte ich ihn.

»Nichts geschieht ohne die Zustimmung Konys«, erwiderte er. »Sie haben gesehen, was in Dschuba los ist. Angesichts der Korruption, der Lügen und des doppelten Spiels, das dort getrieben wird, ist es einfach nicht möglich, dass die beiden Delegationen je zu einem Friedensabkommen finden. Unsere Generäle haben nicht einmal zu bestimmten Leuten aus unserer eigenen Delegation Vertrauen. Man hat Ihnen hier eine einmalige Chance geboten, auf die Gespräche für die LRA Einfluss zu nehmen. Kein Außenstehender hat je zuvor das Vertrauen des Kontrollaltars gewonnen. Durch Sie kann die Welt da draußen zum ersten Mal direkt zu den wirklichen Führern der LRA sprechen. Das wird alles ändern. Wir können endlich Frieden schaffen.«

Martin nickte zustimmend, während Godfrey redete. »Sie müssen annehmen«, sagte auch er.

Eigentlich war ich ja ausgezogen, um eine bedrohte Tierart vor dem Aussterben zu retten, und nun machte man mir ein absolut unglaubliches Angebot: Ich sollte bei den Bestrebungen, den längsten Bürgerkrieg in der Geschichte Afrikas zu beenden, eine wichtige Rolle übernehmen. Ich dachte an all die Menschen in den Lagern, an die Kinder, an all die unschuldigen Opfer, die das Böse, das in diesem Teil der Welt wütete, so schlimm getroffen hatte. Was würden sie dazu sagen?

Also fasste ich mir ein Herz und stand auf. »Meine Herren, ich danke Ihnen für das Vertrauen, das Sie in mich setzen. Ich nehme an. Aber ich möchte darum bitten, dass ich nicht einfach nur Pate, sondern Friedenspate werde.«

»Dann ist es abgemacht«, sagte Otti. »Sie sind unser Pate des Friedens.« Bei diesen Worten klatschten die Generäle.

»Es gibt noch einen Punkt«, fügte er hinzu, als das Klatschen aufhörte. »Wir möchten, dass einer unserer leitenden Generäle mit Ihnen nach Südafrika kommt und dort bleibt. So können wir mit Ihnen zusammenarbeiten und gezielt Strategien entwickeln, wie wir diesen Krieg beenden können, den Museveni nicht beenden will.«

»Diesbezüglich muss ich erst die südafrikanische Regierung informieren und um ein Sondervisum bitten«, sagte ich.

»Wir verstehen.«

Damit erhob er sich und ging uns voraus zur Feuerstelle, wo wir zu Abend aßen.

Das Essen zog sich bis Mitternacht hin, was mir die Gelegenheit bot, alle Generäle und Offiziere in einer entspannteren Atmosphäre kennenzulernen. Ohne jeden Zweifel standen sie samt und sonders hinter den Beschlüssen, die im Laufe des Tages gefällt worden waren. Ich konnte es kaum erwarten, dass der Krieg im Norden Ugandas, soweit es die LRA betraf, zu Ende war. Dass die Menschen in den Lagern, also fast die gesamte Nation der Acholi, jetzt nach Hause zurückkehren konnten.

In dieser Nacht legte ich mich, in Gesellschaft zweier bewaffneter Bodyguards, in meinem kleinen strohgedeckten Unterstand mit dem zufriedenen Gefühl schlafen, dass diese berüchtigten Rebellen tatsächlich Frieden wollten, dass auch sie einfach nur zurück nach Hause wollten und dass sie bereit waren, alles nur Erdenkliche zu tun, damit solch ein Frieden zustande käme.

Mir blieb nun noch die Aufgabe, die Dynamik der Gespräche zu verändern und Museveni zu echtem Frieden zu bewegen, bevor irgendein Geplänkel oder irgendeine andere Auseinandersetzung die Verhandlungen platzen ließ. Realistisch betrachtet, konnten nur die Amerikaner und Briten Museveni zur Zustimmung bringen. Ich hatte gute Kontakte zu amerikanischen Kongressabgeordneten und ein paar Leuten in London, die ich darauf ansprechen würde.

Und natürlich waren da noch die Kleinigkeiten der Kindersoldaten und die Haftbefehle des Internationalen Strafgerichtshofes gegen ein paar meiner Tischgenossen beim Abendessen. Doch diesen Gedanken schob ich für den Moment beiseite. Der morgige Tag würde ebenfalls ereignisreich werden und ich brauchte einfach ein bisschen Ruhe.

In dieser Nacht hatte ich lebhafte Träume von Thula Thula und meinen Elefanten, von Nana, Frankie und der Herde. Ich träumte, dass sie hier bei mir im Dschungel wären und ich mitten unter ihnen. Ich war am Rande der bekannten Welt und sehr, sehr weit weg von zu Hause.

28

Am nächsten Morgen wachte ich, zusammen mit meinen beiden Aufpassern, früh auf, gerade in dem Moment, als die schwerbewaffnete Nachtpatrouille ins Lager zurückkehrte. Vielleicht ein halbes Dutzend Soldaten hingen herum, also ging ich zu ihnen hinüber und fragte sie, ob sie vielleicht wüssten, wo der Besitzer des Pavians steckte. Einer ging los, um ihn zu holen, während ich mit den anderen plauderte, die, wie ich feststellte, nichts dagegen hatten, ein wenig zu schwatzen und meine Fragen zu beantworten. So erfuhr ich, dass die Baracken für Ottis Leibgarde, zu der ungefähr dreißig Soldaten gehörten, zwar gut versteckt im Dschungel, aber nur fünfzig Meter entfernt von uns lagen.

»Woher bekommt ihr eigentlich euren Proviant?«, wollte ich wissen.

»Manchmal holen wir uns Nachschub von den Lastwagen in Ri-Kwangba, das ist dort, wo Sie angekommen sind«, erfuhr ich von einem der Kämpfer. »Wir gehen auch jagen, und in den Flüssen gibt es guten Fisch. Die gefangenen Fische trocknen und lagern wir. Zu essen haben wir genug und geben davon immer etwas an die Leute in den Dörfern rundherum ab. Sie sind unsere Freunde.«

»Unsere Fischer sind gute Kämpfer«, sagte ein anderer und lachte. »Sie sind noch jung, aber sie haben gegen die UN-Soldaten gekämpft und viele getötet, bevor sie den Rückzug angetreten haben.«

»Hat eure Einheit gegen die UN-Soldaten gekämpft?«

»Nein, nicht unsere Einheit, nur die jungen Soldaten, die beim Fischen waren. Sie haben die Hubschrauber kommen sehen, sie abgeschossen und die Soldaten getötet.«

So unglaublich sich das anhörte, hatte ihren Worten zufolge eine Handvoll Kids, die gerade beim Angeln waren, den Militärschlag der UN-Sondereinsatzkräfte gegen die LRA vereitelt.

»Ich bewache die Felder, auf denen die Frauen arbeiten«, sagte wieder ein anderer, der ein gefährlich aussehendes Maschinengewehr trug.

»Die Felder?«, fragte ich überrascht. »Ihr baut hier etwas an?«

»Alle Camps machen das«, erklärte er mir. »Der Boden ist gut und die Frauen und Kinder kümmern sich um die Pflanzen.«

»Wie viele Frauen leben denn hier?«

»Viele«, sagte wieder ein anderer. »Wir sind verheiratet.«

»Und haben Kinder.«

»Ja, es gibt hier viele Kinder.«

»Sind das Kinder, die die Soldaten mit zurückbringen, Kinder, die aus den Dörfern geholt wurden?«, fragte ich und rechnete mit Widerstand gegen diese Frage.

»Nein.« Er lachte. »Das sind unsere Kinder. Viele unserer Soldaten haben eigene Kinder.«

Ich überschlug das Ganze schnell im Kopf. Wenn in diesem Camp dreißig Soldaten lebten und jeder eine Frau hatte, dann waren das dreißig Frauen. Wenn wiederum nur die Hälfte der Frauen ein Kind hatte, so hieß das, dass im Camp fünfundvierzig Frauen und Kinder lebten, mehr als Soldaten also. Fischfang, Ackerbau, Frauen, Kinder, Haustiere – das hier war ein Dorf. Bei den LRA-Camps handelte es sich um Dörfer und nicht um eine bloße Ansammlung von Baracken.

Die Patrouille zog ab, als Mfenis Besitzer zusammen mit ein paar gut bewaffneten Freunden ankam. Ich nahm ihm den kleinen Pavian ab und untersuchte ihn sorgfältig.

»Frisst er?«, fragte ich.

»Ja, aber nur wenig«, sagte er. »Er hat ein bisschen Obst gefressen. Ich kann heute Kuhmilch aus dem Dorf besorgen, dann wird er kräftiger. Aber die Dorfleute wollen etwas dafür haben.«

Ich langte in meine Tasche.

»Hier sind zwanzig Dollar«, sagte ich und drückte ihm das Geld in die Hand. »Die sind für Mfenis Milch, und hier sind nochmal zwanzig Dollar für Sie, wenn Sie mir versprechen, gut auf ihn aufzupassen.«

»Vielen Dank, aber ich habe keine Verwendung für Geld«, meinte er und starrte die fremdartigen Dollarnoten an. »Ich werde Milch für Mfeni besorgen.«

»Woher kommen Sie eigentlich?«

»Wir kommen alle aus Uganda.«

»Und wo sind eure Familien?«

»Unsere Dörfer gibt es nicht mehr. Meine Familie wurde ins Lager gesteckt.«

»Wie lange sind Sie schon bei der LRA?«

»Ich glaube, das sind jetzt sechs Jahre oder mehr«, sagte Mfenis Besitzer. Bei den anderen waren es zwischen zwei und acht Jahren.

»Wie ist das Leben denn so in der Armee?«

»Wir werden gut behandelt. Und wir sind die besten Soldaten.«

»Geht ihr manchmal nach Hause?«

»Nein, es zu weit, doch General Otti wird uns nach Hause bringen, wenn Museveni aufhört, uns zu bekämpfen. Darum sind Sie jetzt hier. Sie sollen uns helfen, dass wir wieder nach Hause gehen können. Das ist es, was die Männer sagen.«

»Ich versuche es jedenfalls«, sagte ich. »Ich werde mein Bestes tun.«

Wir unterhielten uns weiter über den Krieg und darüber, was diese Menschen erlebt hatten. Zum einen überraschte mich der hohe Grad an Disziplin dieser Männer, zum anderen ihre durch und durch professionelle Haltung. Sie standen loyal zur LRA, so viel war sicher, und sie hatten größtes Vertrauen in ihre militärischen Fähigkeiten. Das waren mit die härtesten und abgebrühtesten Soldaten, die mir je begegnet waren, und mir sind im Laufe der Jahre so einige Kämpfer über den Weg gelaufen. Ich jedenfalls hätte ihnen nicht im Kampf gegenüberstehen wollen. Im Dschungel, sozusagen mit Heimvorteil, waren sie ein Furcht einflößender Gegner. Bei gleicher Chancenverteilung wahrscheinlich immer noch unschlagbar.

»Haben Sie irgendwelche Nashörner gesehen?«, fragte ich Mfenis Besitzer und deutete vor meinem Gesicht ein Rhinozeroshorn an. »Ich versuche, Nashörner zu finden.«

»Es gibt keine im Wald«, sagte er. »Die Patrouillen halten für Sie immer nach Nashörnern Ausschau, doch sie haben keine entdeckt.«

Da kam ein Kommandoruf aus Richtung der Baracken, und der Mann nahm mir Mfeni ab, rückte seine AK-47 zurecht und marschierte los. Er schaute sich noch einmal lächelnd um, während der kleine Pavian an seinem Hals hing.

Ich ging zu Godfrey und Martin, die gerade vor ihren Zelten standen und sich unterhielten.

»Sie sind jetzt einer von uns«, sagte Martin strahlend. »Gestern war ein guter Tag.«

Diese Aussage ließ mich aufschrecken, und ich beeilte mich, sie sogleich richtigzustellen.

»Bitte vergessen Sie nicht, was wir in Thula Thula vereinbart haben«, sagte ich. »Die Bedingung für mein Engagement war, dass ich stets völlig neutral bleibe, und daran wird sich nichts ändern. Ich werde als aufrichtiger Vermittler agieren und nicht die eine oder die andere Seite bevorzugen. Und ich werde alles tun, was ich kann, damit dieser Krieg aufhört. Doch muss ich darauf bestehen, dass meine Neutralität respektiert und gewahrt wird. Alles andere wäre ein falsches Signal und ich könnte nicht weitermachen. Ich bitte Sie hierin um Ihre Unterstützung.«

»Wir verstehen«, sagte Martin. »Wir arbeiten gemeinsam am selben Ziel.«

»Das Ganze ist eine Frage der Glaubwürdigkeit«, sagte Godfrey. »Das haben wir allen, die beim gestrigen Treffen anwesend waren, bereits klargemacht.«

»Ich danken Ihnen.«

Als wir so dastanden und plauderten, weil wir auf Otti warten mussten, sah ich drei Frauen, die die Lichtung betraten.

»Wer sind diese Frauen?«, fragte ich Godfrey und Martin.

»Zwei sind Ottis Frauen, und die andere ist sicher die Frau eines Soldaten«, erklärte mir Godfrey.

»Bitte sagen Sie ihnen, sie sollen kurz warten«, bat ich ihn und rannte zu meiner Unterkunft.

Die stets umsichtige Françoise hatte mir eine große Tasche voll mit Drogerieartikeln in die Hand gedrückt, als ich mich zum Flughafen aufmachte. »Dort im Busch wird es sicher Frauen geben, und sie werden diese Dinge zu schätzen wissen«, hatte sie gesagt.

Ich holte also die Tasche, und nachdem man mich den sehr reservierten Damen vorgestellt hatte, gab ich sie ihnen. Sie machten sie vorsichtig auf, doch sobald sie den Inhalt sahen, huschte ein Leuchten über ihre Gesichter: Cremes, Lippenstifte und noch viele andere Dinge, an die ein Mann nie denken würde. An jenem Morgen hatte ich mir mit Sicherheit ein paar neue Freunde gemacht, denn ab da lächelten sie jedes Mal, wenn sie mich vorbeikommen sahen, und riefen mir ein paar freundliche Worte zu.

Ein wenig später erschien Otti, hinter ihm zwei Männer mit Plastikstühlen. Nachdem wir uns einen Guten Morgen gewünscht hatten, setzten wir uns.

»Die Generäle werden in Kürze eintreffen«, begann er, »und es gibt einige wichtige Punkte, die noch besprochen werden müssen.«

»Danke«, sagte ich.

»Ich denke, es gibt Themen, die Sie zuvor noch mit mir absprechen möchten.«

»Richtig«, antwortete ich. »Ich glaube, es ist wichtig, dass wir eine Diskussion über zwei Dinge eröffnen, die einem Fortschritt im Weg stehen: erstens die Haftbefehle des Internationalen Strafgerichtshofs gegen einige LRA-Führer und zweitens die Kindersoldaten.«

»Dann lassen Sie uns das angehen«, sagte er.

»Die Haftbefehle gegen vier unserer Führer sind ein massives Problem«, schaltete sich Godfrey ein. »Der einzige Weg, der aus diesem Krieg herausführen kann, ist der afrikanische Weg – mit traditioneller Rechtsprechung.«

»Wie kann die traditionelle afrikanische Rechtsprechung die Welt zufriedenstellen?«, fragte ich.

»Lassen Sie mich das erklären«, erwiderte Godfrey. »Haben Sie bitte ein wenig Geduld mit mir, während ich alles noch einmal durchgehe.«

»Selbstverständlich«, sagte ich. Ich hatte mich mit diesem Thema schon befasst und war neugierig, was er mir darüber sagen würde.

»Museveni ist mit dem traditionellen afrikanischen Rechtssystem großgeworden, mit dem Recht seines Volkes, dem Recht seiner Vorfahren. Er weiß, dass Bekennen, Verzeihen und Wiedergutmachen für Hunderte von Jahren das Fundament seiner Gesellschaft bildeten. Er weiß auch ganz genau, dass der Großteil der Menschen in Norduganda, die Acholi, es voll und ganz befürworten, dass die LRA nach Hause zurückkehrt und sich der traditionellen Rechtsprechung unterwirft, die übrigens als *Mato Oput* bezeichnet wird. *Mato Oput* bedeutet »etwas Bitteres trinken«, was symbolisch für Buße oder Wiedergutmachung steht. *Mato Oput* ist eine familien- und gemeinschaftsbasierte Form der Mediation, die Heilung in einer Form bewirkt, wie sie die westliche Justiz nie schaffen kann. Das ist der uralte Weg unseres Volkes.«

Godfrey warf Otti einen schnellen Blick zu. Dieser bedeutete ihm, mit seinen Erklärungen fortzufahren.

»Das europäische Justizsystem ist darauf ausgerichtet, Täter hart zu bestrafen. Die amerikanische Kultur verlangt, dass Konflikte nach dem »High Noon«-Prinzip ausgetragen werden. Am Ende hat der gewonnen, der als Letzter noch steht. Das ist uns Afrikanern fremd. Es entspricht nicht unserer Lebensphilosophie. Wir mussten auf die harte Tour lernen, dass in unserer Kultur der einzige Weg, Gewalt und Töten dauerhaft zu beenden, nur über Bekennen, Wiedergutmachen und Vergeben führt.

Es stehen sich hier also zwei Systeme gegenüber: die strafende westliche Rechtsprechung, welche der Internationale Strafgerichtshof fordert, und die auf Versöhnung bedachte afrikanische Rechtsprechung, welche sich die Menschen hier wünschen.

Nehmen wir den Völkermord in Ruanda. Bei dieser Gewaltorgie wurden achthunderttausend Menschen durch die Hand ihrer Landsleute getötet. Das ist gar nicht weit von hier passiert. Und wie geht man dort mit Zehntausenden von Mördern um? Man bedient sich der traditionellen Rechtsprechung. In den Dörfern und Städten im ganzen Land müssen die Mörder den Familien und Gemeinschaften der Opfer gegenübertreten und sie um Verzeihung und Verständnis bitten. Und es funktioniert. In Amerika müsste man zehntausend Leute zum Tode verurteilen.«

»Aber warum hat dann Museveni die LRA vor den Internationalen Strafgerichtshof in Europa gebracht, statt sich der traditionellen Rechtsprechung zu bedienen?«, wollte ich wissen.

»Ich sage Ihnen, warum«, ergriff Otti das Wort, und aus seiner Erklärung sprach unverkennbar ein leidenschaftlicher Hass auf den Präsidenten Ugandas. »Die LRA war jahrzehntelang ohne jeden Kontakt zur Außenwelt im Dschungel isoliert, und Museveni möchte, dass das so bleibt. Wenn die LRA-Führer nach Hause zurückkehren, werden sie einiges zu berichten haben, und dann wird die Welt erfahren, was wirklich geschehen ist in diesem Krieg. Wir haben genug Informationen, um ihn vollständig zu vernichten, und das weiß er. Das Letzte, was er will, ist, dass wir nach Hause zurückkehren und die Wahrheit ans Licht kommt.

Ob Sie mir nun glauben oder nicht, alles, was er der LRA vorwirft, hat er selbst auch getan, und noch viel Schlimmeres. An die Macht gekommen ist er durch einen blutigen Putsch, ausgetragen auf dem Rücken von Kindersoldaten. Der Internationale Strafgerichtshof hat seine Regierung der Kriegsverbrechen schuldig befunden. Er hat fast zwei Millionen Menschen unseres Volkes in Lager gesteckt, wo sie geschlagen, vergewaltigt und umgebracht werden. Manche meinen, dass in diesen Lagern mehr Menschen gestorben sind als im Krieg selbst.

Museveni hat Rebellengruppen gegründet, die in unserem Namen Verbrechen begehen. Das berüchtigte 105. Bataillon wurde extra zu diesem Zweck aus ehemaligen LRA-Soldaten rekrutiert, die man dazu angehalten hat, wahllos Menschen zu töten, nur damit man diese Verbrechen dann uns zur Last legen konnte. Den Regierungen von Uganda und Sudan ist sehr wohl bekannt, dass noch andere Gruppierungen unter unserem Namen in unserem Gebiet aktiv sind, trotzdem beschuldigen sie immer noch uns. Wir haben dafür Beweise und werden sie zum richtigen Zeitpunkt vorlegen. Doch so viel kann ich jetzt schon sagen: Jeder weiß, dass die LRA-Kämpfer ihr Haar in Dreadlocks tragen. Als wir festgestellt hatten, dass man uns Angriffe, die wir nicht begangen hatten, unterschob, haben wir unseren Leuten befohlen, sich ihre Dreadlocks abzuschneiden. Und es gab weiter Überfälle von Männern mit Dreadlocks. Man hat uns für diese Überfälle verantwortlich gemacht. Ein paar von den Männern konnten wir gefangen nehmen. Wir wissen, wer diese Leute sind.«

Ich hatte keine Möglichkeit festzustellen, ob Ottis Darstellung der Ereignisse korrekt war oder nicht, doch Godfrey nickte die ganze Zeit zustimmend.

»Um also die LRA-Führer daran zu hindern, nach Hause zu kommen und ihn zu belasten«, nahm Godfrey den Faden wieder auf, »kam Museveni auf die schlaue Idee, sie mithilfe des Internationalen Strafgerichtshofes an einem Ort zur Rechenschaft zu ziehen, der ganz weit weg ist und an dem keiner ihnen Glauben schenken wird.

Das Problem ist, dass die LRA-Führer lieber sterben würden, als sich dem Internationalen Strafgerichtshof zu stellen, und das weiß auch Museveni. Daher wird der Krieg einfach weitergehen, und das Leiden und Sterben wird nie aufhören. Entgegen seinen haltlosen Behauptungen, uns geschlagen zu haben, hat er die LRA in zweiundzwanzig Jahren nicht besiegt und wird sie auch nie besiegen. Wir müssen diesen Teufelskreis durchbrechen. Heute sind wir bereit, dies mit Ihrer Hilfe zu tun. Wir können diesen Krieg innerhalb weniger Wochen beenden, wenn wir uns darauf einigen, dass wir dies mit den Methoden der traditionellen afrikanischen Rechtsprechung, mit *Mato Oput* und einer Wahrheits- und Versöhnungskommission tun. Wie ich bereits gesagt habe, findet unser Standpunkt die Unterstützung der Opfer in diesem Krieg, der Acholi.«

Was Godfrey vorbrachte, war die Position der LRA, doch sollte ich natürlich auch die andere Version der Geschichte hören. Eines aber war mir völlig klar. Dieser endlose Krieg mit seinen vielfältigen Schrecken durfte nicht einfach nur deshalb weitergehen, weil der Internationale Strafgerichtshof die LRA-Führer unbedingt in ein europäisches Gefängnis stecken wollte. Sofern man sie überhaupt lebend zu fassen bekäme. Wenn man aus der Vergangenheit irgendwelche Schlüsse für die Zukunft ziehen konnte, dann doch wohl den, dass weiterhin Tausende von Menschen sterben würden, bis dies – wenn überhaupt – gelänge. Das war ein zu hoher Preis für die ohnehin schon geschundenen Acholi. Schon der gesunde Menschenverstand gebot es, dass die Urheber dieser grausigen Gewalttaten im Rahmen allseits respektierter traditioneller Zeremonien den Familien ihrer Opfer, in deren Gemeinden, gegenübertreten sollten, um alldem ein Ende zu setzen.

»Ich stimmen Ihnen zu«, sagte ich zu Godfrey, Martin und Otti, die gespannt auf meine Antwort warteten. »Meiner Meinung nach sollte die traditionelle Rechtsprechung im Vordergrund stehen. Ich werde versuchen, der internationalen Öffentlichkeit zu vermitteln, dass dies eine lokale Wahrheits- und Versöhnungskommission wäre, vor der beide Seiten ihre Verbrechen bekennen müssen, um Straffreiheit zu erhalten. Dieses System hat in Südafrika die Wunden der Apartheid geheilt, und wenn die Acholi zustimmen, kann es auch hier funktionieren.«

»Museveni wird dazu wahrscheinlich nicht bereit sein«, warf Otti ein.

»Lassen Sie mich das offen und direkt sagen«, erwiderte ich. »Im Moment denkt die Welt, dass es sich bei der LRA um eine Gruppe von extrem gefährlichen, bis an die Zähne bewaffneten Verrückten handelt, denen man nicht trauen kann und die bei den Friedensverhandlungen nur anderer Leute Zeit verschwenden.«

Sowohl Otti als auch Godfrey grinsten bei diesen Worten.

»Doch wenn die Menschen begreifen, dass die LRA wirklich Frieden will, dann werden sie auch Möglichkeiten finden, Frieden zu schließen. Ich jedenfalls werde diese Nachricht über meine Kontakte verbreiten.«

»Wir danken Ihnen«, sagte Otti.

Es war eine ganze Menge, was ich da erst mal verdauen musste. Darum war ich froh, als uns Tee serviert wurde, während Martin uns verließ, um ein paar Dinge zu erledigen.

»Nun, Mr Anthony«, ließ Otti sich vernehmen. »Wir verstehen Ihr Interesse an den Nashörnern, doch wie ich von Godfrey gehört habe, machen Sie sich auch Sorgen um die Gorillas im Virunga-Nationalpark im Kongo?«

»Große Sorgen sogar«, sagte ich, positiv überrascht von seiner Frage. »Vor Kurzem sind Milizen in den Park eingedrungen und haben sieben weitere Gorillas getötet. Wenn dies so weitergeht, könnten sie ganz ausgelöscht werden.«

»Ich verstehe«, sagte Otti. »Es tut mir leid um Ihre Gorillas.«

»Es sind nicht meine Gorillas, sie gehören der ganzen Welt. Aber wie es aussieht, kann niemand etwas für ihren Schutz tun.«

»Diese Milizen sind nicht besonders stark«, meinte Otti. »Es gibt zwei Gruppen, die dort die kongolesische Armee bekämpfen, aber sie sind beide schwach und korrupt. Die kongolesischen Truppen sind noch schlimmer, sie haben gar keine Disziplin.«

Während wir auf Martin warteten, unterhielten wir uns noch ein wenig weiter über Gorillas. Da Martin nicht auftauchte, setzten wir das Gespräch ohne ihn fort.

»Machen wir weiter. Sie möchten über das Thema Kindersoldaten sprechen«, sagte Godfrey.

»Ja, vielen Dank. Meine Herren, dies ist wirklich ein kritischer Punkt. Wenn Sie für Ihre Friedensbemühungen internationale Unterstützung erhalten möchten, müssen Sie Wege finden, wie Sie mit diesem Thema umgehen.«

Ich holte tief Luft.

»Verzeihen Sie mir, wenn ich das so direkt sage«, fuhr ich fort. »Aber es ist dieses Thema, wofür Sie in aller Welt gehasst werden. Die Leute sprechen tatsächlich über nichts anderes, wenn es um die LRA geht. Die Frage macht sie blind für die Wahrheit in Bezug auf diesen Krieg, und wegen dieser Problematik steht die Öffentlichkeit hinter Museveni. Was Sie bei den Friedensverhandlungen brauchen, ist eine möglichst breite Unterstützung. Die werden Sie aber nicht bekommen, wenn Sie in Ihren Reihen Kindersoldaten heranziehen bzw. Sie von der Öffentlichkeit so wahrgenommen werden.«

»Für uns sind das keine Kinder, sondern die Jugend«, erwiderte Otti. »In unserer Kultur gilt ein Dreizehnjähriger als

Mann, und es war immer so, dass die Jugendlichen mit den Vätern in den Kampf gezogen sind. Kinder kämpfen nie und wir rauben auch keine Kinder. Manchmal helfen die Kinder uns tragen, doch sie werden gut behandelt und können jederzeit gehen, wenn sie wollen. Sie, Mr Anthony, kommen aus Südafrika. Glauben Sie, Ihre Freiheitskämpfer hatten keine Jugendlichen in ihren Reihen, als sie im Exil gegen die Apartheid kämpften? Natürlich hatten sie das, und das gilt auch für viele andere afrikanische Länder.«

Es stimmt, dass Heranwachsende von den Afrikaandern in den Burenkriegen eingesetzt wurden, ebenso von den Amerikanern im Unabhängigkeitskrieg. Und während des Zweiten Weltkriegs kämpften in jeder Widerstandsgruppe auch Jugendliche. Kinder haben an der Seite von Erwachsenen gekämpft, seit die Menschen Kriege führen. Aber wie auch immer, das Thema Kindersoldaten war für mich nicht verhandelbar. Ob Kinder zu Soldaten zu machen nun eine kulturelle Gepflogenheit war oder nicht, ob andere das auch machten oder nicht, ob man sie Jugendliche und nicht Kinder nannte, war für mich irrelevant. Es war und ist eine inakzeptable Vorgehensweise.

Doch mit dieser Thematik verbindet sich mehr, als es auf den ersten Blick den Anschein hat. Die LRA und ihre Kindersoldaten stellten ein Problem dar, das in seiner Art einmalig war. Die ethischen Verwicklungen, die darauf zurückgingen, erforderten eine tiefer gehende Betrachtung. Wer war denn die LRA, wer waren diese Leute, die so tief gesunken waren, dass sie Kinder raubten?

Die Antwort ist wahrhaft machiavellistisch. Denn die Entführer, die LRA-Kämpfer, waren einst selbst als Kinder entführt und ihren liebenden Familien entrissen worden. Auch sie waren geraubt worden. Sie sind also ebenfalls Opfer. Diese erbarmungslosen Mörder sind allesamt selbst gestohlene Kinder, die nun ihrerseits noch mehr Kinder stehlen. Diese Erkenntnis traf mich wie ein Hammerschlag.

Dieses Faktum war zu einem gewaltigen sozialen und moralischen Dilemma für die Acholi geworden, denn die Grenzen zwischen Opfer und Täter waren mittlerweile völlig verwischt. Jäger und Gejagte waren eins geworden, beide sind geraubte Kinder.

Ich versuchte, mir vorzustellen, wie es sein musste, Vater oder Mutter in einem der betroffenen Dörfer gewesen zu sein. Ich malte mir das Schreckensbild aus, wie bewaffnete Rebellen in mein Haus eindringen und meine geliebten Kinder rauben, sie mir einfach wegnehmen. Anschließend die verzweifelte Suche nach ihnen und am Ende die resignierte Aufgabe, weil ich glaubte, sie seien tot. Um dann zu meiner großen Erleichterung zu erfahren, dass sie zwar noch am Leben, aber bei der LRA waren. Und wie ich mir verzweifelt wünschte, sie wiederzusehen, mir wünschte, dass sie einfach wieder nach Hause kommen könnten.

Genau das ist überall in den Dörfern und Städten Nordugandas passiert. So traurig es ist, die LRA ist nicht mehr als ihre eigenen verlorenen Kinder. Die LRA, das sind deine Kinder, meine Kinder, die Kinder des Nachbarn, die Kinder aus dem nächsten Dorf. Ihre Eltern und ihre Gemeinde möchten sie einfach nur zurückhaben, und zwar alle. Sie möchten, dass sie wieder nach Hause kommen, wo man versuchen kann, ihnen zu helfen. Die Mehrheit der Acholi will, dass diese Dinge gemäß der traditionellen Rechtsprechung geregelt werden, weil sie dieses System kennen und verstehen und weil das europäische Rechtssystem nicht dazu geschaffen ist, mit den vielschichtigen moralischen Aspekten dieser rein innerafrikanischen Angelegenheit zurechtzukommen. Und ich stimmte den Menschen hier zu.

»Wir haben keine Kinder hier im Camp«, hörte ich Otti sagen, als ich mich gedanklich wieder unserer Diskussion zuwandte. »Wir sind von Uganda zu Fuß hierhergekommen. Kinder können nicht so weit gehen. Und unsere eigenen Kinder wurden von den Eltern und Helfern getragen.«

»Ich verstehe«, sagte ich. »Aber wie sollen wir nun an diese Thematik herangehen?«

»Wenn wir den Internationalen Strafgerichtshof dazu bewegen können, sich zugunsten unserer traditionellen Rechtsprechung zurückzuziehen, dann können sowieso alle nach Hause«, meinte er.

»Ich verstehe, aber ich glaube, dass in dieser Angelegenheit ein großzügiges Zeichen Ihres guten Willens eine immense Hilfe wäre.«

»An was hatten Sie dabei gedacht?«, wollte Godfrey wissen.

»Ich hätte gern, dass Sie zehn Jugendliche, vielleicht Frauen, auswählen, die mit mir zurückreisen. Das wird sowohl mir als auch Ihnen mehr Glaubwürdigkeit bescheren. Ich kann dann der Öffentlichkeit berichten, dass es Ihnen mit Ihrem Wunsch nach Frieden ernst ist. Und eine solche Geste wird die Berichterstattung zu Ihren Gunsten beeinflussen.«

Mit einer solchen Bitte meinerseits hatte Otti offenkundig nicht gerechnet, was ihm deutlich anzusehen war.

»Ich werde darüber nachdenken«, sagte er schließlich. »Doch ich muss das zuvor persönlich mit den Generälen besprechen, und natürlich auch mit Joseph Kony. Aber wir haben gerade keine Transportmöglichkeit für sie. Selbst falls wir damit einverstanden wären, müssten Sie zurückkommen und sie abholen.«

»Das lässt sich organisieren. Aber bitte unterschätzen Sie nicht den positiven Effekt einer solchen Geste«, betonte ich noch einmal. »Das wird einen deutlichen Meinungsumschwung bewirken, nicht nur international, sondern auch innerhalb Ihres eigenen Volkes in Norduganda.«

»Wissen Sie denn nicht, wie es in den Lagern zugeht?«, fragte Otti. »Wollen Sie wirklich von mir verlangen, dass ich diese Frauen in die Hölle schicke? Hier haben sie zu essen und werden versorgt. Sie haben Mann und Kinder, sie werden sich möglicherweise weigern, von hier wegzugehen. Sie wollen nicht in einem Lager sterben oder Prostituierte werden.«

Diese Aussage kam für mich überraschend. Einen Augenblick lang war ich verwirrt. Otti glaubte tatsächlich oder versuchte, mir weiszumachen, dass die Frauen lieber bei der LRA bleiben würden, als in eines der Lager zu gehen.

»Geben Sie mir Bescheid, sobald Sie sich entschieden haben?«, fragte ich.

»Ja, natürlich«, erwiderte er.

»Und ich werde mich dafür um das Visum für den Offizier kümmern, der nach Südafrika kommen soll«, versprach ich, um ihm meinen Vorschlag schmackhaft zu machen.

»Da kommen die Generäle«, sagte Godfrey, der gerade aufschaute.

Und tatsächlich waren sie alle im Anmarsch.

Otti und ich standen auf und gaben uns die Hand.

»Sprechen Sie mit Ihrer Regierung über die Dinge, die wir hier diskutiert haben, und ich werde mit Kony wegen der Frauen reden.«

»Ich danke Ihnen.«

Das könnte funktionieren, dachte ich bei mir. Trotz seines üblen Rufes war Otti ein Mann, mit dem man reden konnte. Wenn es mir gelänge, den Weg zu bereiten für Gespräche zwischen ihm und maßgebenden Vertretern der internationalen Gemeinschaft, dann würde vielleicht, sehr vielleicht, dieser blutige Krieg tatsächlich ein Ende finden.

29

Ich war überrascht, was ich Godfrey auch sagte. Die Generäle und höheren Offiziere waren alle in feierlicher Ausgehuniform angetreten.

»Ihnen zu Ehren«, erklärte Godfrey mir. »Ich habe sie vorher noch nie in Ausgehuniform gesehen. Das ist ein gutes Zeichen. Sie vertrauen Ihnen.«

Das Zusammentreffen war gleichwohl wenig formell. Nachdem wir einander begrüßt hatten, standen wir in Grüppchen herum wie bei einer Cocktailparty, nur ohne Cocktails. Ich konnte mich frei von einer Gruppe zur anderen bewegen, von einem Menschen zum nächsten, und konnte zu vielen Themen Fragen stellen bzw. beantworten. Man sagte mir, dass Kony mir die besten Grüße sende, aber leider könne er immer noch nicht über den Fluss, und angesichts der Bäche in der Umgebung, die durch den Regen zu reißenden Strömen geworden waren, konnte ich verstehen, warum.

Für mich war es eine sehr surreale Erfahrung, wie ich da so stand und mit Menschen plauderte, deren Namen ich bislang nur in der Zeitung gelesen hatte – im Zusammenhang mit Krieg, Gewalt und Kindersoldaten. Ich redete einige Zeit mit General Odhiambo, der offensichtlich nach Otti der ranghöchste Offizier war. Odhiambo war sehr nett. Er beantwortete meine Fragen, gab mir die gewünschten Erklärungen und kümmerte sich ununterbrochen um mein Wohlbefinden, indem er fragte, ob ich mehr Wasser wolle oder vielleicht etwas zu essen. Einige der Anwesenden waren höchst interessiert an meiner Beziehung zu

Tieren, und alle wussten genau, dass ich mir Sorgen um die Nashörner machte.

Die Gespräche machten mir eines klar: Wenn wir die Angelegenheit mit dem Internationalen Strafgerichtshof klären konnten, würden sie auf der Stelle die Waffen niederlegen und nach Hause zurückkehren. Allerdings machten sie auch deutlich, dass sie nötigenfalls weiterkämpfen würden, und wenn es noch mal zwei Jahrzehnte dauern würde. Nun war eindeutig die internationale Gemeinschaft am Zug. Frieden mit dem traditionellen Rechtssystem oder Krieg mit dem Internationalen Strafgerichtshof.

Schließlich kam Godfrey und zog mich beiseite. »Otti möchte Ihnen ein Geschenk machen«, sagte er.

Ich dachte kurz darüber nach. Ich wollte der LRA nicht verpflichtet sein. Ich wollte sie nicht glauben lassen, sie hätten mich gekauft. Daher antwortete ich, ein Geschenk sei nicht nötig. Das einzige Geschenk, das ich mir wünschte, sei der Frieden.

Godfrey meinte, das verstehe er und ging wieder. Einige Minuten später kam ein junger Offizier und sagte, Otti wolle mich sehen. Ich ging zu ihm hinüber.

Otti sagte, er verstünde, weshalb ich kein Geschenk annehmen wolle, aber er wolle mir trotzdem etwas anbieten. Eigentlich wollte ich erneut ablehnen, aber das wäre unhöflich gewesen. Also sagte ich nur: »Danke.«

Auf das, was dann kam, war ich nicht vorbereitet. Es sollte meine Meinung über die Herausforderungen ändern, denen die Naturschützer in diesem Teil der Welt gegenüberstanden. Er bot mir an, Abgesandte in den Virunga-Nationalpark zu schicken, wo Aufständische gerade sieben Gorillas getötet hatten. Er wollte die Rebellen warnen, dass sie die Finger von den Gorillas lassen sollten. Er sagte, in dem Gebiet seien zwei Gruppen unterwegs, und er habe zu beiden einen guten Kontakt. Wenn er persönlich nachhake, so meinte er, würden diese Gruppen die Killer vermutlich ausfindig machen und sie »überzeugen«, die Gorillas künftig in Frieden zu lassen. Otti kannte die dunkle Schattenseite Afrikas wie seine Westentasche. Er wusste besser als jeder andere, dass der einzige Weg, die Gorillas in diesem gewaltverseuchten Landstrich zu retten, eine Warnung war, die durch die Androhung von Gewalt unterstrichen wurde.

Die Frage, ob er mit seinem Vorschlag Erfolg haben würde oder nicht, war nebensächlich. Er verschwendete bei dieser Angelegenheit keinen Gedanken an die Regierung oder an die für die Parks zuständigen Wildtierbehörden. Allein, dass er diesen Vorschlag machte, zeigte überdeutlich, dass er diese für unbedeutend hielt.

Ich war komplett baff. War dies die Zukunft des Naturschutzes in Afrika? Es war grotesk. Nationalparks waren Kampfzonen geworden, was sowohl die Naturschützer als auch die Behörden hilflos machte. Rebellenarmeen und Banditen entschieden, wer die Nationalparks kontrollierte und damit über die Zukunft wichtiger Arten.

Wildtiere in Kampfgebieten, dachte ich bei mir. Welche Chance hatten wir da schon, die Wunder der Natur zu beschützen?

Die Gorillas brauchten dringend Hilfe. Wenn der Plan klappte, wären sie für lange Zeit in Sicherheit. Ich wünschte, ich könnte das Angebot annehmen, aber natürlich war das unmöglich. Ich brauchte einen vernünftigen Ausweg.

»General Otti, ich möchte Ihnen von Herzen danken«, sagte ich. »Die Gorillas sind wirklich sehr wichtig, nicht nur für mich, sondern für die ganze Welt. Ich werde Nachforschungen anstellen, sobald ich zu Hause bin. Dann können wir die Angelegenheit noch mal am Telefon besprechen.«

Über Ottis Schulter hinweg sah ich eine Gruppe von Soldaten ins Camp einrücken. Einer von ihnen kam zu uns herüber und wartete geduldig, bis wir unser Gespräch beendet hatten. Dann unterhielt er sich mit Otti auf Acholi.

Nach dieser Unterhaltung wandte sich Otti wieder mir zu.

»Wir haben erfahren, dass ein UN-Hubschrauber nur eine Fahrstunde entfernt steht. Wenn Sie heute abreisen statt wie geplant morgen, kann der Hubschrauber Sie nach Dschuba mitnehmen. Das würde Ihnen eine zweitägige Autofahrt ersparen. Die Straßen sind immer noch in sehr schlechtem Zustand und die Truppen in Nabanga sind höchst aggressiv.«

»Aber ich habe Kony noch nicht kennengelernt«, entgegnete ich. »Es ist wichtig, dass ich mich mit ihm treffe.«

»Kony ist über Ihren Besuch bis in alle Einzelheiten informiert. Außerdem werden Sie ja in Kürze zurückkehren. Dann können Sie mit ihm sprechen. Er kann nicht über den Fluss, und es ist besser, Sie kehren mit den Informationen, die wir Ihnen gegeben haben, nach Südafrika zurück und fangen an, sie an Ihre Kontaktleute weiterzugeben.«

»Das ist auch meine Ansicht«, stimmte Godfrey ihm zu. »Auch wenn wir bleiben, wird nichts mehr passieren. Und so bleiben uns einige Tage Fahrzeit erspart.«

»Gut. Wann reisen wir also ab?«

»Sofort«, erwiderte Otti. »Ich werde die Nachricht übermitteln und General Odhiambo und ich werden Sie nach Ri-Kwangba begleiten.«

Also verabschiedete ich mich der Reihe nach von den Generälen und Offizieren, dankte ihnen allen für ihre Gastfreundschaft und packte dann mein Zeug zusammen. Auf dem Weg zu meiner Unterkunft sah ich Mfeni und seinen Besitzer mit ein paar Soldaten herumstehen. Ich blieb stehen, um mich von ihm zu verabschieden.

»Ich reise jetzt ab«, sagte ich und nahm ihm Mfeni ab.

»Sie reisen ab?«, fragte einer der Männer, die ihn begleiteten.

»Ja.«

»Bitte warten Sie«, meinte er und ging auf die Baracken zu.

»Mfeni geht's gut«, erzählte sein Besitzer. »Er hat seine Milch getrunken und ist glücklich. Ich glaube, er wird überleben.«

»Gut. Schlag jeden zweiten Tag ein Ei hinein und probier aus, ob er das mag«, erwiderte ich und gab ihm den kleinen Pavian zurück.

»Gut, das mache ich.«

Ich kramte in meinem Gepäck herum und schenkte ihm alle Toilettenartikel und Mückenschutz-Sticks, die ich noch hatte. Aus den Augenwinkeln sah ich, wie eine größere Gruppe Soldaten von den Baracken her auf mich zukam. Sie umringten mich. Dann streckte einer die Hand aus und gab mir ein winziges Stück Papier mit einem Namen darauf.

Ich sah ihn erwartungsvoll an, diesen knallharten Typen von ungefähr dreißig Jahren, der ein Maschinengewehr vom Kaliber zwanzig Millimeter um den Hals hängen hatte. Er hatte Tränen in den Augen.

»Bitte sagen Sie meiner Mutter und meinem Vater, dass ich am Leben bin«, bat er mich.

»Wissen Sie denn, wo die beiden leben?«

»Nein, weiß ich nicht«, gab er zurück, während ihm die Tränen über die Wangen kullerten. »Irgendwo in den Camps.«

»Ich werde mein Bestes tun«, antwortete ich. »Möchten Sie denn von hier weg?«

»Nein. Mein Platz ist hier, solange Museveni nicht abgetreten ist. Ich möchte nur, dass sie das wissen.«

Und so ging es weiter, eine wahre Prozession. Einer nach dem anderen drückten die Soldaten mir Zettel in die Hand, auf denen ihr Name stand. Offensichtlich gab es im Busch nur wenig Papier, denn die Zettelchen waren so winzig, dass die Namen kaum noch lesbar waren. Einige der Soldaten kämpften mit den Tränen, und mir wurde klar, dass ich für sie der erste Kontakt zur Außenwelt seit vielen Jahren war.

Es war ein aufschlussreicher Moment und gleichzeitig eines der traurigsten und verwirrendsten Erlebnisse, die ich je hatte. Ich spürte, dass auch bei mir die Emotionen aufstiegen. Diese schwer bewaffneten Männer vor mir waren die allseits berüchtigten Soldaten der LRA, gnadenlose Killer, brutale Kindesentführer. Und da standen sie nun und erinnerten sich an ihre Heimat, an ihre Familien, denen sie einst entrissen wurden. Und das schien sie sehr zu belasten.

Natürlich waren sie schnell wieder fort, während ich mich auf den Weg zurück in die Welt machte. Ich warf einen letzten Blick zurück auf das Camp und sah Ottis Frauen, die mir zulächelten und winkten. Auch sie hatten ein Heim gehabt und Familien, die auf sie warteten. Aber ihre Namen hatte ich nicht. Jetzt war es zu spät, denn Otti und Odhiambo kamen zusammen mit Godfrey, Martin und ein paar Soldaten auf mich zu.

Aus irgendeinem Grund war der Fußmarsch zurück nach Ri-Kwangba kürzer als der Hinweg. Als wir an der Lichtung ankamen, standen dort mehrere große Lastwagen mit Lebensmitteln. Es war Liefertag. Als Teil der Friedensverhandlungen versorgte die dänische Regierung die LRA mit Lebensmitteln, um während der Verhandlungen Plünderungen zu verhindern. Am Rand der Lichtung standen die Allradfahrzeuge, die uns hierhergebracht hatten.

»Mr Anthony«, rief Godfrey, der dort mit Otti und General Odhiambo stand, und kam auf mich zu. »Es gibt Neuigkeiten. Joseph Kony hat soeben den Fluss überquert und bittet darum, dass wir zurückkehren mögen.«

»Ausgezeichnet«, antwortete ich. Die Aussicht schien mir positiv.

»Gut, dann müssen wir nur noch die Abreisemodalitäten ändern. Wir werden die Fahrzeuge bitten, in zwei Tagen zurückzukehren.«

Martin und Godfrey marschierten zu den Allradfahrzeugen. Nach einer ausgiebigen Diskussion, die hitziger und hitziger zu werden schien, gingen sie wieder zu Otti. Dann kamen sie kopfschüttelnd auf mich zu.

»Die Fahrer weigern sich zurückzukommen«, meinte Godfrey. »Sie sagen, sie hätten den Befehl, uns zum Hubschrauber zu bringen. Wenn wir den Zeitplan ändern wollen, sagen sie, müssten wir mit ihren Vorgesetzten in Dschuba sprechen.«

»Dann rufen wir doch die an«, antwortete ich. »Sie müssen einfach zurückkommen. Sagen Sie ihnen doch, dass Kony mich sprechen möchte.«

»Das haben wir versucht, aber unter den verschiedenen Nummern in Dschuba meldet sich niemand, und die Fahrer wollen weg. Sie haben Otti und Odhiambo gesehen und die ganzen LRA-Soldaten. Sie fühlen sich hier nicht sicher.«

»Welche Möglichkeiten hätten wir denn sonst noch?«

»Nun, entweder nehmen wir den Hubschrauber oder wir bleiben hier, ohne zu wissen, wann und wie wir hier wieder herauskommen«, antwortete Godfrey, der von der Wendung der Ereignisse offensichtlich nicht begeistert war.

»Was ist denn mit den Lebensmittellastern?«, hakte ich nach. »Wie lange sind die noch hier? Könnten sie nicht auf uns warten?«

»Sie fahren heute ab, und sie nehmen garantiert keine LRA-Passagiere mit. Sie haben viel zu viel Angst vor einem Angriff.«

Ich war enttäuscht.

»Wir haben keine Wahl«, fasste Godfrey die Lage zusammen. »Entweder wir fahren jetzt los oder wir bleiben hier hängen. Ich traue der Armee des Südsudan jedenfalls nicht zu, dass sie uns jemals wieder abholen.«

»Nun, dann geht es eben nicht anders«, entgegnete ich ergeben. »Wir werden ja bald zurückkommen. Bitte entschuldigen Sie mich bei Kony.«

»Otti wird es ihm erklären«, sagte Godfrey. »So ein Pech.«

»Das ist es wirklich«, antwortete ich niedergeschlagen.

Die Fahrer ließen die Wagen an. Ich verabschiedete mich von Otti und Odhiambo. Wir tauschten unsere Telefonnummern aus – meine Handynummer gegen die Nummer seines Satellitentelefons –, dann schüttelten wir uns die Hände.

»Sie sind nun unser Friedenspate«, sagte Otti. »Bitte überbringen Sie Ihrem Volk unsere Botschaft: Wir sind bereit, diesen Krieg zu beenden. Uns werden sie möglicherweise nicht glauben, Ihnen aber schon.«

»Genau das werde ich tun«, gab ich zurück. »Ich werde alle Hebel in Bewegung setzen.«

»Danke«, sagte Otti. Er hielt meinen Blick stand. Ich sah diesem so berüchtigten Mann in die Augen und war mir völlig sicher, dass er und seine Generäle jedes Wort, das sie sagten, vollkommen ernst meinten.

Ich wusste damals nicht, dass ich ihn nie wiedersehen würde.

30

Die Straßen waren trockener als vorher, daher verlief die Fahrt nach Nabanga vollkommen ohne Zwischenfall. Glücklicherweise kamen wir nicht an jenem SPLA-Lager vorbei, in dem man uns bei der Hinfahrt so feindselig behandelt hatte. Der riesige weiße russische Mi-8-Hubschrauber wartete auf offenem Feld auf uns. Ein paar Stunden später landeten wir am Flughafen von Dschuba. Dort nahmen uns die LRA-Leibwächter von Godfrey und Martin in Empfang und brachten uns zurück zu unserem Hotel.

Ich ging am Acholi-Mangobaum vorbei und setzte mich ans Nilufer, um eine Weile über die Erlebnisse der letzten Tage nachzudenken. Der faszinierende Fluss strömte schon seit einer Million Jahren hier vorbei. Ihm war die menschliche Dummheit egal. Und nun spielten zwei neue Männer an seinem Ufer ein weiteres blutiges Spiel, das eines Tages auch nur noch Geschichte sein würde.

Wir aßen früh zu Abend, und ich merkte, wie unendlich erschöpft ich war. Ich wollte die Ereignisse der letzten Tage nicht mehr besprechen, daher verabschiedete ich mich bald. Eine halbe Stunde später schlief ich in meinem Zimmer ein, obwohl draußen Schüsse knallten.

Plötzlich hämmerte jemand an meine Tür und riss mich aus dem Schlaf. Ich sprang auf, versteckte mich in einer Ecke des Raumes, ganz nahe bei der Tür, und versuchte, schnellstmöglich wach zu werden. Wenn jemand in Dschuba um ein Uhr morgens gegen deine Tür hämmert, ist das kein gutes Zeichen.

»Ja! Wer ist da bitte?«, rief ich.

»Sie kommen. Sie müssen weg«, sagte eine Stimme, die ich wiedererkannte. Ich öffnete die Tür. Draußen stand einer der LRA-Leibwächter.

»Sie müssen hier raus«, sagte er. »Sie kommen.«

»Wer kommt?«, wollte ich wissen.

»Soldaten. Verlassen Sie sofort das Zimmer«, rief er mir noch zu, bevor er in der Dunkelheit untertauchte.

Ich stellte die Warnung nicht infrage. Innerhalb von drei Sekunden war ich angezogen, erstaunt, wie wach ich plötzlich war. Wenn sie – wer auch immer sie sein mochten – den Raum durchsuchten und sahen, dass das Bett benutzt worden war, würden sie weitersuchen. Also machte ich blitzschnell das Bett, räumte ebenso eilig auf, schnappte mir mein Gepäck und rannte hinaus in die Dunkelheit. Immer noch barfuß lief ich zu der einzigen Zuflucht, die mir einfiel: zum Fluss.

Glücklicherweise hatte man draußen an der Beleuchtung gespart. Das Flussufer lag völlig im Dunkeln. Ich bewegte mich auf das Schilf zu und blieb stehen, als ich spürte, wie das Wasser meine Knöchel umspülte. Dann drehte ich mich zu den kleinen Hotelhäuschen um. Wenn ich in die Hocke ging, würde das Schilf mich völlig verdecken. Außer, sie hatten Taschenlampen dabei, dann würde ich in Nullkommanichts auffliegen. Ich wollte ganz sicher nicht weiter hinein ins Schilf und ins Wasser, nachts, wenn die Krokodile im Dunkeln lauerten. Allein dieser Gedanke trieb mir den Schweiß auf die Stirn. Etwa zwanzig Meter von meinem Versteck entfernt lag ein kleines Boot vertäut. Im größten Notfall würde ich hineinspringen und mich damit in die starke Strömung wagen.

Vom Hotel her drang Türenknallen und lautes Geschrei an mein Ohr. Das ging ungefähr fünfzehn Minuten so. Ein wenig später hörte ich Motorengeräusche, die sich entfernten. Dann Stille.

Ich wartete weitere zehn Minuten, bevor ich mein Versteck verließ und in mein Zimmer zurückkehrte. Dort war alles so, wie ich es verlassen hatte. Ich wusste nicht, wo Godfrey und Martin untergebracht waren, also blieb mir nichts anderes übrig, als mich wieder hinzulegen und zu versuchen weiterzuschlafen. Was einige Zeit dauerte.

Am nächsten Morgen war ich schon früh wach und sah mich nach Kaffee um. In der Nähe der Küche begegnete mir ein Hotelmitarbeiter.

»Was war denn letzte Nacht los?«, fragte ich.

»In der Stadt herrscht Ausgangsverbot«, antwortete er. »Letzte Nacht hat es eine Schießerei gegeben. Man hat nach einigen Leuten gesucht. Aber das passiert hier ständig.«

Er war ein netter Kerl aus Somalia, der hier sogar einen Arbeitsvertrag hatte. Ein hochgebildeter Mann, der in seiner Heimat keine Arbeit bekam. Also musste er in den umliegenden Ländern im Hotel- und Restaurantgewerbe arbeiten. Er besorgte mir einen Kaffee, den ich wirklich dringend nötig hatte, und wir setzten uns raus an den Fluss und plauderten ein bisschen.

Schließlich erzählte ich ihm, was passiert war, wie ich mich im Schilf versteckt hatte. Er starrte mich an und schüttelte den Kopf.

»Die LRA ist hier abgestiegen«, sagte er flüsternd, als erzähle er mir ein Geheimnis. »Das ist nicht gut. Hier können sie Leute einfach ohne jeden Grund mitnehmen. Dschuba ist verrückt.«

»Was wissen Sie denn über die LRA und ihren Kampf gegen Museveni?«, fragte ich nach.

»Es ist ein gewaltsamer Kampf, der von gewaltbereiten Menschen geführt wird«, antwortete er. »Weder Kony noch Museveni liegen die Interessen der Bevölkerung am Herzen. Es geht einfach nur um die beiden als Person. Sie sind beide aus demselben Holz geschnitzt. Ihr Erbe wird vom jeweils anderen bestimmt: von Barbarei, Sklaverei und Unterdrückung.«

Später erzählte ich Godfrey diese Geschichte beim Frühstück.

»Mich hat niemand aufgeweckt«, sagte er lachend. »Ich habe das Zimmer gewechselt, deshalb wusste niemand, wo ich war.«

Ich merkte, dass ich vielleicht ein wenig übertrieben reagiert hatte, als ich mich im Schilf versteckte, aber es tat mir nicht leid. Wäre etwas schiefgegangen, wäre das Resultat viel schlimmer ausgefallen.

Das Militär hatte die Straße vor dem Hotel gesperrt. Für uns hieß das, dass wir festsaßen. Martin telefonierte ein wenig herum und erfuhr, dass die Stadt tatsächlich unter Ausgangssperre stand. Auch der Flughafen war geschlossen.

Wir saßen also im Hotel fest und nutzten den Morgen, um über den Besuch in Ottis Lager zu diskutieren. Am Nachmittag nahm ich ein paar Gespräche auf, die Godfrey über Funk mit Otti führte. Letzterer bestätigte, dass er schon einige Hebel in Bewegung gesetzt habe, und versprach, dass es im nördlichen Uganda keine LRA-Angriffe mehr geben würde und dass die Menschen in den Lagern nach Hause gehen konnten. Nun waren Worte die eine Sache, die Menschen jedoch würden warten, ob es tatsächlich keine Angriffe mehr gäbe, bevor sie sich auf den Weg machten. Und das würde einige Zeit dauern.

Zudem dankte ich Godfrey für das Engagement der LRA für die Nashörner, denn schließlich war dies der Ausgangspunkt von allem gewesen, was mittlerweile erreicht worden war.

Am nächsten Morgen waren wir schon früh am Flughafen und buchten einen Flug nach Nairobi.

Während wir auf den Abflug warteten, lief mir ein Naturschützer aus dem Sudan über den Weg, der mir eine interessante Geschichte erzählte. Er meinte, dass während des langen Kriegs zwischen Nord- und Südsudan viele Elefanten nach Kenia und Uganda ausgewandert waren. Das Interessante war nun, dass sie, sobald nach Jahrzehnten des Kampfes die Friedensverträge unterzeichnet waren, sofort mit der Rückwanderung begannen. Die Frage war: Woher wussten die Tiere in Hunderten Kilometern Entfernung, dass der Krieg vorüber war?

In Nairobi nahm ich mir ein Zimmer im Intercontinental Hotel und rief Ben Ngubane in Tokio und Mujahid Alam in Kinshasa an, um ihnen von meinem Besuch im LRA-Camp zu berichten.

Godfrey und ich verbrachten die nächsten Tage damit, unsere Strategie für die Zukunft zu planen. Ich kontaktierte einige wichtige Leute in Südafrika, England und den USA, um ihnen von den Fortschritten zu berichten, die erzielt worden waren. Die Reaktion fiel durchweg positiv aus, was ich Godfrey und Martin mitteilte.

Otti blieb mit uns in engem Kontakt, und als ich am nächsten Tag Nairobi verließ, war mein nächster Besuch im Camp schon in Planung. Doch erst flog ich mal nach Hause.

31

Der Szenenwechsel – vom LRA-Dschungellager, vom Verstecken vor den SPLA-Soldaten in Dschuba mitten in der Nacht bis hin zum Frieden in Thula Thula – war so surreal wie eine Fata Morgana, aber ich war unglaublich erleichtert, dass es sich nicht um eine Halluzination handelte.

Es war großartig, wieder zu Hause zu sein. Françoise und ich umarmten uns lange, bevor ich ihr von meinen Abenteuern berichtete. Jeff, unser Labrador, erhob sich sogar von seinem Lieblingsplatz am Pool und kam lässig angeschlendert. Gypsy, unsere kleine Mischlingshündin, klebte mir förmlich an den Hacken und folgte mir auf Schritt und Tritt. Selbst Bijou, Françoises Malteserhündin und Königin unserer Menagerie, ließ sich zu einem kurzen Gruß herab, schlief dann aber sofort wieder ein.

Françoise und ich unterhielten uns bis tief in die Nacht über meine Reise. Als wir zu Bett gingen, kreisten meine Gedanken immer noch um meinen Aufenthalt bei den LRA-Kämpfern im Dschungel und meinen Versuch, etwas für den Frieden und die Freilassung der Kindersoldaten zu tun. Als mir klar wurde, wo ich eigentlich gewesen war und was ich gemacht hatte, hatte ich das eindeutige Gefühl, dass mein Schutzengel Überstunden gemacht hatte.

Ich dachte über Konys Prophezeiung nach, wonach die Rettung für die Acholi aus Südafrika kommen würde, und über die Neigung der Afrikaner zu spirituellen Dingen. Mir fiel wieder ein, wie Martin und Godfrey geglaubt hatten, Musevenis »böser« Geist sei in den Elefanten gefahren, als Mnumzane uns damals angegriffen hatte. Als Mnumzane gerade zum letzten, tödlichen Angriff ansetzte und ich ihn mit meinen Worten beruhigen konnte, waren sie davon tief beeindruckt. Ich selbst auch, allerdings aus anderen Gründen. Sie glaubten sicher, dass ich eine mystische Beziehung zum Tierreich habe. Zweifelsohne war es diese Einschätzung, die mir das Vertrauen der LRA-Kommandanten eingetragen hatte.

Solche Dinge haben in Afrika eine sehr große Bedeutung, was für die Menschen aus dem Westen oft schwer zu verstehen ist. So ist es für die Ureinwohner Afrikas selbstverständlich, dass die Erde und alle Lebensformen von – guten und bösen – Geistern bzw. übernatürlichen Wesen bewohnt sind und dass ihre Ahnen die Geschehnisse beeinflussen und sich in das Leben der Menschen einmischen. »Hexen« sind in Afrika höchst lebendig. Und leider werden sie an manchen Orten auch heute noch verbrannt. Der Glaube an schwarze wie weiße Magie ist allgegenwärtig.

Aber Afrika ist nicht die einzige Bastion der Geisterwelt.

Eine Milliarde Menschen beten in Indien den elefantenköpfigen Gott Ganesha an, in dem Land, in dem auch die Kühe heilig sind. Wer sich vor Ort darüber lustig macht, tut dies auf eigene Gefahr. Es wurden schon wegen weit weniger gravierenden Dingen Kriege erklärt. In Hongkong steht ein Wolkenkratzer, der mitten drin ein Loch hat – damit die Geister der Bergdrachen durchfliegen können. Viele Chinesen sind sehr abergläubisch. Auch sie glauben an Tiergeister. Füchse zum Beispiel sind das chinesische Gegenstück zum Werwolf. Außerdem glaubt man in China, Hunde besäßen die Fähigkeit, übernatürliche Wesen zu sehen.

Ich fand es immer schon unverständlich, dass Menschen mehr Zeit darauf verwenden, ihren Schwung beim Golf zu verbessern, als eine Kommunikation zu ihren Hunden oder Katzen aufzubauen – und dann behaupten, eine solche Kommunikation sei purer Humbug.

Das Volk der San, Buschmänner, die ebenfalls in Südafrika leben, haben ein Sprichwort, über die Vergänglichkeit der materiellen Welt: »Das ist ein Traum, der uns träumt.«

Sicher war, dass der Traum von Nana und der Elefantenherde, den ich im Dschungelcamp der LRA hatte, mich enorm inspiriert hatte. Färbte Afrikas spirituelle Seite schließlich auch auf mich ab? Denn der Traum fühlte sich realer an als alles, woran ich mich sonst erinnern konnte. Daher beschloss ich am nächsten Morgen, die Elefantenherde zu besuchen.

Vusi, mein Gebietsleiter unter den Rangern, meinte, sie seien nicht weit weg. Also fuhr ich los. Ich blieb im Landrover sitzen und beobachtete, wie sie das Buschland rundherum absuchten. Die Vegetation war schwer vom Morgentau, aber im Allgemeinen leblos. Wir hatten in den letzten Monaten kaum Regen gehabt. Wenn das kostbare Nass nicht bald vom Himmel strömte, würden wir vor einer Katastrophe alttestamentarischen Ausmaßes stehen. Aber der Himmel war absolut klar. Schwere purpurfarbene Regenwolken blieben für den Augenblick eine ferne Erinnerung.

Ich holte das Fernglas heraus und richtete es auf Nana. Ihr schlechtes Auge war noch trüber geworden. Bald würde sie damit nur noch sehr wenig oder gar nichts mehr sehen können. Das zeigte sich auch, wenn man Frankie beobachtete, die die Herde nun anzuführen schien. Wenn sie fortging, folgten ihr die anderen. Ganz klar, sie war nun die Leitkuh. Nana war zwar entthront, galt aber immer noch als respektierte Älteste. Man würde sie lieben und ehren bis zum Tag ihres Todes. So lebten Elefanten.

Ich ließ den Motor an und rollte in etwa hundert Meter Entfernung neben ihnen her. Sie hatten mich bemerkt und sahen gelegentlich herüber. Ich fuhr ein wenig näher heran, da löste sich Nana von der Herde und kam auf mich zu. Frankie schaute erst, dann folgte sie ihr. Kaum war sie losgelaufen, kam die Herde hinterher.

Ich blieb im Auto, während Nana sich näherte. Ihr massiger Schädel füllte die ganze Windschutzscheibe aus. Ich konnte nichts mehr sehen. Sie legte den Kopf ein wenig schief, sodass sie mich mit ihrem guten Auge besser sehen konnte. Wer Elefanten kennt, weiß, dass sie eine ausgesprochen ausdrucksvolle Mimik haben. Manchmal kann man daran sogar ablesen, was das Tier gerade denkt. Im Augenblick war Nana verwirrt. Warum kam ich nicht heraus und begrüßte sie? Aber die Herde hatte sich mittlerweile um uns verteilt, und von fünfzehn Elefanten umringt zu werden, während man selbst zu Fuß ist, ist keine gute Idee. Nana blieb einige Minuten vor dem Auto stehen, dann schien sie mit den Schultern zu zucken und ging weg.

Ich wartete, bis die Herde im Busch verschwunden war. Dann fuhr ich los. Ich wendete und bekam dann den Schreck meines Lebens, denn ich stand direkt vor Nana. Sie war nur wenige Meter von mir entfernt, als hätte sie auf mich gewartet. Ich trat scharf auf die Bremse, die Reifen griffen auf dem losen Boden nur schlecht. Dann riss ich das Steuer herum. Kaum stand der Wagen, sah ich mich nach den anderen Tieren um. Sie waren nirgendwo zu sehen.

Nana kam wieder auf den Landrover zu und steckte den Rüssel durchs Fenster. Sie beschnüffelte mich und berührte mein Gesicht. Ich ließ mich ganz in dieses Gefühl des Wohlbehagens hineinfallen, das zu den schönsten auf der ganzen Welt gehört.

Ich öffnete die Wagentür und stieg aus, während ich sorgsam auf den Rest der Herde achtete. Nicht, dass ich mich etwa gefährdet gefühlt hätte. Aber es waren wilde Elefanten, und das sollte man nicht vergessen.

Nun stand die alte Matriarchin in ihrer gewaltigen Größe neben mir und strahlte vollkommene Ruhe aus. »Hallo, meine Hübsche. Ich habe dich vermisst.«

Dann begriff ich. Der Rest der Herde war nicht da, weil Nana sich absichtlich von ihr entfernt hatte. Irgendwie wusste sie, welchen Weg ich nehmen würde, und war zurückgekommen, um mich zu treffen. Tatsächlich hatte sie Frankie und dem Rest der Bande den Laufpass gegeben, um auf mich zu warten.

Oder bildete ich mir das alles nur ein? Las ich in dieses Elefantengehirn zu viel hinein? Glaubte ich nur, was ich unbedingt glauben wollte?

Ich weiß es nicht, aber diese Wolke des Wohlbehagens, die mich umfing, war himmlisch. Ich wollte hier nicht weg. Einen Augenblick lang war mir alles andere einfach egal. Ich begriff – oder dachte das zumindest –, dass sie wusste, dass ich nicht aus dem Wagen steigen würde, wenn die ganze Herde herumstand. Daher hatte sie sich von den anderen getrennt. Damit sie und ich ungestört ein Schwätzchen halten konnten.

Nach ungefähr zehn Minuten drehte sie sich um und marschierte zurück in den Busch. Als sie davonzog, fragte ich mich ernsthaft, ob es wahr sein konnte, dass sie die Herde verließ, um mich zu begrüßen. Vielleicht war das nur eine Dummheit von mir. Vielleicht hatte sie ja doch nicht gespürt, dass ich wegen der anderen Tiere nicht ausgestiegen war.

Also wollte ich das am nächsten Tag überprüfen.

Wieder näherte ich mich der Herde mit dem Wagen. Sobald alle meine Anwesenheit bemerkt hatten, fuhr ich langsam wieder weg. Und wie erwartet sah ich im Rückspiegel, dass einer der Elefanten sich von der Gruppe löste.

Es war Nana. Ich hielt an und ließ sie näherkommen. Als die Herde außer Sicht war, stieg ich aus und redete mit ihr. Wie am Tag zuvor verbrachten wir ein paar unglaubliche Minuten damit, in der Gesellschaft des jeweils anderen zu schwelgen.

Dann zog sie wieder davon. Nie in meinem ganzen Leben habe ich so viel Dankbarkeit und Demut empfunden. Nana hatte begriffen, dass ich nicht zu ihr kommen würde, also kam sie zu mir. Als ich später Françoise davon erzählte, kamen mir fast die Tränen.

Auf dem Weg nach Hause hörte ich einen charakteristischen Ruf und war fast erstaunt, ein richtiges Gnu zu sehen und nicht Heidi. Bis ich eine winzige Bewegung im Hinterland erhaschte – ja, es war tatsächlich Heidi, die mit der Gnuherde herumhing wie mit Freunden im Einkaufszentrum.

Ich stellte den Wagen hinter einem Ameisenhügel ab, genau gegenüber von Heidi. Ich wusste schon, dass die Ranger bei den Besichtigungsfahrten recht nah an sie heranfuhren. Das war mit ein Grund, weshalb Heidi bei unseren Touristen so beliebt war. Sie hatte keine Angst vor Autos. Die Gnus waren nun alle weg, Heidi aber zupfte immer noch im Gras herum, das aufgrund der Dürre immer trockener wurde. Sie wusste, dass ich da war, aber es kümmerte sie nicht.

Ich fragte mich, ob ein Nashorn mit einem Menschen solch eine enge Verbindung aufbauen würde wie die Elefanten mit mir. Möglicherweise – aber wohl nur dann, wenn man das Tier kennt, seit es ein Baby war. Elefanten sind als Spezies sozialer als Nashörner. Meiner Meinung nach sind sie auch viel intelligenter und haben mehr Bewusstsein. Es ist also wahrscheinlich einfacher, eine Bindung zu einem Elefanten aufzubauen als zu einem Nashorn. Aber Heidi war so ein gutmütiges Tier, dass ich es bei ihr für möglich hielt. Das hieß natürlich nicht, dass man sie behandeln konnte wie ein Haustier. Heidi würde meinen Landrover innerhalb von Sekunden aufschlitzen wie eine Sardinenbüchse, wenn sie sich bedroht fühlte. Dankenswerterweise tat sie das aber nicht.

Sie war ein außergewöhnlich schönes Nashorn geworden. Ihr grauer Panzer strahlte nur so vor Gesundheit. Die massigen Schultern trugen einen gewaltigen Schädel, an dem das Horn prangte wie die Sichel des Gottes der Zeit. Ich schob den Gedanken beseite, erinnerte er mich doch zu sehr an Gevatter Tod und seine Sense. Heidi erinnerte uns stets daran, womit wir es hier im Norden Südafrikas zu tun hatten. Für mich war sie das lebendige Symbol dessen, was Naturschutz leisten konnte.

Einmal mehr schwor ich mir, dass ich nicht tatenlos zusehen würde, wie das Nördliche Breitmaulnashorn ausstarb. Allerdings sah es im Moment ganz danach aus. Man musste nur nachts seinen Blick über das Buschland wandern lassen, um zu begreifen, dass man nicht jeden Quadratmeter der undurchdringlichen, nie endenden Dunkelheit eines Wildreservates schützen konnte.

An diesem Abend fühlte ich mich wirklich wieder ganz zu Hause, als uns unser Buschbaby George, mit seiner Freundin bzw. inzwischen wohl Gattin, abends in der Lodge besuchte. Seiner Freundin fehlte es an den sozialen Fähigkeiten, die George als regelmäßiger Gast in der Bar entwickelt hatte. Sie hielt sich stets im Schatten. Manchmal wussten wir nicht einmal, ob sie überhaupt da war oder ob George seine Junggesellengewohnheiten wieder aufgenommen hatte.

Der erste Gang unseres Menüs war eine Suppe mit französischem Namen, den nur Françoise korrekt aussprechen konnte. Gerade als die Gäste mit lautem »Ooh!« und »Aah!« mit dem Essen begonnen hatten, sprang George auf den Tisch und steckte seine Schnauze in die Suppenschale eines Gastes.

Natürlich war die Suppe kochend heiß. George sprang also mit einem lauten Aufschrei zurück. Man hätte annehmen können, er habe seine Lektion nun gelernt. Weit gefehlt. Sein athletischer Sprung rückwärts endete in der Nähe einer anderen Suppenschale. Die aromatische Brühe lockte ihn, also steckte er seine Schnauze abermals hinein. Die Vorführung wiederholte sich: wütendes Jaulen und ein Sprung, der neben der Schale eines dritten Gastes endete. Bevor wir ihn erwischten, rannte er mitten über den Tisch davon und tappte dabei mit den Füßen in jedes einzelne Suppenschälchen. Je mehr er sich die Zehen verbrühte, desto wütender beschimpfte er uns. Schließlich machte er einen langen Sprung vom Tisch und schnappte sich seine Buschbaby-Gefährtin, wobei er empört weiterzeterte. Vermutlich etwas in der Art wie: »Komm, Schatzi, das Essen hier brennt wie Feuer.« Und schon waren sie im Laub der Bäume verschwunden.

Dank Françoise hatten wir genug Suppe – weil die Gäste fast immer einen Nachschlag wünschen –, und konnten die leeren Schalen auffüllen.

Und David erzählte den Gästen, dass sie tatsächlich noch glimpflich davongekommen wären. Georges versengte Schnurrhaare waren ja nur eine Kleinigkeit. Kein Vergleich mit dem Zwischenfall ein paar Tage zuvor, als aus dem Blätterdach über dem Esstisch eine Maus auf den Tisch plumpste. Gerade als die Gäste erschrocken zurückzuckten, folgte ihr eine *mfezi*, eine Mosambik-Speikobra, die wohl ebenfalls auf dem Dach Jagd gemacht hatte und sich nun fallen ließ. Sie zischte, zeigte ihre Zähne und ging in Angriffsstellung, bevor sie mit der toten Maus im Maul wieder abzog. Zu sagen, dass die Gäste daraufhin keinen rechten Appetit mehr hatten, wäre eine leichte Untertreibung gewesen. Da wir auf Thula Thula keine Tiere töten, fing einer der Wildhüter die Speikobra ein und ließ sie draußen im Busch wieder frei. Aber natürlich erst, nachdem er sein schwer verdientes Abendessen verzehrt hatte. Jemanden beim Essen zu stören gehört sich ja schließlich nicht.

Am nächsten Morgen sah ich zu, wie unsere Gäste für eine Wildbeobachtungsfahrt in den Landrover stiegen. Dazu hätte ich ihnen eine Geschichte erzählen können, die sie vermutlich noch mehr erstaunt hätte. Vor nicht mal ganz zehn Jahren hatten Françoise und ich alles, was wir besaßen, in den Kauf von Thula Thula gesteckt. Danach waren wir so pleite, dass der Sheriff eines Morgens ankam und unseren Landrover pfänden wollte, gerade als unsere wenigen treuen Gäste darin eine Pirschfahrt machen wollten. Wir führten eine kleine Sammlung unter den Gästen durch. Die so zustande gekommene Summe beruhigte den Sheriff und die Fahrt konnte weitergehen. Dann eilte ich in meinen abgetragenen Khakishorts in die Stadt und suchte meinen glücklicherweise verständnisvollen Bankberater auf.

Der Grund für unsere missliche Lage war die Tatsache, dass wir, als Nana mit ihrer Herde nach Thula Thula kam, erst mal keine Gäste annehmen konnten, weil die Elefanten ausgesprochen aggressiv waren. Wir hatten also zwei Jahre lang überhaupt kein Einkommen, während ich daran arbeitete, die traumatisierten Elefanten zu beruhigen. Und nebenher musste ich natürlich meine Leute bezahlen, von den endlosen Reparaturrechnungen mal ganz abgesehen. Irgendwie überstanden wir das alles, und ich erzähle diese Geschichte manchmal Leuten, die glauben, ein Wildreservat zu leiten sei ein Zuckerschlecken.

Ironischerweise sind die Elefanten mittlerweile eine der friedlichsten Herden in der Gegend, sodass wir sie den Besuchern ganz wunderbar vorführen können. Nana ist eine der Hauptattraktionen von Thula Thula. Die Menschen kommen aus der ganzen Welt hierher, nur um sie zu sehen. Ich habe sie nie als Investition betrachtet – wer macht das schon mit einem Seelengefährten? –, aber sie hat sich bei Thula Thula und beim Naturschutz mehr als revanchiert.

Bedauerlicherweise würde ihr rechtes Auge bald blind sein. Ich könnte sie natürlich hierherbringen, wo sie ihre alten Tage mit allem Komfort verbringen und ich sie jeden Tag sehen konnte. Oder ich könnte sie dort lassen, wo sie war, bei ihrer Familie. Die Entscheidung fiel mir nicht schwer. Es ist für mich die größte Freude, dass sie mir gleichsam exklusive Besuchsrechte eingeräumt hat. Ich muss nur mit dem Wagen in die Nähe der Herde fahren, dann löst sie sich von ihrer Familie und besucht mich. Nur wir beide, niemand sonst. Lustigerweise wurde dies einfacher, seitdem sie nicht mehr die Matriarchin war. Denn der Leitkuh würde die Herde natürlich immer folgen. Obwohl ich hin und wieder beobachten kann, wie sie manchmal noch die Leitung übernimmt. Alte Gewohnheiten legt man nun mal nicht so schnell ab.

Und noch etwas geschah, was mich damals tief berührte. Ich entdeckte, dass Nana trächtig war. Der Vater konnte nur Mnumzane sein. Sie würde also ein neues Leben gebären, das meinen beiden absoluten nicht menschlichen Lieblingen entsprungen war. Mnumzane hatte andere Nachkommen gezeugt, aber dieser war sein letzter – und das zusammen mit Nana.

Sie ist ein wunderbares Geschöpf. Ich kann kaum glauben, dass ich das Glück hatte, sie kennenzulernen. Und mit ihr zusammen sein zu dürfen.

32

Weniger als eine Woche, nachdem ich das LRA-Camp verlassen hatte, klingelte mein Handy. Ich fuhr gerade hinunter zur Lodge. Es war Godfrey, der mich aus Nairobi anrief.

»Ich fürchte, irgendetwas ist schiefgelaufen«, sagte er.

Ich wartete. Er rang hörbar um Worte.

»Es geht das Gerücht um, dass Otti tot ist.«

»Was? Aber das ist vollkommen unmöglich«, sagte ich entsetzt. »Sind Sie sicher?«

»Wir wissen es nicht genau. Jemand aus Nairobi hat uns angerufen und gesagt, Kony hätte ihn getötet. Wir können das im Moment nicht überprüfen. Alle Satellitentelefone im Busch sind abgeschaltet. Ich kann niemanden erreichen.«

»Das ist doch einfach nicht möglich«, gab ich zurück. »Kony und Otti sind die besten Freunde. Sie haben miteinander zwanzig Jahre im Busch gelebt. Wir haben gerade zwei volle Tage mit ihm und den restlichen Kommandeuren verbracht. Das kann doch nur eine Falschmeldung sein.«

»Ich hoffe es, aber wir sollten uns unterhalten. Ich werde Sie in Südafrika besuchen.«

»Gut. Ich werde mich um das Visum kümmern.«

»Ich muss nachsehen, wann ich reisen kann, und melde mich bei Ihnen.«

Einige Tage später kam Godfrey an, allein. Er wirkte abgespannt, als ich ihn vom Flughafen abholte. Vermutlich brachte er keine guten Nachrichten.

»Es gibt immer noch keine formelle Bestätigung«, berichtete er, nachdem wir in der Lodge angekommen waren. »Als Leiter der Öffentlichkeitsarbeit für die LRA muss ich alle Gerüchte über Ottis Tod dementieren. Aber den Informationen zufolge, die uns erreichen, ist es wahr.«

»Was zum Teufel kann denn da passiert sein?«, fragte ich schockiert.

»Wir wissen es nicht mit absoluter Sicherheit, aber es scheint, dass nur wenige Tage, nachdem wir das Camp verlassen haben, etwas geschehen ist. Otti wurde festgenommen und kurz darauf erschossen.«

»Aber warum? Das muss doch einen Grund haben! Was hat Kony dazu getrieben, seinen besten Freund hinrichten zu lassen?«

»Eben das wissen wir nicht. Es gibt die unterschiedlichsten Gerüchte«, meinte Godfrey. »Mein Telefon hört seit Tagen nicht mehr auf, zu klingeln. Ein Gerücht besagt, dass Kony Otti im Verdacht hatte, er wolle ihn umbringen. Ein anderes, dass Otti eine große Geldsumme erhalten habe, ohne Kony davon in Kenntnis zu setzen. Und eine dritte Quelle meint, Otti hätte versucht, Kony zu entmachten, indem er immer wieder weitreichende Entscheidungen ohne ihn traf.«

Das war starker Tobak, und ich hatte Mühe, mir darauf einen Reim zu machen. Dann fiel mir ein, dass Kony angerufen hatte, gerade als wir Ri-Kwangba verlassen wollten. Er hatte mich gebeten zu bleiben und mit ihm zu sprechen. Hätte ich das getan, wäre ich allein und abgeschnitten vom Rest der Welt in Ottis Lager gewesen, während mein Gastgeber festgenommen und erschossen wurde. Allein der Gedanke jagte mir kalte Schauer über den Rücken. Und dann kam mir die erste Frage in den Sinn, die Otti mir beim Treffen mit den Kommandeuren gestellt hatte: »Mr Anthony, bevor wir anfangen, eine Frage: Haben Sie unser Geld mitgebracht? Die fünfhunderttausend US-Dollar? Haben Sie sie dabei?«

Ich wusste nicht, wovon er redete und weiß es bis heute nicht, aber für einen Naturschützer war es eine wirklich seltsame Frage.

Offensichtlich ging da etwas vor, wovon ich keine Ahnung hatte. Ob diese enorme Geldsumme letztlich Ottis Todesurteil, warum auch immer, gewesen war? Hatte man dort etwa geglaubt, ich sei in andere Dinge verwickelt? Mein Verdacht bestätigte sich teilweise, als mir ein anderes Gerücht zu Ohren kam: Kony und Otti waren vor meinem Besuch gewarnt worden, vorsichtig zu sein, da ein Krimineller namens »Orence« zu ihnen kommen würde – und dessen Name klang ja fast genauso wie meiner: »Lawrence«.

»Und was ist nun mit den Vereinbarungen, die ich mit Otti getroffen habe? Sie sind wirklich sehr wichtig. Soll ich nun auf meiner Seite weitermachen?«, wollte ich wissen.

»Unbedingt. Deshalb bin ich ja hier. Daran soll sich nichts ändern. Die Vereinbarungen wurden mit dem militärischen Oberkommando getroffen, nicht mit Otti persönlich. Und Kony ist über alles bestens informiert. Er ist der Führer der LRA und hat all unsere Absprachen bestätigt. Wir müssen mit unserer Arbeit fortfahren.

Außerdem war es ja Kony, der Sie in das Camp eingeladen hat, um Ihnen für Ihre Hilfe bei den Friedensverhandlungen zu danken. Otti hat ja nur Konys Befehle ausgeführt.«

Das stimmte. Ich fühlte mich auch gleich etwas besser. Trotzdem kam Ottis Tod zum denkbar schlechtesten Zeitpunkt. Gerade jetzt, wo ich einen Durchbruch erzielt hatte. Wir hatten erstmals einen direkten Draht zwischen dem Militärkommando der LRA und der Außenwelt geschaffen. Die LRA hatte zugestimmt, die Acholi im Norden Ugandas nicht mehr anzugreifen. Das war ein unglaublicher Fortschritt. Die Menschen konnten endlich die verhassten Lager verlassen und nach Hause gehen. Die »unsichtbaren Kinder« konnten mit ihren Wanderungen aufhören. Die LRA hatte eingewilligt, öffentlich Verantwortung für ihre Taten zu übernehmen. Tatsächlich war schon ein entsprechendes Abkommen unterzeichnet worden.

Sie kümmerten sich um meine Bitte, als Zeichen ihres guten Willens, einige der gefangenen Frauen freizulassen. Meiner Ansicht nach würde dies letztlich dazu führen, dass alle freikämen. Und das Wichtigste überhaupt: Ich war der Ansicht, dass die LRA den Bürgerkrieg wirklich beenden wollte. Es hatte Hoffnung gegeben.

Und dann kam Otti ums Leben.

Godfrey und ich diskutierten bis spät in die Nacht. Am nächsten Tag flog er wieder zurück. Ich konnte nichts tun, bevor Ottis Tod nicht offiziell bekannt gegeben wurde und wir wussten, wo wir in puncto Kony standen.

Einige Wochen später wurde ich zu einem Treffen mit der ICCN, African Parks und anderen Nashornschützern nach Kinshasa eingeladen. Auch diese Begegnung stellte sich als massive Enttäuschung heraus.

Die Hoffnung, dass die Regierung der DR Kongo auf Drängen von Botschafter M'Poko sich für uns einsetzen und unseren ursprünglichen Rettungsplan genehmigen würde, hatte ich längst aufgegeben. Trotz dieses Rückschlags hatten wir einiges erreicht, denn die LRA hatte sich zumindest verpflichtet, die Wildhüter im Garamba-Nationalpark nicht mehr anzugreifen und sich vom Hauptcamp der dortigen Wildhüter zurückzuziehen. Außerdem hatte man den Stämmen rund um den Nationalpark signalisiert, dass die LRA jede Tötung von Nashörnern bestrafen würde.

Bei dem Treffen in Kinshasa sagte man uns, dass bei der Aufklärungsmission mit dem Flugzeug nur vier Nashörner gesichtet worden waren. Das hatte ich erwartet. Der Wasserstand der Flüsse war gesunken. Die Wilderer konnten also wieder in die letzten Rückzugsorte der Nashörner eindringen.

Dass die Aussichten trübe waren, wäre eine glatte Untertreibung. Es stand deutlich schlimmer. Die Mitarbeiter von African Parks wollten die Nashörner nun noch einmal suchen und betäuben, diesmal vom Hubschrauber aus, was wir schon vor Monaten vorgeschlagen hatten. Wenn sie die letzten verbleibenden Nashörner überhaupt nochmal finden würden – was sehr unwahrscheinlich war –, sollten sie nach Kenia gebracht werden. Bis dahin sind sie alle tot, dachte ich bei mir. Die letzte realistische Rettungschance war mittlerweile verstrichen. Es gab noch ein paar Nördliche Breitmaulnashörner in Zoos, aber dort wurde nicht gezüchtet. Das Nashorn war also zum Aussterben verurteilt.

Ich bot an, mit einigen Spendengeldern zu helfen, falls sie die Tiere tatsächlich finden sollten. Dann flog ich nach Hause und es tat mir in der Seele weh.

Einige Tage lang wanderte ich ruhelos durch Thula Thula. Der Kampf um das Nashorn in Afrika war verloren, und zwar auf der ganzen Linie. Nicht nur war das Nördliche Breitmaulnashorn mittlerweile vermutlich ausgestorben, auch das Westafrikanische Spitzmaulnashorn, von dem es noch einige Exemplare im nördlichen Kamerun gab, war bis zur Ausrottung gewildert worden. Und auch darüber hatte kaum eine Zeitung berichtet. Die Menschen interessierten sich offensichtlich mehr für das Privatleben von Stars und Sternchen als für den verzweifelten Überlebenskampf, den einige der beeindruckendsten Lebensformen auf der Erde führten.

Mittlerweile gab es nur noch vier Unterarten von Nashörnern in Afrika – drei davon waren Spitzmaulnashörner, eines ein Breitmaulnashorn. Die meisten davon lebten in Südafrika. Das wussten natürlich auch die Wilderersyndikate und verlegten ihre lukrative Tätigkeit immer weiter nach Süden. Die Kampfzone wurde neu abgesteckt. Der Kampf um Afrikas letzte Nashörner hatte begonnen. Und bevor dieser entschieden war, würden noch viele Menschen verwundet werden.

Wir brauchten unbedingt Lösungen. Was hieß, dass wir nicht nur gegen die Wilderer kämpfen mussten. Wir mussten die

Endverbraucher erreichen, die für diese enorme Nachfrage verantwortlich waren. Schlussendlich war das Horn des Rhinozeros nichts weiter als einfaches Keratin. Ich frage mich manchmal, warum wir nicht einfach die abgeschnittenen Schnipsel von unseren Finger- und Zehennägeln nach Asien schicken, damit die Leute darauf herumkauen können. Das wäre ganz genau das Gleiche.

Gab es andere Möglichkeiten, um dem systematischen Abschlachten der Nashörner Einhalt zu gebieten? Ich stellte Nachforschungen an und siehe da: Es gab da ein paar radikale Ideen. Eine davon war, den verbleibenden Nashörnern das Horn zu amputieren. Dabei taten sich allerdings zwei Probleme auf. Erstens würden die Wilderer in Regionen, in denen es nicht mehr viele Nashörner gab, die hornlosen Tiere ebenfalls töten. Es war ein immenser Aufwand, die Tiere zu finden. Indem sie ein hornloses Tier töteten, konnten sie sichergehen, diesen Aufwand wenigstens beim nächsten Mal nicht noch einmal umsonst zu betreiben. Zweitens war Rhinozeroshorn mittlerweile so wertvoll, dass die Wilderer selbst enthornte Tiere schossen, um an den Hornansatz unterhalb der Haut zu kommen.

Eine andere, ebenso radikale Idee war es, Gift in das Horn zu injizieren, sodass jeder, der ein damit hergestelltes Präparat einnähme, sterben könnte. Ich habe dazu einige ausgezeichnete Anwälte befragt: Selbst, wenn der Besitzer der Tiere deutlich machte, dass das Horn vergiftet war, könnte man ihn trotzdem wegen Totschlags belangen. Und natürlich bestand die Möglichkeit, dass das Gift in kleinen Mengen doch in den Blutkreislauf der Tiere gelangte.

Ich besprach diese Idee aber auch mit Toxikologen. Diese Giftspezialisten rieten mir, kein Gift zu verwenden, sondern das Horn irgendwie zu »vergällen«. Das macht man auch mit Brennspiritus, um die Leute davon abzuhalten, ihn zu trinken. Das bringt Sie nicht um, schmeckt aber furchtbar. Vielleicht wäre dies ein gangbarer Weg. Andererseits schmecken doch fast alle Medikamente scheußlich. Ob dies wirklich machbar war?

Daneben gab es Stimmen, die forderten, den Handel zu legalisieren und den Markt mit Rhinozeroshorn zu überfluten. Das hört sich logisch an, aber eine kurze Recherche zeigte, dass es nicht mehr genug Nashörner auf der Welt gab, um einen Markt dieser Größenordnung zu »überfluten«. Die unstillbare Nachfrage nach dem Horn im Osten hieß, dass eine legale Quelle die Nachfrage nicht einmal ansatzweise befriedigen konnte. Und die Wilderer würden einfach weitermachen, bis das letzte Nashorn tot wäre. Dann war da der Vorschlag, das Horn zu färben. Nun, Wilderer waren nachts unterwegs. Sie würden nicht erkennen, welche Farbe das Horn hatte, und trotzdem zuschlagen. Die Aussichten waren also mehr als trübe. Bedauerlicherweise waren die Meldungen über die LRA auch nicht gerade ermutigend. Nach Ottis Tod hatte Martin sich ins Zivilleben zurückgezogen und Godfreys Einfluss schien zu schwinden. Das war natürlich ein Unglück für alle, die am Friedensprozess beteiligt waren. Godfrey war aufgrund seines scharfen Intellekts fähig, auch die feinsten Nuancen zu verstehen. Er hatte die Gabe, einen Weg zu echtem Frieden zu finden. Er empfand es als unerträglich, was den Acholi angetan wurde. Er würde sein Möglichstes tun, um ihnen zu helfen.

Trotzdem gingen die Gespräche weiter bis zum Jahr 2008, und der Waffenstillstand hielt, obwohl der Haftbefehl des Internationalen Strafgerichtshofs in Den Haag für Kony ein echtes Problem war. Und wenn die Debatten nun endlos weitergingen? Wenn die Politiker sich nur ständig gegenseitig beleidigten? Im Moment war diesem schrecklichen Konflikt Einhalt geboten. Die LRA-Kommandeure hielten ihr Wort. Sie unterließen die Angriffe auf Lager und andere Örtlichkeiten im nördlichen Uganda. Und die Menschen begannen endlich, nach Hause zu gehen.

Ottis Tod war für meine Bemühungen ein schwerer Schlag gewesen. Der Grund für seinen Tod ist selbst heute noch nicht klar. Man weiß nur, dass Otti eines Morgens in Konys Lager gerufen wurde. Als er in der Hütte seines besten Freundes ankam, legte man ihm sofort Fesseln an und sagte ihm, er würde erschossen werden. Otti bat, seinen Sohn noch einmal sehen zu dürfen, einen der jungen Männer, die mich nach Ri-Kwangba gebracht hatten. Stattdessen band man ihn an einen Baum und erschoss ihn mit einem Maschinengewehr. Ohne jedes Verfahren, ohne jede Erklärung.

Viele Menschen in aller Welt mochten diese Nachricht begrüßt haben. Ich tat es nicht. Trotz seines miserablen Rufes war er bei unseren Verhandlungen aufrichtig gewesen. Mit ihm verschwand vielleicht die letzte echte Chance auf Frieden.

Trotz des verdientermaßen schlechten Rufs der LRA sah ich in den Dschungellagern viel Menschlichkeit. Es war, als würde man ein Dorf auf dem Land besuchen, nicht ein Terroristencamp. Die Menschen dort waren höflich, freundlich und respektvoll, wie der Soldat, der sich um den kleinen Pavian kümmerte. Offensichtlich versuchten sie, das Beste aus ihrer Lage zu machen und ein möglichst normales Leben zu führen. Mir begegnete dort immer wieder Gelächter, Spaß und Spiel, vor allem unter den Frauen und Kindern. Ich sage dies nicht, um der Situation Glaubwürdigkeit zu verleihen, sondern um den Familien, deren Kinder dort sind und die wissen wollen, wie es ihnen geht und wie sie leben, ein gewisses Maß an Trost zu spenden. Die Szene, wie die knallharten Soldaten, die selbst als Kinder entführt worden waren, mir Zettelchen mit ihren Namen in die Hand drückten, damit ich ihren Familien sagte, dass es ihnen gut gehe, wird mich mein Leben lang verfolgen. Ich habe die Namen einem Mann in Nairobi gegeben, der die Lager in Norduganda häufig aufsucht. Aber wie er selbst sagte: Wie wollen Sie es anstellen, unter zwei Millionen nicht registrierten Menschen, die häufig noch den gleichen Familiennamen tragen, die richtige Person zu finden? Der Besuch in Ottis mobilem Hauptquartier hatte mir gezeigt, dass dort viel mehr Frauen und Kinder lebten als kämpfende Soldaten. Auch wenn man davon ausging, dass die Frauen entführt worden waren und ihre Familien sie wiedersehen wollten, würde ein Angriff auf ein solches Lager letztlich nur zum Tod zahlreicher Unschuldiger führen. Das war ein durch und durch afrikanisches Problem, dem man meiner Ansicht nach nur mit afrikanischen Lösungen begegnen konnte: Bekennen, Vergeben, Reue und Buße – dem, was die Acholi *Mato Oput* nennen.

Ist Mato Oput ein perfektes Justizsystem? Vermutlich nicht. Aber das ist ja auch nicht die Frage. Wird es funktionieren? Wird es Gewalt und Leid beenden können? Nun, es ist zumindest etwas, woran die Acholi glauben. Und wer sind wir, dass wir diesem uralten Volk sagen wollen, ihr Justizsystem sei Blödsinn? Dass nur das ihnen fremde europäische System für jene Verbrechen auf ihrem Land, an ihrem Volk und durch ihr Volk genügen kann? Dass Mato Oput funktionieren könnte, bestätigte sich, als die LRA-Delegation, angeführt von Martin, auf Versöhnungstour durch die Dörfer und Städte im Norden Ugandas zog.

»Die Delegation wurde mancherorts scharf kritisiert«, erzählte mir Martin später. »Aber die Tour schuf Hoffnung und man hieß uns trotz der Anschuldigungen später erneut willkommen. Bei einigen der Treffen wurde sogar getanzt.«

Das ist die Seele Afrikas, die Menschen aus dem Westen häufig nicht verstehen. Aus diesem Grund aber funktionieren eben gerade die traditionellen Justizsysteme.

Ich erfuhr, dass Kony mich sehen wollte und mich bat, mit meinen Friedensbemühungen fortzufahren. Also kehrte ich mehrere Male nach Nairobi zurück. Aber aus dem einen oder anderen Grund kam es nie mehr zu einer Reise zurück in den

Dschungel. Und so arbeitete ich mit anderen Menschen zusammen, die der LRA angehörten oder nahestanden, im verzweifelten Bemühen, die Gespräche nicht abreißen zu lassen.

Auf amerikanischer Seite sprach ich mit Jendayi Frazer, dem Unterstaatssekretär für Afrika im Außenministerium, und nahm Kontakt zu Tim Shortley auf, der ebenfalls dem Außenministerium angehörte. Von ihm erhielt ich die Freigabe von amerikanischer Seite, mit der LRA weiter zu verhandeln. Kony war extrem launisch. Überall vermutete er Fallen und Mordkomplotte, daher machten wir, wenn überhaupt, nur sehr langsam Fortschritte. Andererseits herrschte während dieser Zeit Frieden, echter Frieden. Das Hornissennest LRA war mit sich selbst beschäftigt – und mit Ackerbau und Fischfang.

Bedauerlicherweise wurde dieser Status quo beendet, als die SPLA-Soldaten in Nabanga, die offensichtlich schon lange Krawall suchten, im Juni 2008 einen schlecht geplanten Angriff auf die Sammelplätze der LRA durchführten. Die LRA schlug brutal zurück. Man tötete Dutzende Soldaten und Zivilisten, bevor Nabanga bis auf die Grundmauern niedergebrannt wurde.

Damit brachen die Kriegshandlungen wieder aus. Ende 2008 geschah dann das Unvorstellbare. Uganda startete mit logistischer Unterstützung durch das US-Militär einen Überraschungsangriff auf die friedlichen LRA-Dörfer. Man mähte die Menschen mit Maschinengewehren vom Hubschrauber aus nieder. Auch MiG-Jagdflugzeuge kamen zum Einsatz.

Hier möchte ich nochmal den Gesamtzusammenhang klarstellen.

Zum ersten Mal in zwanzig Jahren hatte die grausamste Terrorarmee der Welt die Waffen niedergelegt und aufgehört, zu kämpfen. Nicht nur für ein oder zwei Monate, sondern es hatte mittlerweile seit über zwei Jahren keine Kämpfe mehr gegeben. Zum ersten Mal in zwanzig Jahren mussten die Menschen keine Angst mehr haben. Der längste Bürgerkrieg Afrikas war eigentlich vorbei. Zumindest konnten die Menschen wieder nach Hause zurückgehen. Und das taten sie auch – zu Hunderttausenden. Die LRA-»Kindersoldaten«, die Fänger und die Gefangenen, hatten zusammen Dörfer gegründet, wo sie friedlich lebten und sich dem Ackerbau und dem Fischfang widmeten. Das waren Tatsachen. Ich war dort und habe diese Dinge mit eigenen Augen gesehen.

Und die bestmögliche Lösung, die diese Leute fanden, war, eben jene friedlichen Dörfer anzugreifen, in denen nicht nur die entführten Frauen und ihre Kinder lebten, sondern auch eben jene Kindersoldaten, die man zu den Eltern zurückzubringen versuchte. Und das mit Jagdflugzeugen und Maschinengewehren vom Hubschrauber aus.

Warum? Die absolut lächerliche Antwort darauf ist: Sie glaubten nicht, dass Kony wirklich nach Frieden strebte, weil sich die Gespräche schon zu lange hinzogen. Was für eine Überraschung! Jeder weiß doch, dass in Afrika die Dinge lange Zeit brauchen. Sehr, sehr lange Zeit. Daher nennen sie sie ja auch »afrikanische Zeit«. Und wen kümmerte es denn, wie lange das dauerte? Es kostete schließlich nur den Gegenwert der monatlichen Lieferungen von geradezu lächerlich einfacher Nahrung, wie sie die UN ständig an Flüchtlinge in aller Welt verteilte. Und dafür konnten dann Millionen Menschen angstfrei leben. War das nicht wunderbar?

Jan Egeland, der Unter-Generalsekretär der Vereinten Nationen für humanitäre Angelegenheiten, zitiert in seinem Buch *A Billion Lives* Museveni persönlich, der sagte: »Diese Gespräche bringen uns keinen Nutzen. Lassen Sie mich eines ganz kategorisch sagen – dieses Problem kann nur militärisch gelöst werden.«

Hatten die Kommandeure der LRA etwa recht, als sie mir sagten, dass sie seit jeher nach Frieden strebten, Museveni aber nicht? Wie Godfrey mir im Dschungelcamp so geduldig erklärt hatte, wollte Museveni keinen Frieden. »Er gaukelt den Amerikanern seit Jahren etwas vor«, erzählte er mir später. »Und so hat er sie dazu gebracht, ihn bei dem Angriff zu unterstützen.«

Der vom US-Militär gestützte Angriff vom 14. Dezember 2008 mit dem Codenamen Lightning Thunder schlug erbärmlich fehl.

Die LRA schoss einen Hubschrauber ab und verschwand, fast ohne Verluste, wieder im Dschungel.

Dann begannen sie ihrerseits wieder mit den Kampfhandlungen, und zwar auf die denkbar schlechteste Weise. Da ihnen ja nun Felder, Flüsse und andere Nahrungsmittelquellen nicht mehr zur Verfügung standen, gingen sie zum Frontalangriff über. Die Zeitungen berichten, dass allein beim ersten Angriff über vierhundert Menschen starben. In den nächsten Monaten, so heißt es in den Zeitungen, tötete die LRA gut dreitausend Menschen und vertrieb allein in der DR Kongo weitere dreihunderttausend. Hunderte kleiner Kinder – Jungen wie Mädchen – wurden und werden entführt. Heute, während ich drei Jahre später an diesem Buch arbeite, ist die Region immer noch im Aufruhr. Alles wegen dieses einen schlecht geplanten Angriffs. Allein deshalb, weil der Internationale Strafgerichtshof, den die Amerikaner nicht anerkennen und von dem die Acholi mit Sicherheit noch nie gehört haben, darauf bestand, dass die drei verbliebenen LRA-Kommandeure in einem fremden Land eingesperrt werden müssten.

Wie sehen die Gewalt und das Leid, die so verursacht wurden, aus im Vergleich mit dem dauerhaften Frieden, den man mithilfe des traditionellen Justizsystems der Acholi erreicht hätte? Aber natürlich bin ich nur ein einfacher Ranger. Was weiß ich denn schon?

Und es bewahrheitete sich auch, was JP vorhergesagt hatte: dass das Hauptcamp in Garamba auf der Stelle angegriffen würde, sollten die Friedensgespräche scheitern. Der Angriff erfolgte im Januar 2009. Die Wachleute verteidigten sich mutig, und die Wildhüter schafften es irgendwie, die LRA-Kämpfer abzuwehren – aber mit entsetzlichen Verlusten. Acht tapfere Ranger starben, viele wurden verwundet, und das Camp wurde schwer in Mitleidenschaft gezogen. Der Angriff erschütterte die Naturschutzwelt.

Trotz dieser Katastrophe baute die ICCN das Camp lobenswerterweise wieder auf und verließ den Nationalpark nicht mehr.

Das einzig Gute war die Vereinbarung, die in Ottis Lager mit dem militärischen Oberkommando der LRA getroffen worden war. Sie sorgte dafür, dass die Acholi nicht mehr angegriffen wurden. Nach der Unterzeichnung dieses Abkommens feuerte die LRA im Norden Ugandas nicht einen Schuss mehr ab. Das Resultat war, dass beinahe zwei Millionen Menschen die verhassten Camps verlassen und nach Hause zurückkehren konnten. Man hört immer mal wieder, das läge daran, dass Museveni die LRA besiegt hätte. Das ist nicht richtig, denn die LRA ist nicht einmal ansatzweise besiegt worden. Sie stiftet immer noch Unfrieden in verschiedenen Ländern, dem Kongo, der Zentralafrikanischen Republik oder dem Südsudan.

Die LRA-Leute kennen den Norden Ugandas wie ihre Westentasche. Sie haben überall Waffenverstecke. Sie hätten nur ein oder zwei Angriffe ausführen müssen, selbst wenn nicht viele Männer daran beteiligt waren. Das hätte die Angst am Leben erhalten, und die Menschen hätten es nicht gewagt, in ihre Dörfer zurückzukehren.

Interessanterweise hat Kony seit der Operation Lightning Thunder mehrfach einen Waffenstillstand ausgerufen. Und ist damit nur auf ohrenbetäubendes Schweigen gestoßen.

33

Einige Tage, nachdem ich von Ottis Tod erfahren hatte, verließ ich mein Haus früh. Ich hatte keinen besonderen Plan außer eines Buschrundgangs, um einen klaren Kopf zu bekommen. Dabei ist nicht nur das »Draußensein« gut für die Seele, sondern jede Minute im Busch ist eine Erfahrung für sich, die sich in der Form meist nicht mehr wiederholt. So manchen Anblick erlebt man einmal und nie wieder, und man muss wirklich viel draußen unterwegs sein, um die Chancen zu erhöhen.

Ich ging am Fluss entlang, als etwas meine Aufmerksamkeit erregte. Eine große Nördliche Felsenpython, gut viereinhalb Meter lang. Die braungoldenen Flecken ihrer Zeichnung waren perfekt der Umgebung angepasst. Da bemerkte ich, dass die Schlange sich um einen jungen Impalabock wand. Das Tier hatte gerade den Unterkiefer ausgehängt, um die Schwarzfersenantilope in einem Stück zu verschlingen, mit Hörnern und allem Drum und Dran.

Um das Ganze besser sehen zu können, ging ich ein Stück näher heran. Dabei machte ich leider ein winziges Geräusch. Die Schlange sah mich, erschrak, würgte den Bock wieder aus und wand sich langsam davon.

Die Python, von denen es in Thula Thula jede Menge gibt, hatte vermutlich gut eine Woche auf ihre Beute gelauert. Natürlich bemerken die Tiere ihre Anwesenheit zunächst und machen einen weiten Bogen um die Schlange. Aber nach einigen Tagen gewöhnen sie sich daran und werden unvorsichtig – und zack! Schon hat die Python ihre Beute. Nun hatte ich innerhalb weniger Sekunden das Tier um seine Mahlzeit gebracht. Ist eine

Python einmal vor Schreck geflohen, kommt sie meist nicht mehr an diese Stelle zurück. Und das hieß, dass sie für einige weitere Wochen nichts zu essen bekommen würde, während sie einen neuen Jagdplatz suchte und dann dort im Hinterhalt lauerte. Daher tat es mir leid, dass ich nicht vorsichtiger gewesen war.

Zufällig hatte es einige Tage zuvor einen weiteren Zwischenfall mit einer Schlange gegeben, an dem einer meiner Wildhüter beteiligt war. Ich hatte vor Kurzem drei *mfezis* aus dem Laubdach unseres Vorratsraums entfernt. Eine mfezi ist eine Mosambik-Speikobra, eine wunderschöne Schlange, metallisch grau auf der Oberseite und mit lachsfarbenen Streifen auf dem hellen Unterbauch. Dieser freilich ist nur sichtbar, wenn sie sich aufrichtet und zum Angriff übergeht. Voll ausgewachsen, sind die Tiere nur eineinhalb Meter lang. Aber wenn man falsch mit ihnen umgeht, können sie beißen und natürlich Gift spucken. Wir hatten einen leicht erregbaren Wildhüter, der meinte, er habe eine vierte Schlange gesehen. Man hätte meinen können, er rede vom Monster von Loch Ness, so aufgeregt beschrieb er das Tier.

Er entdeckte die *mfezi* hinter einer Kiste und holte einen Besen. All unsere Ranger wissen, wie man solch eine Kobra fängt. Wenn sie sich aufrichtet, schiebt man langsam einen Besen auf das Tier zu. Dann lässt sich die Schlange meist auf die Stelle fallen, wo der Besenstiel im Querholz festgemacht ist. Und dann kann man das Tier ganz einfach wegtragen. So weit, so gut. Mit einer kleinen Einschränkung – man muss unbedingt eine Brille tragen oder einen anderen Augenschutz. Schließlich heißt unsere Schlange nicht umsonst »Speikobra«. Sie spuckt ihr Gift dem Angreifer in die Augen und ist dabei so treffsicher wie ein Scharfschütze.

Der Ranger war so aufgeregt, dass er seine erste Schlange fangen würde, dass er vergaß, seine Augen zu schützen. Als er den

Besen unter ihren Körper schob, bekam sie Angst, richtete sich auf und spuckte los. Der feine Giftnebel traf ihn direkt in die Augen.

Als er realisierte, was geschehen war, wusch er sich die Augen sofort mit Milch aus. Da sich das anfühlte, als würden die Augäpfel mit Schmirgelpapier traktiert, brachten wir ihn schleunigst in die Notaufnahme des Krankenhauses. Wäre er nicht behandelt worden, hätte er sein Augenlicht verlieren können.

Das war eine wichtige und wirksame Einweihung in den Umgang mit Schlangen. Wie Pieter, der auf einen Baum gejagt wurde und sein Taschenmesser nach einem Afrikanischen Büffel warf, hatte der Ranger einen ordentlichen Schock bekommen. Wenn er nächstes Mal Mr Mfezi Guten Tag sagte, würde er seine Brille sicher nicht vergessen.

Ich entfernte mich gerade von dem toten Impalabock, den die Python liegen gelassen hatte, als ich das unverwechselbare Geräusch eines kleinen Hubschraubers hörte. Ein wenig irritiert verfolgte ich, wie das Ding in geringer Höhe über das Reservat flog. Einige Piloten gehen ein Risiko ein und versuchen, ihren Fluggästen einen guten Blick auf die Wildtiere hier zu bieten, indem sie möglichst tief fliegen. Ich funkte also meine Ranger an und bat sie, die Registernummer zu notieren, damit ich den Hubschrauber melden konnte.

Sie funkten sofort zurück. »Es gibt keine Registernummer, Mkhulu. Over.«

»Was? Die haben keine Nummer auf der Kabine? Over.«

»Ja, genau. Da ist keine Registernummer.«

Ich betätigte das Funkgerät und setzte einen Spruch an alle ab, die mich hören konnten: »An alle Ranger: Ein Hubschrauber ohne Registernummer überfliegt unser Reservat. Bitte merkt euch die Farbe und das Fabrikat.«

Doch der Hubschrauber war so schnell wieder fort, dass wir ihn nicht mehr zu Gesicht bekamen. Entweder war er verschwunden oder er war gelandet. Ich hoffte sehr, dass Ersteres der Fall war.

Vierzig Minuten später – ich war mir schon sicher gewesen, dass der Hubschrauber weggeflogen war – hörten wir ihn wieder. Wir richteten die Ferngläser auf ihn und sahen, wie er in geringer Höhe über das Gelände strich und dann nach Osten Richtung Meer abdrehte. Bald war er kilometerweit entfernt, aber etwas beschäftigte mich. Was hatte er hier nur so lange gemacht?

Ich funkte sofort alle Flughäfen in der Umgebung an, gab die Beschreibung durch und fragte, ob jemand etwas über einen Hubschrauber ohne Registernummer wusste. Vergeblich.

Es war genau elf Uhr am nächsten Morgen, als ich einen düsteren Funkspruch von meinem Chef-Wildhüter Vusi erhielt.

»Mkhulu, Mkhulu, kommen. Over.«

»Hier Lawrence.«

»Du musst kommen, Mkhulu.«

»Warum?«

»Das kann ich nicht über Funk sagen. Bitte komm einfach.«

Einige Zulus scheuen sich davor, Überbringer schlechter Nachrichten zu sein. Ich glaube, das geht zurück auf die Tage unter König Shaka, der die Boten töten ließ, wenn sie ihm Botschaften brachten, die der Monarch nicht hören wollte. Etwas Schlimmes war geschehen, und Vusi wollte, dass ich mir das selbst ansah. Er hatte wirklich sehr erschüttert geklungen. Irgendetwas höchst Dramatisches war passiert. Mein erster Gedanke war, dass möglicherweise ein Elefant gestorben war. Vielleicht sogar Nana oder Frankie.

»Wo bist du?«

Er gab mir seine Koordinaten durch.

Ich sah die Geier kreisen, lange bevor ich dort ankam. Meine Angst verstärkte sich.

Als ich ausstieg, sah ich Vusi mit zwei anderen Rangern in der Savanne stehen. Ein großer grauer Fleischberg lag hinter ihnen. Die Bäume rundherum waren voller Geier.

Ich ging auf das tote Tier zu.

Es war weder Nana noch Frankie.

Es war meine liebe Heidi. Man hatte ihr das Gesicht förmlich aufgespalten, um ihre Hörner abzuschneiden.

Ich drehte mich um, weil ich gegen die Tränen ankämpfen musste. Tränen der blinden Wut und Verzweiflung. Heidi, die Sanfteste aller Riesinnen. Heidi, die eher weglief, als jemandem etwas zuleide zu tun. Heidi, die so vielen Menschen Freude geschenkt hatte. Menschen, die aus aller Welt kamen, um sie zu sehen.

Ich konnte ihren Anblick nicht ertragen. Mein großes Mädchen war tot.

Vusi war der Erste, der das Wort ergriff. »Schau nur, all das Blut.«

Es sah aus wie ein Schwimmbecken, rotviolett in der Sonne. Einzelne Rinnsale flossen in die Spalten der trockenen Erde. Riesige grüne Fliegen überall.

»Sie haben ihr die Hörner abgeschnitten, während sie noch am Leben war«, sagte Vusi traurig. »Während ihr Herz immer noch schlug.«

Da wurde mir klar, was der Hubschrauber hier getan hatte. Die Schweine hatten Heidi vermutlich vom Hubschrauber aus betäubt. Dann waren sie gelandet. Wir hatten den Schuss nur nicht gehört, weil sie, da Heidi ja schon betäubt war, ganz nahe an sie herangehen und den Todesschuss mit etwas so Banalem wie einem Kissen hatten dämpfen können. Dann schnitten sie ihr die Hörner mit Macheten oder einer Kettensäge ab und ließen den Hubschrauber dabei einfach weiterlaufen. Schließlich flogen sie wieder davon. Die ganze Operation hatte wohl nicht länger als dreißig Minuten gedauert.

Und wir konnten überhaupt nichts tun. Es gab keine Möglichkeit, unserem Zorn irgendwie Luft zu machen. Wir standen nur da und sahen uns hilflos an. Die Wilderer waren fort und unsere liebe Heidi war tot.

Ich machte mich sofort nach Hause auf, um Françoise Bescheid zu sagen. Sie brach in Tränen aus. Dann meldete ich die Angelegenheit der Polizei und der für unser Reservat zuständigen Behörde.

»Das ist ein schlimmer Monat«, meinte mein Gesprächspartner. Derselbe, der die anderen drei Nashörner hatte wegbringen lassen, nachdem ich ihm den Tod des ersten gemeldet hatte. Der Tod, der uns überhaupt erst zu der geplanten Nashornrettung im Kongo angeregt hatte. »Die drei Nashörner, die wir von Thula Thula abgeholt haben, wurden ebenfalls getötet. Wir konnten sie nicht beschützen. Diese ganze Sache gerät völlig außer Kontrolle.«

Vielleicht waren es ja die gleichen Wilderer, die alle vier Tiere geholt hatten. Wer weiß? Eines wusste ich allerdings: Es gab keinen sicheren Ort mehr für Nashörner.

Heidis Tötung ging durch die Presse und natürlich durchs Internet. Wir erhielten Beileidsbekundungen von unzähligen Menschen, die Heidi im Leben tief berührt hatte. Heidis vorzeitiger und gewaltsamer Tod erschütterte viele Menschen. Über Thula Thula legte sich eine düstere Stimmung.

Zufall oder nicht: Vor Kurzem hatte die Nachricht eines vietnamesischen Ministers im Internet Aufsehen erregt, der behauptete, seine Krebserkrankung mithilfe von Rhinozeroshorn besiegt zu haben. Dies würde die Nachfrage in seinem Land weiter steigen lassen. Eine vietnamesische Diplomatin wurde dabei gefilmt, wie sie in Pretoria vor der Botschaft ihres Landes geschmuggeltes Rhinozeroshorn in Empfang nahm. Bevor man sie noch verhaften konnte, war sie ausgereist. Sie berief sich dabei auf ihre diplomatische Immunität.

Dann gab es endlich auch einmal gute Nachrichten. Einige Tage später fasste KZN Wildlife, die für unser Reservat zuständige Behörde, eine Gruppe Wilderer, die ein Horn bei sich hatten. Die Verbrecher waren verdammt anmaßend und drohten, sich für ihre Gefangennahme zu rächen. Ein totes Nashorn bedeutete für sie nichts anderes als mehr Geld in ihren Taschen.

Die Polizei konnte ihre Kontakte bis zu einem Syndikat in Johannesburg nachverfolgen. Dies waren die Mittelsmänner, aber immer noch kleine Fische. Auch sie verhielten sich sehr arrogant und leugneten jede Komplizenschaft, obwohl die Beweise klar auf der Hand lagen. Und natürlich zeigten auch sie keinerlei Reue.

Die Wilderer wurden angeklagt und vor Gericht gestellt. Man verurteilte sie zu fünfzehn Jahren Haft. Doch ihre Bosse würden sie einfach ersetzen und weitermachen wie bisher. Der Preis für Rhinozeroshorn war längst durch die Decke gegangen. Der Handel damit war viel zu lukrativ geworden, als dass er sich noch hätte stoppen lassen.

Allmählich wurde mir klar, dass wir die Hintermänner vermutlich nie fassen würden. Sie wurden ja nicht nur von den Regierungen ihrer jeweiligen Herkunftsländer geschützt. Ein Regierungsminister eines fernöstlichen Staates hatte sich sogar selbst als Endverbraucher geoutet. Wir mussten uns also von ganz unten bis nach oben durchkämpfen. Und der Weg war sehr steinig.

Aber wenn dies erforderlich sein sollte, würden wir es tun. So wie viele andere Wildreservate in Südafrika würde Thula Thula den Wilderern den Kampf ansagen müssen.

Damals erreichte mich auch die traurige Nachricht, dass die letzten vier Nördlichen Breitmaulnashörner in Garamba nicht mehr auffindbar waren. Das wild lebende Nördliche Breitmaulnashorn war damit ausgestorben.

Am nächsten Morgen machte ich mich allein zu einem ruhigen Ort in Thula Thula auf. Ich ließ meinen Blick über den afrikanischen Busch wandern, den ich so sehr liebte. Still und leise verneigte ich mich vor einer der unglaublichsten Arten, die je auf dieser Erde gelebt hat, und verabschiedete mich von ihr.

Wenn ich je einen Tiefpunkt hatte, dann war es dieser.

34

Der Hubschrauber erhob sich in den englischen Himmel, gesteuert von einem erfahrenen Piloten, der ein paar Flugmanöver üben wollte. Es war ein wundervoll klarer Tag, die smaragdgrün leuchtende Insel erstreckte sich unter ihm. Er passte die Steuereinstellungen an und setzte zu einem Wendemanöver über einem Steilufer an. Am kritischen Punkt des Manövers merkte er, dass aus irgendeinem Grund der Antrieb versagte.

Wenn bei einem Hubschrauber der Antrieb ausfällt, kann man immer noch eine sichere Landung schaffen. Die Rotorblätter drehen sich ja weiter. Das gibt eine Art Windmühleneffekt, der den Hubschrauber in der Luft hält, aber nur, solange man ausreichend Vorwärtsgeschwindigkeit hat.

Der Pilot spannte alle Muskeln an, als wolle er den Hubschrauber mit schierer Körperkraft für die Landung in die richtige Richtung zwingen. Aber bis er ihn richtig ausgerichtet hatte, war er schon zu tief und viel zu langsam. Zu seinem Unglück stellte er fest, dass er zu flach herunterkam. Hier gab es kein Entkommen. Er würde abstürzen und konnte nichts dagegen tun.

Die Erde raste auf ihn zu. Als er die Augen sehr viel später wieder öffnete, lag er in einem offenen Feld im Nirgendwo. Er sah den abgestürzten Hubschrauber neben sich und wunderte sich, dass er nicht Feuer gefangen hatte. Dann dämmerte ihm, dass er wohl durch die dicke Scheibe des Cockpits hinausgeschleudert worden war.

Er versuchte, sein Handy aus der Tasche zu holen, doch seine Hand versagte ihm den Dienst. Er versuchte es mit dem anderen Arm, doch der funktionierte auch nicht. Dasselbe galt für seine

Beine. Damals war ihm das nicht klar, doch er hatte über hundert Knochenbrüche. Gesicht und Körper waren förmlich zerschmettert worden. Das Einzige, was ihn noch am Leben hielt, war das Adrenalin.

Ihm war klar, dass er Hilfe holen oder sterben musste. Also robbte er auf dem Bauch, ohne Unterstützung seiner nutzlos gewordenen Arme, vorwärts. Der Schmerz durchzuckte seinen Körper bei der allergeringsten Bewegung. Dies war der längste und einsamste Weg seines Lebens. Jeder andere hätte hier aufgegeben. Aber er war nun mal nicht jeder andere. Einen qualvollen Zentimeter um den anderen schob er sich vorwärts, jeder Meter war ein Triumph. Wenn der Schmerz zu stark wurde, schrie er, doch niemand hörte ihn und niemand kam, um zu helfen. Sein eiserner Wille allein trieb ihn vorwärts, der brennende Wunsch, es trotz aller Widrigkeiten zu schaffen. Dieselben Qualitäten, die ihn zu einem der erfolgreichsten Geschäftsmänner Englands gemacht hatten. Er kam bis zur nächsten Landstraße, wo er erschöpft liegen blieb.

Immer wieder verlor er das Bewusstsein, doch er merkte, dass Menschen um ihn herum waren. Dass er in einem Hubschrauber war. Was er nicht wusste, war, dass er schon gestorben war. Irgendwie hatten die Sanitäter ihn wiederbelebt und ihn in ein Krankenhaus gebracht, wo er auf dem Operationstisch noch einmal starb. Auch diesmal holte eine Adrenalinspritze mitten ins Herz ihn zurück ins Leben.

Acht Monate später, nach endlosen, schmerzhaften Operationen, bei denen sein Körper wieder zusammengeflickt worden war, konnte er das Krankenhaus verlassen. Seine ihn liebende Frau verbot ihm, je wieder einen Hubschrauber zu fliegen. Also fing er an, GT3-Rennen zu fahren. Er jagte seine Ferrari oder Porsches mit zweihundert Stundenkilometern über die Rennbahn. Der Mann hätte gut und gerne eine Figur aus einer Wilbur-Smith-Geschichte sein können. Ich lernte ihn in London kennen. Meine Freunde Nick Thomas und David Bozas stellten uns vor.

Andy Ruhan war mit siebenundvierzig Jahren ein stolzer Ire, der aus dem Nichts ein international agierendes Unternehmen geschaffen hatte. Er wollte der Welt etwas zurückgeben. Wir waren absolute Gegensätze. Er ein Hotel-Tycoon mit Tausenden Mitarbeitern in aller Welt, ich ein Naturschützer mit einer gemeinnützigen Organisation. Aber da endeten die Unterschiede auch schon. Wir verstanden uns prima, und Andy begriff sehr schnell, in welch kritischer Situation sich die Natur im Allgemeinen und die Nashörner im Besonderen befanden. Und er hatte einen Plan.

Da er für die richtige Sache eine unglaubliche Großzügigkeit an den Tag legen konnte, fing er an, wichtige Projekte zu finanzieren und Experten dafür einzustellen. Dies galt vor allem für die lokalen Zulu-Gemeinden rund um den Nationalpark und die Wildreservate. Das erleichterte meine Arbeit enorm. Wann immer er sich von seinen Geschäften losreißen konnte, kam er nach Thula Thula. Wir stellten schnell fest, dass er keinerlei Allüren hatte. Am glücklichsten war er, wenn er in einem alten Landrover durch den Busch gondeln oder mit den Mitarbeitern ums Feuer sitzen konnte wie einer von ihnen.

Mit unseren neuen Plänen für den Naturschutz würde er alle Hände voll zu tun haben, aber das war es ja, was er mochte.

Andy war der Impulsgeber für den nächsten Schritt im Kampf um das Nashorn. Er liebte das Land, er liebte die Tiere und er hatte den Mumm und die Entschlossenheit, etwas zu bewegen.

35

Im Jahr 2009 hatte unser Teil von Zululand mit einer verheerenden Dürre zu kämpfen, die sich über die Jahre aufgebaut hatte und nun erbarmungslos zuschlug. Das Land war nur noch braun, in allen möglichen Farbtönen von Ocker über Terrakotta zu Dunkelbraun oder Khaki. Wohin man auch sah, begegneten einem trostlose Rosttöne.

Die Savanne war glatt wie ein alter Billardtisch, so mitgenommen und dürr schien sie. Die grünen Grashalme, die sie nach den Frühjahrsregenfällen bedeckt hatten, waren bis auf die Wurzeln abgefressen. Und Sommerregen hatte es keinen gegeben, jedenfalls nicht in nennenswertem Ausmaß. Als sich der Winter ankündigte, waren die Stauseen trocken.

Die Bäume wurden kahl gefressen, Zentimeter für Zentimeter, bis nur noch die größten Giraffen Futter finden konnten. Die Elefanten legten Hunderte Akazienbäume um, als sie mit den Rüsseln kein Grün mehr erreichen konnten. Dann zupften die Antilopen die restlichen Blätter ab, bis die Zweige nackt dalagen.

In den letzten sieben Jahren hatte es keine nennenswerten Regenfälle gegeben. Fast wie in der Bibel. Thula Thula war ausgetrocknet und wir verloren allmählich unsere Tiere.

Im Wildreservat fallen üblicherweise etwa achthundert Millimeter Regen pro Jahr. Das genügt für die Vegetation hier und ist mit ein Grund, weshalb wir hier so umfangreiche Tierbestände haben. Als es in einem Jahr deutlich weniger regnete, machte ich mir darüber noch keine Gedanken. Im nächsten Jahr fiel der Regen eher unregelmäßig, und wir stellten fest, dass die Stauseen weniger Wasser enthielten. Dann wurden die Winter immer länger. Der Regen kam jedes Jahr später und später. Und immer spärlicher. Im Sommer gab es höchstens ein bisschen Nieselregen. Es war wirklich trocken, aber ich sagte mir, dass die Tiere ja seit Urzeiten in solch einem Umfeld lebten und daher daran angepasst waren. Wir würden vielleicht ein paar junge und ein paar alte Tiere verlieren, aber ansonsten würden wir es schon schaffen. Dann aber begann das Grundwasser auszutrocknen. Jedes neue Bohrloch lieferte nur ein kleines Rinnsal.

Dabei waren wir nicht die Einzigen, die unter dieser Situation litten. Eines Morgens standen einige der Viehbauern von Zululand vor den Toren von Thula Thula. Ihre Kühe waren extrem abgemagert, daher bat man uns, ob sie nicht im Reservat grasen dürften. Dass die anfangs äußerst feindseligen Viehbauern zu uns um Rat und Hilfe kamen, zeigte, dass sich allmählich eine Beziehung einstellte, die wir seit jeher angestrebt hatten. Sie hatten sich beim Aufbau des Royal-Zulu-Wildreservats als fähige Partner erwiesen, daher nahmen wir ihre Bitte sehr ernst. Wir hatten mit ihnen zusammen in puncto Naturschutz viel erreicht. Außerdem wurde ihre Bitte ohne jede Anspruchshaltung vorgebracht.

Mein Herz fühlte mit ihnen, mit diesen zähen Männern aus dem Busch. Die Dürre betraf uns alle. Ich wünschte, ich hätte helfen können, doch auch wir hatten mit der Trockenheit zu kämpfen. Ich fuhr mit ihnen durch Thula Thula, damit sie mit eigenen Augen sehen konnten, dass wir genauso litten wie sie. Auch wir verloren unsere Existenzgrundlage. Ein grauhaariger, magerer *khehla*, ein Ältester, der sicher ein hartes Leben gehabt hatte, fasste die Lage in wenigen Worten zusammen: »Ihr habt auch kein Gras.«

Aber ich war schockiert, wie extrem dürr das Vieh war. Daher bemühten wir uns um Hilfe. Ich mietete Maschinen, damit sie an den staubtrockenen Flussläufen auf ihrem Land tief nach

Wasser bohren konnten. In einigen Fällen stießen wir trotzdem nur auf Sand. In Afrika hilft man sich, um zu überleben.

Eines Tages schaffte es eine hungernde Kuh irgendwie doch durch den Zaun und stolperte ins Reservat, zu einer der letzten Wasserstellen. Dort legte sie sich hin und starb. Was die Kuh nicht wusste, war, dass an diesem Wasserloch immer noch ein Krokodil lebte, der berüchtigte Smiley. Alle anderen Krokos – üblicherweise zwölf – waren längst flussabwärts ausgewandert. Smiley aber hielt die Stellung in seinem wässrigen Domizil. An jenem Morgen konnte er sein Glück wohl kaum fassen – eine halbe Tonne ausgezeichnetes Rindfleisch lag plötzlich direkt vor seiner Nase. Smiley gehörte in Thula Thula zum Inventar. Obwohl er vor einigen Jahren meinen wunderschönen Bullterrier Penny getötet hatte, hoffte ich, dass er uns trotz der Dürre nicht verlassen würde.

Die einzigen Geschöpfe, die von dieser Extremsituation profitierten, waren die Raubtiere. Unsere Hyänen bekamen mehr Protein als je zuvor, und hin und wieder sichtete man sogar Leoparden. Den kleineren Wildkatzen wie den Buschkatzen und den Wüstenluchsen ging es ebenfalls blendend.

Es ist unglaublich, wie die Natur sich anpasst. Als die Frühjahrsregenfälle ausblieben, dehnten die Impalaweibchen ihre Tragezeit auf das absolute Maximum aus, denn die hungernden Mütter fanden kaum Futter, um Milch zu produzieren. Die grasenden Tiere wie Nyalas, Buschböcke und – wenn auch etwas weniger – Kudus folgten einfach immer den Elefanten und zupften die Blätter von den Bäumen, die die Elefanten umgelegt hatten. Für die Elefanten war das anstrengend, aber es ging ihnen nicht schlecht, denn sie ernährten sich vom Laub der Bäume, und davon hatten wir in Thula Thula unendlich viele. Auch die Afrikanischen Büffel, mit die zähesten Geschöpfe Afrikas, kämpften sich durch, obwohl sie mittlerweile wirklich sehr dürr waren.

Tag für Tag konnten wir zusehen, wie die geflügelten Totengräber Afrikas sich von der heißen Höhenströmung tragen ließen und mit dem eingebauten »Fernglas« in ihrem Auge ihr Mittagessen in den Blick nahmen. Weißrückengeier, Ohrengeier und Marabus auf dem Boden waren bald ein so normaler Anblick, dass wir nicht einmal mehr aufblickten, wenn wir ihnen begegneten.

Eine der wenigen noch vollen Wasserstellen befand sich nahe der Lodge. Scheue Tiere, die sich gewöhnlich nicht in die Nähe von Menschen trauen, bildeten nun lange Schlangen an den vom Menschen geschaffenen Teichen. Wir haben heute noch Fotos von Gästen, die Nyalaböcke streicheln, während die apathischen Tiere an den von uns angelegten Wasserlöchern ihren Durst stillen. Wenn wir ein bisschen Wasser übrig hatten, gossen wir damit das Land rund um die Lodge, um wenigstens ein bisschen Grün zu haben, was dann aber in Nullkommanichts aufgefressen wurde.

In einer eiskalten Nacht verloren wir eine ganze Gruppe Gnus, die so geschwächt waren, dass sie schlicht aufgaben. Ein großes Problem in Dürrezeiten ist, dass es aufgrund der fehlenden Bewölkung nachts sehr kalt wird. Die Gnus hatten sich am Flussufer versammelt, am tiefsten und kältesten Punkt des Reservats. Als die Temperatur auf unter sieben Grad Celsius fiel – was für Zulustandards Frost ist –, legten sie sich hin und standen einfach nicht mehr auf, so geschwächt waren sie vom Futtermangel.

Der Nseleni-Fluss, der Thula Thula üblicherweise durchzieht, war nun vollkommen ausgetrocknet. Nur an einigen sehr tiefen Stellen hatte sich das Wasser gehalten. In einer davon hatte Smiley Stellung bezogen.

Trotz seines immer kleiner werdenden Domizils tat Smiley, was er immer tat: Er lächelte und patrouillierte das letzte brauchbare Wasserloch, als würde er die Speisekarte studieren und unter den vielen Besuchern sein Mittagessen auswählen. Irgendwann konnte er einfach nicht mehr alles fressen. Wir mussten einige der Kadaver aus dem Loch entfernen, damit das Wasser nicht vergiftet wurde.

Ein anderes Reservat in der Nähe hatte nur einen einzigen Stausee, und der war mittlerweile trocken. Wir hatten ein Bohrloch angelegt, damit die Mitarbeiter dort Wasser für die Tiere aus der Tiefe pumpen konnten. Da sie selbst aber keine mobile Pumpe hatten, riefen sie uns immer an, wenn das Wasser ausging. Dann kamen wir und pumpten es für sie herauf. Einige Wochen lang hatten wir nichts gehört, daher nahmen wir an, dass alles in Ordnung sei.

Eines Tages aber hatte ich so ein Gefühl, dass da etwas nicht stimmen konnte. Ich war mir sicher, dass sie mittlerweile Wasser brauchen würden, also fuhr ich einfach vorbei, um nachzusehen, was los war.

Als ich ankam, standen ungefähr fünfundzwanzig Zebras teilnahmslos vor den Stufen zum Haus des Rangers. Einige weitere lagen auf dem Boden. Mindestens fünf waren offensichtlich tot.

Dahinter sah ich eine etwa gleich große Anzahl Gnus, die sich auch nicht mehr bewegten – die benommen waren, verwirrt oder im Sterben lagen. Das war einer der traurigsten Anblicke, die sich mir je geboten hatten. Sie bewegten sich nicht einmal, als wir durch die Gruppe hindurch zur Eingangstür marschierten.

Der oberste Wildhüter kam aus dem Haus und nahm einen langen Schluck aus einer Plastikflasche voll Wasser. Dann begrüßte er mich. Ich konnte es einfach nicht fassen. Der Mann war Wildhüter. Man würde normalerweise davon ausgehen, dass er ein Gespür für den Busch hatte. Dieser aber sah über die toten Tiere einfach hinweg. Und was das Ganze noch schlimmer machte: Er setzte gerade wieder die Flasche an und nahm einen großen Schluck.

»Sind Sie durstig?«, fragte ich.

Er nickte. »Es ist heiß. Ich bin sehr durstig.«

»Und die Tiere?«, fragte ich. »Sind sie etwa nicht durstig?«

Er zuckte mit den Achseln. »Die Dürre ist verheerend.«

Da konnte ich mich einfach nicht mehr am Riemen halten. Ich packte ihn am Kragen und schubste ihn vor mir her, so hart, dass er das Gleichgewicht verlor. »Du verdammter Scheißkerl! Das Wasser ist ausgegangen, deine Tiere sterben und du tust absolut nichts. Du stellst dich noch hin und stillst vor ihren Augen deinen Durst! Du nutzloser Bastard!«

Er rappelte sich wieder auf, und ich konnte mich gerade so weit beherrschen, dass ich ihn nicht auf der Stelle grün und blau prügelte.

»Was für ein Mensch bist du denn?«, sagte ich und schubste ihn weiter auf den trockenen, staubigen Wassertrog zu. »Deine Tiere sterben. Warum hast du uns nicht wegen des Wassers angerufen?«

Er fiel hin und blieb zu meinen Füßen liegen. »Du Arschloch. Pass bloß auf, dass du nicht mehr da bist, wenn ich zurückkomme«, brüllte ich ihn an. Dann sprangen wir in den Landrover und fuhren mit Vollgas zurück nach Thula Thula, um die Pumpe zu holen. Wir rasten zurück und sahen wutentbrannt zu, wie die Wildtiere jede Scheu vor uns verloren und sich um das winzige Rinnsal Wasser drängten, das nervtötend langsam den Trog wieder auffüllte. Traurigerweise waren einige nicht mal mehr in der Lage aufzustehen. Wir schöpften das Wasser in jeden Behälter, den wir finden konnten, und brachten es den Tieren. Ihre Zungen waren trocken wie Sandpapier und so geschwollen, dass sie die Flüssigkeit kaum aufschlecken konnten. Weitere zwei Tiere starben uns unter den Händen weg.

Dann machten wir in dem Reservat kurz die Runde. Der Zaun war an einigen Stellen niedergerissen, die ans Land der Stämme grenzten. Die Tiere waren verrückt nach Wasser gewesen und ausgebrochen. Diese vollkommen nutzlosen Ranger hatten sich nicht mal die Mühe gemacht, den Zaun zu reparieren. Für Wilderer war das wie eine schriftliche Einladung. Und die ausgebrochenen Tiere würden sowieso sterben, denn es gab ja nirgendwo mehr Wasser. Ich legte den Behörden einen vernichtenden Bericht über den Chef-Ranger vor und sorgte dafür, dass der Bericht an die richtige Stelle gelangte, damit dieser Mann nie wieder in einem Wildreservat arbeiten würde.

Allmählich packte aber auch mich die Verzweiflung. Würde diese Dürre je enden? Die Zulu-Ältesten, von denen einige über siebzig waren, bestätigten, dass dies die schlimmste Trockenheit war, die sie je erlebt hatten. Die Menschen redeten über nichts anderes.

Unserem luxuriösen Zeltcamp, etwa zwei Meilen von unserem Zuhause entfernt, stattete ein Buschschwein – eigentlich eines der verstecktesten Tiere im afrikanischen Busch – einen Besuch ab und erschreckte die Mitarbeiter und Gäste fast zu Tode. Ein Buschschwein wiegt ungefähr sechzig Kilogramm, hat rasiermesserscharfe Hauer und kann recht aggressiv werden. Unser Exemplar durchstöberte nachts die Mülleimer und hielt das Zeltlager für sein Revier. Wer ihm nahekam, wurde unweigerlich angegriffen. Max, mein alter Hund, ein Staffordshire Bullterrier, legte sich einmal mit einem Buschschwein an und wurde innerhalb von Sekunden aufgeschlitzt. Wir schafften es, das Schwein zu vertreiben, und David schnappte sich Max, dessen Eingeweide heraushingen, und raste mit ihm zum Tierarzt. Der stopfte das Zeug einfach wieder in Max' Bauch und nähte ihn zu. Es war äußerst knapp, aber Max überlebte zum Glück. Staffordshire Bullterrier sind absolute Softies, wenn es um Menschen und vor allem Kinder geht. Aber sie gehören zu den zähesten Hunden überhaupt.

David und ich fuhren zum Camp, um herauszufinden, was da vor sich ging.

Wir kamen bald dahinter. Die Sonne war gerade untergegangen, als ein Schrei aus der Küche kam. Ein Mitarbeiter rannte an uns vorbei Richtung Hügelland. Wir wiederum rasten zur Küche, und da war es nun, das Riesenschwein. Ein altes Weibchen, das sich an einer umgeworfenen Mülltonne bediente. Ein Blick genügte, um festzustellen, was das Problem war. Die Drahtschlinge eines Wilderers hatte sich um ihren Körper gelegt und schnitt in Schultern und Rippen. Der Körper war von großen, eiternden Wunden bedeckt. Das arme Tier musste unglaubliche Schmerzen leiden. Sie konnte nicht mal mehr richtig stehen. Und natürlich war sie ausgehungert, weil sie mit diesem Draht nicht mehr in der Wildnis nach Futter suchen konnte.

David betäubte sie mit einem Pfeil, schnitt den Draht weg und desinfizierte die Wunden mit einem Antiseptikum, das eine violette Farbe hatte. Am nächsten Morgen hatten wir ein riesiges lilafarbenes Buschschwein auf dem Gelände, das immer noch nicht fortwollte, aber wenigstens nicht mehr aggressiv war. Sie war alt, also hatten wir Mitleid mit ihr. Wir bauten ihr einen Unterstand am Rande des Zeltplatzes und versorgten sie mit Küchenabfällen. Dieses normalerweise extrem gefährliche wilde Schwein adoptierte uns und lebte ungefähr ein Jahr im Camp, bis es friedlich an Altersschwäche starb.

Und ein weiterer bizarrer Vorfall ereignete sich während der Dürre. Renier Botha, der Buchhalter meiner Mutter, wäre beinahe gestorben, weil er den Tieren helfen wollte. Auf dem Höhepunkt der Trockenheit fing er an, eine Gruppe von sechs hungernden Nilpferden, die in einem Teich in der Nähe lebten, mit Bündeln von Alfalfa zu füttern. Eines Nachmittags, während er das erste Bündel auf dem Boden verteilte, kamen die Nilpferde aus dem Wasser. Er wusste, dass sie gefährlich sind, also behielt er sie im Auge, als er nach dem zweiten Bündel griff. Zu seinem Erstaunen spürte er, wie ihm jemand das Bündel aus der Hand nahm. Er sah sich um und erstarrte. Direkt hinter ihm stand ein großer Afrikanischer Büffel und fraß ihm buchstäblich aus der Hand. Schlimmer noch, ein paar Meter weiter kam die ganze Herde. Der Weg zum Auto war ihm abgeschnitten.

Er stand also auf freiem Feld, sechs Nilpferde vor sich und eine Herde Büffel hinter sich. Eingekeilt zwischen zwei der gefährlichsten Tierarten Afrikas. Und doch war er noch am Leben. Wenn sie ihn hätten töten wollen, dann hätten sie das vermutlich schon getan, dachte er. Er behielt also die Ruhe und teilte mehr Alfalfa für die hungernden Tiere aus. Während diese fraßen, ging er ganz langsam mitten durch die Büffelherde und erreichte irgendwie sein Auto. Die Dürre veränderte Mensch und Tier. Es war, als wäre alles möglich, und die normalen Regeln galten nicht mehr. Unter normalen Umständen wäre er definitiv ein toter Mann gewesen.

Endlich türmten sich die Wolken hoch am Himmel auf. Es war Ende September, Frühling in Südafrika. Eine Regenfront kam auf uns zu. Aber mittlerweile war es seit sieben Jahren trocken, deswegen versuchte ich, nicht allzu große Hoffnungen aufzubauen. Die Enttäuschung wäre einfach zu bitter gewesen.

Dann, es war heller Nachmittag, hörte ich plötzlich ein Donnern. Und noch eines. Der Himmel wurde kohlschwarz. Die Wolken türmten sich immer höher, wie Hochhäuser in der Stratosphäre. Dann ein neonweißer Blitz. Ein Donnerschlag, den man vermutlich bis zum Äquator hören konnte. Und dann öffneten sich die Schleusen und das Wasser strömte vom Himmel herab.

Ich ging hinaus und war innerhalb weniger Sekunden durchweicht. Und überglücklich. Françoise kam mir nach, das Wasser klebte ihr das blonde Haar an den Kopf, als wäre sie eine Meerjungfrau. Ein wunderbarer Anblick.

In kürzester Zeit verwandelte sich jede Straße, jeder Weg, jede Wagenspur in einen schäumenden Wildbach. Die blattlosen Bäume schienen zuerst im Schlamm unterzugehen, bevor sie wieder zum Leben erwachten. Selbst das bis zu den Wurzeln abgefressene Gras trieb aufgrund der lebensspendenden Flüssigkeit wieder aus.

Eine Woche lang regnete es immer wieder. Aber die Erde war so trocken, dass sie einfach alles nur aufsog wie ein Schwamm. Wie viel Wasser auch herunterkommen mochte, die Erde verschluckte es. Der Nseleni-Fluss war immer noch trocken. Der Wasserstand in den Stauseen stieg kaum. Die Dürre hatte die Erde so weit in die Tiefe ausgetrocknet, dass man das Gefühl hatte, all das Wasser würde einfach bis zum Erdmittelpunkt versickern.

Die Wettervorhersage war ermutigend. Es würde noch mehr Regen kommen. Eine kurze Atempause Sonnenlicht zeigte, wie schnell die Natur sich doch erholte. Der Busch wurde dichter, die Ebenen zeigten schon einen smaragdgrünen Schimmer. Wildblumen mit leuchtenden Farben und intensivem Duft sprossen überall. Die Tiere, die nur wenige Tage zuvor noch so apathisch gewesen waren, sprangen durch die Savanne.

Und dann erwachte auch der Nseleni wieder zum Leben, wie eine Schlange, die den Winterschlaf abschüttelt. Braun und schlammig zuerst, voll mit den Kollateralschäden der Dürre. Aber gleichwohl wundervoll. Auch in den Stauseen sammelte sich das Wasser wieder. Die Wunden waren endlich geheilt.

So ist die Wildnis. Alle Geschöpfe darin leben für den Augenblick. Und wenn sie Entbehrungen überlebt haben, dann genießen sie diesen Moment in vollen Zügen. Die Vögel begannen, zu singen, die Antilopen sprangen munter herum. Die Zikaden stimmten ihren Gesang an und am Ende des Jahres begann das Land, wieder zu atmen.

Die Natur hatte sich selbst gereinigt.

36

Nach Mnumzanes Tod war Mabula der älteste männliche Elefant auf Thula Thula. Wir mussten Mnumzane einschläfern lassen, weil er nach dem Angriff auf meinen Landrover und die LRA-Gesandten immer aggressiver wurde. Wir fanden erst danach heraus, dass ein Nerv in seinem Stoßzahn frei lag. Es hatte sich ein großer Abszess gebildet, der ihn wohl rasend gemacht hatte vor Schmerz und der Grund dafür gewesen war, dass er so angriffslustig wurde. Das hätte sich aber leider auch mit einer Operation nicht lindern lassen. (Die ganze Geschichte über Mnumzanes Tod finden Sie in *Der Elefantenflüsterer*.)

Mabula war Frankies Sohn. Er war in der Zeit aufgewachsen, als ich versuchte, mit seiner Mutter und Nana eine Beziehung aufzubauen, um sie in der ersten turbulenten Phase, die die Elefantenherde auf Thula Thula verbrachte, zu beruhigen. Er war ziemlich groß für sein Alter, und seine Stoßzähne entwickelten sich ordentlich, doch mit nur achtzehn Jahren war er für einen ranghohen Bullen einfach zu jung. Ein dominanter Bulle ist üblicherweise über fünfunddreißig oder älter. Nun war Mabula über Nacht zum mit Abstand größten Kerl in der Gegend geworden, und er wusste das. Und wie ein Mensch, dem seine Beförderung zu Kopf steigt, wurde er ziemlich eingebildet. Selbst wenn er nur lässig über das Gelände schlenderte, wirkte er irgendwie prahlerisch.

Wir warteten. Wir hatten bei der Reservatsbehörde den Antrag gestellt, einen etwas reiferen Patriarchen zugewiesen zu bekommen, der den Jungspunden Manieren beibrachte. Aber das dauerte.

Die Dinge spitzten sich zu, als Promise Dlamini, einer meiner erfahrensten Ranger, eine Safari mit Gästen unternahm und dabei auf den aufsässigen Mabula stieß, der einfach die Straße blockierte. Er ging plötzlich auf den Landrover zu – kein ausgewachsener Angriff, aber eine deutliche Warnung: Zieht Leine.

Promise hat viel Erfahrung, daher machte er alles richtig. Er legte den Rückwärtsgang ein und fuhr langsam zurück. Dabei ließ er den Motor mehrmals aufheulen und schlug mit der Hand an die Wagentür. Gleichzeitig brüllte er Mabula an, er solle gefälligst verschwinden. Gewöhnlich funktioniert Lärm ganz gut. Diesmal aber nicht. Mabula setzte nach, bis er wieder direkt vor dem Fahrzeug stand. Wäre er nicht abrupt stehen geblieben, hätte es einen Zusammenstoß gegeben.

Eine goldene Regel bei Safaris ist, dass man immer auf die Zulu-Fährtensucher achtet. Diese sitzen auf einem Sitz vorn auf der Motorhaube und gehören zu den erfahrensten Buschleuten. Unsere Fährtensucher haben gewöhnlich ihr ganzes Leben im Busch verbracht. Wenn also der Fährtensucher seinen Platz über dem linken Kotflügel verlässt und über die Haube auf den Beifahrersitz krabbelt, dann weißt du, dass du in Schwierigkeiten steckst. Und genau das passierte nun.

Promise leistete unglaublich gute Arbeit. Er beruhigte die Passagiere, auch deren weinendes Kind, und setzte dabei immer weiter rückwärts, bis er Mabula ausweichen konnte. Gleichzeitig fragte er den Fährtensucher, was zum Teufel er auf dem Beifahrersitz verloren habe. Mit einem Blick, als habe Promise den Verstand verloren, deutete der nur wortlos auf Mabula, dessen massiger Körper immer noch vor dem Wagen herlief. Promise musste zugeben, dass der Fährtensucher nicht unrecht hatte.

Dann kam Mabula nochmal angetrabt, diesmal deutlich schneller, und er griff das Gefährt mit den Stoßzähnen an. Auch dies war noch kein voller Angriff, aber langsam wurde es gefährlich. Die Attacke ließ Mabula innehalten, und ein überraschter Ausdruck machte sich auf seinem Gesicht breit. Offensichtlich hatte er noch nie Stahl gespürt und das Gefühl, das dieses harte, kalte Material auf seinen Stoßzähnen hinterließ, gefiel ihm nicht. Er blieb stehen und rieb sich die Spitze eines Stoßzahns mit dem Rüssel. Promise erkannte, dass dies die Gelegenheit war, den Wagen schnell in Sicherheit zu bringen und mit Vollgas wegzufahren. Sehr zur Erleichterung der Gäste, die nun für ihre Freunde zu Hause eine tolle Geschichte auf Lager hatten. Promise reagierte einfach großartig, und das Ganze können Sie auf YouTube ansehen, weil einer der Gäste die Szene gefilmt hat.

Bald danach war Mabula wieder in einen Angriff verwickelt. Diesmal nahm er einen Ranger aufs Korn, der seine erste Pirschfahrt machte. Anfangs machte auch er alles richtig: Er fuhr rückwärts, schrie den Elefanten an und hämmerte laut gegen die Wagentür. Ich war ungefähr fünfzig Meter weiter weg und durchstreifte zu Fuß das Gelände. Besorgt beobachtete ich, wie Mabula nicht aufhörte, das Fahrzeug zu bedrohen. Und dann gab es plötzlich ein Riesenproblem. Gerade als Mabula einen Zahn zulegte, würgte der Ranger den Motor ab, und der Landrover stand. Das veränderte die Dynamik der Situation radikal, denn nun hatte der Ranger keine Fluchtmöglichkeit mehr. Mabula wollte ihn vertreiben, wollte ihn aus seinem Revier forthaben, und genau das konnte der Ranger nun nicht tun. Ich sah entsetzt zu, wie Mabula sein Revier verteidigte und zum Scheinangriff überging. Wenn der Landrover nicht bald das Feld räumte, konnte alles Mögliche passieren. Und der Ranger brachte den Wagen einfach nicht zum Laufen.

Ich rannte zu ihnen und rief Mabula laut bei seinem Namen. Vermutlich erkannte er meine Stimme von früher und blieb wie angewurzelt stehen. Er hob den Rüssel, schnüffelte und nahm meine Witterung auf. Seine Reaktion zeigte, dass er mich tatsächlich wiedererkannte. Als ich seinen Namen rief, blieb er abwartend stehen. Ich redete auf ihn ein, schimpfte leise und brachte ihn so dazu, das Fahrzeug in Ruhe zu lassen. Selbst ich war erstaunt, wie gut er sich nach all den Jahren an mich erinnerte.

Er hatte sich nun zweimal mit einem Fahrzeug angelegt. Das war ein berechtigter Anlass zur Sorge. Junge Elefantenbullen sind wie jugendliche Rowdys. Sie brauchen ein Vorbild, einen reifen Patriarchen, der sie an der Kandare hält. Aus diesem Grund werden die jungen Bullen einer Herde häufig aggressiv, wenn das Leittier erschossen wird. Man raubt ihnen die Gestalt, zu der sie aufsehen können. Es war klar, dass wir unbedingt eine starke Vaterfigur für die Herde brauchten.

Ich wandte mich einmal mehr an die für uns zuständige Behörde, um in der Sache »Vaterfigur« mehr Dampf zu machen. Und siehe da: Ich bekam die Genehmigung, und zwar keinen Tag zu früh.

Wir hatten schon herumgefragt, ob irgendein Reservat einen reifen Elefantenbullen an uns abgeben könnte. Es meldete sich ein Reservat weit im Norden des Landes. Das Tier hatte eine gefestigte Persönlichkeit und war perfekt für uns.

Der Elefant war vierunddreißig Jahre alt, und sein Name war Magobisa. Das bedeutet: »Der Gebogene«. Er hatte sich bei einem Kampf vor vielen Jahren einen Stoßzahn angebrochen. Dieser war jedoch nicht abgebrochen, sondern steil nach oben gebogen wieder zusammengewachsen. Daher der Name. Mit den Jahren aber hatte man die Abkürzung »Gobisa« vorgezogen, und das heißt so viel wie: »Bück dich«. Nicht ganz so respektabel wie vorher.

Gobisa sollte in einigen Wochen zu uns kommen. Daher hatten wir höllisch viel zu tun, um Tausende von Hektar, die wir in Absprache mit dem lokalen Stammesführer neu ins Reservat integrierten, elefantensicher zu machen. Zunächst mussten wir alle Zäune abbauen, die Thula Thula von dem neuen Gebiet trennten. Dann aber mussten die Außengrenzen überprüft und mit einem Elektrozaun umgeben werden. Das war ein Haufen Arbeit. Wir arbeiteten rund um die Uhr, um das Ganze pünktlich fertig zu bekommen.

Die Lage wurde brenzlig, als ein Großteil unseres neuen Elektrozauns einfach verschwand, mit Pfosten, Draht und allem Drum und Dran. Am einen Tag stand da unser neuer Elektrozaun, am nächsten war er fort. Ngwenya war für die Sicherheit zuständig und meinte, er würde sich darum kümmern. Und das konnte er. Einmal kam er mir mit einem gerade geschnappten Wilderer entgegen. Der Mann hatte ein geschwollenes Auge und seine Unterlippe war auf doppelte Größe angewachsen.

»Hast du ihn etwa geschlagen?«, fragte ich Ngwenya.

»Nein«, kam die wenig glaubwürdige Antwort. »Ich habe ihn so gefunden.«

Diesmal aber wiederholten sich die Diebstähle. Und dann war Ngwenya plötzlich verschwunden.

Ich kannte Ngwenya gut. Ich wusste, dass er nicht der Dieb war. Das würde nicht zu seinem Charakter passen. Aber wo war er nur?

Ich fragte herum, und die anderen Wildhüter sagten mir, Ngwenya seit fortgegangen, weil er das Gefühl hatte, uns im Stich gelassen zu haben. Die Diebstähle waren unter seiner Aufsicht passiert und trotz all seiner Bemühungen hatte er sie nicht verhindern können. Ich nahm Kontakt zu ihm auf, sagte ihm, dass das wirklich nicht sein Fehler sei, und bat ihn, wieder zur Arbeit zu kommen. Er lehnte höflich ab. Die Scham angesichts seines »Versagens« war zu groß. Das ist das Zulu-Gegenstück zum Ehrenkodex der Samurai. Ich konnte Ngwenya nicht dazu bewegen zurückzukommen, und das, obwohl er einer meiner besten Männer war. Wir sind immer noch in Kontakt, und ich hoffe, dass er irgendwann zurückkommt, weil er einfach hierhergehört. Aber Ehre lässt sich nicht kaufen.

Wir haben die Diebe nie erwischt, aber wir schafften es, die fehlenden Zäune rechtzeitig zu ersetzen.

Dann kam der große Tag. Andy Ruhan besuchte uns, und um Mitternacht kam Gobisa in einem riesigen Sattelschlepper hier an. Er war über achthundert Kilometer in seine neue Heimat gereist.

37

Gobisa trat selbstsicher aus dem Sattelschlepper heraus und begab sich in die *boma*, ein etwa dreißig Quadratmeter großes Gehege, das von drei Meter hohen Zäunen umgeben war. Durch die Elektrodrähte liefen achttausend Volt. Er würde vermutlich nur einen Tag in der Boma bleiben, bis er sich etwas eingewöhnt hatte und die Nachwirkungen des Betäubungsmittels, das er für die Reise erhalten hatte, abgeklungen waren. Dann würden wir ihn ins Reservat entlassen.

Er war ein wunderschönes Tier – riesig, mächtig, beeindruckend, ja königlich. Genau das, was wir brauchten. Wir alle waren total aufgeregt, auch weil unsere Probleme mit dem Halbstarken Mabula sich hoffentlich bald lösen würden. Sie würden sich kennenlernen, Gobisa würde ihn einschätzen und dann Respekt einfordern. Wenn Mabula ihn nicht zollen würde, würde er mit Gewalt zur Unterordnung gezwungen werden. Würde er nach seiner Niederlage immer noch Widerstand leisten, könnte er sogar getötet werden. In der Welt der männlichen Elefanten konnte es nur einen Anführer geben. Aber wir hofften, dass Mabula sich ohne größere Blessuren unterordnen würde. Dann konnte er seinen neuen Patriarchen begleiten und einer der *askaris* werden – einer der jüngeren Bullen, die gewöhnlich einen Leitbullen begleiten.

Das Erste, was der Riese Gobisa nach seiner vierzehnstündigen Reise tat, war, den massigen Schädel zu schütteln, die Gerüche rundherum aufzunehmen und zum Wassertrog zu gehen. Dort saugte er laut schlürfend nahezu hundert Liter frisches Wasser auf. Dann machte er sich über die großen Haufen

Alfalfa her, die wir ihm aufgeschüttet hatten. Nach einer gewissen Zeit schien er sich eingewöhnt zu haben. Die Aufgabe war erledigt.

Man gratulierte uns allenthalben, dann gingen wir zu Bett, zufrieden, dass der große Junge sicher angekommen war.

Ich schlief fest, als ein Funkspruch mich weckte.

»Lawrence hier.«

»Mkhulu«, informierte mich der Wächter der Boma atemlos, »Gobisa ist weg. Er ist ausgebrochen. Weg.«

»Was?«

»Er ist fort, Mkhulu. Er ist einfach durch den Zaun marschiert.«

»Durch einen Achttausend-Volt-Elektrozaun?«, fragte ich ungläubig. »Bist du sicher? War der Strom an?«

»Ja, Mkhulu. Ich habe das nachgeprüft. Er hat den Zaun einfach zerrissen.«

Ich zog mich eiligst an und rannte zum Landrover. Zehn Minuten später stand ich im Dunkeln an der Boma und ließ den Strahl meiner Taschenlampe über das riesige Loch im Zaun wandern. Das Ausmaß des Schadens war unfassbar. Das war vielleicht ein Elefant.

Er war offensichtlich nach Südosten unterwegs. Das Blut pochte mir wild in den Schläfen. Ich weckte Andy, und wir fingen an, nach ihm zu suchen. Auch Vusi war mit einem unserer Fahrzeuge unterwegs, David in einem dritten. Über Funk hörte ich, wie Vusi die Mitarbeiter weckte und zur Arbeit rief. Wir mussten Gobisa finden, bevor er den Grenzzaun niederriss und das Reservat verließ. Das Problem wurde verschlimmert, als wir feststellten, dass an dem Ortungssender, den er trug, ein Teil fehlte und er nicht funktionierte. Wir suchten also blind.

Schließlich meldete sich Vusi über Funk, mit den denkbar schlechtesten Nachrichten. Er hatte ein Loch im Grenzzaun entdeckt und Gobisa war ganz offensichtlich in Richtung Dorf unterwegs. Es war ein Albtraum. Der Weg, den er nahm, war nicht erschlossen. Ohne Straße aber konnten wir ihm mit den Autos nicht folgen. Einen wütenden Elefantenbullen nachts zu Fuß zu verfolgen käme einem Todesurteil gleich. Andy und ich reparierten schnell den Grenzzaun und machten den Strom wieder an, damit nicht noch andere Tiere aus dem Reservat ausbrachen. Aber mehr konnten wir im Moment nicht tun. Wir würden bis zum Morgen warten müssen.

Um zwei Uhr morgens läutete das Telefon. Es war ein Bauer, einer unserer Nachbarn in etwa acht Kilometern Entfernung.

»Sie werden nicht glauben, was hier passiert ist«, sagte er ohne Umschweife. »Ich bin aufgewacht und zum Pinkeln rausgegangen. Und da lief dieser riesige Elefant durch meinen Garten. Ich dachte, ich habe Halluzinationen. Gehört der zu euch?«

Nun wussten wir wenigstens, wohin Gobisa unterwegs war. Er hatte das Dorf umrundet und wandte sich nach Osten. Ich dankte dem Mann für seinen Anruf und sagte ihm, dass wir in wenigen Stunden dort wären.

Wir standen vor Morgengrauen auf. Die Telefone läuteten in einem fort, weil Gobisa eine Spur der Verwüstung hinterließ. Gobisas Flucht gehört sicher zum Unglaublichsten, was ich je erlebt habe. Der Elefant, der immer noch Beruhigungsmittel im Blut hatte, hatte sich nicht nur seinen Weg heraus aus Thula Thula gebahnt. Er hatte auch noch zwei angrenzende Reservate durchquert. Das hieß, er hatte innerhalb weniger Stunden sechs Elektrozäune mit achttausend Volt plattgemacht. Dass er das in seinem immer noch leicht benebelten Zustand schaffte, war kaum zu glauben. Das musste absoluter Elefantenrekord sein.

Ich rief sofort meinen guten Freund David Cooper an, der zu den besten Experten für Wildtiertransporte überhaupt gehört. David war Teil unserer geplanten Nashorn-Rettungscrew im Kongo gewesen, die von der Bürokratie zur Untätigkeit verurteilt worden war.

Was ich Dave sagte, erstaunte ihn nicht weiter. Aber das ist bei ihm immer so.

»Das ist nicht gut, Lawrence. Andererseits haben wir Glück! Ich habe gerade eine Zugmaschine und einen Tieflader hier, dazu noch einen Kran. Wenn wir ihn heute noch einfangen, kann ich ihn sofort nach Thula Thula zurückbringen. Morgen wäre es zu spät – dann ist der Tieflader weg. Also: jetzt oder nie.«

Das war ein unglaublicher Glücksfall! Ein Team zusammenzustellen, das einen Elefanten einfangen kann, kann Tage dauern, mitunter sogar Wochen. Tragischerweise ist es oft einfacher, ein ausgebrochenes Tier zu erschießen, bevor es jemanden töten kann. Aber zum Glück stand uns ein hervorragend ausgestattetes Team abrufbereit zur Verfügung.

Das war allerdings die einzige gute Nachricht, die wir an diesem Tag erhielten. KZN Wildlife Parks würde nicht zögern, Gobisa zu erschießen, wenn wir ihn nicht einfangen könnten. Schließlich war er in besiedeltem Gebiet unterwegs.

Aber unsere Glückssträhne setzte sich fort: Wir konnten Gobisas Ortungssender wieder so weit in Gang setzen, dass wir wenigstens eine grobe Ahnung hatten, wo er sich aufhielt. David Bozas überwachte das Gerät. Dieses piepste zwar, was hieß, dass der Elefant in der Nähe war, aber es zeigte die Richtung nicht an.

Also rief Dave Cooper seinen Piloten Vere van Heerden an, der – und wieder ein Riesenglück – verfügbar war und in wenigen Stunden in der Luft sein konnte. Wenn man tatsächlich in der Klemme sitzt, ist nichts wichtiger als gute Freunde, die alles tun, um dir zu helfen. Einen Elefanten aus der Luft betäuben können nur sehr wenige Leute. Einer von Daves früheren Piloten kam dabei ums Leben, weil ihn der Fluch aller niedrig fliegenden Luftfahrzeuge ereilte: Stromkabel. Ein anderer guter Freund von Dave hatte sich aus dem Hubschrauber gelehnt, um den Pfeil zu platzieren. Aus einem unerfindlichen Grund jedoch war er nicht sicher angegurtet und stürzte kopfüber in den Tod.

Das war erst vor Kurzem passiert. Der Tod dieser tapferen Männer hatte die Nationalparkgemeinde erschüttert. Tiere von der Luft aus zu fangen ist ein hartes Geschäft, und es gibt nur wenige, die es gut beherrschen.

Dave kam in Veres Hubschrauber an, gefolgt vom KZN-Wildlife-Team, das mit Tieflader und Kran vom Umfolozi-Nationalpark angefahren kam. Andy und Dave Bozas waren bei mir. Meine Söhne Jason und Dylan kamen aus Durban, um uns zu helfen. Sie freuten sich immer über eine Ausrede, ein paar Tage im Busch zu verbringen.

Sobald das Fangteam vor Ort war, flogen Dave und Vere wieder los. Die Rettungsaktion lief an.

Wir versuchten, dem Gepiepse des Trackinggeräts mit dem Landrover zu folgen, aber das brachte uns nicht weiter. Hin und wieder schwebten Dave und Vere knapp über uns, und wir zeigten ihnen, in welche Richtung Gobisa möglicherweise unterwegs war. Dann schwebten sie wieder davon, nur um bald darauf kopfschüttelnd zurückzukommen.

Die Tatsache, dass wir Gobisa nicht zu Gesicht bekamen, obwohl das Ding ständig piepste, war verwirrend. Dann machte Vere, einer der besten Buschpiloten der Welt, etwas, was eigentlich unsinnig wirkte. Er flog direkt über uns, dann aber drehte er den Hubschrauber in die entgegengesetzte Richtung und flog wieder davon. Er meinte, seiner Erfahrung nach sendeten diese modernen Trackinggeräte manchmal ein um hundertachtzig Grad versetztes Signal, wenn man sie senkrecht hielt.

Er hatte recht.

»Wir haben ihn gefunden«, kam Daves ruhige Stimme über den Funk. »Aber er steckt mitten im dichten Busch. Wir müssen ihn näher an die Straße heranbringen, sonst kriegen wir ihn nicht in den Schlepper.«

Wir sahen den Hubschrauber einen knappen Kilometer vor uns. Und tatsächlich stand darunter Gobisa, der dem Ding, das gefährlich näherkam, einen trotzigen Blick zuwarf. Es machte einen Lärm wie ein Schwarm von tausend Wespen auf Testosteron.

Das war Buschfliegerei vom Feinsten. Dazu brauchte man starke Nerven, eine gute Hand und unendlich viel Mut. Vere wusste, dass ein Elefant vor einem Hubschrauber meist Reißaus nahm. Also flog er in nur drei oder vier Metern Höhe und versuchte, den Elefanten zum Umkehren zu bewegen. Dann tat Gobisa etwas Unglaubliches. Er spreizte seine Ohren, trompete zum Himmel und griff den Hubschrauber an. Mir blieb förmlich die Spucke weg. So ein mutiges Tier! Was für ein Anblick! Vere riss den Hubschrauber herum, um aus der Angriffslinie zu kommen, aber Gobisa machte einfach kehrt und wandte sich wieder zur Attacke.

Vere näherte sich ihm erneut und versuchte, ihn Richtung Straße zu drängen. Gobisa griff noch einmal an und Vere ließ den Hubschrauber tänzeln wie eine Ballerina, um dem Tier auszuweichen. Weder Dave noch Vere, die wirklich reichlich Erfahrung im südafrikanischen Busch haben, hatten so etwas je gesehen. Immer, wenn sie runtergingen, stellte der Elefant seine Ohren auf, trompetete laut und rannte auf sie zu.

Das Fangteam im Tieflader johlte bei jedem Angriff. Niemand hatte so etwas je gesehen.

»Mkhulu – das ist doch mal ein Elefant!«, meldete sich einer bei mir über Funk.

Schließlich drehte Gobisa ab und fand den Eingang zu einem Hohlweg von ungefähr zwei Kilometern Länge und vielleicht sechs Metern Breite. Und schon war er verschwunden. Dave aber erkannte an seiner Körpersprache, dass Gobisa sich in dem Hohlweg sofort wohler fühlte. Er suchte Schutz unter den Bäumen, wo die gigantische laute Wespe ihn nicht stören konnte.

Für Dave allerdings war das ein Dilemma. Wenn er ihn im Hohlweg betäubte, würden wir ihn nie herausbekommen. Aber wenn er Gobisa nicht heute noch betäubte und zurück nach Thula Thula brachte, würden die Leute von der Behörde ihn erschießen. Eine echte Zwickmühle.

Dann entdeckte Dave, dass der Hohlweg an einer Stelle offen war. Dort konnten wir Gobisa möglicherweise herausholen. Und genau auf diese Stelle bewegte das Tier sich zu. Das war eine Chance ... aber es war ein schwieriger Schuss vom schwebenden Hubschrauber aus, und das Zeitfenster dafür betrug höchstens ein paar Sekunden.

Wir hörten, wie das Gewehr mit dem Betäubungspfeil einen Schuss abgab.

Daves Stimme kam so ruhig über Funk, als rede er über das Wetter. »Er knickt ein. Bringt den Tieflader und die Ausrüstung hierher.«

Glücklicherweise war Gobisa gut gefallen. Und das war nun kein schieres Glück. Dave hatte den Pfeil mit einer Präzision in Gobisas Flanke geschossen, die man einfach nicht erlernen kann. Mit so einem Talent wurde man geboren.

Wir lenkten unsere Wagen also in den Busch und setzten den Tieflader rückwärts an den felsigen Rand des Hohlwegs. Das Fängerteam kletterte sofort hinunter zu dem gefallenen Riesen. Andy, Dave und ich folgten ihnen zusammen mit David Bozas und meinen beiden Söhnen Jason und Dylan.

»Wir müssen ihn mit dem Kran herausholen«, meinte Dave, der von dem Ort herüberkam, an dem der Hubschrauber gelandet war. »Aber zuerst müssen wir alles ausräumen, was uns behindert, wenn wir ihn rausziehen, Bäume, Büsche, Steine – alles muss weg.«

Das war nun leichter gesagt als getan. Wir arbeiteten wie die Wilden, legten Bäume mit der Kettensäge um, zerkleinerten Steine mit dem Hammer, um für Gobisa den Weg freizumachen. Es erforderte einiges an Zeit, was kritisch war, denn irgendwann würde der Elefant wieder aufwachen. Schließlich verpasste

Dave ihm noch eine weitere Dosis Etorphin, dem einzigen Betäubungsmittel, das einen Elefanten weit genug beruhigt, um ihn auf einen Tieflader zu laden.

Trotzdem dauerte die Arbeit sehr viel länger, als wir geplant hatten. Und plötzlich begannen Gobisas Ohren zu zucken. Auch die zweite Dosis Betäubungsmittel ließ langsam nach. Dave betäubte ihn widerwillig noch einmal, während alle anderen noch schneller machten als vorher.

»Ich kann ihm nicht ständig *jovas* [Injektionen] geben«, meinte Dave und zog besorgt eine Augenbraue hoch. »Es ist zu viel. Wenn ich das noch mal tun muss, könnte er sterben. Wir müssen ihn jetzt herausholen.«

Ich nickte. »Wenn wir ihn nicht von hier wegbringen, wird er erschossen. Die Behörde wird nie zulassen, dass ein Elefant so nah an menschliche Siedlungen herankommt.«

Wie zur Bestätigung unserer Befürchtungen kam ein Bauer auf uns zu, sein Gesicht puterrot ... aber nicht von der Sonne. Er war stinksauer.

»Was glaubt ihr eigentlich, was ihr hier treibt? Ich habe den Elefanten vorher auf der Straße gesehen. Der erledigt doch mühelos ein Auto. Was soll das da eigentlich?«

Ich erklärte ihm, in welcher Zwickmühle wir steckten, aber er schimpfte trotzdem weiter, dass auf der Straße – die gut achthundert Meter weg war – früher oder später jemand verletzt werden würde.

Schließlich hatte David Bozas genug und stürmte auf ihn los. »Wenn du jetzt nicht die Klappe hältst, dann wirst du gleich verletzt werden«, brüllte er ihn an. »Was glaubst du eigentlich, was wir hier machen? Glaubst du, wir machen hier Spaß? Wir machen das hier zum Zeitvertreib?«

David hatte die Fäuste geballt, und ich wusste: Wenn der Bauer auch nur noch ein falsches Wort sagen würde, würde er eine abbekommen. Glücklicherweise siegte Einsicht über

Heldenallüren. Der Farmer entschuldigte sich und verzog sich. Nicht ohne leise etwas von »Autofahrern in Gefahr« zu brummeln.

»David«, sagte ich nach diesem Intermezzo. »Ich bin wirklich sehr enttäuscht von dir.«

»Ja, ich weiß, Boss. Es tut mir auch leid. Wirklich. Aber ich habe echt die Geduld verloren. Der Kerl war doch das totale Arschloch.«

Mit gespielter Trauer schüttelte ich den Kopf.

»Ich bin enttäuscht, weil du ihm in den alten Tagen einfach eine aufs Maul gegeben hättest. Und jetzt lässt du's mit ein paar netten Worten gut sein. Wieso plötzlich so zartbesaitet?«

»Yebo – ja, du wirst *madala* [alt], David«, lästerte einer der Zulu-Wildhüter.

David, dessen Zuluspitzname *Escoro* ist, was so viel heißt wie »Boxer« oder »Kämpfer«, fing an, zu lachen.

Er hatte ohnehin nur ausgesprochen, was wir alle dachten.

38

Als wir von dem Streit mit dem Farmer zu der reglosen grauen Masse namens Gobisa zurückkehrten, hatte das Rettungsteam breite Nylonbänder um seine Füße gewunden und bereitete sich darauf vor, ihn mit dem Kran aus dem Hohlweg zu hieven.

»Das ist der gefährlichste Teil«, sagte Dave Cooper. »Wenn er an einen Felsen prallt, bricht er sich vielleicht eine Rippe. Oder er schlägt gegen einen Baumstumpf, dann könnte er innere Blutungen erleiden.«

Während er noch sprach, begann der Kran, Gobisas Gewicht hochzuheben. Der gewaltige Körper schwankte vorwärts, dann blieb ein Stoßzahn in der Erde stecken. Der sechs Tonnen schwere Körper war sozusagen an einem Zahn aufgespießt. Andy und David schnappten sich Schaufeln und legten den Zahn wieder frei. Dave gab Gobisa widerwillig eine weitere Injektion.

»Das ist die letzte. Mehr geht nicht«, meinte er. »Sonst bringe ich ihn um. Mehr geht absolut nicht.«

Langsam, Zentimeter für Zentimeter wurde Gobisa angehoben. Er schlitterte über das Terrain, stieß an Felsen, drückte Büsche flach und wurde über Baumstümpfe gezogen. Wir konnten nichts tun, außer uns selbst die Daumen halten und ihn weiter hochzuwinden.

Nach einer halben Ewigkeit hatten wir ihn heraufgeholt. Der Kran straffte sich, nahm das Gewicht auf und zog das Tier in die Höhe. Dieser stolze Elefantenbulle hing mit dem Kopf nach unten an seinen Füßen. Nicht sehr würdevoll.

Kaum hatten sie ihn auf dem offenen Tieflader festgezurrt, warf der Fahrer den Motor an, und los ging es.

Es war eine schwierige Fahrt, langsam und überaus gefährlich. Die Ranger vom Rettungsteam hingen buchstäblich an Gobisa, während wir zurück nach Hause krochen.

Ich fuhr mit David, Jason und Dylan vor. Andy flog im Hubschrauber mit Dave und Vere mit.

Nachdem er wieder ausgestiegen war, musste ich einfach ein wenig frotzeln: »Hat deine Frau dir überhaupt erlaubt, wieder in einen Hubschrauber zu steigen? Da wirst du ganz schön was löhnen müssen, wenn wir Stillschweigen bewahren sollen.«

»Ich war ja nur Passagier«, protestierte er. »Und überhaupt war es ein sehr kurzer Flug.«

Dann bemerkten wir, dass der Boma-Zaun noch nicht ganz repariert war. Die unterste Reihe Elektrodraht war nicht an den Pfosten festgemacht.

»Wo liegt das Problem?«, fragte Andy, als er meinen Gesichtsausdruck sah.

»Die unterste Reihe des Elektrozauns ist noch lose. So kann die Boma ihn nicht halten.«

»Okay«, meinte David Bozas, »dann machen wir sie halt fest.«

»So viel Zeit haben wir nicht«, entgegnete ich.

»Zum Teufel. Los geht's! Auf! Auf! Auf!« Ganz offensichtlich ahmte er nach, wie ich meine Leute antrieb.

David schnappte sich eine Rolle Draht, und mit Hammer, Bohrer und vielen Flüchen machten Andy und der Rest des Teams sich an die Arbeit. Mit einem absoluten Minimum an Werkzeug schafften sie es: Sie verlegten fünfhundert Meter Draht in gerade mal zehn Minuten. Ich sah Andy staunend zu. Ein Business-Tycoon, ein Industriekapitän – nicht nur, dass er sich die Hände genauso schmutzig machte wie der Rest. Er führte die anderen auch noch an. Aber so ein Typ ist er nun mal. Er arbeitet härter und schneller als der erfahrenste Arbeiter und genießt es auch noch. Er tat, was immer er konnte, um dem Elefanten zu helfen. Vielleicht sah er in Gobisa ja einen Seelenverwandten.

Nun kam der Elefant auf dem Tieflader an, umgeben von Wildhütern und Wachen, die zweifellos um ihr Leben hätten rennen müssen, wenn er aufgewacht wäre. Der Tieflader war zu breit. Er passte nicht durch den Eingang zur Boma. Also mussten wir einen Teil des Zaunes wieder abbauen, damit er durchkam. Dann hob der Kran Gobisa an den Füßen auf den Boden der Boma. Als der Tieflader draußen war, richteten wir eiligst den Zaun wieder auf.

Aber wir hätten uns keine Sorgen machen müssen. Gobisa war wirklich k. o. Die Ladung Beruhigungsmittel, die er intus hatte, hätte die meisten Geschöpfe auf diesem Planeten getötet. Aber wir hatten keine andere Wahl gehabt. Hätten wir ihn nicht betäubt, hätte man ihn erschossen. Allein diese Tatsache war das Risiko wert.

Jetzt mussten wir uns eher Sorgen machen, ob er aus seinem Tiefschlaf je wieder erwachen würde.

Dave Cooper gab ihm die Injektion, die ihn wieder aufwachen lassen sollte.

Normalerweise wirkt diese augenblicklich. Als wir Nanas Auge behandelt hatten, waren wir sofort zum Landrover gesprintet, kaum hatte der Tierarzt das Mittel verabreicht. Denn etwa zehn Sekunden später war sich wach gewesen.

Gobisa war so vollgepumpt mit Beruhigungsmitteln, dass er sich einige Minuten lang überhaupt nicht bewegte. Wir zogen uns auf die Außenseite der Boma zurück und hielten den Atem an. Da begann sein großer Schädel, sich zu bewegen. Er hob den Kopf und sah sich um. Dann rappelte er sich auf wie ein betrunkener Seemann mit dem übelsten Kater auf Gottes Erdboden. Als er endlich auf seinen vier Füßen stand, schwankte er bedenklich hin und her.

Aber er weilte glücklicherweise wieder unter den Lebenden.

Ich dankte dem Fangteam und verabschiedete mich von Dave und Vere, die im Hubschrauber nach Hause flogen. Dann bat ich die Leute, vom Zaun der Boma zurückzutreten, damit Gobisa nicht als Erstes eine Menschenmenge zu sehen bekam, sobald er vollständig aufgewacht war.

Ich sah ihm zu, wie er eine Weile dastand und schwankte. Dann marschierte er zum Wassertrog. Er tauchte den Rüssel ein und trank – länger, als ich je ein Tier trinken gesehen hatte. Elefanten kommen tagelang ohne Wasser aus, aber wenn sie dann trinken, dann tun sie das stilgerecht: zweihundert Liter auf einmal. Gobisa jedenfalls trank und trank. Er war vierundzwanzig Stunden lang auf der Flucht gewesen, hatte einen Hubschrauber angegriffen und eine beinahe tödliche Dosis Beruhigungsmittel bekommen. Kein Wunder, dass er durstig war.

Ich ging zum Zaun hinüber, weil ich mit ihm reden wollte, so wie ich es mit Nana gemacht hatte, als sie und ihre Familie in der Boma waren – der gleichen Boma, in der jetzt Gobisa stand.

»Gobisa, das ist dein neues Zuhause. Hier gibt es viel Futter und Wasser. Und eine Reihe hübscher Mädels. Du wirst *askaris* haben, die dir folgen und dich respektieren. Sie werden dich wie einen Vater lieben. Du wirst hier viele Kinder haben und ein schönes Leben.«

Natürlich verstand Gobisa kein Englisch, und ich sprach kein Elefantisch, aber gute Absichten und der Tonfall würden das gegenseitige Verständnis erleichtern.

Gobisa sah mich an, und ich wusste mit einem Mal, dass er wieder ausbrechen würde. Die Botschaft war klar und deutlich: »Ich gehe.« Das Herz klopfte mir bis zum Hals, aber ich versuchte trotzdem, ruhig zu bleiben.

»Okay, du willst also weg. Gut, aber hör mir zu. Wenn du auch den nächsten Zaun überwindest, wenn du tust, was du gestern getan hast, wenn du dorthin gehst, wo der Hubschrauber war, dann werden sie dich töten. Du darfst den nächsten Zaun nicht zerstören. Du darfst Thula Thula nicht verlassen. Alles, was du brauchst, findest du hier«, wiederholte ich.

Viele Wildhüter glauben ja, Elefanten hätten telepathische Fähigkeiten. Ich konnte das nur hoffen, denn Gobisa musste begreifen, was ich sagte!

Er sah mich weiter an, dann drehte er sich um und rannte ohne Warnung auf den Zaun zu. Er rannte in den Zaun hinein mit einer Kraft, die mich sprachlos machte. Ich konnte den Schmerz fast spüren, als die achttausend Volt seinen Körper durchflossen. Funken flogen, Pfosten und Kabel zitterten.

Und dabei stand das Tier immer noch unter Betäubung. Was würde er erst anstellen, wenn er wieder ganz bei sich war?

Ich holte meine Neunmillimeterpistole heraus und feuerte drei Schuss in die Erde, aber Gobisa interessierte das nicht. Er rannte wieder auf den Zaun zu, unmittelbar vor mir. Das mit den Schüssen war reine Zeitverschwendung, also legte ich die Waffe weg, brachte mich in Sicherheit und beobachtete voller Ehrfurcht, wie er mit seinem Rüssel den nächsten Pfosten aus der Erde zog und ihn auf den Elektrodraht knapp über dem Boden schmetterte. Wieder rasten achttausend Volt durch seinen Sechstonnenkörper, aber er ließ sich davon nicht aufhalten. Er drängte sich gegen den Zaun, und dieser knickte trotz seiner stabilen Struktur einfach ein, fiel unter einem Funkenregen in sich zusammen wie faules Holz. Gobisa stapfte über die Schwerlastdrähte, riss Pfosten um und marschierte einfach immer weiter. Und ich sah hilflos zu, wie er im Halbdunkel verschwand.

Ich war fassungslos. Nach allem, was er durchgemacht hatte, konnte er immer noch einen Zaun umrennen, der so gut wie jedes andere Tier auf diesem Planeten zurückgehalten hätte. Und nun war er einfach weg. Das war wirklich ein besonderer Elefant.

Aber vielleicht, ganz vielleicht, würde er ja diesmal im Reservat bleiben. Das war unsere und seine einzige Chance.

Ich fuhr zurück zur Lodge, wo Andy und die anderen an der Bar ein paar wohlverdiente Biere kippten.

»Wir haben die Schüsse gehört«, sagte Andy. »Was ist denn los?«

»Er ist weg.«

Dann fragte einer der Ranger: »Was denkst du?«

Ich sah gar nicht mehr auf. »Ich habe dieses eiskalte Bier vor mir«, entgegnete ich. »Das Einzige, woran ich jetzt noch denke, ist das nächste.«

39

Nun aber war das Glück endlich auf unserer Seite.

Gobisa kämpfte sich nicht wie am Vortag den Weg aus dem Reservat frei. Er versuchte nicht, den Dickhäuterrekord von sechs umgerissenen Elektrozäunen zu brechen.

Wenn er noch einmal ausgebrochen wäre, wäre das sein Ende gewesen. Man hätte ihn bei der ersten Sichtung erschossen. Stattdessen hielt er sich von den Grenzzäunen fern und blieb im Reservat, wo er sich in eine dicht bewaldete Talsenke zurückzog und versteckt hielt wie ein Gesetzloser.

Ich rief Gobisas ehemalige Besitzer an, um ihnen zu berichten, was geschehen war. Sein Verhalten erstaunte sie sehr. Vorher hätte er nie auch nur einen einzigen Elektrozaun durchbrochen, sagte man mir. Nun, wenn sie erstaunt waren, ich war es sicherlich noch mehr. Er hatte in den letzten vierundzwanzig Stunden mit unglaublichem Geschick mehrere Zäune in Folge überwunden und dabei auch noch einen richtig schlimmen Kater gehabt. Nicht übel für so einen Ausbrecherneuling.

Sie boten mir an, uns einen Mann zu schicken, der Gobisa gut kannte und seit fünfundvierzig Jahren im Busch mit Elefanten arbeitete. Er hieß Ndlovu, was passte, denn das war Zulu für »Elefant«. Auch sein Stamm hieß »die Ndlovu«. Alle Zulustämme haben Ehrennamen oder *tagarzela*. Gewöhnlich verweisen diese auf einen berühmten Vorfahren, einen früheren Stammeshäuptling. Der *tagarzela* des Ndlovu-Stammes war Katcheni. Und so nannten wir unseren neuen Experten.

Katcheni sah von oben bis unten aus wie der erfahrene Buschmann, der er war. Klein, sehnig und so hart wie der Tambotibaum, zeigte sich bald, dass er eine der interessantesten Persönlichkeiten war, die ich je kennengelernt habe. Katcheni hatte nie eine Schule von innen gesehen. Alles, was er wusste, hatte er aus eigener Erfahrung gelernt.

»Gobisa weiß, dass ich hier bin«, sagte er, während wir uns auf Zulu-Art die Hand schüttelten: Wir verhakten unsere Daumen ineinander und gaben uns die Hand. »Er hat gemerkt, dass ich angekommen bin. Und ich weiß, wo er ist. Sein Geist ist groß.«

Und so unglaublich es ist, er beschrieb in allen Einzelheiten Gobisas Versteck. Ich war platt.

Ich nahm Katcheni mit zu David, der an der Stelle Wache hielt, wo Gobisa verschwunden war. David hatte sich von seinem Posten nicht wegbewegt. Er war nicht mal kurz zur Lodge gekommen, um in der Mittagshitze ein eiskaltes Wasser zu drinken. Sein Verantwortungsgefühl und seine Loyalität ließen dies nicht zu.

Katcheni bat uns, ihm Gobisas Fährte zu zeigen. Schnell war klar, dass er ein Spitzenfährtenleser war. Davon gibt es heutzutage in Afrika nicht mehr allzu viele. Er zeigte mir, dass Gobisa die Hinterbeine nachzog, was bedeutete, dass die Nachwirkungen des Betäubungsmittels immer noch nicht ganz abgeklungen waren. Er konnte aus der Spur sogar ablesen, ob Gobisa stehen geblieben war, um zu lauschen oder um Witterung aufzunehmen. So etwas können Sie nicht aus Büchern lernen. Es war toll, dass er dieses Wissen an uns weitergab.

Gobisa war nun tatsächlich untergetaucht. Er fraß nachts und versteckte sich tagsüber. Er bedeckte sogar seine Haufen mit Erde und versuchte auch sonst, sämtliche Spuren, die auf seine Anwesenheit deuteten, zu verbergen. Als würde er als Spion auf feindlichem Terrain operieren. Mit gutem Grund, wie wir bald herausfinden sollten.

Am nächsten Tag trug der Wind Katchenis Witterung in Gobisas Versteck im Gebüsch. Der Elefant schnappte sie auf und kam heraus. Katcheni saß in einem Landrover. Gobisa ging direkt auf ihn zu, umrundete das Gefährt einmal und zog sich dann wieder in den Busch zurück. David hielt sich gerade außerhalb des Landrovers auf. Als er merkte, dass Gobisa auf uns zukam, musste er schnell sein. Er achtete darauf, dass das Fahrzeug immer zwischen ihm und dem riesigen Tier blieb.

»Er ist gekommen, um mich zu begrüßen«, sagte Katcheni, als ich bald darauf zu ihnen stieß. »Er freut sich, dass ich da bin.«

Dann erzählte uns Katcheni, was Gobisa passiert war.

»Sie müssen sich in seinen Kopf hineinversetzen«, sagte er zu mir. »Sonst werden Sie ihn nie verstehen. Elefanten haben einen sehr starken Geist.«

Ich nickte.

»Gobisa kommt an diesen fremden Ort. Als er die Boma betritt, riecht er Elefanten. Und er weiß genau, dass er sich im Territorium eines anderen Bullen aufhält.«

Als er das sagte, erinnerte ich mich wieder, dass ich Mabula in der Nähe der Boma gesehen hatte, als Gobisa ankam.

»Er weiß auch, dass der dominante Bulle nach ihm suchen wird«, fuhr Katcheni fort. »Und dann muss er um sein Leben kämpfen. Dabei ist er noch schwach von den Medikamenten, also versucht er, so viel Distanz wie nur möglich zwischen sich und den anderen Bullen zu bringen, bis er sich wieder stark fühlt.

Aber da ist diese Barriere mit den elektrischen Zähnen vor ihm, der Zaun. Er fürchtet sich vor dem Zaun, aber in diesem Zustand gegen einen anderen Bullen zu kämpfen, davor fürchtet er sich noch mehr, denn das könnte ihn töten. Also bricht er aus. Und nachdem er einen Zaun umgetreten hat, können ihn die anderen nicht mehr schrecken. Also geht er einfach weiter, bis er den anderen Bullen nicht mehr riecht.

Dann, gerade als er denkt, dass er es geschafft hat, kommt eine furchterregende Maschine aus dem Himmel auf ihn zu und greift ihn ständig an, ohne auch nur eine Minute Ruhe zu geben. Er hat noch nie einen Hubschrauber gesehen, also versucht er wegzulaufen. Doch das Ding folgt ihm, also beschließt er, den Kampf aufzunehmen. Er greift an, kann das Ding aber nicht erwischen. Also läuft er wieder davon und findet den Hohlweg, in dem er sich verstecken kann. Dann hört er den Knall des Betäubungsgewehrs und spürt einen Schmerz. Er kann nicht mehr stehen, er fällt um.

Am Ende wacht er an demselben Ort auf, von dem er fliehen wollte. In derselben Boma, im Territorium des anderen Bullen. Also bricht er wieder aus. Diesmal aber hat er zwar immer noch Angst vor dem großen Elefantenbullen, doch die laute Himmelsmaschine fürchtet er noch mehr.

Und so denkt er bei sich: Ich kenne Elefanten. Diese Maschine kenne ich nicht. Ich kämpfe lieber mit dem Elefanten. Aber er fühlt sich krank und muss sich erst erholen, also versteckt er sich hier im Busch. Jede Nacht kommt er heraus und forscht nach, wo er jetzt eigentlich ist. Er riecht die anderen Elefanten, beschnüffelt ihren Kot, um herauszufinden, wie viele Männchen da sind und wie viele Weibchen. Und er wird alle Informationen über Mabula sammeln, die er kriegen kann.«

Ich erklärte Katcheni, dass ich, als ich Gobisas erneute Ausbruchsabsichten erkannt hatte, ihm gesagt hätte, dass er in Thula Thula bleiben solle, wo er sicher sein würde.

Katcheni nickte. Für ihn war das gar keine Frage. Er verstand mich sofort und wiederholte, was er vorher schon gesagt hatte: »Elefanten haben einen starken Geist. Und ihr Geist findet deinen Geist.«

Katchenis Zusammenfassung des Geschehens war geradezu unheimlich korrekt. Gobisa verhielt sich in allen Dingen genauso, wie der weise Zulu-Buschmeister es vorhersagte. Er kam im Dunkeln aus seinem Versteck heraus, schnüffelte am Dung der anderen Elefanten und kam der Herde allmählich immer näher.

Jede Nacht dehnte er das erforschte Gebiet weiter aus, bis er schließlich nur einige Hundert Meter von der Herde entfernt wartete und beobachtete.

»Mittlerweile hat er am Dung erkannt, dass der große Elefant hier ein Jungtier ist und kleiner als er«, erklärte Katcheni einige Tage später. »Er weiß auch, dass es hübsche Weibchen gibt und viel gutes Futter und Wasser. Er wird bald herauskommen und kämpfen.«

Aber ebenso wie Gobisa die Herde ausgeschnüffelt hatte, hatte Mabula ihn ausgeschnüffelt. Er wusste mittlerweile, dass da ein fremder großer Elefant in seinem Revier war. Und das gefiel ihm ganz und gar nicht.

Obwohl Gobisa allmählich mutiger wurde und sein Mut zurückkehrte, so versteckte er sich doch tagsüber immer noch im Busch in der Talsenke. Mabula aber patrouillierte am Rand der Senke auf und ab und forderte Gobisa dadurch gleichsam auf herauszukommen. Auch er war bereit zum Kampf. Er würde alles tun, um sein neu gewonnenes Revier und seine Weibchen zu verteidigen.

Das würde einen mächtigen Zusammenstoß geben.

40

Es passierte am folgenden Tag.

Mabula war wie immer am Rande der Talsenke auf und ab patrouilliert, wie er das jeden Tag tat, als Gobisa plötzlich beschloss, dass die Zeit nun reif war. Er kam aus dem dichten Busch heraus, in dem er sich bisher versteckt hatte. Offensichtlich fühlte er sich stark und wohl genug, um diesen entscheidenden Kampf auszutragen.

Die beiden Elefantenbullen starrten einander eine ganze Weile nur an. Ich war zu Hause, als David mich anfunkte: »Sie kämpfen.«

Ich fuhr so schnell hinunter, wie ich nur konnte. Dabei kam ich an Frankie und Nana vorbei, die die Herde in die entgegengesetzte Richtung führten. Beim Kampf der Titanen sollte ihre geliebte Familie nicht dabei sein. Daher zogen sie sich so weit wie möglich zurück.

Es war schon ein unglaublicher Anblick: langsam, kraftvoll, ehrfurchtgebietend. Kein Kampf auf dieser Erde kam diesem Zusammenstoß gleich. Es war, als prallten zwei Lokomotiven aufeinander, zogen sich zurück, nur um dann gleich wieder aufeinanderzuprallen. Der Kampf war nicht so kurz, heftig und wild, wie ich erwartet hatte. Das war nur der Auftakt. Am Ende wurde eine Art Ausdauerwettstreit daraus.

Die beiden Riesen starrten einander empört an, umkreisten sich und gingen dann mit einer Kraft aufeinander los, die dem Erdball eine ordentliche Migräne verursachen konnte.

Sie kämpften miteinander wie gigantische Sumoringer. Einer zog sich zurück, nahm Anlauf und warf sich dann nach vorn.

Dann wieder griff der andere an. Überlegenheit zeigte sich an den gewonnenen Metern und der zur Schau gestellten Kraft.

Obwohl Mabula gut zwanzig Zentimeter kleiner und dies sein erster Kampf war, war er für Gobisa eine echte Herausforderung. Es war zwar wichtig, dass Gobisa diesen Kampf gewann, aber ich war trotzdem schrecklich stolz auf Mabula.

Jeder Zusammenstoß dauerte einige Minuten, in denen beide Tiere die Muskeln maximal anspannten. Ab und an unterbrachen sie, erschöpft von ihrer kräftezehrenden Auseinandersetzung, ihren Zweikampf und nahmen einen Schluck Wasser. Während längerer Pausen nahmen sie sogar etwas Futter zu sich.

Und dann wieder Angriff, Pause, Angriff.

Dieser Zweikampf dauerte ganze achtundvierzig Stunden. Sie unterbrachen ihn nur, als es so dunkel wurde, dass man die Hand nicht mehr vor Augen sehen konnte. Und nahmen ihn im ersten Morgengrauen wieder auf. Die Heftigkeit mancher ihrer Zusammenstöße verursacht mir noch heute Kopfschmerzen, wenn ich nur daran denke.

Am Ende des ersten Tags fällte Katcheni sein Urteil:

»Gobisa gewinnt«, sagte er. Und obwohl ich Mabula sehr gern hatte, war es genau das, was ich hören wollte. »Ihr werdet wissen, wann es vorbei ist, nämlich wenn er seinen Rüssel auf Mabulas *umthondo* [Penis] legt und ihn wegschnippt. Damit sagt er ihm: ›Du brauchst das Ding jetzt nicht mehr. Die Weibchen gehören nun mir.‹«

Und genau so geschah es dann auch.

Während des Kampfes hatten die zwei jüngeren Bullen – Mandla und Ilanga, die *askaris* – hinter Mabula Aufstellung genommen. Als sich die Waagschale Gobisa zuzuneigen begann, wanderten sie langsam auf die andere Seite. Und als Gobisa Mabula den verächtlichen Schnipser verpasste, standen die beiden Jungbullen hinter dem neuen Patriarchen. Ein klassischer Fall von: »Der König ist tot. Lange lebe der König.«

Katcheni kam nun zu mir: »Meine Arbeit hier ist getan. Ich muss nach Hause.«

Ich dankte ihm von ganzem Herzen. Es ist gut, zu wissen, dass es immer noch solche Menschen gibt, wahre Männer der Wildnis. Er hatte sich für uns als unendlich wertvoll erwiesen. Obwohl er in seinem ganzen Leben vermutlich kein einziges Buch gelesen hatte, war er ein wandelndes Lexikon, was den Busch anging. Vor allem aber begriff er die Spiritualität der Wildnis, der Elefanten. Ich habe viel von ihm gelernt. Wie die Elefanten, die Katcheni liebte, hatte auch er einen starken Geist.

Wir schüttelten uns die Hand. »Hamba gahle umfowethu«, sagte ich: »Möge es dir wohlergehen, mein Bruder.«

Nun endlich hatten wir ein Vorbild für die jüngeren Elefanten und Gobisa war wirklich ein außergewöhnliches Tier. Von nun an nahm er die Stellung des Patriarchen ein, der die Nachhut der Herde bildet. Das zeigte seine Dominanz, stellte aber auch sicher, dass er immer wusste, wenn ein Weibchen in die Brunst kam. So konnte er verhindern, dass einer der *askaris* sich anschlich und ohne Gobisas Wissen ein Techtelmechtel anfing.

Doch ungefähr eine Woche später beobachteten wir zu unserer enormen Verblüffung, wie Mabula Gobisa den Bergrücken oberhalb unseres Hauses entlang verfolgte. Diese donnernde Jagd ging über beinahe fünf Kilometer, und man hätte glauben können, Gobisa renne um sein Leben. Mit einem Schlag sah es so aus, als wäre wieder Mabula der Boss.

Wir konnten es nicht fassen. Es sah so aus, als habe Gobisa urplötzlich aufgegeben. Niemand begriff, woran das liegen konnte. Unser Plan, den *askaris* einen reifen Bullen als Vorbild zu geben, schien sich in Luft aufzulösen. Und würde Mabula nun zu seinem launischen Teenagerverhalten zurückkehren? Was wäre das für ein Vorbild für die jüngeren Bullen?

Dankenswerterweise dauerte das nicht lange. Ein paar Tage später wurde eines der Weibchen brünstig und Gobisa kehrte zurück. Er kämpfte mit aller Wildheit gegen Mabula und eroberte sich seine Stellung zurück. Daraufhin zog sich Mabula, ohne zu meckern, wieder in die Reihen der *askaris* zurück. Einmal mehr: »Lang lebe der König.«

Bis heute erstaunt mich an der Ankunft Gobisas vor allem eines: Nach seinem zweiten Ausbruch aus der Boma zerstörte Gobisa mehrere Zäune innerhalb des Reservats. Den Grenzzaun nach außen allerdings ließ er in Ruhe, was hieß: Er verließ Thula Thula nicht mehr. Die Innen- und Außenzäune sehen jedoch vollkommen gleich aus und er kannte sich bei uns noch nicht aus. Woher wusste er dann, welche Zäune er durchbrechen durfte und welche nicht? War es möglich, dass er mich verstanden hatte, als ich ihn beschwor, den Grenzzaun unberührt zu lassen, als er zum zweiten Mal aus der Boma ausbrach? Zweifellos hatten wir beide damals irgendwie eine Verbindung. Ich wusste das und er spürte es. Tatsächlich hat er, entgegen jeder Wahrscheinlichkeit, die Grenze akzeptiert.

Im Busch geschehen noch weitaus seltsamere Dinge. Vielleicht wird sich irgendwann einmal herausstellen, dass sie so seltsam gar nicht sind.

41

Nach Heidis Tod war ich fest entschlossen, mehr Nashörner aufzunehmen. Thula Thula war seit jeher ein Ort, an dem Nördliche und Südliche Breitmaulnashörner ihre Jungen bekamen. Ich schwor mir, dass sich das niemals ändern würde. Wir würden uns nicht von Gangstern mit Automatikwaffen und Hubschraubern abschrecken lassen. Wir würden den Kampf aufnehmen, und ich hatte ein paar Ideen, wie wir die Chancen zu unseren Gunsten verändern konnten. Harte, strenge Anti-Wilderer-Regeln innerhalb des Reservats kombiniert mit Hilfe durch die Zulugemeinden rundherum.

Ich ließ verlauten, dass wir Nashörner suchten. Bald bekam ich einen Anruf vom Moholoholo Wildlife Rehabilitation Centre im Nordosten von Südafrika. Man fragte, ob ich vielleicht zwei verwaiste Nashornkinder aufnehmen würde.

Beide hatten ihre Mutter verloren. Das eine an einen Wilderer, das andere bei einem Kampf gegen einen Nashornbullen. Das erste wurde neben dem toten Körper seiner enthornten Mutter gefunden, das zweite wanderte allein durch den Busch. Beide waren noch Milchbabys und ziemlich schwach.

Ich würde sie auf jeden Fall nehmen. Da wir noch einen großzügigen amerikanischen Sponsor hatten, konnten wir sofort zusagen. Wir mochten den Kampf im Garamba-Nationalpark verloren haben, aber wir würden nicht kapitulieren. Und mittlerweile arbeiteten die Wildreservate in ganz Südafrika zusammen, um eine Strategie gegen die Wilderer zu entwickeln. Der Kampf zum Schutz von Thula Thula hatte gerade erst begonnen.

Diese Jungtiere waren für mich ein Symbol. Sie erinnerten mich daran, was passieren konnte, wenn die Welt wegsah, wie es im Kongo geschehen ist. Dann würde ihr Leben jeden Tag in Gefahr sein. Wenn wir sie schützen konnten, dann war das ein Experiment, das sich auch für andere Naturschützer als gangbar erweisen konnte. Der einzige Weg ist, dass wir unsere Mitbewohner auf unserem wunderbaren, wenn auch mitunter verrückten Planeten genauso entschlossen verteidigen, wie wir das mit unseren Familien tun würden. Oder unserem Land.

Naturschutz in Afrika zu betreiben, heißt einzusehen, dass man diesen Krieg nicht gewinnen kann. Aber man kann sich eine Atempause verschaffen und hoffen, dass irgendwann die Einsicht siegt. Meist tut sie das nicht und das Töten beginnt von Neuem. Während ich diese Zeilen schreibe, werden in Südafrika pro Jahr vierhundertvierzig Nashörner wegen ihres Horns getötet. Alle neunzehn Stunden eines. Die Wilderer werden mittlerweile erschossen, denn der Kampf um die Nashörner hat militärische Züge angenommen. Leider sterben auch immer mehr Wildhüter, weil die Gewalt ständig zunimmt.

Françoise begleitete die beiden jungen Nashörner, ein Männchen und ein Weibchen, nach Thula Thula. Sie kamen an einem heißen, trockenen Tag hier an. Und waren so süß, dass sie selbst dem hartgesottensten Wildhüter ein Lächeln auf die Lippen zauberten. Sie schlurften aus dem Lastwagen wie Kleinkinder mit einem dicken Panzer. Unsicher setzten sie einen Schritt vor den anderen und musterten uns vorsichtig aus ihren kurzsichtigen Augen. Eine neue Welt für sie. Ich hätte sie am liebsten umarmt. Und ich glaube, das galt für alle hier in Thula Thula.

Sie hatten bereits Namen bekommen. Das Männchen hieß Thabo, was »Glück« bedeutet, und das Weibchen Nthombi, das ist Zulu für »Mädchen«. Wir behielten die Namen bei. Sie waren unsere Hoffnung für die Zukunft. Wir würden ihnen einen Pfleger zur Seite stellen und mehrere bewaffnete Wachen.

Sie würden in ihrem ganzen Leben keinen unbewachten Schritt mehr tun.

Da das Schlachten mittlerweile solche Ausmaße angenommen hatte, konnte man ein Nashorn nicht mehr versichern. Diese immer seltener werdenden Tiere kosten mittlerweile ein kleines Vermögen. Ein erwachsenes Breitmaulnashorn kostet mittlerweile fünfundvierzigtausend US-Dollar, ein Spitzmaulnashorn hunderttausend. Ein totes Nashorn ist also nicht nur eine Tragödie für den Planeten. Es ist auch ein finanzieller Schlag für alle Naturschützer, die ohnehin selten schwarze Zahlen schreiben.

Ihre bisherige Pflegerin hatte die beiden begleitet, um sicherzustellen, dass sie sich übergangslos an ihre neue Heimat gewöhnen konnten. Eine hübsche, junge Frau aus Bristol in Großbritannien – zehntausend Kilometer entfernt. Sie sah aus wie die klassische »englische Rose« mit ihrem Porzellanteint und den rosigen Wangen. Damit war aber auch schon Schluss mit der Ähnlichkeit. Alyson McPhee war so afrikanisch wie die brennende Sonne hier. Jeden Morgen spazierte sie in T-Shirt, Shorts und Flipflops mit den Babys, wie wir sie nannten, in den Busch hinaus, um erst bei Sonnenuntergang zurückzukehren. Der Busch und die kleinen Nashörner waren ihr Leben. Alyson, ihrerseits geprüfte Tierpflegerin, liebte die Nashörner, als wären sie ihre Kinder. Gott stehe demjenigen bei, der ihnen in böser Absicht zu nahe kommt. Und Thabo und Nthombi erwiderten Alysons Liebe. Als sie noch Säuglinge waren, stürmten sie einfach in Alysons Zelt in der Boma und machten sich dort breit, wenn sie nicht im Busch unterwegs waren. Es war urkomisch, Alyson dabei zuzusehen, wie sie versuchte, diesen beiden prähistorischen Baby-Brummern auszuweichen.

Thabo und Nthombi bekamen bald Gesellschaft von zwei verwaisten Warzenschweinen, die wir von derselben Organisation geschenkt bekamen, die uns George beschert hatten, meinen Lieblings-Buschbaby-Schlingel. Die Warzenschweine, denen Alyson die sehr britischen Namen Betty und Denise gab, fanden die Milch, die Alyson den Nashörnern in großen Schüsseln zum Schlabbern hinstellte, einfach unwiderstehlich. Also versuchten sie regelmäßig, etwas von der Köstlichkeit zu ergattern. Das allerdings war nicht ganz ungefährlich. Mehr als einmal konnte ich ein fliegendes Warzenschwein beobachten, wenn Betty oder Denise einen Salto schlugen, weil sie einem aufgebrachten Nashornbaby zu nahe gekommen waren. Betty und Denise mussten außerdem eine gewisse Geschicklichkeit entwickeln, um ihr Überleben zu sichern, denn sobald die Baby-Nashörner sich den Bauch vollgeschlagen hatten, ließen sie sich einfach umfallen und schliefen auf der Stelle ein. So ein kleines Nashorn wiegt mehrere Hundert Kilo, daher mussten die Warzenschweine flink sein. Sie fraßen nämlich ständig zwischen den Beinen der Nashörner, weil da die meisten Krümel für sie abfielen. Hätten sie sich nicht jedes Mal schnell genug in Sicherheit gebracht, wären sie so plattgewalzt worden, dass man nur noch eine Briefmarke hätte draufkleben müssen, um sie zu verschicken. Letztlich aber entwickelte sich zwischen diesen verwaisten Tieren unterschiedlicher Spezies eine echte Freundschaft. Wir hatten für die Warzenschweine einen Untergrundbau angelegt, in dem sie schlafen konnten. Dort waren sie vor Raubtieren sicher. Wenn der Abend nahte, machten sie sich auf in ihre Höhle und forderten ihre Nashornfreunde auf, doch mitzukommen. Man konnte ihr Gequieke förmlich übersetzen: »He, Kinder, da draußen ist es nachts gefährlich. Kommt lieber mit uns hier runter. Hier habt ihr es sicher.« Die Tatsache, dass der Bau höchstens dreißig Zentimeter breit war, die Nashörner aber ungefähr das Fünffache davon maßen, fand offensichtlich keine Berücksichtigung.

Ich wählte Gumede aus, einen meiner vertrauenswürdigen Wachmänner, um sich tagsüber gemeinsam mit Alyson um den Schutz der Nashörner zu kümmern. Gumede war ein unglaublicher Typ, der mit sechzig Jahren noch flink wie ein Affe jeden Baum erkletterte. Spürte er Gefahr, kletterte er auf den nächsten Baum und ließ seinen Blick über den Horizont wandern. Wenn nötig, blieb er stundenlang auf einem hohen Marulabaum sitzen. Meine Beine taten schon vom Zusehen weh.

Nachts wurden Alyson und Gumede von speziellen Wildtierwachen abgelöst, harten Männern, die den Nashörnern überall hin folgten. Sie hielten sich im Dunkeln im Busch auf, was hieß, dass sie den gefährlichsten Tieren Afrikas ausgesetzt waren. Das erfordert nicht nur Mut, sondern ausgezeichnete Kenntnisse des Buschlandes. Aber anders ging es einfach nicht. Ich glaube, Thabo und Nthombi gehören zu den ersten Nashörnern auf der Welt, die in der Wildnis rund um die Uhr beschützt wurden.

Ich sah ihnen Tag für Tag zu, wie sie mit Alyson spazieren gingen. Gumede mit seinem Gewehr vom Kaliber .303 war nie weit weg. Meist saß er in einem Baum und scannte durch das Fernglas die Umgebung. Zu ihrer eigenen Sicherheit sollten die Nashörner ihre Nachtwächter nicht kennenlernen. Diese blieben also immer auf Distanz und suchten sich gewöhnlich erhöhte Standpunkte, von denen aus sie einen guten Überblick hatten und gegebenenfalls die Taschenlampen der Wilderer sehen konnten. Tagsüber rannten die Mininashörner Alyson und Gumede hinterher wie Schoßhündchen.

Eine Regel gab es allerdings, die für alle galt: Der Wachmann vom Dienst hatte uns jede halbe Stunde über Funk Bericht zu erstatten, ob alles okay war. Falls nicht oder falls sich der Wildhüter nicht genau zur verabredeten Zeit meldete, würde automatisch Alarm ausgelöst, und jeder verfügbare Ranger würde sich sein Gewehr schnappen und zum nächsten Fahrzeug rennen. So, wie das bei Luftangriffen im Film passiert. Das war die Alarmbereitschaft, die wir auf Thula Thula eingeführt hatten. Das ist es leider, wozu wir im Naturschutz durch die Umstände heutzutage gezwungen sind.

Nur einmal funktionierten unsere Sicherheitsmaßnahmen nicht, wie sie sollten. Das war gleichzeitig das erste Mal, dass ich einen Menschen in der Luft schweben sah. Der halbstündliche Funkspruch eines unserer neuen Wachmänner war ausgeblieben. Also fuhr ich sofort raus, um die Sache zu überprüfen, und fand ihn tief schlafend im Gras. In der nächsten Nacht passierte genau dasselbe wieder, und unglaublicherweise passierte es auch die dritte Nacht in Folge, obwohl ich ihn streng zurechtgewiesen hatte. Ich kann mich noch gut an sein seliges Lächeln erinnern, wie er da vor meinen Augen schlummerte und ich meine Neunmillimeterpistole zog, sie ihm direkt übers Ohr hielt und daraus drei Schüsse abfeuerte. In diesem Augenblick begann er, zu schweben. Er schoss vom Boden hoch und schien eine Ewigkeit in der Luft zu hängen, bevor er wieder hart auf der Erde landete, wo er begann, herumzurasen wie ein Irrer und zu schreien, er sei angeschossen worden und würde bestimmt gleich sterben. Schließlich sah er mich da stehen und lachen und riss sich endlich zusammen. Er setzte sich auf den Boden und schüttelte peinlich berührt den Kopf. Er ist bei uns geblieben und ist nie wieder während der Nachtwache eingeschlafen.

Betty und Denise wurden schließlich erwachsen und verließen ihren Bau, um sich einer Warzenschweinfamilie anzuschließen.

Leider wurde Betty kurz darauf von einer Hyäne gerissen. Ich weiß ja, dass das im Busch normal ist, aber ihr Tod machte uns alle sehr traurig.

Denise allerdings ist immer noch am Leben. Ich frage mich manchmal, ob sie ihre Kindheitsfreunde wiedererkennt, wenn sie sie trifft, denn Thabo und Nthobmi durchstreifen die Savanne, genauso wie ihre Vorfahren das Tausende von Jahren lang gemacht haben. Ich hoffe es jedenfalls.

Tag für Tag sah ich unseren Nashörnern beim Wachsen zu. Sie würden bald ganz ausgewachsen sein. Sie sind zwei starke, gesunde und schöne Tiere, die wunderschöne Junge zeugen werden.

Für mich aber sind sie noch mehr als das. Sie sind das Symbol unserer Hoffnungen und Träume für die Zukunft der Wildnis.

Und sie erinnern mich stets daran, was in Garamba geschehen ist und was die Menschheit nie wieder zulassen darf.

42

Nach unserer Rettungsaktion im Zoo von Bagdad (die ich in meinem Buch *Babylon's Ark* beschrieben habe) reichten wir bei der UNO in New York einen Resolutionsentwurf ein, der für die Geschehnisse in der DR Kongo höchst relevant ist. Unter der Überschrift »Wildlife in War Zones« (Wildtiere in Kriegsgebieten) ersuchten wir die UNO darum, Gebieten, in denen Tiere leben, wie zum Beispiel in Wildreservaten, Nationalparks, Zoos und Meeresparks, in Kriegszeiten denselben Schutzstatus zuzuerkennen wie Schulen und Krankenhäusern sowie Tierärzten und Wildhütern die gleiche Bedeutung wie Ärzten und Krankenpflegern. Das hieße, dass alle zu illegitimen Kriegszielen würden. Es gibt heutzutage so viele vom Aussterben bedrohte Tiere, dass ein Krieg zur Auslöschung einer ganzen Art führen kann. Wie es eben dem Nördlichen Breitmaulnashorn passiert ist. Für viele Arten sind Reservate, Nationalparks und Zoos die letzte Zuflucht. Diese Arten müssen geschützt werden.

Und nicht nur das: Wir sollten auch Konflikte, die zur Auslöschung oder Zerstörung einer gefährdeten Art führen, als Kriegsverbrechen bezeichnen. Das gilt auch für die bewusste Zerstörung der Umwelt, wie ich sie im Irak miterlebt habe, als Saddam Hussein die Ölquellen in Brand steckte und die dadurch verursachte Verschmutzung letztlich sogar Europa erreichte.

Fazit ist, dass wir den Kampf um die Rettung des frei lebenden Nördlichen Breitmaulnashorns verloren hatten. Ich versuche manchmal, mich damit zu trösten, dass wir unser Bestes getan haben und dass die Unnachgiebigkeit der anderen daran schuld war, aber das ist letztlich auch nur eine Ausrede. Denn es ist stattdessen die Schuld der gesamten Menschheit, dass dieser gepanzerte Gigant, einer der letzten Überlebenden aus der Kreidezeit, mit Maschinenpistolen ausgelöscht wurde, nur weil es im Fernen Osten eine durch und durch sinnlose Nachfrage nach seinem Horn gibt. Anders lässt sich das nicht ausdrücken. Solange die Führer einiger asiatischer Länder, vor allem China, Vietnam und Thailand, keine Verantwortung für die schrecklichen Folgen der illegalen Nachfrage nach Rhinozeroshorn übernehmen, müssen wir einen tödlichen Kampf führen, um die letzten Nashörner vor der Auslöschung zu retten. Sollten sie keine Verantwortung übernehmen, werden diese großen Nationen nicht für ihre wissenschaftlichen Errungenschaften in die Geschichte eingehen, sondern für die Vernichtung ganzer Arten im Namen einer abergläubischen Medizin. Ich hatte beschlossen, dass dieser Teil von Zululand, den wir Thula Thula nennen, im Kampf um die Nashörner eine wichtige Bastion sein würde. Wir würden uns den guten Menschen in den Nationalparks und Wildreservaten im ganzen Land anschließen, die diese finale Schlacht schlugen.

Glücklicherweise haben wir in Thula Thula ein unglaublich gutes Team. Daher blicken wir voller Vertrauen in die Zukunft, im vollen Bewusstsein der Bedeutung unserer Mission.

Dabei weiß ich Nkosi Byela an meiner Seite, den höchsten Stammesfürsten unserer Gegend, und noch weitere Häuptlinge und Clanchefs. Wir veranstalten Schulungen, um den Menschen zu vermitteln, dass ein lebendes Tier viel mehr einbringt als ein totes. Nachdem Heidi getötet worden war, haben meine Wildhüter ihre *izinduna*, die Führer ihrer jeweiligen Clans und Stämme, aufgesucht und sie gebeten, doch etwas dagegen zu unternehmen. Sie berichteten einmal mehr, dass ein totes Tier eine Familie einige Tage lang satt machen kann, dasselbe Tier lebend aber täglich Gewinn abwirft. Ein lebendes Nashorn zieht

Touristen an und macht so Hunderte satt. Da ein Job in unserer Gegend acht Leute ernährt, hatten die Menschen guten Grund, sich um den Fortbestand des Reservats zu sorgen.

Die *izinduna* hörten aufmerksam zu. Und sie waren einverstanden. Ich weiß, dass die Nashornjäger immer noch häufig aus der örtlichen Bevölkerung kommen. Wenn dies der Fall war, riskierten sie die Ächtung. Dies allein ist schon ein großer Triumph. Ich wusste aber auch, dass ein kleiner Teil, die ganz hartgesottenen Kriminellen, weder die Polizei noch den Stammesführer respektierten. Das Problem würde also nie ganz verschwinden.

Doch wie bereits gesagt: In diesem Kampf geht es nicht um Stammesangehörige, die da oder dort mal einen Bock erjagen, um ihre Familie zu ernähren. Das ist eher so was wie Einkaufen im Busch. Wir sind damit nicht einverstanden, aber wir verstehen es.

Die Wilderei von Elefanten und Nashörnern aber ist etwas völlig anderes. Sie wird von kriminellen Banden betrieben, von Söldner-Killern, die von asiatischen Gangstern engagiert werden oder von der einheimischen Burenmafia. Das sind die Kokainbarone des illegalen Wildtierhandels, kriminelle Organisationen, die unglaubliche Ressourcen zur Verfügung haben, ausgefeilte Technik einsetzen, Nachtsichtgeräte, Hubschrauber und natürlich korrupte Tierärzte. Alles, damit sie bekommen, was sie wollen.

Der Unterschied zum Drogenhandel ist, dass Wildtiere nicht ersetzt werden können, wenn die Wilderei sich in diesem Ausmaß fortsetzt. Man kann ein getötetes Nashorn nicht ersetzen, weil ihre Zahl schneller abnimmt, als sie sich regenerieren kann. Das exponentielle Schlachten ist nicht nachhaltig. Irgendwann ist der Nullpunkt erreicht.

Und als wir dachten, es könne nicht mehr schlimmer werden, geschah genau dies.

Jean-Pierre Roux ist ein hochrangiger Beamter bei den Hawks, Südafrikas FBI. Er kam mich in Thula Thula besuchen, weil er Informationen über Heidis Tod hatte. Jean-Pierre arbeitete bei den Hawks in der Abteilung »Organisiertes Verbrechen« und entwickelte sich schnell zum absoluten Volkshelden der Wildhüter. Er war furchtlos und kannte den schmutzigen Handel mit Rhinozeroshorn aus dem Effeff. Er rückte den Wilderern und ihren Syndikaten auf die Pelle. Jean-Pierre jagte und verfolgte die Wilderer mit eiserner Entschlossenheit und einem Engagement, das uns allen Mut machte.

»Ich komme gerade aus dem Fernen Osten zurück«, sagte er. »Die dortige Polizei will uns ja helfen, aber sie haben kein Personal übrig. Die Preise für Rhinozeroshorn sind hoch, die Nachfrage ist riesig, und die Syndikate sind absolut skrupellos.«

»Du weißt ja, dass die Wilderer die Nashörner mittlerweile vergiften. »Sie legen Kohlköpfe und Orangen auf den Nashorpfaden aus, die sie mit Pflanzenschutzmittel vergiften. Dann ist kein Schuss zu hören, der sie eventuell verraten könnte. Sie vergiften auch Wasserlöcher. Sie suchen ein kleines Wasserloch, an dem die Nashörner trinken, füllen sie es mit Gift und müssen dem Tier dann nur noch folgen, bis es tot umfällt.«

»Ja, das habe ich auch gehört«, entgegnete ich. »Es ist schockierend.«

»Mittlerweile gibt es neue Entwicklungen«, fuhr Jean-Pierre fort. »Die Wilderer hinterlassen Warnungen auf den toten Nashörnern, nachdem sie ihnen die Hörner abgesäbelt haben. Darin heißt es, sie lägen im Hinterhalt und würden jeden töten, der versuche, ihnen zu folgen.

Und noch schlimmer. Wir haben neulich erst eine Bande gefasst, die in einem der großen Reservate unterwegs war. Die hatte Handgranaten bei sich. Handgranaten – ich konnte es kaum fassen. Während der Verhöre stelle sich heraus, was sie damit wollten. Nachdem sie die Tiere getötet und die Hörner gestohlen hatten, wollten sie den Kadaver mithilfe der Handgranaten mit einer Sprengfalle versehen, um die nachfolgenden Ranger zu töten.«

Ich starrte ihn an. »Wenn es nicht von dir käme, würde ich das nie glauben. Das sind ja Terrortaktiken.«

»Die meisten Leute wissen das nicht, aber es ist wahr. Der Kampf gegen die Wilderer hat eine ganz neue Dimension angenommen. Und es wird noch schlimmer werden, bevor die Lage sich bessert. Falls sie das je tut.«

Doch es gab auch gute Nachrichten. Die vier Nördlichen Breitmaulnashörner im Dvůr Králové Zoo in Tschechien, die bislang keine Jungen bekommen hatten, hatte man in ein gut bewachtes Schutzgebiet in Kenia verlegt in der Hoffnung, dass die natürliche Umgebung sie zur Paarung anregen würde. Die meisten Experten allerdings gingen davon aus, dass die Chance, eine gesunde Population des Nördlichen Breitmaulnashorns zu erhalten, vertan war, weil ein nur von vier Tieren stammender Genpool einfach zu klein war. Man würde sie mit Südlichen Breitmaulnashörnern kreuzen müssen, um wenigstens einige der Gene erhalten zu können.

Ich war recht uninformiert in die ganze Sache hineingeraten. In meiner Naivität hatte ich angenommen, dass Geld, Ressourcen und die gute alte Entschlossenheit ausreichten, um eine Art zu retten. Ich hatte ja keine Ahnung, in welches Wespennest aus Bürokratie, Zynismus, Arroganz und Dummheit wir da hineinstachen. Ich hatte keine Ahnung von den unzähligen Ursachen von Kriegen und Konflikten in Afrika, die auch dem Naturschutz schadeten. Und mir war nicht klar, mit welcher Erbarmungslosigkeit die Nashornwilderer vorgingen. Das Ganze war für mich eine bittere Lektion.

Und doch ... und doch. Die Ironie des Ganzen ist ja, dass Afrikaner eigentlich die geborenen Naturschützer sind. Die Ureinwohner dieses Kontinents jagten nie mehr, als sie zum Leben benötigten. Und sie jagten nie um der Trophäen willen. So ein Verhalten wäre geächtet worden, denn die Tiere hatten seit jeher auch einen spirituellen Wert. Sie standen mit Gottheiten in Verbindung. Und wenn ein Tier getötet wurde, fand buchstäblich jeder Teil Verwendung: das Fell für Kleidung, die Knochen für Werkzeuge, Sehnen und Bänder für den Bogen und natürlich das Fleisch für die Nahrung. Ein Tier war ein Geschenk der Götter.

Heute ist all das verschwunden. Eine wunderbare und uralte Kreatur wird ausgelöscht nur um ihres Hornes willen. Das ist ein winziger Teil der ganzen Masse. Den Körper lässt man verrotten.

Während dieses Buch vom Kampf um die Rettung der letzten wild lebenden Nördlichen Breitmaulnashörner berichtet, ist mittlerweile auch sein kleinerer Verwandter, das Südliche Breitmaulnashorn, in Gefahr. Mit seiner königlichen Würde und seinem beispiellosen Mut fasziniert das Südliche Breitmaulnashorn wie nur wenige andere Arten. Man schätzt, dass es um 1900 insgesamt eine Million Südliche Breitmaulnashörner in Afrika gab. Dann brach die Hölle los, und um 1970 war die Population auf fünfundsechzigtausend geschrumpft. 1984 waren es dann noch ungefähr zehntausend. Heute gibt es noch viertausend Stück, und die Art ist, trotz einer leichten Erholung, vom Aussterben bedroht.

Während ich versuchte, das Nördliche Breitmaulnashorn zu retten, wurde ich in einen Strudel von Ereignissen hineingezogen, von dem ich davor keine Vorstellung hatte. Als ich entdeckte, dass mein Leben in Gefahr war bzw. dass ich mich in einer Situation befand, über die ich keinerlei Kontrolle hatte, war es bereits zu spät. Die Tatsache, dass ich überlebte, war entweder dem Schicksal oder dem Wirken von sehr guten Freunden zu verdanken. Freunde, die Tag für Tag in der weltweit brutalsten Umgebung lebten. Freunde, die in der wichtigsten Schlacht der Zukunft an vorderster Front stehen: dem Kampf um unsere Erde.

Es waren zwei Jahre vergangen, seit unsere Nashornbabys Thabo und Nthombi zu uns gekommen waren. Die Sonne ging gerade unter, ein leuchtender Feuerball an einem rot-, orange- und rosafarbenen Himmel. An den Rändern schlichen sich schon die zarten Mauve- und Purpurtöne der Nacht ein. Es war ein typischer Zululand-Sonnenuntergang, und er bildete den Abschluss für ein Kapitel meines Lebens.

Am Horizont sah ich die Elefanten. Nana war am Rand der Herde. Davon einmal abgesehen, dass sie auf dem einen Auge blind war, war mit ihr alles in bester Ordnung. Ich war froh, dass wir nun wieder regelmäßigen Kontakt haben konnten. Es war Routine geworden, dass sie sich von der Herde löste, sobald sie meinen Landrover hörte oder meine Witterung aufnahm. Sie war meine Muse. Ich redete über alles und jeden mit ihr. Und sie antwortete mir, oft ohne dass ich eine Frage stellen musste.

Heute sah ich Gobisa nicht, aber ich wusste, dass er in der Nähe war. Eines der Weibchen kam in die Brunst. Er erwies sich als wunderbarer Patriarch und seine *askaris* Mabula, Mandla und Ilanga benahmen sich sehr gut. Ihre Wichtigtuerei hatte sich gelegt. Allmählich lernten sie Manieren. Schon seit einiger Zeit gab es keine Angriffe mehr auf unsere Fahrzeuge. Neben dem beruhigenden Einfluss Gobisas gab es dafür noch einen anderen Grund: Das Projekt des Royal Zulu Wildreservats nahm Gestalt an, und wir konnten ihm immer mehr Land hinzufügen, sodass sie unglaublich viel Platz hatten. Bald würde unser Traum Wirklichkeit werden: Wildnis in allen Richtungen, so weit das Auge reichte, und Thula Thula als Ausgangspunkt.

Dann wurde mir noch ein besonderer Anblick beschert: Ich bemerkte eine Bewegung und richtete mein Fernglas darauf. Da standen Thabo und Nthombi und grasten friedlich. Neben ihnen Gumede mit seinem .303er-Gewehr, dessen Lauf im nachlassenden Licht aufblitzte. Ausnahmsweise stand er mit beiden Beinen fest auf dem Boden, statt in einem Baum zu hocken und den Horizont nach möglichen Gefahren abzusuchen.

Das war die Zukunft des Naturschutzes in Afrika: Vierundzwanzig-Stunden-Rundumbewachung. Wildhüter mit veralteten Waffen, die ihr Leben riskierten gegen Maschinenpistolen und Hubschrauber. All das, um die von der Ausrottung bedrohten Wildtiere zu retten. Mehr konnten wir mit unseren begrenzten Ressourcen nicht tun. Aber es musste nun mal sein. Das würde die Naturschützer ein Vermögen kosten, obwohl die Wildhüter ohnehin ihr Leben für einen Lohn riskierten, für den in Europa niemand morgens auch nur aufstehen würde.

Dieser Preis aber war nur materiell. Der wahre Preis hingegen war die Seele unseres Planeten, falls wir scheitern sollten. Die Welt würde so viel ärmer sein, wenn wir unsere Gefährten auf der Erde nicht schützen konnten. So viel, dass der Aufenthalt sich möglicherweise nicht mehr lohnte.

Jeff, unser Labrador-Seehund-Mischling, kam und setzte sich am Aussichtspunkt unseres Hauses neben mich. Ich fragte mich, ob auch er die wunderbare Aussicht genoss. Er beantwortete die Frage, indem er mich anstupste und dann neben meinen Füßen einschlief.

Dann kam Françoise und legte den Arm um mich. Gypsy saß ihr zu Füßen. Bijou, unser kleiner Malteser, war vor Kurzem gestorben. Die kleine Bijou hatte das Herz einer Löwin besessen. Sie war ihrer Herrin so treu ergeben, dass sie sie mit Zähnen und Klauen beschützt hätte – wie der König der Wildnis. Sie hätte für Françoise bis in den Tod gekämpft, obwohl sie nur zwei Kilogramm wog. Françoise, für die sie fast wie ein Kind gewesen war, trauerte leise und würdevoll. Und selbst ich, den die kleine Hundedame ihr Leben lang mit Missachtung gestraft hatte, vermisste sie schrecklich.

»Es ist schön hier, nicht?«, sagte Françoise.

Ich nickte.

»Es war schon eine spannende Zeit. Die Nashörner, der Kongo … und die Kindersoldaten, die eigentlich gar nicht kämpfen wollen. Die jetzt erwachsen sind und nach Hause gehen möchten.«

Wieder nickte ich.

»Es ist so friedlich hier. Schau, da sind Thabo und Nthombi. Sie werden schön groß und fett. Das ist wunderbar.«

Auf ihre höchst französische Weise fasste sie damit alles perfekt zusammen.

Bildnachweis

Autor und Verlag danken für die Abdruckgenehmigung der folgenden Bilder:

Seite 1, oben: Françoise Malby
Seite 1, Mitte: Isabelle Marques
Seite 2, oben: Thula Thula
Seite 2, unten: The Lawrence Anthony Foundation
Seite 3, oben: Christopher Laurenz
Seite 4, unten: Thula Thula
Seite 5, oben: Suki Dhanda
Seite 5, unten: Pieter Le Roux
Seite 6, oben: Dylan Anthony
Seite 6, unten: The Lawrence Anthony Foundation
Seite 7, oben: Isabelle Marques
Seite 7, unten: Thula Thula
Seite 8, oben rechts: Thula Thula
Seite 8, oben links und unten: Thula Thula

Alle anderen Bilder hat der Autor selbst gemacht.

Über die Autoren

Lawrence Anthony (1950–2012) gründete das Thula-Thula-Wildreservat in Zululand, Südafrika, gründete die Lawrence-Anthony-Stiftung und erhielt für seine Bemühungen um die Rettung der Tiere des Bagdader Zoos den Preis UN's Earth Day Award. Lawrence Anthony ist Autor des Buchs *Der Elefantenflüsterers*.

Graham Spence ist Journalist und Lektor. Er stammt ursprünglich aus Südafrika und lebt in England.

448 Seiten
14,99 € (D) | 15,50 € (A)
ISBN 978-3-86882-524-4

Lawrence Anthony;
Graham Spence
Der Elefantenflüsterer
Mein Leben mit den sanften Riesen und was sie mir beibrachten

Die Geschichte einer tiefen Freundschaft zwischen Mensch und Tier

Als man den Naturschützer Lawrence Anthony fragte, ob er eine Herde verhaltensauffälliger, wilder Elefanten in seinem Tierreservat in Südafrika aufnehmen würde, rieten ihm alle ab. Doch für die Elefanten war es die letzte Chance: Sonst hätte man die gesamte Herde töten müssen. Anthony nahm sie auf, um ihr Leben zu retten. Bald wird er ein Teil ihrer Herde. Es entsteht eine unglaubliche Freundschaft. Inzwischen nennen ihn seine Mitmenschen nur noch: den Elefantenflüsterer. In diesem Buch beschreibt Anthony, wie viel ihm die Elefanten über das Leben, über die Freiheit und über Loyalität beigebracht haben.

Der Elefantenflüsterer ist eine rührende und packende Schilderung der Erfahrungen, die Anthony mit den gewaltigen und mitfühlenden Geschöpfen gesammelt hat. Ihm ist ein wunderbares Buch gelungen, das Tier- und Naturfreunde auf der ganzen Welt begeistert.